ESPEJO
DE PRÍNCIPES

ESPEJO
DE PRÍNCIPES

Cristianismo: ¿religión o cultura?

FERNANDA MONDRAGÓN Y GIL

Número de Control de la Biblioteca del Congreso
de EE. UU.:   2012923176
ISBN: Tapa Dura   978-1-4633-4520-4
               Tapa Blanda   978-1-4633-4521-1
               Libro Electrónico   978-1-4633-4519-8

Para realizar pedidos de este libro, contacte con:
Palibrio
1663 Liberty Drive
Suite 200
Bloomington, IN 47403
Gratis desde EE. UU. al 877.407.5847
Gratis desde México al 01.800.288.2243
Gratis desde España al 900.866.949
Desde otro país al +1.812.671.9757
Fax: 01.812.355.1576
ventas@palibrio.com
433176

Introducción

Actualmente la humanidad vive un proceso de crisis cotidiana. Los medios resaltan la violencia, guerras, corrupción, drogas, su impacto en la seguridad y economía, restando calidad de vida digna y plena. ¿Hacia dónde va el género humano? ¿Qué acciones u omisiones ha elegido para modificar sus valores, expectativas y religiosidad? ¿En qué momento se erigió a si mismo Dios?

Esta disyuntiva no es privativa del siglo XXI, es parte de la historia y naturaleza humana, así como el pecado, la pureza y el libre albedrío. A través de la historia la importancia de introducir y recuperar a Dios El Creador ha sido delegada, ponderando otros dioses a los cuales rendir culto en el paradigma actual: el Dinero, Sexo, Estupefacientes y Corrupción.

El siglo XX fue el espejo de la evolución de la sociedad, hubo más guerras que nunca en la historia, las dos grandes guerras mundiales, Vietnam, Irán, Rusia, los Balcanes, Gaza, Afganistán, las dictaduras en Centroamérica y América del Sur, sin contar los actos terroristas y genocidios derivados del abuso del poder.

A finales del siglo XIX, surgen nuevas filosofías que encumbran al Superhombre que aparta a Dios de su vida. La ausencia de Dios lo lleva a un concepto de paz personal que suple con el egoísmo y marginación total de la solidaridad social.

La religión juega un papel fundamental. El hombre la concibe como un conjunto de historias, mitos y leyendas narrados en la infancia como base formativa para que en la madurez elijan a qué religión adherirse, y por ende, a la cultura de la misma. Nace así el nuevo paradigma del hombre con Dios, falto de fe y credo, utilizando imágenes representativas en sus ritos, tradiciones y costumbres. Espejo de Príncipes, Cristianismo, ¿Religión o Cultura? ensambla el proceso religioso con las culturas que le dieron vida.

Los mitos, ritos y tradiciones han hecho del mensaje de Dios una cultura intransigente donde solo los adeptos son aceptados, manifestando intolerancia con grupos religiosos ajenos. La religiosidad, basada en la influencia cultural del mensaje bíblico ha sido relegada a un plano inferior, de esta manera la cultura religiosa es la formadora de las conciencias, y por lo tanto, de la misma intolerancia.

El ser humano nutre a su núcleo familiar en este proceso de culturalización religiosa intolerante, como consecuencia del orden impuesto queda un vacío espiritual, iniciando así la búsqueda de dioses falsos.

Fernanda Mondragon y Gil

CAPÍTULO 1

El pensamiento humano en el marco de la libertad

1.1 El hombre primitivo ante la Creación

Es difícil situar en el tiempo, una época precisa de cuando y donde el hombre inicio a pensar y desarrollar diversas creencias o manifestaciones en la concepción de seres superiores, sin embargo la antropología con sus descubrimientos y el auxilio de las ciencias sociales coadyuvantes ha podido fijar épocas, marcando estadios de evolución.

Una de las producciones religiosas más antiguas escrita alrededor del 1500 a 1800 AC: es el Veda, escrito en sanscrito y es la más antigua como los son el Rveda, Samaveda, Yajurveda y Arthaveda. En el Egveda se encuentran himnos dedicados al panteón hindú. La concepción más antigua habla del Creador del Universo de donde se desmembró la Parusia, macho primario de donde emerge la vida. El Samavedra trata de los himnos para los grandes sacrificios y el Arthaveda se ocupa de las formulas mágicas y de los encantamientos. El Yajurveda contiene plegarias religiosas. Este complejo de obras se conoce como el Brahama, el Aranzaka y el Upanisad considerados como el fruto de la revelación divina de Brahmá.

En el ámbito del evolucionismo, el complejo de doctrinas y filosofías se esfuerza por conceptualizar el origen y aparición del ser humano pretendiendo explicarse la dispersión del movimiento así como la integración de la materia que procediendo de una homogeneidad indefinida e incoherente se redefine en una heterogeneidad definida y coherente.

La corriente de pensadores que se basaron en Darwin y sus teorías encontraron la legitimación del mito del hombre que se afirma en un amplio campo económico, político, social y religioso en virtud de sus dotes de competencia, así como el liberalismo económico, dando por resultado una selección natural de los individuos.

Antropológicamente el desarrollo de la humanidad se basa en estadios evolutivos, donde la psique a todos ellos es común. Pasando por el estadio primeramente salvaje, para después llegar a la barbarie y a la civilización. Estas fases de evolución se caracterizaron por una correlación institucional, social, cultural y religiosa.

El inicio de una fase de promiscuidad caracterizo las relaciones humanas, a nivel de clan, posteriormente el matriarcado, donde se genera una forma de pensamiento que refleja a la sociedad, a la cultura, a los mitos y a la religiosidad del momento. En el complejo religioso arcaico no existían ni dioses ni sacerdotes, solo una diosa universal y sus sacerdotisas. Una mujer dominaba al hombre que era su víctima. Y en vista que la difusa creencia que la ingestión de leguminales como de insectos y el viento eran los responsables de la gestación, la paternidad no era considerada importante. De manera que la sucesión se da en línea materna donde existía la creencia que la serpiente significaba la reencarnación de los muertos. (1)

Más tarde se afirmara el derecho paterno lo que conllevara a un cambio radical tanto de la estructura política como social, religiosa y mítica, lo que repercutió en la sucesión de la tribu o clan y el rey sagrado. (2)

La escuela difusionista alemana afirma que la evolución cultural de la sociedad no es ni paralela ni independiente, sino que es la trasposición de modelos que se difunden de un centro a otro. La "Kulturkreise" o ciclo cultural primitivo, primario, secundario y terciario que influyo en la formación de los diferentes centros, una retroalimentación con la consiguiente adaptación a modelos muy característicos, convirtiendo el fenómeno en una unicidad. Existieron centros dominantes como lo fueron la cultura egipcia, los celtas, los etruscos, los mayas, los aztecas, los incas. Cada pueblo con una cultura dominante genero su propia modalidad cultural según sus propios parámetros de organización social, política, religiosa, geográfica y mítica. El hombre quedo reflejado como en un espejo al exterior y al interno de su propio yo, su esencia.

La tradición hebrea contenida en Génesis, conceptualiza la aparición del hombre como la generación de este en la tierra a imagen y semejanza divina y posteriormente la creación de la mujer derivada de la carne de Adán y por ende a imagen y semejanza de su Creador.

La historia del hombre inicia cuando su Creador un Dios personal, omnipotente y omnipresente. Este Dios no tiene una realidad histórica de tiempo, espacio, autónomo y sin respuestas. Es un Dios activo que se hace partícipe de su creación, la cual la ama, crea y ordena con su Palabra todo el universo y el hombre mismo. Génesis presenta el orden de la creación, y su culminación con la creación de un ser humano, el hombre y viendo que estaba solo crea una mujer de la misma naturaleza del hombre, sacada de el mismo para ser iguales en esencia, nunca para ser inferior por ello no fue sacada de los pies, iguales y complementarios en la esencia divina de su propio creador.

Con el pecado vino el juicio de Dios y las contradicciones y entonces la falta de respuestas. El pecado entra en la creación de Dios como una forma de darle la espalda a su Creador, no es solamente la caída del hombre, es su futuro escatológico. Dios crea el universo y al hombre con un propósito, un significado que se marca en la historia de un pueblo que se vincula a su Creador.

En esta parte de la creación, la Biblia es explicita en enseñar la participación de Dios y sus criaturas celestiales en esta obra magnífica. El relato de nosotros, en lugar de yo nos presenta un Dios lleno de amor en su obra y como el Espíritu Santo cubre toda esa manifestación de la creación. Creación maravillosa que va desde el universo y las galaxias hasta la formación de un ser humano, de una planta, de animales de todo tipo que han poblado la tierra, algunos ya extintos. Ese milagro de vida creado por una mente excepcional y omnipotente.

Este diseño original incluía a Dios en el dialogo con su creación, como un Padre, sin embargo el libre albedrio del hombre, don regalado por Dios le llevo a creer en una autonomía y en querer ser mucho más de solo un ser humano, personificando el pecado de desobediencia del ser humano en forma de una serpiente.

Así el hombre inicia su momento sin dirección divina y tiene que recorrer un largo camino. En este recorrer se plantea muchas interrogantes sobre los astros, los animales, los ríos y lagos, el hombre deberá luchar, trabajar y sobrevivir en un ambiente difícil. En este recorrido y en su propia ignorancia otorga valencias sagradas a los elementos, genera mitos y produce dioses terrenales, elabora una cultura y religiones propias, finitos pero que le darán respuestas a fenómenos que no conoce. La inquietud de encontrar respuestas a fenómenos cotidianos naturales, cósmicos, así como de la conducción de la misma sociedad primitiva lo indujo a concebir un mundo cuyas fuerzas desconocidas dominaban cada aspecto de la vida cotidiana, dándoles poderes y valencias mágicas que en adelante se formalizarían en rituales precisos.

Interpretar lo desconocido es una forma de encontrar la respuesta a fenómenos naturales, cósmicos, físicos, agrícolas, geográficos de manera que los misterios fueron vistos como respuestas alternativas del entorno de la realidad manifestada, del significado de la existencia y la regeneración de cada individuo, llegando a ser una alternativa de culto oficial. Este fenómeno alejo aun más al hombre de su propio Creador.

Su alejamiento de Dios cada vez será mayor, salvo en las tribus elegidas de un pueblo con el cual Dios continuara y otorgara un pacto, las doce tribus del pueblo de Israel, una alianza ya que Dios no dejaría al hombre solo en su caminar por la vida. En esta alianza Dios pondrá sus condiciones que darán al ser humano salvación y restauraran la relación interrumpida de El con su creación. No se pretende una religión, sino un pacto una Alianza donde Dios pondrá sus condiciones y una serie de principios para cumplir, la consecuencia es que el hombre podrá ser salvo y estará vinculado a su creador, ya no será el hombre vacio que utilizara dioses finitos de madera, de yeso, de piedra o de oro, o mitos o religiosidades diferentes, no mas magia ni respuestas alternativas, serán solamente la Adoración y la gratitud hacia su Creador. El ser humano seria el espejo donde reflejara a su Creador y con ello la gratitud y el amor plasmados en esta Creación. Entonces Dios creó el universo y al hombre con un propósito, un significado, un amor omnipresente y una creación perfecta, para lograr una relación personal, plena, perfecta y llena de amor con cada una de sus criaturas.

El misterio es el ámbito natural de iniciación del secreto, lo que vincula al grupo a continuarlo y no divulgarlo al resto de la comunidad. Algunos se formaron en Grecia y otros fueron el resultado de encuentros con otras culturas de amplia difusión como las indoeuropeas y las orientales. Entre los primeros está el de Eleusinas ligado al culto de Demetrio y Perséfone, los misterios de Andania, de Samotracia, los Orfismos, el de Iside y Osirides del antiguo Egipto, o el de Mitra originalmente de Persia. El culto al sol ampliamente difundido es paralelo a la creación del concepto de salvación para los iniciados a la vida y la muerte, al ciclo agrícola y las estaciones del año.

En lecciones de filosofía de la Religión de Hegel, se rechaza la tesis de la identidad de contenido entre religión y filosofía, ya que ambos representan la unidad del infinito. La diferencia consiste en que la unidad vivida en la religión en forma de representación se conceptualiza y se presenta como mito. La filosofía se avoca a la racionalización de los conceptos mientras que el mito es una creación y alegoría de un hecho revestido fantásticamente por lo que debe ser eliminado. Afirma que en las religiones se presenta una sucesión antropomórfica, religiones orientales, naturalistas, politeístas, greco romanas, y el cristianismo, el cual como forma perfecta de religión tiene al centro la imagen de Dios y al hombre lo que anticipa simbólicamente la unidad divina humana de la concepción de la filosofía.

1.2 La concepción Humana anta la Divinidad

En las diferentes etapas del desarrollo humano y a través de la religiosidad de los pueblos se da la tendencia constante del hombre a atribuir mitos como forma de enseñanza, de explicación y de legitimación de la vida cotidiana, de la vida de la muerte, de una respuesta satisfactoria de la esencia y temporalidad, como la importancia que tiene la regeneración (3) la inmortalidad y la asociación de tríades y divinidades. (4)

La concepción de un Dios que ha sido energía y motor de un cosmos, del universo, inspirador del origen y destino final del hombre, al cual se le teme y se le venera, se desarrolla fundamentalmente en la sociedad hebrea antigua.

Pero con la evolución del pensamiento y la organización social, la función de un solo Dios se divide en divinidades especializadas sobre todo a su función específica y a su papel en la vida cotidiana de la tribu o clan. Los griegos y los latinos desarrollaron una religión donde el caos original, por medio de una separación y distribución funcional produce una decantación de la substancia informe original produciendo esta el cosmos. El racionalismo de la religión no considera como las religiones orientales, o hebrea, a un Ser único y central de la formación y acción cósmica, sino que es fundamental el proceso cosmogónico que se interpreta en referencia al orden y a la justicia.

La realidad griega se articula rigurosamente delimitando planos reales a través de una multiplicidad de diferentes funciones de las potencias divinas. El orden del mundo, separa vivos de muertos, como divinidades de mortales, dando lugar al politeísmo en donde los dioses están sujetos a la ley y a la misma justicia pasando a ser solo símbolos.

En el ámbito de la mística, la experiencia del divino por parte del humano, las grandes religiones esperan la unión del individuo con Dios y con el Principio Absoluto a través de la meditación o del ascetismo. La concentración psico espiritual libera energía del espíritu, de forma que la esencia del Tantrismo es la liberación del mundo, donde reconoce la condición humana del Kaliyoga o sea el estadio obscuro, donde el espíritu subyuga la carne, esta experiencia alienta al dominio del mundo como forma de liberación, y a través del la mística budista la elevación, la mediación, y la contemplación llevan a la elevación al Nirvana.

La religiosidad del hombre y su concepción cósmica llevaron al hombre en la tradición celta a una racionalización de los fenómenos y a crear una serie de mitos que dieron sentido a su vida cotidiana y reflejaron su cultura, inquietudes, esperanzas, miedos y tabús, justificando los misterios. En la filosofía celta "el espíritu es la materia y la materia es el espíritu, la aparente dualidad es el resultado de la relatividad del mundo. El espíritu que no se encuentra con la materia no piensa y no sabe que existe, lo mismo vale para Dios innombrable y absoluto. El espíritu no es más que una apariencia funcional de la totalidad del ser, y la materia es otra apariencia funcional que deriva del desdoblamiento o escisión del ser primitivo. La acción es energía manifestada, todo es energía, la materia como espíritu, cada uno de los dos términos desarrolla su propio papel, irremediablemente ligados uno al otro. El cuerpo es considerado una manifestación provisional del espíritu que de esta forma afirma su existencia, aun a costa de manifestarse con otros medios que considere útiles, concibiéndose otras formas de vida."(5)

La naturaleza, los bosques, los animales, ofrecen soluciones míticas, los fenómenos físicos de la naturaleza como los rayos productores de fuego, los bosques de variadas especies vegetales y una gran cantidad de animales además de representase en forma mítica, fueron considerados como tabú. Con la migración de diferentes pueblos y su continua movilización geográfica, fuera de guerras o en forma pacífica, las costumbres y el bagaje cultural se expandieron a otras comunidades las que asimilaron los rituales sacros los cuales adquirieron valencias mágicas. Ante las migraciones, las concepciones míticas se reelaboran conforme a las culturas y concepciones dominantes racionalizándolas conforme a fines mediante un potencial de expansión.

A través de la base de los mitos la cultura se extendió y se reoriento en busca de su estado original, de una concepción cósmica, de un encuentro con las divinidades para que a través de la búsqueda espiritual se llegara a la esencia original de la creación. (6)

Una opción de conciliación de espiritualidad con la materia se dio en la concepción religiosa predominante en Mesopotamia, entre las tribus mayas plasmadas en el Popol Vuh y en el Chilam Balam, donde se afirma que el mundo es un proceso milagroso que surge por un doble acto pre sexual, el cual se divide en modo dualístico, el mundo de los dioses primordiales y el de los seres terrenales donde aparecen las desigualdades. En este mundo material los hombres dependen de los dioses por lo que deben rezarles. (7)

Conciliando la materia con el espíritu, la vida terrenal con la especulación, se organiza la vida cotidiana según los preceptos míticos y de tabú con los cuales se ha racionalizado la existencia de manera de encontrar justificación a las expectativas. Así surge el chamán como mediador de esta espiritualidad, como la sabiduría, es el exponente del grupo, el cual ha sido iniciado y participa en los misterios. Su propio carisma le permite un control entre sus allegados. (8)

En la sociedad matriarcal se caracteriza la sucesión por la línea materna, con el dominio de la mujer en la esfera de acción sobre todo religiosa. En esta época de promiscuidad, los sacrificios humanos se consideraron parte del desarrollo de la vida social y cultural del pueblo. Con el paso al patriarcado muchos actos de la vida cotidiana pasaron en forma de tabú, de mito incrustándose en el marco de la religión, de ritos y de cultos. "el rey consorte de la reina, obtiene el privilegio de sustituirla en ceremonias y en los sacrificios, pero el solamente vestía como mujer… El rey se de origen servil, sin poder, el cual le es dado en función del matrimonio real."(9)

La fase evolutiva de matriarcado a patriarcado se reflejo incluso en la concepción de una familia divina, de seis dioses masculinos y de seis diosas dándose un equilibrio, que mas tarde garantizaría la preponderancia masculina, donde la mujer perderá sus antiguas prerrogativas. (10)

En la tradición hebrea se concibe una marcada y única tendencia a la figura de un solo Dios, de tendencia universal, aun cuando se tuvo un periodo de divinidades. Las tradiciones del pueblo hebreo le otorgan la unidad de la fe y la racionalización de la vida para a través de esta concepción teológica sea Dios quien ha formado un pueblo, le ha dado una tierra y por lo tanto es el pueblo escogido de Dios. La creación del mundo, el cosmos y los seres humanos en un comienzo del origen, la creación no es un mito inter temporal, está ligada a la historia de la que da inicio el absoluto. (11) La creación es partiendo de la nada, la luz es la creación de Dios, la obscuridad es su negación o sea las tinieblas. Dios crea los días y las noches en el marco del desarrollo de la obra creadora, Génesis 1 donde los astros son luceros para alumbrar y fijar normas de calendario terrenal, se denominan así para contrarrestar la valencia sagrada impuesta en la divinización a través de mitos y leyendas llevadas a cabo por los pueblos vecinos.

En Génesis se afirma la creación como origen e inicio desmitificando la concepción sumeria en cuanto a la concepción y creación humanas, mas aun en contraste con la egipcia y la serie de generaciones divinas. (12) Adán y Eva fueron la primera pareja humana puesta en un paraíso terrenal como respuesta racional a las concepciones míticas de hombres divinizados por los pueblos circundantes. Génesis 1, vers. 27. (13)

El tiempo donde inicia la creación del hombre, su historia y el pueblo hebreo, ha sido instituido en una pequeña porción de tierra entre Egipto y Mesopotamia concibiendo su existencia no en una forma mítica como los pueblos vecinos, sino en un vinculo de la vida cotidiana con Dios, el Dios del pueblo hebreo y Creador de todas las cosas en la tierra como en el cielo. Su relación es directa y a través de la Alianza con Abram-Abraham. Abraham se explica por la asonancia con "ab hamon" padre de la multitud. El hombre se somete directamente a Él y cuya alianza se consolidara con la circuncisión Génesis 17 vers. 10 (14) La promesa incluye la tierra prometida el país de Canaán. Génesis 15 vers. 18.

Dios no se identifica a diferencia de otros pueblos en el cielo o en el santuario, es un Dios revelado, de tendencia universal que se hace partícipe de la cotidianidad hebrea y se revela como Dios de los Padres desde Abraham, Isaac y Jacob. Este acto de fe inquebrantable, de fidelidad absoluta a la promesa de Dios y la alianza con los hombres reforzara la idea de un solo Dios, dotando de una moral que será la condicionante de la conducta y expectativas de una ética de vida. (15) Se infiere que la fe y la creencia en un solo Dios no es compatible con la fe en muchos dioses.

La fe en un solo Dios equivale a la no divinización de las fuerzas naturales en un ciclo cósmico, así como el no otorgar valores sacramentales ni valencias mágicas. La personalización de dioses en figuras e imágenes, así como la deizacion de valores: tierra, poder, dinero, sexo, la ciencia o los mismos jerarcas religiosos, significo contraponer la fe en un solo Dios con la divinización de cosas tangibles e intangibles, elevándolos a la categoría de valores, para los hebreos la representación figurada de Dios significaba "avodà zarà" o sea el culto extranjero, idolatría. (16)

La fe inquebrantable en un solo Dios, excluye falsos dioses, falsos valores y elimina misterios, dogmas y rituales pues modifica la conducta ya que otorga al individuo una ética de vida, de manera que el hombre establezca una autentica relación personal basada en la fe.

La libertad como un don intrínseco a la naturaleza humana coadyuva a la renovación de la fe, sobre todo en un marco extra cultural donde mitos y ritos llegan a predisponer a un conflicto entre la misma fe, la tradición y la cultura.

Con el pasar del tiempo y la racionalización de los fenómenos naturales, físicos, agrícolas, sociales, culturales y religiosos el individuo ha adquirido nuevas formaciones, se han descubierto nuevas tecnologías y un complejo

11

conocimiento del cosmos que han llevado a replantearse viejas preguntas y a cuestionar antiguas conceptualizaciones. Ya no son necesarios los antiguos ritos para producir la lluvia, ni tampoco los dioses solares ávidos de sacrificios y sangre, pues se ha adquirido el conocimiento del ciclo de la tierra alrededor del sol y las consiguientes estaciones. Ya la diosa Astar, Astartide o Afrodita como la detentora del monopolio de la fertilidad está olvidada, pues la tecnología de la biogenética y la clonación han dado algunas respuestas a antiguos planteamientos relegando los rituales ancestrales, pero a la vez abriendo cuestiones fundamentales y polémicas jurídicas que requieren de una ética y moral universalmente aceptadas. Esto solo se encuentra en las bases del cristianismo y de los planes de Dios, el Dios de la creación y de la historia de un pueblo.

Ya no se recurre al dios Mitra (17) ya que las grandes empresas productoras de armas, cada día se han sofisticado a tal grado que ahora hay armas tan sofisticadas y efectivas que los resultados rituales han sido olvidados del pacto de Mitra con los beligerantes.

Esta racionalidad del hombre, lo ha llevado a replantearse nuevas teorías y explicaciones de fenómenos que a lo largo de su historia y presencia en el mundo no ha conseguido descifrar satisfactoriamente. A la luz de las nuevas tecnologías y como portadora de la evangelización, la especie humana se ha calificado como la mayor y mas grande de las obras de la creación y en consecuencia la dominadora por excelencia y el individuo portador de la verdad y la razón que extiende sus dominios a todos los confines del universo.

1.3 El Cristianismo ante la Elite Cultural Dominante.

El concepto de Dios heredado de la tradición hebrea se plasma en el cristianismo, oficializándose este durante el Imperio Romano con el Edicto de Milán del 313 DC. Con la paulatina institucionalización del mismo la iglesia primitiva inicia un proceso de burocratización como parte de la prerrogativa de universalidad. Con el posterior desmembramiento del imperio unido a la tolerancia de cultos por parte de los emperadores, el Mensaje autentico cristiano es reconsiderado en aquellas culturas y tradiciones locales donde se había presentado como perteneciente al Imperio.

En las provincias asimila ritos y cultos nativos considerados por la nueva religión como paganos, provenientes en su mayoría de antiguas tradiciones agrícolas, sin embargo el Imperio se había caracterizado fundamentalmente por la tolerancia en relación sobre todo al panteón de las divinidades.

Las influencias a las que estuvo sometido el cristianismo lo llevaron a una religiosidad de tipo cultural, con una tendencia hacia la universalidad que no comprometía el mensaje evangélico más aun lo reforzaba. Antiguos ritos, cultos y concepciones se redimensionan en el nuevo contexto cristiano donde la fe en un solo Dios, concepción heredada del hebraísmo no se contrapone con las culturas nativas de tradición animista y rituales paganos. El concepto del hombre como la creación suprema en la naturaleza legítima la superioridad de este ante el resto de la creación y con ello la superioridad de ser cristiano y la capacidad de dominio y legitimación, sea de la misma naturaleza como de otras tradiciones y culturas vistas como paganas. (18)

En la sociedad celta el druidismo desaparece pues es contrario al sistema romano, por considerarse mágico ritual y pagano, siendo entonces predominante el concepto de formación jerárquica imperial donde el carácter romano y la filosofía del Imperium marcan un cristianismo de tipo político imperial, cuyos textos en latín fueron impuestos a lenguas nativas por considerársele idioma oficial del imperio.

El individuo se somete a los nuevos ritos, cultos y tradiciones del imperio dominante, pero sobre todo absorbe el concepto jerárquico y a la vez tolerante en relación a cultos, mitos y ritos nativos que complementaran la nueva religión: la cristiana. En donde un acto de voluntad humana puede ser bueno o malo, según forma y la intención dentro de un determinado esquema de valores y en un contexto cultural determinado, ritual o racial. No hay bien o mal absolutos, estos conceptos caerán en un esquema de relatividad.

El panteón de los dioses romanos paso a la tradición cristiana sustituido por el culto de divinidades menores en un marco de legitimación dotado por la nueva Iglesia de tendencia universalista que en el fondo enriqueció la tradición cristiana, fundamentalmente basada en una teología visiva. La fe en un solo Dios doto incluso la legitimación a nivel terrenal y como único monopolio de la verdad y administración de los bienes celestiales. La Iglesia se romaniza y con ello adquiere la estructura romana, la corrupción, las tradiciones y las divinidades no fueron obstáculo. La Iglesia romanizada genera su propia estructura y su propia elite autoritaria y manipuladora, una elite de absolutos arbitrarios cuya legitimidad según ella proviene de Cristo y sus apóstoles como de la misma tradición.

La Biblia como la Palabra de Dios queda relegada y se traduce al latín siendo prohibida su lectura. La Iglesia se legitima doblemente una por el derecho romano y otra por su propio derecho el derecho canónico, se convierte en juez. El cristianismo como el absoluto de moral y valores bajo las reglas de Dios, donde la verdad y el conocimiento serán la unidad de todo conocimiento, es tomado por pequeñas comunidades que anhelan y recuperan el cristianismo primitivo.

El cristianismo de la diáspora se vio filtrado de aquellas tradiciones en busca de redención, pero que no se deshicieron de un patrimonio espiritual y cultural ancestral, llegando a enriquecerse de forma y conservando la fe en un solo Dios, pero paralelamente la esperanza de salvación se coloco a nivel de los santos, antiguo patrimonio de tradiciones politeístas donde se invoca la protección a la divinidad y a los espíritus. A la larga esta actividad dio sus frutos financieros en la Europa medieval.

El concepto de inmortalidad y regeneración se heredan al cristianismo y con esto se suman antiguos ritos y mitos agrícolas cósmicos sobre todo de la tradición griega, no sin potencializar bajo un nuevo enfoque cultural el culto de la Madre Tierra.

A través de la institucionalización oficial de la iglesia, el cristianismo se alejara de sus bases bíblicas adquiriendo las características más de una religiosidad formal y adaptada a la medida del hombre, donde las contradicciones son manejadas como patrimonio cultural y la ruptura más bien una lucha hegemónica entre grupos de poder, de ambiciones terrenales y de lucro, que una búsqueda de la redención y salvación humanas. Contradicciones que llevaran a la ruptura del cristianismo oficial de corte romano con las tendencias progresistas y críticas llegando a considerarlas como herejías.

El autentico cristianismo aculturizado es libre de compromisos institucionales característica significativa de su estado sectario de ahí sus grandes valores intrínsecos, de donde su alineación a culturas y el llamado patrimonio y folclore o tradiciones, compromete la libertad intrínseca regalo de Dios, en contrapartida esta el árbol del bien y del mal cuyo fruto fue comido por los primeros padres causando la muerte y la desgracia a todo el género humano, la única disposición en relación a la libertad gozada en el paraíso. El cristianismo culturizado encauza la religiosidad humana a compromisos en lugar de una autentica fe en la relación de Dios-hombre.

1.4 Los Valores en el Desarrollo de la Infancia

La infancia como germen de la futura juventud y posteriormente adultez, gobernantes y gobernados, es parte de la trayectoria del ser humano. Estos se hallan condicionados en el más elemental de los valores la libertad ya que son considerados incapaces de manejarla, forman parte del mundo de los adultos donde prevalen las tradiciones, mitos, ritos, razas, colores, ideologías sea la cultura a la cual pertenece, o bien a aquella a la que se someten o son sometidos. Se nutren de ejemplos sociales, de patrones ajenos a su propia realidad, de violencia televisiva de mitos y ritos culturales sea de raza, religión, sexo, tabús y miedos, e ignorancia sea en el ámbito familiar como en el social en general.

Son imitadores rituales de las conductas de los padres, son objeto de frustración del adulto, son el medio de continuar y perpetuar la familia y con ello la sociedad. Pero también son un negocio, una dote en sociedades donde son usados tanto para el trabajo del campo como en crisis financieras, para su venta en actividades de sexo, de órganos y prostitución. En algunas sociedades esto es visto como parte del fenómeno cultural y cotidiano. En algunas comunidades en África algunas niñas son engordadas porque existe la creencia de que la obesidad es atractiva al hombre y tendrán mejor dote, concepto totalmente distinto en occidente donde la delgadez es sinónimo de bienestar social, de salud, de estatus y de elegancia.

Pero son estos, los niños, los que tienen el menor tiempo de atención de la sociedad adulta, se les hace participes de frustraciones y limitaciones paternas, haciendo uso de su libertad se les hace participes en un mundo de sofisticadas tecnologías robándoles la iniciativa natural ante la impotencia de reaccionar ante un televisor enajenante que les suministra valores superficiales y consumistas. De hecho son observadores de los vaivenes del mundo, de las lujurias de Afrodita donde por poco o mucho dinero se puede comprar un servicio y donde los modernos conciertos marcan pautas de comportamiento, de modas, de joyería, de uso de drogas dotando con ello de parámetros y valores. La guerra y la muerte se confunden con la publicidad y la vida cotidiana, la invitación a comprar se hace patente en modelos de vida presentados en forma atractiva, el poseer lleva a cierta superioridad y con ello autoestima.

La infancia era considerada en el Imperio Romano como parte de la célula social y la familia bajo la protección de la diosa Levana, legitimaba el nacimiento de estos en el seno familiar. El niño lo era hasta los siete años donde permanecía en la casa al lado de la madre para luego ingresar a la escuela. "Ha sido definido negativamente a través de su incompetencia sexual y militar recibiendo una definición positiva gracias a la pureza que lo ponía en contraste con el mundo de los dioses". (19)

Con el advenimiento del cristianismo la figura del niño se revaloriza sobre todo en relación a la niñez y figura del Niño Jesús, exaltando su inocencia. Cuando

Jesús habla del reino de Dios y de ser como niños y cuando estos se acercan a Él. Lucas 18 vers. 15 al 17. Mateo 19 vers. 14 y15. Sin embargo prevalecerá el concepto de ambigüedad en ellos, pues aun no están definidos, al mismo tiempo San Agustín se refiere a la infancia como merecedora de duros castigos para aprender, penas como medio de lograr este proceso. Desde su nacimiento se manifiesta el llanto excluyendo a Zoroastro que reía, pues descienden de Adán y es solo con el bautismo regenerativo que lavaran el pecado original del cual son portadores. (20)

Otros autores ven en la niñez el pecado no redimido si no con el bautismo, o "la ínfima materialidad" del cuerpo humano que afirmo Inocencio 111 la cual es generada por las sustancias "mas ínfimas" del cuerpo humano. (21)

Este pensamiento prevalecerá por todo el Medioevo pese a los esfuerzos de cristianización y revalorización de la niñez. Seguirán siendo considerados ambiguos, egoístas, ávidos de juego y poco confiables. En el caso de las niñas, la condición femenina les margino aun mas, siendo su destino final el matrimonio precoz con miras a consolidar intereses familiares, haciendo del sacrificio un recurso natural.

Convenciones internacionales desde la de Nueva York en 1989 hasta Estrasburgo en 1996 se empeñan en garantizar los derechos de la infancia, a su vez los estados garantizan constitucionalmente estos preceptos, plasmándolos en sus propias constituciones, algunas como las de Brasil una de las más adelantadas y completas en materia de derechos de la infancia.

Según cifras de la OMT, organización internacional del trabajo, en solo los años noventas cerca de 250 millones de niños estuvieron sujetos al trabajo, y a inicios de la década se calculo que 400 mil hindús, 100 mil filipinos, y 30 mil de Sri Lanka les obligaron a prostituirse sobre todo para el mercado occidental que organiza tours eróticos y exóticos, los que incluyen servicios llevados a cabo por infantes. Estos son promovidos por agencias de viajes que otorgan facilidades e incluyen estos giros turísticos, los niños que se manejan aquí han sido comprados, robados o son producto de sociedades en crisis de valores donde se presenta frecuentemente la ruptura social-familiar con igualmente valores y principios en crisis. El fenómeno se extiende a aquellos países que aportan clientes a este tipo de paseos y viajes los cuales provienen a su vez de sociedades con profundas crisis de valores y de principios morales y éticos que presentan una doble moral. Es más rentable una paz personal que el compromiso de un absoluto de moral y valores bajo las reglas de Dios, la verdad que da unidad a todo conocimiento, el que solo puede darse bajo el cristianismo.

Los niños en Palestina viven bajo un clima de violencia armada, convencidos por la tradición de la tierra y libertad, su identidad de pueblo se ve amenazada, y solo, a través de armarse aun de piedras, recuperan la dignidad de un pueblo. Los niños hebreos viven en una tradición y cultura diversa, aun condividiendo un monoteísmo riguroso de superioridad histórica y por consecuencia herederos de la tierra de Israel, el verdadero dios es la tierra, bajo el eslogan de tierra a cambio de paz. La guerra y la violencia se retroalimentan desde el Holocausto hasta la identidad nacional basada en la tierra. Es significativo como en Tel Aviv, en los mercados de juguetes lo que se venden son artefactos de guerra, armas, bazucas, granadas y todo lo relacionado con la guerra, la infancia se ha olvidado de jugar, se prepara a la guerra de los adultos. La opción de las armas es también para los niños del África tribal la que se presenta como la única alternativa de sobrevivencia.

Los niños del Islam adoctrinados desde la infancia son fuente incansable de mano de obra barata y sin pretensiones sindicales, sus manos al ser pequeñas son perfectas para el manejo de telares donde se tejen a mano los magníficos tapetes Bokar, Kilim, persas, tapetes que adornan las más exquisitas casas de personas inconscientes de que estos provienen del duro trabajo y de la explotación de la mano de obra infantil. Según estadísticas se ha visto que después de un periodo de cinco o seis años las manos pequeñas de los niños se deforman de los huesos, siendo entonces difícil continuar a anudar los tapetes.

En el caso de las niñas del delta del Nilo en Egipto la recolección de flores es una actividad que les permite sobrevivir junto con sus familias, estas flores son la base de la industria perfumera de occidente y cuyo monto es exportado a las grandes transnacionales para la producción de costosos perfumes cuyo destino final es a países y a grupos que compran y a la vez tutelan sus derechos constitucionales en el seno nacional y en las convenciones internacionales.

Los niños de Brasil los llamados meninos de rúa, se han hecho famosos por el sacrificio de estos por bandas, desprotegidos y abandonados desde el nacimiento son objeto de la mala vida y sacrificados a un destino miserable.

No es solo un fenómeno de circunscripción a países pobres o en desarrollo, en toda la sociedad el uso de los niños, el abuso y el maltrato es generalizado, si bien el despego familiar se ha visto como una constante, donde los padres dejan la educación y formación de los niños a personas contratadas por un salario, o bien en institutos escolares donde pasan la mayor parte de su jornada hábil. Y en muchos de estos lugares el abuso sexual infantil se presenta muy frecuentemente. El niño pierde su estabilidad emocional, su intimidad queda lesionada, ultrajado por toda la vida, se vuelve vulnerable, aquella bendición de Dios pierde la inocencia y con ella toda su esperanza de vivir, de sanidad espiritual y moral, un alejamiento del total absoluto de la moral y valores bajolas reglas de Dios.

En el campo de la cultura globalizada, con promoción de valores, la publicidad a veces subliminal, la imposición de valores, los programas de caricaturas diseñados para los niños promueven elementos y rasgos de culturas ajenas a un entorno cultural propio del sujeto. Existen animales parlantes, señores de la guerra altamente sofisticados que se presentan cada día sustrayendo la capacidad de fantasía e inventiva de los menores, en las nuevas producciones se presentan una gama de tradiciones fusionadas con la modernidad, donde se percibe la búsqueda en el regreso al origen. (22)

Sin embargo el materialismo que caracteriza la época post moderna no ha absorbido la entera esencia del hombre, continua buscando en lo desconocido las respuestas que los avances de la tecnología no han podido satisfacer.

La infancia que no ha sido considerada como el principio por el cual se basa la humanidad entera para perpetuarse, ni el tierno paso generacional, ni los depositarios de una herencia humana, ni de la espiritualidad y sabiduría, más bien se le cataloga como instrumentos materiales y de subsistencia, han roto la cadena no son mas el eslabón de la cultura, sino la materialización de esta.

Los niños al nacer tienen un vacio que es llenado por el amor de los padres, en este espacio es donde aprenden a amar. Ese espacio está dedicado a Dios y su moralidad en el absoluto, a través de la concepción de la familia. Cuando todo esto tiende a desaparecer, los niños quedan en total desventaja y entonces otros valores culturales y sociales ocuparan ese vacío. Se vuelven intolerantes, el amor al dinero, a la tierra, a los falsos ideales, enconos familiares, disyuntivas culturales los volcaran a las armas y a satisfacer sus vacios con drogas, sexo, armas, violencia, adicciones y cuando el efecto pasa, regresa el vacio. Una cosa son las crisis con Dios y otras muy duras son las crisis sin Dios.

Esta forma de materialidad propone una ruptura generacional de la humanidad, su autolimitación siembra un futuro de crisis y ausencia de valores mínimos, pues estos niños serán los gobernantes del mañana y ejecutores en un breve tiempo, los que condenaran a la misma sociedad que les negó vivir la infancia y aprender a continuar con la superación de la humanidad. Para ello la dualidad que se presenta es latente, por un lado el avance tecnológico y por otra parte ese mismo avance responde interrogantes que tradicionalmente caían en el ámbito de misterios. La tecnología racionaliza antiguos misterios, ritos, tradiciones, el concepto de la muerte, el más allá, la espiritualidad, todos ellos representados a la luz del mito y de un rico patrimonio humano que otorga la pertenencia a la sociedad, pero en su extremo también representa el ateísmo y con ello un alejamiento total del poder absoluto de Dios.

1.5 La Juventud, la Cultura, la Libertad y los Valores

La juventud abarca un amplio sector de la población mundial que ahora es gobernada, pero en pocos años será gobenante. Este grupo no conoció los lastres de la guerra mundial, ni el nazismo en sus años màs convulsivos, ni el franquismo, ni las guerras tribales, los jóvenes son ahora testigos del mundo aparente de libertades, sobretodo en occidente. Han asistido a la caída de grandes imperios, de ideologías del milenio, de las mitologías y se han sometido voluntariamente o no a las tradiciones y ritos de la sociedad adulta.

Sin embargo este sector, que desde la niñez ha sido sometido a elementos acríticos, se presenta como el portador de las tradiciones y mitos de las diferentes culturas existentes en el mundo, son el objeto de las esperanzas del futuro. Han vivido en una cultura marcada por la tradición y creencias. Forman parte del sistema donde las respuestas se dan en un ámbito de misterio incomprensible a la razón humana, manejándose en base a la fe incuestionable. Las tradiciones no se rompen, se reproducen, ya que el ámbito cultural donde se han desarrollado esta gobernado por reglas dadas de los adultos, igualmente las jerarquías son tradicionalmente respetadas. Romper una tradición puede ser considerada herejía, falta de respeto o locura, un estado de inadaptabilidad.

Se percibe una crítica aparente superficial pero sin un conocimiento de las grandes lecciones de la historia, algunas de ellas desvirtuadas con enfoques de ideologías y culturas nacionales. Este sector no es crítico de las cosas fundamentales, más bien es reproductor de mitos y tabús sin un preciso conocimiento de su significado, origen y alcances. Con la libertad argumentada como un derecho, y no como un privilegio, se condicionan hasta el punto de penetrar en le esencia del materialismo y al no encontrar repuesta a sus cuestionamientos las transforman en dudas, repercutiendo en su seguridad y estabilidad emocional, resolviendo sus problemas bajo enfoques de culturas con valores derivados de estas, ajenos a su cotidianeidad y no conforme a su propio entorno cultural, a su realidad y sobre todo en relación con un código de conducta que aporte principios éticos y valores morales universalmente aceptados. (23)

El materialismo ha dado códigos de conducta y valores ante las expectativas a corto plazo, es ahora producto de la cultura. Incluida su íntima religiosidad. A través de estos nuevos valores el individuo se aleja disociándose de la naturaleza y la espiritualidad (24) para integrarse a la sociedad que es su fin último, sobre todo la sociedad urbana.

Con la reproducción de mitos y tabús, la juventud se vuelve la cadena cultural de la transición. Ansían libertad en un marco tradicional que difícilmente romperá la tradición y los intereses económicos y políticos de la sociedad donde actúan y obtienen su legitimación, queriendo dar paso a la innovación las opciones son pocas, la más frecuente ha sido la ruptura y la transgresión, la asimilación es un proceso lento pero progresivo y con ello una adaptación a los mitos en un entorno cultural dominante lo que conlleva la frustración, mitos y tabús. (25)

La libertad está condicionada por la misma cultura y tradición, los mitos son parte de la vida diaria y las expectativas a corto plazo, su autoestima se define en relación a su microcosmos personal. El mito parte de sus propias expectativas y respuestas, generando su propia escala de valores.

Las tradiciones heredadas como parte del patrimonio familiar, o socialmente aceptadas se repiten ritualmente sin tener conciencia de los límites que esto propicia. El pensamiento generacional ha sacrificado libertad a cambio de sometimiento de la tradición y cultura, cuanto más ritualista y apegada a la tradición la sociedad, menos libertad existe para el individuo, aun mas este se vuelve esclavo de ella.

La juventud hoy día tiene un futuro desafiante, una tecnología sofisticada y avanzada en la mayoría de los países y una carencia de puestos de trabajo aun con títulos universitarios, para entrar a un mercado laboral que satisfaga sus necesidades. Pero su mayor carencia es el absoluto de moral y valores bajo las reglas de Dios para dar unidad a todo conocimiento, esta enorme carencia generara más profundas divergencias con los sistemas creados y con los estados nacionales.

La juventud es una etapa delicada de la vida, de ahí el joven salta a la adultez y ese salto debe ser de calidad, con plena conciencia y con la esperanza en Dios. Si se carece de ello el vacio que hay en el alma se llenara con mitos, culturas, amistades y pseudo valores aun de otras culturas, y peor aun con drogas y con expectativas de violencia y terror. Hoy el cine y la televisión están aportando valores y transculturizando a los niños y jóvenes fundamentalmente a través de programas americanos fuera del contexto de jóvenes de Europa o América

20

Latina, los que mitifican superhombres, mitifican el dinero, la violencia, la droga, el sexo, el terrorismo, dioses falsos.

1.6 Cultura, Tradición como Portadoras de Valores

La cultura por definición abarca dos aspectos el conocimiento y las costumbres, conductas, creencias y expectativas del individuo. Esta es patrimonio del conocimiento del cual el hombre es su poseedor, sea por educación o por formación. El conjunto de tradiciones se trasmite a un pueblo como conocimiento, aprendizaje, como lo es el uso de la computación en el proceso de modernización, el conocimiento y la reflexión sea a través de estudio o la vivencia directa, lo que permitirá diferenciar críticamente el conocimiento de la pura tradición, sobre todo en un marco de libertad de elección.

Existen usanzas y tradiciones que han deformado los valores más grandes de la vida del hombre, como son el respeto de sí mismo, de los demás, del mundo creado y de la libertad con responsabilidad. Según Malinowsky el aspecto histórico se acentúa en la cultura cuya herencia social es el concepto clave de la antropología cultural. En esta herencia social, el individuo trasmite miedos, conductas, costumbres, ritos, tabús, un cosmos heredado a cada nueva generación en base a una integración y a una retroalimentación.

La sociedad en general imita comportamientos rituales y tradicionales de culturas no necesariamente superiores, más bien dominantes, transgresivas del concepto de libertad por el de imitación, que carecen de una escala de valores sólidos y auténticos, por lo que son fácil presa de valores de culturas ajenos y superficiales, fenómeno que se presenta como parte de la características de la sociedad post moderna.

La noción de cultura del hombre realizado gracias a la formación y educación pasa de la antigüedad griega y romana a la edad media cristiana de las artes clásicas a las libertades medievales, el concepto de cultura se afirma en el ámbito del humanismo, en el concepto del hombre libre, excluidos los esclavos. Este ideal aristocrático de la "humanitates" del pensamiento humano se ve en crisis bajo los parámetros de las nuevas interpretaciones de cultura, así como de la aparición de nuevos estratos sociales de hombres libres. El iluminismo presenta entonces la razón como el instrumento de la educación y patrimonio de cada individuo, y no solo de los llamados libres. La civilización llego a considerarse como refinamiento, como una respuesta a la moderación de los impulsos e instintos del hombre. En la corriente alemana se produce la ruptura entre civilización y cultura entendiendo la primera como el complejo patrimonio del hombre, de valores externos y convencionales que se contraponen a la "kultur" de la naturaleza humana.

En los albores del siglo XX1 gran parte de los valores están en crisis, productos de culturas dominantes y de actitudes fanáticas que van desde la incredulidad hasta el ateísmo, lo que en mucho se debe a los valores en el seno familiar, en el seno religioso, de la escuela, de la publicidad dirigida, de los medios masivos de comunicación, de las proyecciones musicales, de los valores generados a corto plazo. Por una parte se condiciona la libertad de elección de un mundo material que ofrece satisfacciones efímeras donde lo que más importa es la apariencia externa, lo que el individuo proyecta y cuya escala de valores se determina en base a modos de vestir, perfumes, marcas de ropa y la sensualidad de la mujer está sujeta sobre todo a la juventud delgadez y a la belleza artificial o sintética.

Cada sociedad ha generado sus propios valores los que corresponden a un determinado grado de desarrollo económico, social, religioso, e incluso alimenticio, sin embargo el mundo de hoy pertenece a aquellos cuyos valores se ponderan por encima de los demás provocando un sentimiento de superioridad tanto cultural como individual. El materialismo y la carencia de autoestima han modificado los valores auténticos para dar paso a efímeros conceptos de cultura y civilización.

La conquista y las guerras de colonización se han impuesto como superiores en cuanto a cultura y religión, generando mitos. Ya desde el neolítico con los cazadores, pescadores y recolectores se iniciaron conflictos sobre la posesión de tierras y la propiedad privada sobre todo de aquellas comunidades que se hacen sedentarias. Esta necesidad de justificar la posesión se hace justa, entonces se deriva la legitimidad del dominio de pocos sobre muchos. Las sociedades que fueron conquistadas justificaron el hecho en base a la necesidad de evangelizar a los indios paganos de la América, recibiendo por consecuencia todo un esquema político, social, cultural, religioso con un esquema de valores preciso y que operaba en un contexto típicamente europeo y medieval, de manera que la conquista significo, dominio e imposición de una elite con su propia justificación y legitimación humana, la conquista fue la imposición contraria al principio fundamental del cristianismo donde este no es un medio para un fin, sino que es el absoluto de moral y de valores bajo las reglas de Dios.

La diferencia religiosa tomo matices culturales y económicos cuando Inocencio 111 organiza y apoya junto con la elite gobernante francesa los barones, "una guerra santa" en contra de las sectas cataras o puros del griego katharôs, que basan su teología en un dualismo según el cual Dios ha creado la realidad espiritual y la material es obra del demonio. En el año 1229 se transforma en una guerra en Francia por la anexión de la Provence al reino, lo que se realizaría y se legitimaria con el tratado de Paris del mismo año.

En el caso de Irlanda la cultura celta y sus tradiciones permanecieron hasta el siglo X11 cuando aparecen las primeras órdenes religiosas de los cistercenses. Para el siglo X111 suman alrededor de quinientas abadías, las cuales promueven organizaciones agrícolas y la crianza del ganado, lo que lleva a racionalizar la economía, permitiendo la promoción de la sumisión a la jerarquía evangélica, lo que conlleva a desaparecer la sabiduría y tradición druida. Ya no son necesarios los conceptos de resurrección y muerte y divinidades bajo el enfoque filosófico druida, estos han sido superados por nuevos conceptos de una tradición cultural dominante. El pecado original y la culpa heredada eran conceptos desconocidos en la sociedad celta, pero sobre todo se pierde la armonía del individuo con la naturaleza típicamente celta, para introducir la superioridad del hombre como la creatura más importante y por encima de los demás componentes de la tierra, el individuo se vuelve típicamente urbano alejado de la armonía con la naturaleza.

El poder y la ambición territorial han sido motores para justificar las conquistas y derechos de predominio, creando mitos y tradiciones del más fuerte. La imposición de mitos y culturas ajenas a las sociedades conquistadas reflejan más que una evangelización, una concentración y expansión de intereses terrenales que se legitiman en el dominio de unos pocos sobre las mayorías. La conquista de América Latina, las conquistas de países africanos, la expansión de los imperios, o las guerras mundiales justificaron la violencia en aras de culturas superiores, las cuales en su seno eran portadoras de mitos y tradiciones de grupos dominantes alineados con poderes terrenales. Entonces se uso la religión para justificar y legitimar el nuevo orden derivado de este estadio de dominio, querido por su "Dios" como premisa de un orden superior y moral, que eliminara de su seno la idolatría de las sociedades paganas, o bien fundara imperiôs milenarios legitimados en el mito de la superioridad.

En un mundo de globalización e interdependencia que caracteriza la sociedad post moderna las guerras por territorios han pasado a ser una estrategia localizada en base a recursos naturales, petróleo fundamentalmente así como a la lucha antiterrorista, ahora es más importante el control de los mercados y con ello la imposición de valores supranacionales, basados en mitos. Los nuevos mitos reflejan la tendencia en los valores de la sociedad que a su vez generan expectativas políticas, sociales, económicas, culturales y religiosas. En la sociedad actual el hombre se ha hecho esclavo de su propia cultura, de la tradición, del mito, de la tecnología (26) mostrando intolerancia a todas aquellas sociedades que considera incompatibles con sus propios parámetros culturales, (los de la elite)   fundamentalmente religiosos y raciales.

1.7   La opción de la Religión

El mundo de las religiones ha sido un elemento fundamental en la cosmografía humana. El individuo tiene una enorme necesidad de saber y conocer en eterno, de aquí que la sabiduría se proyecte como una actividad sin final, que sin gozar de la perfección y la infalibilidad llegue a la perfectibilidad. Siendo la búsqueda abierta, se plantea el requisito inicial del hombre en la creación, donde se valoraran los tiempos y se discierne en cuanto a mitos, leyendas, valores culturales y tradiciones que obstaculizan y no permiten hacer del hombre un individuo libre, sino que al contrario se vuelve esclavo de estas. (27)

A lo largo de la historia del hombre han aparecido formas de ejercicio de poder, las cuales se han demostrado inestables, algunas han caído como los grandes imperios. La justicia se ha burocratizado, siendo lenta y no necesariamente ciega, sobre todo cuando se anteponen intereses económicos y políticos lo que ha llevado a la humanidad a la falta de fe y confianza en estos procedimientos, o bien a la vanguardia de una justicia personal de corte revanchista. Los valores en el seno mismo de la sociedad se ven influenciados mas por la posesión de bienes y de imágenes que proyectan un lugar de privilegio dentro de esta. Sin dejar de tomar en cuenta el fenómeno de la corrupción que es el oxigeno de la injusticia.

La opción de la religión es vista como la esperanza viable para la humanidad en aras del inicio del Tercer Milenio, si no en paz, con la esperanza de cambio, donde sea la religión o confesión adoptada por cada pueblo, la que debera proveer de valores éticos y códigos de conducta compatibles con la moral y la ética universal que son comunes a ellas. Sin embargo se corre el riesgo de culturizar la religión y con ello la opción de la intolerancia, o bien la única opción viable y garante que es la adopción de un absoluto de moral y de sus valores, donde se establecen las reglas de Dios y que se contiene en el cristianismo.

Las grandes religiones del mundo tienen en común un concepto elevado del Creador del Universo, de donde emerge el principio de la vida. La unión del individuo con Dios y con el Principio Absoluto puede llevarse a cabo por meditación, plegarias u oraciones, por el ascetismo como en la mística budista que eleva al hombre a un estado de éxtasis a través de la contemplación y la elevación al Nirvana.

En la tradición antigua pre cristiana la lucha del hombre es contra seres sobrenaturales que, se conceptualizaran más tarde bajo la óptica del bien y del mal, de Dios versus Satanás, lo que tiene por objeto restablecer el orden natural, paradisiaco, que fue roto por el pecado de Eva y la incitación del mismo Adán, o sea el pecado original. En Génesis 6 ya se habla de los Nefilim que en hebreo se refiere a los gigantes orientales nacidos de la unión entre mortales y seres celestiales. (28)

Este estadio natural paradisiaco se presenta en la sociedad celta, donde se simboliza en un pasaje libre entre el cielo y la tierra cuyo paso se hace a través de la ayuda y convocación del mago o chaman. Este a través del uso apropiado de las fuerzas naturales previamente con la iniciación y la búsqueda, coadyuvara a restablecer el orden original y la sabiduría. Este concepto más tarde asimilado en la herencia cristiana se interpreto como la ruptura del paso entre el cielo y la tierra por el pecado original, y el uso inapropiado de las fuerzas naturales se califico como la apertura de las fuerzas satánicas.

Sin embargo, las grandes religiones continúan compartiendo la fe en un Ser Superior y Principio de Vida. Aquellas que se desprenden del hebraísmo, las grandes religiones mayoritarias del mundo de hoy, comparten en su seno la idea común a ellas de la fe en un solo Dios, de la Única Verdad y por lo tanto de un Dios revelado, un Dios no de esclavos, sino e hombres libres, y cuya principal cualidad es el amor. El antiguo Testamento dota a las grandes religiones de una ética y comportamientos morales en la conducción de la vida cotidiana. A todas ellas es común el mandamiento de adorar un solo Dios, el cual se presenta incompatible tanto con otras divinidades en el marco del politeísmo, como de las nuevas tendencias a divinizar ídolos y valores propios y derivados de la misma inventiva humana que hacen del hombre un ser esclavo y no libre como fue creado y concebido en el Plan original de Dios.

A todas ellas es común amar lo creado y concebido por el Principio Absoluto, tanto al ser humano como a la naturaleza, a los animales, a las plantas, no existe un mandato de superioridad que autorice el género humano a destruir su entorno, a ser superior a los demás inclusive a la misma creación. La superioridad es un puro concepto derivado de las expectativas humanas y de la tendencia natural de dominio. El respeto por toda forma de vida concuerda con una ética religiosa autentica y en armonía con la obra de Dios. La interpretación típicamente humana en relación a la superioridad del hombre como centro de la creación y por lo cual ser superior lo ha llevado a destruir el delicado equilibrio ecológico y a la extinción de especies de animales, como el abuso de estos, considerándolos objetos y no sujetos, ya que todos han sido concebidos en el Proyecto del mismo Dios.

El concepto de "objeto" hacia los animales deriva de la concepción y tradición del derecho romano básicamente, aunque no única, y la posterior interpretación de los llamados Padres de la Iglesia, por lo que implícitamente se autoriza al hombre a usarlos y abusar de ellos. "El respeto a los animales refleja la cultura de los pueblos" así como su grado de civilización, palabras de un presidente mexicano de extracción indígena, Benito Juárez

Igualmente común a las grandes religiones proféticas y reveladas es el amor a Dios, a lo creado por El, lo que incluye la Naturaleza, los animales y sobre todo al mismo género humano. El manejo de la religión durante los últimos dos milenios se ha mostrado ineficaz en la formación de un "ethos" autentico, que genere valores fundamentales para la convivencia con miras a una sociedad perfectible. Al contrario el individuo se vuelve intolerante, aceptando solo principios y valores que se acomodan a su óptica cultural, social, política y religiosa generando mitos de superioridad y de pretensiones territoriales, alejándose de una ética profunda y autentica que sea el reflejo de los planes de Dios.

La religión se ha visto usada para fines personales, territoriales, económicos, culturales, propagandísticos, incluso se ha reforzado de mitos, tradiciones y dogmas que surgen de la reinterpretación puramente humana en una precisa y compleja coyuntura histórica, lo que ha llevado a una actitud de intolerancia, de guerras permanentes, de migraciones forzadas, de abuso de los más desprotegidos, de justificación de las desigualdades sociales, así como de una multiplicidad de religiones como respuesta a la falta de credibilidad y a la manipulación por parte de grupos hegemónicos.

Una gran parte de la humanidad se define atea, sin Dios, pues el dios manejado por filósofos, sociólogos y pensadores no es el mismo Dios de Jesucristo y del autentico cristianismo, es un dios concebido y proyectado desde la óptica del materialismo histórico, del marxismo, de la proyección de los atributos humanos de Fewerbach o el dios e la nada de Nietzsche.

El marxismo leninismo tiene una base materialista Lenin, Trotsky, y Stalin gobiernos que se caracterizaron por la represión dentro de su propia sociedad, dictaduras permanentes de una pequeña elite, un solo hombre, a diferencia de sistemas de gobierno donde se dan los frenos y contrapesos que permitirán el principio de libertad sin caos, de hecho influenciados por la Reforma.

El mensaje cristiano elaborado después de la muerte de Jesús, se filtro a través de la cultura imperante de manera que la institución religiosa, como monopolio legitimo de la verdad, se ha mostrado con una tendencia "dogmatica y autoritaria en cuestión de fe y en una moral hostil a la vida mezquina y reducida a la casuística." (29) Su misma trayectoria histórico-cultural y política la ha llevado a compromisos materiales alejados de una verdadera ética de redención, que ha traído por consecuencia un condicionamiento de la libertad y autenticidad del mensaje cristiano y una manipulación de intereses de acuerdo a fines y valores extra religiosos, elevándola a la categoría de estado y con ello al uso del poder político con fines económicos.

Ante esto el cristianismo se convierte en un instrumento de cultura no en una religión de amor, de tolerancia, de respeto, de un "ethos" que envuelva la vida cotidiana, como lo fue la relación de Yahveh para el Antiguo Testamento, que doto al individuo de cánones de conducta y comportamiento, mas aun con la vida perfecta y santa de Jesús, el género humano entero recibe un modelo excepcional de "ethos", lo que refleja profundamente el inmenso amor de Dios por la humanidad.

El cristianismo autentico redimensiona las relaciones humanas, el mismo modelo de vida de Cristo dio a la humanidad los parámetros de comportamiento que se contraponen a la fe dogmatica, a la cultura y a las tradiciones populares. Redimensiona el papel del hombre como parte de la creación y no superior a ella, lo que conlleva a la eliminación de mitos de superioridad, de sexo, de raza, de cultura y de religión, y lo hace consciente de su papel en la preservación de la naturaleza y de la tierra que es su microcosmos. El hombre libre y auténticamente formado en una ética religiosa aparta de sí mismo la intolerancia y promueve el dialogo como un instrumento de enriquecimiento y no como un elemento de poder dogmatico, siempre y cuando se halle liberado de parámetros culturales y mitos de una superioridad que refleja más bien un resultado histórico que lo que es la Verdad Única.

El cristianismo redimensiona el papel de la mujer, no como instrumento de sujeción, ni como la portadora innata del pecado y de la carne, ni como un ser mítico, sino como un ser creado y concebido en el Proyecto original de Dios con igual paridad de derechos y obligaciones ante Dios y ante la misma sociedad, no es competitiva de la figura del hombre, es complementaria y está escrito que salió del costado del hombre no de sus pies, por lo tanto se protege no se pisa.

El cristianismo autentico, fuera de parámetros culturales, da al hombre y a la mujer libertad como un don precioso de Dios, no les hace esclavos, la esclavitud es el apego a cánones en cuanto a la interpretación cultural a la que ha sido sometido, y que en sus resultados se ve en el avance "ético" de la misma humanidad a lo largo de dos mil años de la Era Cristiana.

La religión da al hombre códigos éticos de conducta, el cristianismo otorga la posibilidad de una relación estrecha, individual y directa con Dios a través de la vida santa y perfecta del mismo Hijo de Dios, de su único y universal "Mensajero Personal."

Cristianismo religión de amor y perfección se presenta como el único instrumento viable de cambio al alcance de la humanidad por el mismo sacrificio de Jesús, para que las generaciones de niños y jóvenes donde es notoria una ausencia de valores religiosos, se normen en la vida cotidiana. La religiosidad se presenta muchas veces en forma superficial, sin llegar a ser esta un código de conducta. La convencionalidad y la apariencia han sustituido un profundo esquema de valores, orientados más bien a rituales externos. Se enseña a los niños a cumplir con sacramentos ritualmente organizados y sin embargo valores como los derivados del Primer y Segundo mandamiento cristianos, incluso comunes a otras grandes religiones, se dejan a la religiosidad íntima del creyente en su relación con Dios. Se afirma no mentiras y sin embargo en un mundo de adultos la mentira es una estratagema, una salida viable, hasta incluso una justificación cuya contradicción aparentemente esta desasociada de un precepto moral.

Hoy se habla mucho de corrupción, base de la mala vida, de las injusticias, de los crímenes contra inocentes, y sin embargo a las generaciones de jóvenes que se les enseña, con el ejemplo?… se les instruye incluso como evadir impuestos, como evadir la responsabilidad en caso de atropellar una persona o un animal, como no tener multas de tránsito vehicular, usar gratuitamente los transportes públicos a veces como un verdadero desafío y astucia, no se les enseña a ser corresponsables en la sociedad donde viven, desasociándose, carecen de una responsabilidad unida a la misma libertad. Pero cuando estos jóvenes entran a trabajar practicaran lo aprendido en su vida ya que carecen de sólidos valores morales. Estos actos que se ven desasociados de una ética religiosa y en nada relacionados con el principio como el de "no robaras" que es común a las grandes religiones así como es un mandamiento cristiano, se perfila hoy como una constante en la cotidianeidad de la vida. Lucas 16 vers. 10 dice: el que es fiel en lo mínimo, lo es también en lo mucho, y el que es injusto en lo mínimo, también lo será en lo mucho. La humanidad margino a Dios de su vida hasta dejarlo fuera de su diario vivir, y con ello los valores contenidos en la Biblia, con esto margino también el absoluto de moral y de valores conteniendo las reglas de Dios.

En la niñez y en la juventud está el cambio, pero en los padres, maestros, políticos, empresarios, líderes y autoridades del estado a todos los niveles esta la perspectiva de mejorar y dotar al género humano de la necesaria ética ya que sin esta no existe ninguna posibilidad de superación ni política, ni económica, ni social, ni cultural, una esperanza a la humanidad entera, no en el sentido escatológico sino en la posibilidad real de superar las actitudes humanas por la misma sobrevivencia de la tierra, del género humano y del cosmos.

La aparición de nuevas posiciones teológicas, corrientes confesionales, progresistas, modernistas, reflejan la enorme necesidad e inquietud de encontrar el equilibrio entre el hombre y la naturaleza, conciliar la conciencia ante la Única Verdad que es indiscutible y que ha sido indestructible aun ante enfoques culturales a lo largo de la historia.

La espiritualidad intrínseca del ser humano motiva a reencontrarse con Dios en un ambiente de libertad, de restablecer y de revaluar su actitud cotidiana ante el único modelo dado a la humanidad, la vida perfecta y el estado de santidad de Jesucristo.

La niñez, la juventud y el individuo en general si se orienta a Jesús saben de dónde vienen y adonde es su destino final, la cultura, las tradiciones, los mitos y dogmas entorpecen y oscurecen la relación con Dios y la comunión con Jesucristo conllevando a adoptar valores superfluos, pasajeros, o mitos irreconciliables con un Dios Único pleno de amor y sobretodo de misericordia. Dios no quiere religión, quiere relación.

"La absoluta libertad de Dios hacia el hombre no lo limita, al contrario, le otorga la posibilidad, le autoriza y preserva la relativa libertad del hombre… Orientarse al único Verdadero Dios lleva al hombre a ser verdaderamente libre en este mundo."(30)

NOTAS DEL CAPÍTULO 1

(1) Graves, Ibídem pág. 22

(2) Por ejemplo en los ritos propiciatorios de la lluvia se denoto la prerrogativa femenina quedando todavía esta, presente en algunas tribus africanas como las de Herrero y los Damarca, la cual más adelante pasara a manos del rey sagrado cuando la reina le permita fungir como su sustituto. Ibíd. pág. 200.

(3) La forma serpentina de Asclepios como la de Eritonio (al cual Atenea le confiere el poder de resucitar a los muertos con la sangre del Gorgone) demuestra que era un héroe oracular: muchas serpientes se criaban en su templo en Epidauro... esto era el símbolo de la regeneración, ya que las serpientes cambiaban de piel cada año. Ibíd., pág. 159

(4) Existe un poema babilones de la creación, el Enuma Elish, según el cual en la versión más antigua referida a Damasceno, la diosa Tiamat, su consorte Apsu y su hijo "Mummi" confusión, desencadenaron Kingu y una horda de otros monstruos contra la nueva tríade divina: Ea, Anu y Bel. Siguió una fuga aterrorizada pero al fin Bel reunió a sus hermanos, toma el mando y vence la fuerza de Tiamat, partiéndole el cráneo con un clavo y luego cortándola en dos... Ibíd. pág. 120

(5) Markale, Ibídem pág. 243

(6) Es muy interesante el origen de la sociedad irlandesa y de la tradición celta. Según esta concepción la primera ocupación anti diluviana es llevada a cabo por la mujer primordial Cessair, siendo la mujer de Partholon la que simboliza la creación del nuevo ser humano. Este reino es primitivo, material y desordenado. El segundo invasor Nemed el Sagrado, cuyo reino se rige por normas religiosas, y cuyos hijos irán al exilio separándose en dos grupos los que regresaran a su turno para invadir Irlanda, primero los Fir Bolg y luego los Tuatha De Danann. Los primeros serán saqueadores, soldados permanentes, guerreros. La sociedad irlandesa aparece ahora civilizada, estructurada en una casta guerrera que determina el orden. Y como en mitología griega y germana escandinava los gigantes están siempre cerca, estos simbolizan el caos contra el cual se lucha con la genialidad humana. Este caos es representado por el pueblo de los Formori que luchan contra todos los pueblos de Irlanda, sea en guerra o con pactos. Cuando aparecen los Tuatha De Danann, los dioses portadores de la doctrina y la práctica del druidismo se inicia la motivación para hacer de las cosas un reflejo de la forma de vida del reino de allá arriba. Ibíd. págs. 76-77.

(7) En la India Védica hay un binomio de soberanía, compartiendo ideas fundamentales de los pueblos indoeuropeos. En este binomio soberano Mitra es el garante universal de la alianza que permite la armonía del cosmos y de la vida, pertenece al mundo mientras su co-soberano es Varuna encargado del orden universal que castiga y absuelve a los pecadores y siempre se encuentra al lado de Mitra. La presencia de uno comporta la existencia del otro, siendo contrarios uno de la esencia del otro.

(8) El chamanismo es una concepción de elementos mágicos y religiosos basados en la figura del chaman, desarrollados sobre todo entre los pueblos del área asiática y paleo siberiana. El chamanismo es a diferencia de una religión, una experiencia mística donde se presentan visiones y éxtasis. Este es el mediador entre el mundo de los espíritus y divinidades. Esta mediación pasa a través de la iniciación o noviciado en personas propensas al éxtasis, las llamadas neurovegetativas. En el estado de éxtasis se presentan poderes y control de la hipersensibilidad al dolor. El chaman es el mediador con los espíritus, el mago, el curandero, el adivino, el individuo que trata de restablecer el puente o pasaje (tradición celta) entre el cielo y la tierra, revocando el estadio puro inicial del hombre, lucha también contra los espíritus que se acercan de mala fe al puente.

(9) Graves, Ibídem pág. 488.

(10) "Hasta que Atenas nace de la cabeza de Zeus y Dionisio de su pierna se toma el lugar de Estia en el Consejo de los dioses, seguidamente se asegura la preponderancia masculina de este Consejo, situación que se refleja en la tierra y que se opone con éxito a las antiguas prerrogativas de las diosas" Ibíd. pág. 388

(11) El mito Pelásgico de la creación, el mito homérico y el olímpico, representan la contrapartida de la concepción original del cosmos y del mundo.

(12) Eurinome "vagante de espacios amplios" es el apelativo de la diosa en su epifanía lunar, cuyo nombre sumerio era "Iahu" divina paloma, epíteto que pasa a Jehová como creador. Una paloma fue cortada simbólicamente en dos por Marduk durante las fiestas babilónicas de la primavera cuando inauguro el nuevo orden del mundo. Graves Ibíd. pág. 22

(13) Pelasgo fue el primer hombre viviente, según Pausania confirma de la supervivencia de la cultura del neolítico en Arcadia hasta la época clásica. Ibíd. pág. 23.

(14) Génesis 17 vers. 10, originariamente la circuncisión era un rito de iniciación al matrimonio y al rito de la vida en el clan. Génesis 34 vers. 14 y 15 pasa a ser un rito común y social sumado a un valor religioso.

(15) La moral que se deriva de un hecho mitológico puede ser condicionante de la conducta y expectativas de una ética de vida. El caso del mito de Decucalione recuerda el aluvión que se verifico en Mesopotamia en el tercer milenio antes de Cristo, pero se relaciona con la fiesta del año nuevo celebrada en Babilonia, Siria y Palestina. En estas fiestas se honraba a Pamapishtim que había derramado el dulce vino nuevo a los constructores del arca en la cual según el poema de Gilgamesh el había logrado huir con su familia durante el diluvio desencadenado por la diosa Ishtar. El arca simbolizaba la nave de la luna y las fiestas en su honor (la luna nueva) precedían inmediatamente el equinoccio de otoño. Isthar en el mito griego es llamada Pirra que es nombre de la diosa madre de los Puresati (filisteos) los que llegan a Palestina a través de Sicilia alrededor del 1200 AC. En griego Pirra "Pyrrha" significa rojo y es usado para designar a la luna, en Sumeria "Xsuthros" era el héroe de la leyenda del diluvio... su arca se poso en el monte Ararat, siendo su arca de acacia, madera que también sirve a Iside para construir el barco fúnebre de Osirides. El mito del dios airado que desencadena el diluvio para castigar la maldad humana fue un agregado tardío que los griegos tomaron de la mitología fenicia y hebraica. En la versión primitiva del mito existen nombres mencionados en lugares de Grecia, Tracia y Sicilia donde Deucalione puso su barca, lo que lleva a pensar en el aluvión que se verifico en Grecia septentrional. En la versión primitiva del mito griego, Temi le da otra vez vida al género humano sin el permiso de Zeus y es probable que a esta diosa, y no a Zeus fuese atribuido el origen y desencadenamiento del diluvio como en la leyenda babilonesa. Graves ibídem pág. 126 ver igualmente i Miti de la Creazione, de Stewart y Miti Ebraici de R. Graves y Raphael Patai.

(16) Kung, Hans Ibídem pag.55

(17) Atena Armata fue la Atena antigua que distribuía armas a sus hijos elegidos, en los mitos celtas y en los germanos el don de las armas era una prerrogativa matriarcal, que se explicaba al momento del matrimonio sacro. Ibíd. pág. 424

(18) En la tradición celta es notorio el desprecio a la muerte, un ardor de vivir, cierto cinismo y una comunión constante con la naturaleza, que el "cristianismo" de las órdenes religiosas que llegaron a evangelizar contribuyeron a sofocar completamente haciendo al hombre el rey de la creación. Markale J. El Druidismo Religión y Divinidades de los Celtas.

Ibíd. pág. 242 y243. Y Ryan Michael. I Celti Cristiani. I Celti 1997. RCS libri. págs. 633 a 653. Igualmente en la antigua sociedad azteca la muerte represento un acto de honor de ahí las guerras floridas para tener prisioneros que ofrecer al dios Huitzilopochtli el cual se alimentaba con el corazón y la sangre humana sobretodo el relación al sol, hecho que se cancelo con la conquista española dotando a la muerte de una connotación de pena y pecado eliminando el concepto de sacrificio honroso.

(19) Nerandau, Jean Pierre. Il Bambino nella Cultura Romana. Óp. Cit.pag 37

(20) San Agustín. La Citta di Dio. Óp. Cit XX1-14 págs.1088 Ed 1987.

(21) La espiral es la contraseña más precisa de la metafísica celta. Pero a la vez lo puede ser en el sentido general que engloba en su significado simbólico el conjunto del modo de proceder especulativo adoptado de los druidas. Plasmado en esto está el juego de la Oca o del Ganso, imagen de la búsqueda de un cosmos interno en el cual se envuelve la individualidad humana, con su lento acercamiento hacia el centro con dudas, retrocesos, esperas y desviaciones. Markale. Ibíd. pág. 421.

(22) La búsqueda se percibe en las nuevas series de cartones animados en busca del Santo Grial, de la Espada de Excalibur, de las Aventuras del rey Arturo y los enigmas del Mago Merlín.

(23) La nueva especie de los YUP Young Urban Professionals, ingenieros, arquitectos, médicos cuyos éxitos profesionales se miden en relojes Cartier o Piaget y cuyo gran logro cultural es el salto…Estos YUP son todo lo que queda de la sociedad de vanguardia belicosa sostenedores de los últimos sueños de grandeza "tenemos fibra y la vamos a hacer, no nos vence la malaventura, ni tiene por qué, la adversidad es monolingüe, dejada, conformista, sedentaria, cobriza sin American Express en el extranjero, aglomerada, avara temerosa del lujo…" y "cuyas esposas son psicólogas, comunicólogas, historiadoras de arte, diseñadoras graficas, sociólogas, son amas de casa con puntos de vista muy críticos sobre la enajenación de Televisa (en el caso de México) y que hacen de lugares como metrópolis sus campamentos temporales". Monsiváis, Carlos. Escenas de Pudor y Liviandad. Ed. Grijalbo. México 1988

(24) En la antigua Grecia se sacralizaba el orden existente transfiriendo al plan social y humano un significado cosmogónico. Los héroes son hombres que con su muerte en actos heroicos obtienen la inmortalidad excepcional. Se simboliza el valor ejemplar de los actos humanos en base a su funcionalidad. Con la civilización urbana del Imperio Romano se da una asimilación y helenización del pensamiento lo que implícitamente llevo a una ruptura con la naturaleza y a sobre ponderar al ser humano. Erasmo

marca una nueva tendencia acerca de la educación y los valores para los jóvenes: "la cosa primordial y la más importante es desde la tierna edad enseñar al joven a absorber las primeras enseñanzas de la religión, la segunda cosa a hacer que se dediquen con amor al estudio de las letras, la tercera preparando a futuros deberes, la cuarta conducirlo desde sus primeros años a las buenas costumbres." Erasmo citado en Bierlaire F.Colloqui di Scuola e Educazione Infantile nel XVI Secolo. Óp. Cit. pag.233. De manera que los jóvenes debían ser el reflejo de los valores de la época y de la sociedad. Los intentos del Humanismo de dotar de una espiritualidad y de valores al individuo se canalizaron fundamentalmente a través de la escuela y de la formación religiosa, la cual empezó a introducir maestros formados dejando a un lado sacerdotes y preceptores de formación humanista religiosa. El desarrollo de nuevas formas y sistemas económicos ha ido dotando a la sociedad de nuevos valores propios y reflejos de la misma espiritualidad, así como de viejos tabús que continúan con el bagaje y patrimonio social y cultural.

(25) El tabú señala sobretodo una conexión en la deidad. Se entiende como un mecanismo que sacraliza o demoniza personas, objetos y conceptos reales, comúnmente ha caído en el misterio o en el ámbito de la magia. Los tabús llegaron a ser considerados ritos negativos a diferencia de los rituales y aquellos tabús celebrados en las plegarias y oraciones sistematizadas, e incluso en la misma Eucaristía católica, o las bendiciones de objetos y personas. En definitivo el entorno cultural donde se verifican.

(26) Según investigadores americanos en su mayoría, reconocen que cada generación es proclive a reconocerse y a encontrar su identidad en una gran figura mitológica reinterpretada en función de la problemática del momento. Edipo problema universal, Prometeo, Fausto y Sísifo como espejos de la sociedad moderna. Hoy seria Narciso el símbolo mito de nuestro tiempo, tema central de la cultura americana. Lipovetsky, Gilles. La Era del Vacio. Anagrama Barcelona España, 1990

(27) En las antiguas sociedades como la azteca y la hiperbórea, el hombre se halla sometido a la divinidad. Profundamente religiosos debían garantizar el buen funcionamiento del orden cósmico y su reflejo en la tierra, de manera que los individuos que no participaran en los rituales eran mal vistos por la entera comunidad, siendo alejados de estas. Los griegos con una multiplicidad de dioses eran esclavos de estos, pues las divinidades exigían y sometían la capacidad del individuo a través de la coerción. La tradición hebrea de riguroso monoteísmo y con una universalidad otorgo

al individuo la libertad de pactar con un solo Dios que daría a su vez la libertad, a cambio de una Alianza, un pacto que se renovaría a través de la revelación.

(28) "…Al inicio del mundo esta Dios. Los testimonios bíblicos subrayan que Dios es el origen de todo y de cada cosa, y que por consecuencia no está en concurrencia con ningún principio adverso o malvado, o demoniaco, y que entonces el mundo en su complejo y en sus partes singulares, también materia, el cuerpo humano y la sensualidad son fundamentalmente buenas, mas aun que el hombre es el instrumento del proceso de la creación y punto central del cosmos ya que la creación de Dios significa su misericordia y su amor por el mundo y por el hombre." Kung, Hans Óp. Cit. pag.29

(29) Kung Hans, Perche Sonno Ancora Cristiano. Marietti 1988, pag.18 en "Cardinal Martini, Shaker, Stierrer" se hace un perfil del cardenal de Milán Carlo María Martini como sucesor papal, haciéndose énfasis en su proyección de vanguardia como político y financiero (global markets) y en posiciones contra el antisemitismo. Afirmando en caso de llegar a la silla pontificia su "flexibilidad en cuanto a la diaconía en las mujeres y quizá eventualmente mujeres sacerdotes" incluso en la BBC dijo que "el celibato de sacerdotes, una decisión histórica que puede ser cambiada." El artículo termina: New Europe, New Pope, New Catholicism? The Economist, April 11th, 1998.

(30) Kung Hans. Op Cit, págs. 29 y 32.

CAPÍTULO 2

Vida muerte: Ciclos cósmicos y la concepción ritual

2.1 El Culto Solar y su Simbología

El trabajo en el campo fue dominado por las creencias, mitos, leyendas, fiestas, usanzas y proverbios que fueron el resultado de la regulación de la vida en la cultura popular, dando lugar a un patrimonio de la tradición.

En los periodos de transición de un año calendario a otro, a lo largo del desarrollo de la humanidad se han creado mitos y ceremonias de purificación (1) incluso exorcismos con el objeto de borrar culpas y pecados, cancelar el pasado. Estos comportamientos van desde abluciones, hasta orgias, degenerando el orden natural, pasando a ser un comportamiento normal y cotidiano. (2)

Conviven creencias de la astrología caldea y egipcia, azteca, maya, antiguas religiones de culto solar, mitologías griegas y romanas, religión celta, germánica, islámica, hebraísmo (3) y cristianismo, formando un patrimonio cultural universal. Cada cultura tomo desde la tradición oral, hasta las diversas manifestaciones culturales, lo que legitima en un status y una interrelación de valores que aun hoy son conservados parcialmente en forma de cultura, religión, proverbios, creencias y mitos.

En toda esta estructura está presente el simbolismo con piedras, animales, (4) flores, colores, figuras, gigantes (5) que adquieren una enorme importancia ya que se mezclan con la astrología, originando conductas, prejuicios, mitos y usanzas y tradiciones que influyen en actitudes de uno mismo ante las interrogantes de la vida. (6)

En todas las diferentes formas de cultura el sol ha tenido un papel de vital importancia, al grado de influenciar la vida, personal y a nivel universal. El sol, astro que durante el invierno que es generalmente frio en el hemisferio norte, aparece como símbolo mítico que rige los destinos de la sociedad, y que se impone como origen y centro de vida.(7)

El sol ponderado como centro y origen del cosmos, muere en el solsticio de año viejo, y con esta muerte simbólica se asocia cuando toca el punto más bajo del horizonte, para luego renacer en días más largos, anunciando el equinoccio de la primavera. Durante este periodo la muerte espera bajo la tierra fértil. La tierra se asocia con la Gran Madre (8) que en el "hibernus" espera el letargo como los animales de clima frio. Este es simbólicamente el ciclo de la vida y muerte, renacer de cada ciclo solar. (9) El invierno es el paso gradual tanto a la vida como a un año que será regido y plasmado en la fertilidad agrícola. De la oscuridad se genera la luz, de la muerte la vida, de la luz la oscuridad, es entonces cuando la vida con sus ciclos adquiere un significado cíclico a base de un simbolismo. (10)

Con el advenimiento del cristianismo, se legitiman al interno antiguas doctrinas, asimilándose conceptos mágico rituales, supersticiones, adoraciones o cultos paganos y ritos orgiásticos como el Bacanal, formándose un patrimonio religioso respetuoso de la tradición y conciliador del pensamiento humano, regido por una ética histórica más que critica, demostrándose el instrumento eficaz e idóneo para el sostenimiento psíquico de la evolución humana y como fuente de sabiduría a las respuestas formuladas a lo largo de la trayectoria del pensamiento y evolución del hombre.(11)

No solo Roma antigua asimila y adopta estas prácticas mágicas rituales, seria desconocer o parcializar la mítica que ejerce en toda la sociedad el culto solar. (12)

El sol fue adorado también en la América precolombina y en la cultura azteca se distinguió por ser un culto sumamente sanguinario, donde las victimas rituales ofrecían su sangre para saciar la sed del sol. Sin víctimas y sin sol la vida se extingue, paradoja que en el cristianismo se vuelve piedra angular. "Si su ofrenda es un holocausto de ganado mayor ofrecerá un macho cabrío sin defecto… Impondrá su mano sobre la cabeza de la víctima y le será aceptada para que sirva de expiación… los sacerdotes, ofrecerán su sangre y la derramaran alrededor del altar situado a la entrada de la Tienda del Encuentro. Levítico 1, vers. 3-5 el sacerdote sube solo al altar y de ahí inicia la expiación a través de la sangre de la víctima, acto ritual y de primer orden en el papel de las alianzas. No es un acto de comunión sino de expiación.

En el Asia antigua el dios Mitra o Mithra, era un dios guerrero que lanza flechas mortales en el campo de batalla produciendo enfermedades incurables contra el enemigo. El 25 de diciembre se festejaba su nacimiento. En Japón, Amaterasu, la diosa del sol es la divinidad que protege el templo sagrado de Ise. Según la tradición esta diosa se escondió en una caverna a causa de la conducta desordenada de su hermano Susanoo provocando la oscuridad en el mundo. Los otros dioses o divinidades llamados Kamis efectuaban danzas a la diosa Vzume y ante la algarabía Amaterasu decide salir de la caverna y a su salida se reflejo en un espejo colgado de los arboles circundantes, y mientras se contemplaba quedo atrapada en el espejo por las fuerzas de los Kamis, y desde entonces ilumina el mundo. (13)

Amaterasu regalo su espejo a su sobrino sacro Ninigi no Mikoto que lo llevaría del cielo a la tierra con la condición de que fuera custodiado en el palacio del emperador Sujen, aproximadamente en el siglo 1 DC. Años después el espejo fue llevado a Ise donde surge hasta hoy día un santuario shintoísta japonés.

El shintoísmo "la vía de los dioses" está basado en la veneración de los Kami, divinidades tanto de la naturaleza como arboles, cascadas, rocas, como en los dioses personales, atributos etéreos. La parte más sagrada de Ise es el Naiku o templo interior dedicado al Kami Amaterasu Omikami, diosa del sol de la cual desciende la familia imperial. El templo se dedica a Toyouke no Omikami antigua diosa de la agricultura y la recolección.

El culto al sol ha ido modificando sus rituales al paso de la modernidad, pero en pleno siglo XX existen sectas satánicas y de brujas que continúan con la celebración orgiástica del 25 de diciembre celebrando la diosa del Pacto, donde ritualmente sus sacerdotes recitan y celebran un drama misterioso la representación del niño sol.

2.2 El Culto al Sol en la Roma Imperial

En la Roma antigua se iniciaba el Saturnali, el mítico periodo de Saturno. Este se celebraba del 17 al 20 de diciembre y se extendía hasta el 24 del mismo mes, durante la época imperial. En este periodo se presenta el caos ritual, toda la vida diaria se ve tergiversada, el esclavo podía ser el señor y viceversa, se aceptaban los derroches y los cambios de conducta.

2.2.1 Los Juegos de Azar

El juego de azar (14) era permitido en esta época y se fomentaba por un breve lapso en aras de la repartición de la suerte que Saturno ofrecía como don, y que se haría manifiesta en el nuevo año, en el nuevo ciclo.

En la concepción romana la fortuna y la suerte son por casualidad, vienen otorgadas por la voluntad divina, donde el hombre pierde su capacidad natural de superación y se atiene al juego de las fuerzas y del azar, o bien a lo extrahumano, dando los poderes a la suerte y a la fortuna en un cosmos ritual y mágico. (15)

El hombre que se deja llevar por esta creencia, la plasma, la asimila y la reproduce con las expectativas de éxito y ganancia de especulación. Hoy día muchas culturas tienen como elemento folclórico, o de características de benefactor una tómbola o la institución de la rifa durante la época navideña que evoca el sabor ritual mezclado en una interrelación con la tradición y la especulación modernas. Millones de personas juegan al azar con la esperanza de victoria, de esta actividad han surgido grupos profesionales y altamente especulativos.

2.2.2 Distribución de la Suerte

También se intercambiaban figurillas de arcilla o barro, representando a los hombres participantes, mezclados en un horóscopo ritual y simbólico, todos relacionados con la luna, la hoz y la muerte, era la lotería de diciembre donde se jugaría y se podría atraer a la suerte o la maldición. En este ambiente de luz, la suerte y las velas se simbolizan míticamente ya que la luz era atribuida a Saturno con la edad de oro.

2.2.3 Strenia y el Aguinaldo

Cada periodo decembrino coincidente con la Navidad, aparecen en el individuo comportamientos paganos originados en el seno de culturas alejadas de una ética y valores profundos aun cuando son reconocidos universalmente no reflejan una religiosidad verdaderamente monoteísta ni una actitud de verdadera reconciliación de uno mismo ante la opción de religiosidad.

En la época romana se ofrecían en estas fechas, como aguinaldo llamada también decimotercera, tomando en cuenta el calendario de trece meses, en el primer día del año, una renovación o sea unas ramas de plantas con propiedades propiciatorias. Aun hoy subsiste esta costumbre a la cual se han sumado frutos de la estación climática así como de latitud. En algunas partes del sur de Italia se dan higos envueltos en hojas de laurel. Esta planta es arrancada de un bosque que está situado junto a la vía sacra, consagrada a una diosa de la fortuna y la felicidad de origen sabino y que era conocida como

Strenia. El árbol de esta planta se llamo "arbor felix" que mas tarde fue adoptado como símbolo de la fortuna y por lo tanto de la felicidad en los tiempos de Tito Tarsio. Con el pasar del tiempo estos dones de la fortuna se identificaron con el dinero y se llamaron Strenae. Así entonces el aguinaldo o la decimotercera de la mítica fortuna se transforma en dinero cuya cantidad no está dada en función de la mítica suerte sino más bien en la función cuantitativa del trabajo. También a los niños en las fiestas de Navidad se les da su aguinaldo consistente en juguetes y sobre todo dulces y caramelos, según la cultura se agrega fruta de estación.

2.3 El Árbol y la Mitificación. Diversas Acepciones

Otra de las manifestaciones visibles durante este periodo es la colocación de los árboles navideños. El árbol es la representación del eje del mundo a través del cual Dios se representa en el mundo visible, y estos no se conciben como dioses, sino como el receptáculo, la demora de seres divinos. (16)

Según la filosofía hindú este es Puro, el Brahaman o sea la no muerte, donde esta atribución se asimila a otras culturas. Hace cerca de 2500 años en la actual Bodh Gaya en la India nororiental, bajo las ramas de un árbol de higo selvático, un príncipe cuyo nombre era Siddhartha Gautama medito por años hasta llegar a la iluminación, el estadio del Nirvana, conllevando a grandes cambios religiosos. (17)

Este árbol sagrado de la meditación se conoce como "Bodi o Bo." o de la iluminación, siendo sagrado a la tradición budista. Se venera a partir del reinado del emperador budista Asoka en el año 256-238 AC. Actualmente se ha construido un templo, el Mahabodi y con el pasar de los tiempos una ciudad, el templo y el árbol se han hecho sagrados a la tradición. La ciudad de Bodh Gaya es testigo de la conversión de Gautama Buda, ya que a la sombra del higo selvático se enfrenta a Mara, el demonio, el cual desafiando, lo vence el Buda iluminado. El significado de Bodh-Gaya es aquel de la suma de las partes, bajo la cual el árbol Bo es la Unidad.

Hoy día muchos peregrinos asisten al santuario de la Ciudad Santa, lo adornan en su base con estandartes, llenándolos de flores, incienso y veladoras. Cuanto a este, se venera una silla que fue anteriormente un tronco en donde Buda medito, esta silla es llamada de los diamantes y todo este conjunto es considerado en la tradición hindú el centro del mundo.

En el antiguo Testamento el árbol de la vida está en el centro del paraíso terrenal, es el árbol del bien y del mal (18) de donde Adán y Eva no podían comer, de aquí viene la sabiduría o la perdición y aun mas, se plasma el don de la inmortalidad.

En la cultura celta el árbol sagrado es el encino y el muérdago que se adhiere a este, estos datos son confirmados por Plinio el viejo en su Historia Natural. (XV1-249) La recolección del muérdago se efectuaba el sexto u octavo día de la luna pues es fuerte aun cuando no tiene toda su potencia. Por ejemplo en Gran Bretaña se recolecta el primero de abril cuando era el inicio del ciclo agrícola. Y el año nuevo céltico es en el primer día de noviembre durante la fiesta de Samain.

La recolección del muérdago era seguida del sacrificio de jóvenes toros blancos. De manera que sus cuernos se pudieran amarrar por primera vez. Así el sacrificio del toro llego a significar una coronación real.

Entre los druidas el "nemeton" o lugar sagrado fue generalmente un bosque haciéndose evidente la relación druidas-bosques y la madera de los troncos. Los encantamientos se inician en la misma madera. El encino la representación visible de la divinidad, símbolo de ciencia y potencia del cual el muérdago será el soporte. (19)

La tradición celta atribuye también propiedades mágicas a los arboles, pues eran capaces de desviar rayos, sus poderes alejan el mal y los problemas, siendo estos capaces de interpretar los sueños y las visiones. Los bosques se crean con un simbolismo mítico ritual, se ven llenos de fantasmas, duendes y misterios impenetrables.

En Alemania se alzaba un tronco el de la betula, en el centro de cada pueblo, ancestral tradicion pagana de donde nace la costumbre del árbol de la Navidad, costumbre vigente hasta el día de hoy. En la fecha de "Calendimagio" tanto en Baviera como en Gascoña, Bretaña y Toscana en Italia, se celebra la fiesta y usanza, donde se saludaba la primavera el primero de mayo, en Paris los joyeros llevaban un arbolito lleno de joyas hasta la catedral de Nuestra Señora de Paris, Notre Dame. Con el progresivo espiritualizarse de la religión, la divinidad se eleva por encima de la tierra y abandona el árbol, la planta, los bosques entonces los elementos vegetales pierden su prerrogativa de ser en sí mismos dotados de energía divina y después ser la demora de los dioses asumen otro aspecto, todavía participan de la divinidad pero ahora con otra relación, el dios del "nume" pasa a ser el protector de la planta y de los arboles. Así cada divinidad tendrá su árbol preferido y muchas plantas nacerán voluntariamente de un "nume" que después elegirá su símbolo y atributo. (20)

Las antiguas usanzas son retomadas en la cristiandad como significativa, sobretodo en el periodo navideño, pero aluden a un estado de inconsciencia de la humanidad, evocan una relación extra-cultural que cae en el ámbito del paganismo de antiguas tradiciones, pero mitificadas y sobrepuestas para un uso temporal. En Atenas el árbol de olivo era sagrado, la palma de dátil lo era a Iside y a Lat. "En un sello del periodo minoico…se ve la diosa erigida junto a la palma, a los lados amarrada una sotana de hojas de palma y una pequeña en la mano, ella observa el becerro del año nuevo que nace de un racimo de dátiles. De la otra parte el árbol se ve en un tronco muriendo, evidentemente es el toro real que representa el año viejo." (21)

Así también el árbol de pera selvática es sagrado a la luna por sus hermosas flores, es el más antiguo santuario simulacro de la diosa de la muerte Era, su santuario en Micenas esta hecho de madera de peral. "Como la pera es el fruto sagrado así el Peloponeso se llamo Apia "del árbol de la pera". Atenas una diosa de la muerte tenía como sobrenombre Onca o peral en su santuario del peral en Beocia."(22)

En Creta, en Petsofa, fue encontrado un cráneo humano con agujeros en la frente por donde pasaban cintas unidas a un pedazo de madera formando un muñeco de Dédalo, símbolo de la diosa de la fertilidad. Estos se colgaban de los árboles y con el viento se mecían, augurando una buena recolección. Existen vestigios de arte cretense tanto en la antigua Erigone, como en los santuarios de Arcadia. (23)

2.4 La Natividad del Cristo

Según la tradición católica romana Jesús nace el 25 de diciembre del año 753 de la fundación de Roma, considerando el primero de nuestra era, la era cristiana. Esta inexactitud se debe a un error en la fijación de la fecha por parte de Dionisio en el siglo V1. Jesús debió nacer en el 748 o 749 de la fundación de Roma, o sea en el año 5 o 4 AC. Pues Herodes el Grande muere en el año 4 AC. (24)

Lo más probable se afirma bíblicamente es que este censo con miras al reparto de impuestos tuviera lugar hacia el 8-6 AC. En relación con un censo general del Imperio que fue organizado en Palestina por Cirino, encargado especial del Imperio. Siendo gobernador de Siria entre el 4 y el 1 AC. permite a Lucas a aproximar satisfactoriamente que Jesús nació (25) antes de la muerte de Herodes en el 4 AC, quizá entre los años 8 y 6, la era cristiana que establece Dionisio el Exiguo siglo V1 es entonces un dato basado en cálculos aproximados. "En el año 15 del Imperio de Tiberio Cesar siendo Poncio Pilatos procurador de Judea y Herodes tetrarca de Galilea, Filipo su hermano tetrarca

42

de Iturea y de Traconitida y Lisanias tetrarca de Abilene en el pontificado de Anas y Caifás fue dirigida la palabra de Dios a Juan, hijo de Zacarías en el desierto." Lucas 3 vers. 1.3

La era cristianan fijada por Dionisio se debe a que tomo rigurosamente la cifra de 30 años para el inicio del ministerio de Jesús, los 33 años de Jesús restados del año 753 como inicio de nuestra era. Lucas habla también del nacimiento del Niño Jesús y del periodo en el cual se ha previsto. "Había en la misma comarca unos pastores que dormían apacentando las ovejas y vigilaban por turno durante la noche, cuidando el rebaño," Lucas 2 referencia al vers. 8.

Los pastores hebreos partían a apacentar los rebaños a inicios de la primavera y regresaban en los primeros días de otoño. Es evidente que Jesús debió nacer en este periodo tanto que las primeras fechas del siglo 1V en donde se documento el festejo de la Natividad de Cristo fueron según los lugareños el 28 de marzo y el 18 y 28 de abril.

2.4.1 La Roma Imperial. Natalis Solis Invicti y la Navidad Cristiana

En la segunda mitad del siglo111 en la Roma pagana se incrusta el culto al sol y en su honor el emperador Aureliano instituye la fiesta del 25 de diciembre, el Natalis Solis Invicti, el nacimiento del sol invicto. La celebración consistía en grandes ceremonias y juegos donde se veneraba al sol que nace o sea el solsticio de invierno.

Los primeros cristianos imbuidos de ideas paganas del Imperio veían en el sol un pasado y una realidad que en algunos casos obligaba antes de entrar a la futura basílica de san Pedro a una genuflexión en su honor, angustia que se reflejo en la época del papado de León Magno.

En las fiestas de Natalis Solis Invicti, se iniciaba con una cena, con sopa de verduras, garbanzos para luego pasar al simbólico pescado. Se encendía un fuego después de haber rezado el Ave María, este debía durar hasta el amanecer de esta forma el calor que irradiaba en la Roma cristianizada debía calentar el cuerpo del Niño Jesús. La leña debía durar de esta fecha hasta la Epifanía, al estar encendiéndose cada noche atraía la fortuna. Los restos de la leña servían para des-conjurar tempestades.

El Cristo Mesías de traducción griega, Jesús el Mesías era el símbolo de la vida, así que la leña ardiendo en la hoguera simbolizaba el nacer de Jesús, el Mesías desde la tierra, la luz y la fuerza destructora de ídolos y supersticiones de gentiles, en donde ya la sola Navidad intrínsecamente seria la iluminación del mundo. (26)

En nuestros días en la región italiana de Toscana se lleva un árbol a la hoguera, se vendan los ojos de los niños mientras se reza el Ave María, se golpea el tronco del árbol a veces también se recita el Ángelus, esta creencia es ahora parte del folclore nacional y ha pasado a ser tradición y patrimonio de la Iglesia católica.

2.4.2 El Pan de la Vida

La tradición de comer panes data también de la Roma antigua, Plinio el viejo refiere en sus crónicas de Natalis Solis Invicti la elaboración de las sagradas frituras. Interpretadas hoy como pan de la vida pues eran de harina, pudieron ser asimiladas como parte del patrimonio cultural religioso. La ciudad de Belén era un lugar típicamente agrícola, estaba rodeado de campos de trigo, su nombre literalmente significa en hebreo "Bet-lehem" o sea pan de la casa, de donde se asocia la idea cristiana de Belén como la casa del Pan, como alimento de la vida, El Pan de la Vida.

Así las frituras de pan conservan la tradición romana pagana, asimiladas posteriormente a cultos diversos. Es solo en estas épocas donde se comen ciertas frituras de harina muy específicas que solo se producen en la época navideña. La gran cena navideña es la ostentación de manjares caros, tradicionales para unos, para otros es solo el reflejo de la producción agrícola local, sin embargo pertenecen a culturas cristianizadas y asimiladas con valores extra culturales de antiguas concepciones cósmicas, que se asemejan a la orgia de la Roma de Saturno.

2.4.3 Navidad, Mitos y leyendas

Existe una leyenda en la época del emperador Augusto que habla de los senadores romanos que admiraban tanto sus virtudes que le comunicaron la idea de adorarlo. Con este proyecto en mano el emperador Augusto convoco en el palacio a su consejero para tener un punto de vista. Después de tres días de ayunar este le dijo "signo del juicio es que pronto vendrá el rey de los siglos" y mientras Augusto escuchaba tuvo una hermosa visión una bellísima virgen yacía en un altar con un niño en brazos y le decía; "Esto es el altar del Hijo de Dios" entonces el emperador se inclino y al hincarse la adoro en la cámara real." Este hecho sirvió de punto de partida para la construcción de Santa María d'Ara Coeli que en 1500 introduce una capilla en la sacristía con la escultura de un niño. Esta escultura según cuenta la tradición fue esculpida en el 1300 de la era cristiana aproximadamente, por un fraile franciscano que uso la madera del huerto de Getsemaní para su tallado. De esta forma rápidamente el lugar adquirió poderes milagrosos según dice en tradiciones y leyendas ya que cada Navidad a la medianoche es escuchado un canto religioso frente a la escultura del Niño Jesús y en la Epifanía es llevada una procesión dentro de la iglesia llegando al sagrario para luego desde ahí bendecir toda la ciudad. En este lugar es donde se ha enseñado a los niños romanos a dejar sus cartas navideñas, los que las dirigen a la figura dominante de la época natalicia Babbo Natale conocido en América como Santa Claus. (26)

2.4.3.1 Los Regalos Navideños

Actualmente y a lo largo del siglo XX, por tradiciones algunas de ellas incomprensibles a la razón y la conciencia, o solo por no romper la rutina y seguir las tradiciones, o bien por los impulsos publicitarios, se han incorporado a la fiesta de la Navidad como parte de un acto social y religioso, pero en mucho basado en el consumismo. Su origen pagano y de tipo ritualista imperial parece perdido para dar paso a la plena actividad de consumo, de regalar por compromiso, por obligación, de pagar y especular, de dar más y mejores regalos por obligación, en virtud de una posición social o por el qué dirán, de endrogarse aun sin recursos para que después con inmensas limitaciones pagar en parcialidades. Siempre se cuida la forma externa, el qué dirán tiene un lugar preponderante aun en el seno familiar. El regalar es ahora una obligación sobre todo cuando los regalos otorgan posición y rango, valores, seguridad, prestigio. Aquéllos que carecen de recursos económicos no siempre se obligan en la medida de sus capacidades, sin embargo hay personas que llegan a hipotecar bienes incluso con intereses usurarios pero no se quedan exentos de la tradición de regalar. (29)

La noche de Navidad es para unos un desfile de modas donde las grandes marcas hacen su aparición, donde la montaña de regalos al pie del árbol de Navidad, árbol de la vida, ha perdido su concepción ritualista, los regalos han apagado la magia mística de la Roma pagana y las marcas han devuelto a sus poseedores el sentimiento de superioridad y modernidad. (30)

Ya no se hace culto a Saturnalis, el nuevo sol es ahora el velado culto al poder y al dinero, en esto se hace patente una total congruencia con el imperio romano, y así también con la publicidad que brilla con el esplendor de las joyas, pieles, viajes, inmuebles, todo ello entre hermosos colores y mostrando un jubilo efímero que da el poder y reafirma la tradición. Se han olvidado acaso de las penas, la expiación, el pecado y el origen que dieron lugar en la historia a creer en una esperanza, en un renacer del hombre nuevo. Pero no es aquí el hombre nuevo de san Pablo, es el renacer de un materialismo que llena vacios de un hombre que inconsciente y haciendo uso de su plena libertad se hace portador de las tradiciones y la misma cultura.

Las tradiciones no se pierden se perpetúan, y al reproducirse se legitiman. Desde la niñez se les enseña a ser activos en el folclore religioso tradicional pasando a ser los forjadores de una cultura universal. Así también se ha enseñado y se ha aprendido a consumir, a pedir y con esto ha condicionar conductas, promesas costosas en aras de un mito. Se ha llegado a la coerción psíquica del consumo otorgando regalos y favores para no romper la procedencia cultural. Con la reproducción de modelos ajenos a nuestra propia realidad, a nuestros más íntimos ideales, hemos enseñado a las pequeñas generaciones básicamente a desear, a idealizar, incluso a mentir, a consumir ahondando mas en las carencias que a largo plazo el individuo mitifica, perdiendo su propia libertad de acción, de pensamiento, de autenticidad, por lo que el ser humano se vuelve esclavo.

Como explicar a los niños el porqué los infantes de recursos reciben regalos en Navidad lo que representa algunas veces el cumplimiento de muchos caprichos y de consumos innecesarios. Y los chicos pobres en Navidad, el Santa Claus es tan limitado que muchas veces no llega ni siquiera a la casa y por eso las autoridades o buenas personas se organizan y les regalan juguetes, sencillos, a veces usados, que no se parecen en nada a los que han visto en escaparates de grandes tiendas, o en las casas donde los padres trabajan. ¿Por qué los niños de la calle no tienen estos regalos y una cena de Navidad? ¿Y los niños en los hospitales públicos? Entonces el Santa Claus un ser mítico que satisface solo a los que pueden pagar su alegría, o es que ese personaje ha servido para ahondar aun mas las carencias y los afectos esperados en esta fecha. La publicidad en mucho ha participado para crear necesidades de consumo, pero paralelamente también para ahondar más la brecha entre los pudientes y las expectativas de los desposeídos. La tradición de la Navidad pierde su objetivo de esperanza, de renacer, para ser por la misma tradición una fecha social al alcance de los que la pueden pagar. Qué Navidad hemos hecho ¿será esta la que Jesús tendría en mente cuando decidió nacer en un pesebre, pobre y rodeado con sencillos animales, entre paja y adorado por los más sencillos pastores?

En Francia está la figura de Pere Noêl el cual igualmente regala a los niños. En Escandinavia existe un gnomo que anda en el bosque. En occidente fundamentalmente aquellas culturas con una fuerte dependencia de la cultura americana han adoptado el santa Claus con sus canciones hechas en los Estados Unidos donde se han sumado los renos y la canción de Rudolf que se hizo famosa en una época de necesidad de valores visuales, de ahí salta el reno a la fama jalando un trineo, pero replanteando la misma pregunta ¿y los pobres quedan desheredados de este Santa Claus americanizado con renos, nariz roja y barba blanca?, muy diferente al alemán que nació de la idea de repartir obsequios a todos los niños de la región en plena nevada del 25 de diciembre. Cada cultura ha aportado figuras a la navidad, la cultura americana ha sido prolifera ya que esto también creo la oportunidad de negocios, de manera que culturizar la Navidad y hacer de ella todo un negocio es más redituable que los valores profundos que esta deja. Hoy día las luces, el árbol, Santa Claus, el pesebre, los animalitos, las coronas que se anexaron más adelante las que son de tradición griega, se maquilan en China para luego ser repartidas en este proceso de culturización y globalización de la navidad. En este proceso entran ricos y pobres, es solo quien pueda comprar y pueda pagar, y una gama de precios y de toda calidad. Es un negocio que los americanos han sabido hacer de una tradición y legitimarla.

2.5 Concepción, Ritos, Mitos de la Muerte

Así como la Navidad significa el nacimiento de tradiciones y creencias según sea la cultura donde se adopto, también la muerte ha sido el enigma de muchas generaciones conceptualizándose como lo opuesto. A este hecho físico se le ha rodeado de misterio, magia y paralelo con esto ha surgido toda una explicación filosófica para dar respuestas a las preguntas acerca de la muerte de cada individuo, el único hecho físico natural del cual el hombre no se puede sustraer.

La expiación es el sacrificio por el cual el hombre que ha ofendido a Dios puede recobrar la gracia, la victima representa el rescate en el tipo de sacrificios rituales, la sangre es primordial. Desde tiempos de los asirios y los caldeos, la expiación se liga al hebraísmo en el Antiguo Testamento, en el Nuevo, el rescate es Jesús y su sangre representa la expiación del pecado del hombre. Ya en levítico 1 vers. 3-9 se habla de expiación del pecado de un macho cabrío sin defecto, así como el esparcimiento de su sangre en pos de la expiación de los hombres.

Las creencias griegas acerca del mas allá desarrollaron diferentes interpretaciones, pues el hombre ante el hecho físico de la muerte ha elaborado una cosmología alrededor con objeto de intentar encontrar respuestas satisfactorias que expliquen tanto el hecho físico como el desarrollo y la transición de lo que se concibió como un alma. La muerte se convierte en una etapa de transición sea terrenal o espiritual, para luego proseguir a través del don de la inmortalidad su vida futura, sea en el cielo como en la tierra. Los griegos fueron de las culturas más extendidas y que se asimilaron con más facilidad con otros pueblos, conllevando a que el bagaje cultural y religioso que más tarde se mezclaría con conceptos y concepciones de otros pueblos se enriqueciera y mitificara la cultura y religiosidad de los mismos pueblos influenciados.

Algunas de las más importantes aportaciones en materia la cultura y mitos griegos están, "Las sombras de los Muertos" que vivían en sus sepulcros y o cavernas subterráneas, donde podían transformarse en serpientes o murciélagos, pero no se encarnaban más en los seres humanos. Aquí la noción de sombras y de almas es igual, son formas tangibles que a la muerte se desprenden del cuerpo para seguir en su otra vida. En relación al rito de coronación real se concebía que las almas de los reyes sagrados vagaran bien visibles en las islas fúnebres donde sus cuerpos habían sido inhumados.

En cuanto a la reencarnación se ve una influencia de tipo indoeuropeo que habla de las "sombras que pueden encarnarse de nuevo en hombres, se pueden hacer patentes en las habas, nueces o peces, para después ser comidas por las futuras madres." Así también en este mito se refleja la organización social en cuanto a la producción ya que pertenece a la época primitiva de alimentación asi como de la creencia de engendrar hijos a través de ingestión de ciertos alimentos. "Las sombras se dirigían hacia el extremo norte donde el sol nunca brilla y regresaban a sus tierras como vientos fertilizantes" aquí la fertilidad del campo, cuando de este depende la alimentación de generaciones, es importante y se asocia con los vientos. El lugar frio se refiere al polo norte donde el sol calienta poco dándose el fenómeno natural del sol de medianoche durante el verano y de la total oscuridad durante el frio invierno. Las sombras se refugiaban en el extremo occidental donde el sol del atardecer se encuentra con el mundo de las sombras parecidas a las de los vivos.

"La sombra del muerto recibía compensaciones o castigos según la vida llevada, a esta ultima creencia los órficos llegaron a agregar la teoría de la metempsicosis o trasmigración de las almas, un proceso que podía ser controlado dentro de ciertos límites sobre todo a través del uso de formulas mágicas." (31)

En la antigüedad los celtas (32) creían que Samhain era el dios de los muertos y fue adorado por ellos, para satisfacerlo se cometían actos de sacrificio en donde se esparcía la sangre entre la comunidad y de la grasa humana se hacían velas. Dejaban comida y bebida para los espíritus de los muertos, luego bailaban danza frenéticas en donde se vestían con mascaras para alejar a los espíritus al final de la orgia. Los druidas de la comunidad (33) hacían una hoguera donde se quemaban los cuerpos de los difuntos al igual que de animales. Con este esparcimiento de sangre el dios debía calmarse. Aproximadamente a fines de octubre el 30 o 31 era la fecha de la fiesta donde los espíritus liberados vagaban en los pueblos, de manera que los vivos debían alumbrar los caminos con las velas para así facilitarles el camino, mientras que los espíritus pidieran dinero y regalos para su jefe, Satanás.

Los antiguos egipcios honraban la muerte recordando el asesinato de Osirides por parte de su hermano Seth, adornando las grandes tumbas donde colocaban alimentos bebidas e incluso animales para que fueran los guías del espíritu, eran la ayuda para facilitarse el camino y tanto las formulas mágicas como los animales les podían ayudar a superar los obstáculos durante el largo viaje a fin de lograr saltar cada uno hasta llegar purificados a la inmortalidad y así reinar en su pueblo por toda la eternidad. La cultura egipcia considera el más allá en el oeste, en un lugar en el cielo. Era importantísimo preservar al muerto a través de la momificación, así como de proveerle de un arsenal de objetos, estatuas, el Ka, donde el espíritu se refugiaba con alimentos y soldados en una tumba con una puerta falsa y sobre todo era muy importante la cabeza donde el espíritu se asentaba gracias a la ceremonia de animación o de apertura de la boca, aquí las formulas mágicas también eran de suma importancia ya que mantenían a los saqueadores de tumbas alejados por el miedo de las maldiciones y brujerías, igualmente se creía que algunas de estas formulas facilitaban el paso al más allá. El rey era inmortal gracias a su condición divina, la construcción de templos en la tierra era restringida solo a los reyes, pues solo un dios podía construir una morada digna de otro dios en la tierra, un reflejo que le permite elevarse hacia el cielo en el este, en forma de pájaro, de escarabajo o de yegua.

En las crónicas de la mitología de los escitas, antepasados de los osetas, un pequeño pueblo de origen indoeuropeo que más tarde con las invasiones y bajo nombres diversos como Alanos y Rosolanos se esparcieron por toda Europa sin perder su raíz caucásica. Las leyendas de Nartes son el recuento de los héroes que eran familiares a estas tribus, provienen de un mundo de creencias semi religiosas y semi folclóricas en las cuales viven aun en el siglo XX los osetas. Bajo el islamismo y la ortodoxia, los sobrevivientes de este grupo de la Georgia caucásica se han incorporado a la cristiandad con su doctrina. El dios Hutsau y Alá el dios del Islam que en el fondo pareciera la misma base del Dios de Abraham y Jehová también se conocen como el dios de los dioses Hutsauty Hutsau. Tanto en el cielo como en la tierra y la concepción de otro mundo que está poblado de seres y sombras (34) que voluntariamente o no intervienen en la vida de los hombres es una creencia popular arraigada a este pueblo.

La costumbre de vestir de negro data de un mito ancestral. En la Grecia antigua el método usado para purificar al que se hubiera manchado de sangre por un homicidio era de sacrificar un cerdo, mientras la sombra de esta victima bebía ávidamente la sangre, el homicida debía lavarse con agua común y corriente, rasurarse la cabeza y partir al exilio por un año para hacer perder su rastro a la sombra sedienta de venganza, de esta forma se purificaba. Si el asesinato era de una madre, solo el suicidio o la amputación de un dedo podían completar el rito de purificación.

De esta forma el vestirse de negro u oscuro, era una forma de engañar a las sombras de los muertos alterando el propio físico. (35)

En la leyenda de los osetas antepasados de los escitas además del rito de las sombras hacían un viaje de aventuras heroicas, estos se hacían acompañar de animales. Al caballo que en vida acompaño al rey era estrangulado y se le sacaban las vísceras y se rellenaba de paja el vientre, así el caballo acompañaba al jinete el rey, dentro de la misma tumba regia para que los dos continuaran el viaje. (36)

En Cartago la diosa Astarté o Ishtar, la Afrodita griega, es considerada la diosa del sexo y sus adoradores creían que sus relaciones sexuales contribuían a despertar a Baal (37) y a su respectiva unión con la diosa, es así que los cartagineses adoraban a estos para tener poder y riqueza, sacrificando incluso a sus propios hijos, sin tener conciencia del bien y del mal, sino siguiendo impulsos mágico-rituales. La muerte es justificada a través de un rito mágico. (38)

En sociedades como las latinoamericanas el rito de la Santa Muerte es expandido de México hasta Paraguay y Argentina, fundamentalmente. Este rito fue introducido a raíz de la violenta conquista por parte de los españoles, y al traer negros e introducirlos en las tareas más duras como la minería donde los indios morían fácilmente. Estos negros provenían de África donde los yoruba tenían sus ritos, su propia cultura y su cosmogonía mágico ritual que trajeron como bagaje cultural, así mismo de Cuba donde se mezclo el negro con el indio y sucesivas mezclas de raza, también se mezclaron santería, vudú de Haití y magia con ritos paganos y rituales míticos, lo que ha hecho que esta figura se identifique hoy día con sectores de escasos recursos y con un nivel de desafío al estatus social vigente, adorada principalmente por aquellos sectores desposeídos y con una enorme necesidad de esperanza y cumplimiento racional de sus peticiones, mantiene su altar principal en la calle de Alfarería, en Tepito un barrio pobre de la ciudad de México donde cada primer viernes de mes se reza un rosario a la "Niña Blanca" y donde el primero de noviembre se organiza una fiesta comida con mariachis, música tradicional y representativa del mexicano.

En este altar el esqueleto completo de la Santa Muerte goza de vestidos diferentes, una corona de oro como una reina, una guadaña y los adoradores se acercan a ella a pedir favores y sanación, o liberación de una persona en prisión, se le fuma se le llena por aspersión de algún alcohol y se le reza. En este barrio se han visto sendas procesiones para la visita, tiene incluso sus propios sacerdotes de culto. Cuenta la leyenda que una vez le fue robada la corona de oro macizo pero el resultado fue que el ladrón murió y con él su familia entera, eso sirvió para reforzar la tenencia de la corona, nadie la roba porque ella es despiadada, como puede ser una bendición. Música de mariachis o guitarra, ritos y tradiciones mezclan a la vez rituales del catolicismo que ha negado algún vínculo con ella. En el barrio de Tepito junto a su altar existe una tienda de venta de imágenes, esqueletos, accesorios, alcohol y cigarros lo necesario para rituales, esta tradición como tantas también se ha visto fuente de ingresos y negocio.

2.6 El Calendario Festivo

El calendario que actualmente nos rige sigue muchas pautas en cuanto a las fechas que han sido introducidas sin saber efectivamente su origen y desarrollo social, así como el contexto cultural y religioso en el cual fue concebido. En algunas fechas se denota incluso un tinte de paganismo asimilado. (39) Instituciones tanto gubernamentales como laicas y de corte religioso propician el seguimiento de estas en la sociedad. Esto unido a una enorme publicidad consigue de facto incorporar fechas y eventos algunos por tradición y otros en aras de mantener una identidad de los pueblos, o de ganancia económica, plasmando en ellos la mentalidad y la cultura de las comunidades.

2.6.1 Octubre y el mes de los Santos

Octubre es un nombre que deriva del latín "october" siendo el decimo mes del año cristiano. Significa por su posición al respecto del año, la perfección y la "Gran Madre" que todo abarca y delimita. Este significa perfecto y para el género humano el tiempo de preparación para la muerte. En la astrología es dominado por Marte y su signo es escorpión.

Este mes significa el cumplirse un ciclo natural donde la naturaleza se prepara

para la muerte tornándose en colores rojo, ocre y amarillo hasta que perdiendo las hojas queda sumida en el letargo, en relación al sol, sobre todo en el continente europeo y norte de América y Canadá, los días se van haciendo más cortos con la consiguiente reducción de luz y el aumento de frio.

En este periodo de letargo la naturaleza encierra los cultivos dentro de la tierra, tomándose este mes para la dedicación de los muertos y los santos héroes del cristianismo en la llamada de todos los santos.

Los egipcios lo consideraban un mes fúnebre, pues el 17 del mes Athyr, o sea el actual 13 de noviembre se consumaba el asesinato de Osirides, rey divino y hombre. La fiesta autóctona del día de los muertos como parte de la tradición de la fiesta de Halloween que encierra en sí misma el recuerdo y la conmemoración de la muerte de un dios, fue pasada junto con la creencia egipcia a la cristiandad como fiestas en recuerdo de los muertos cuyos antecedentes son la mitología egipcia y la tradición celta.

2.6.2 Noviembre, los Celtas y el Halloween

Derivado del latín november se ha vuelto importante para los pueblos católicos pues se celebra y conmemora a los muertos. Ya en la tradición celta se festejaba el año nuevo a principios de noviembre de manera que la Iglesia en el siglo V111 en el año 998 con Odilón de Cluny como jefe, impuso la celebración de los santos y es hasta Sixto 1V en 1475 que se hace obligatoria. Esta conmemoración trato de imponerse a Siria que celebraba todos los santos en la Pascua, la Iglesia bizantina el domingo siguiente a Pentecostés y a Roma el 13 de mayo (40) incluyendo a los mártires del Panteón.

De los celtas antiguos todavía existen hoy reminiscencias de la fiesta sobretodo en los pueblos ingleses, norteamericano e irlandés, esta es conocida como Halloween. El día de la fiesta cristiana de todos los santos se une a la de los muertos, la herencia de Samhain, conservando la comunión de santos y muertos. En países anglosajones conserva más puras sus raíces, más cerca de la tradición o sea más cerca del acto pagano, así Halloween se celebra en la vigilia cuando todo fuego es apagado como señal de que el año viejo moría, este renacerá en cuanto los druidas enciendan fuego nuevo. Esta comunión simbólica de vivos y muertos se da solo esa noche, pero simboliza la eternidad. (41)

Los celtas iban al cementerio pasando ahí la noche entera, pues la noche simboliza la eternidad, se bailaba y bebía conviviendo con los muertos que regresaban esa noche para propiciar la comunión. Al día siguiente se festejaba

Samhain la fiesta del año nuevo. En esta época se inicia el otoño, donde el grano es apenas sembrado, está dentro de la tierra. La vida y el letargo se funden en la forma del pensamiento cósmico-cíclico.

2.6.2.1 El alimento y la Flor decorativa

La iglesia católica traspone la celebración de todos los santos y los muertos en un intento de someter, asimilar y contrarrestar el paganismo de la época. Hoy día en los países de corte confesional católico aunado a estas celebraciones se prepara comida especial ya que se ha mantenido la idea de que los muertos regresan y deben comer. Por ejemplo la calabaza es el símbolo de los muertos además de que es la fruta de la estación y producto propio de la latitud. (42) Así en los altares que se dedican a los muertos se preparan panes especiales que se cocinan solo en esa época, el consumo de la harina se deriva del grano, contiene la fuerza y la energía del sol, esta es equiparable a la vida. Al crecer en la vida en el más allá y al comer del alimento se demuestra que si una persona puede comer es que aun está viva y más aun es entonces participe de la misma vida. (43)

El uso de la flor el crisantemo cuyo nombre deriva del griego "crysòs" que significa oro y "anthemòn" que es floreciente, es una costumbre mucho más reciente ya que fue introducida de China a Europa en el siglo X1X, pasando a simbolizar la flor de los muertos. El uso de flores en los cementerios es muy antiguo. El último acto ante el cuerpo se acompañaba de flores perfumadas y venia en el momento de la cremación o antes de la sepultura, en donde estas se esparcían por todo el cuerpo pues se creía que el perfume de las flores ayudaba al espíritu a subir más dulcemente al cielo.

La corona fúnebre con flores aromáticas funcionaba como si fueran un círculo mágico, encerrando el alma al centro y acompañándola al más allá, y al mismo tiempo impidiéndole regresar como un espectro a la tierra.

En oriente funcionaron esparcidas por el cuerpo como una barrera protectora preservando los vivos del contagio de los muertos.

En las tribus aztecas el concepto de las flores iba más allá, pues además de ofrecerlas a los muertos, se sembraban produciendo bellísimos jardines. (44)

2.7 Concepción Mítica y Ritual de la Muerte en Diversas Culturas

En la sociedad azteca la vida y la muerte estaban regidas por ritos, que exaltaban la esperanza como un deber cósmico. Solo el sol se elevara, la lluvia bajara de la cima de la montaña, el maíz saldrá de las entrañas de la tierra y solo el tiempo continuara y se consumara en un sacrificio (45) el primer día de la aparición del hombre fue marcado así y la sangre de los seres humanos es la fuerza vital para Huitzilopochtli.

Sol Invictus nació en la montaña de las serpientes (46) de una diosa que se fecundo con un copo de nieve y al momento de nacer extermino las estrellas del sur. La serpiente de turquesa y fuego que tiene a la derecha derrumba a las fuerzas de la oscuridad, las victimas que se inmolan en su honor son la razón que se argumenta para que exista vida. (47)

Pero este no está solo, existe otro gran dios Tlaloc que tiene poderes iguales, pero este convoca a la lluvia a través de las nubes y es en la lluvia donde reside su poder.

El hombre no tiene un lugar específico y predominante en el mundo, nace con un destino, con un propósito; el sacrificio. (48) La vida llega al ciclo de la propia pareja inicial de los tiempos y con esto se pagan las deudas de generaciones a través de la sangre, aun las de los antepasados. Desde que el individuo nace sus deudas son para la tierra y el sol. El hombre o mujer poco o nada valen con un destino prefijado de antemano, este no es personal, su concepción del universo no es importante, cuenta solo ese gran universo que deberá continuar con el sacrificio y la sangre.

2.7.1 Paraíso e Infierno

El infierno para los antiguos romanos y griegos el "Ade-Ades ad Orco" fue la demora de los difuntos bajo la tierra, no necesariamente tenebroso donde las almas conviven, buenas y malas. Solo después se divide en Tártaro para los malvados y "Campos Elíseos" para los elegidos, donde algunos más privilegiados residían al extremo occidental, más allá de la columna de Hércules.

Para los asirios el reino de ultratumba era el "Arallu" bajo dominio de Nergal y su mujer Ereskigal, mientras para los babilonios era el "Kigallu" con los mismos dominadores pero alrededor de siete muros cada uno con un ingreso y un cuidador, las almas antes de entrar debían someterse a juicio sobre el rio Habur.

Los chinos tenían el "Ti-Yu" con diez infiernos cada uno con un rey. Cada alma era llevada por dos ángeles uno blanco y otro negro, se sometía a juicio que duraba 49 días y al final esta se podía enviar al paraíso "Kun- Lun" o en el primero de los diez infiernos donde se sometía a torturas graduadas diversamente hasta llegar al último donde tendría otro juicio para verificar si su estado de purificación era total. En este caso el alma debía de beber "el caldo del olvido" para así no recordar nada de su vida pasada y entonces reencarnarse en otra persona o en un animal.

En la tradición japonesa se llama "Gigoku" para los budistas y el "Ne No Kuni "para los shintoístas. El primero tiene 16 regiones infernales entre ocho infiernos fríos y los restantes ocho calientes, domina en todos el rey Enma-O que dirige un ejército de diablos clasificados en jerarquías. (49)

Telepilo que significa la lejana puerta del infierno yace al extremo norte de Europa en la tierra del sol de medianoche donde pastores que entran dan la voz a los que están saliendo. A esta fría región pertenecen las rocas vagantes o sea los icebergs y también los "Cimeri" que en junio pueden gozar del sol de la medianoche y que en el invierno tienen la oscuridad de mediodía. (50)

El "Stige", el que es odiado, es un rio de la Arcadia del cual se creía tenia aguas mortales, venenosas, ahí fue puesto tardíamente por los mitógrafos el "Tártaro" Aqueronte y Cocito fueron los nombres de fantasía para describir las penas de la muerte.

"Lete" que quiere decir olvido y "Erebo" cubierto, "Aornis" que sería sin pájaros es una introducción errónea del griego al itálico "Avernus".

Flegetone que significa que quema se refiere al uso de la cremación y quizá también a la teoría de que los pecados arden en ríos de lava. Tártaro parece ser el doblaje de la base pre-helénica "tar", muy frecuente en los nombres de las localidades en occidente. El significado de infernal lo adquiere solamente mas tarde. (51)

En la cultura azteca los guerreros muertos en batallas se vuelven acompañantes del águila o sea el sol, después forman un cortejo alrededor del astro y al cabo de cuatro años se transforman en colibrís que regresan a la tierra para vivir entre las flores de los climas cálidos. (52) Las mujeres que mueren de parto forman parte de ese cortejo del sol y lo acompañan en su curso diurno cantando y bailando, pero al crepúsculo son transformadas en divinidades sombrías que pueden acarrear males. Los neonatos muertos se van al treceavo cielo y se alimentan del árbol de la leche por toda la eternidad. La existencia de cada ser depende de una elección divina y fortuita.

En la concepción dualista de los dioses, los privilegiados por el dios celestial van al sol, los escogidos por Tlaloc van a morar al paraíso terrenal del Tlalocan, un jardín hermoso (53) donde reina el dios de la lluvia. Morían escogidos por él, ya fuera por cualquier enfermedad que se relacionara con el agua, la fiebre o las afecciones de la piel, estos muertos se enterraban para que se dirigieran al este a llevar una maravillosa vida paradisiaca. (54) Los aztecas localizaban el infierno en el norte de donde habían venido las primeras migraciones y adonde habían de regresar después de la predestinada existencia humana. (55)

El Mictlan era otra vida de corto tiempo que termina con la disolución del ser. El muerto en general se quemaba (56) pero si tenía alguna jerarquía se enterraba en cuclillas con brazos y piernas pegadas al cuerpo, era vestido exquisitamente con una máscara en la cara adornada a su vez con plumas alrededor de la cabeza. Se decoraba todo con pedazos de corteza de árbol y se le daba el "chalchihuitl" piedra que se consideraba como su corazón para la otra vida, además que se sacrificaba un perro que era puesto junto al muerto para que lo acompañara en el viaje ya iniciado. (57)

El poema de Popol Vuh relata los esfuerzos de los dioses para crear a la humanidad, todo ello basado en la naturaleza y en el cultivo del maíz primordial para su alimentación y sobrevivencia. El respeto de esta cultura para la naturaleza se plasmo en sus cultivos y en su forma de vida, Siempre con el cuidado de la tierra y con el maíz como alimento importante. Este poema relata también las diferentes etapas del cultivo del maíz y con ello el viaje de los gemelos al inframundo. El descenso a "Xibalba" de Hun-Hunahpu y Vucub Hunahpu la primera pareja de gemelos se relaciona con el cultivo del maíz y su viaje al inframundo. Este poema relata que los señores de Xibalba se molestaron con los gemelos por tanto ruido que hacían al jugar el juego de pelota, por lo que ordenaron que estos bajaran al inframundo. Este primer descenso terminara con la decapitación del gemelo Hun Hunahpu. En la cultura y mítica maya este gemelo desposara mas tarde a Ixquic una hija de los señores del inframundo. Con esta nueva pareja la humanidad se renueva, es la resurrección del maíz. Estos conceptos elaboraran la concepción de los pueblos y culturas en México y América central, otorgándoles una visión particular que permeo en una cultura generalizada sobre la naturaleza, el árbol y el maíz así como una cosmogonía muy avanzada.

2.7.1.1 El Mítico Perro

El perro es un animal que en muchas culturas ha sido en esencia un compañero para el hombre, en otras jugó un papel mágico y despreciable, y en otras mítico y simbólico dependiendo de la perspectiva cultural, histórica y religiosa donde se presenta.

En la sociedad azteca este se llamaba "Xólotl" siendo un dios el cual había podido penetrar en el infierno al inicio del tiempo y había robado los huesos de los hombres para así crear una nueva raza de estos. El "itzcuintli" o perro es el signo de uno de los veinte días del calendario de adivinación azteca y ese día tiene por patrón el dios del infierno. (58)

El muerto debía pasar por nueve pruebas difíciles (59) entre montañas y caminos donde las bestias le querían robar su corazón o sea la piedra, el chalchiuitl, al final de todos estos caminos y vientos que había cruzado llegaba al borde de los nueve ríos, el Chiconahuapan que atravesaba con la ayuda de su perro. Los ríos son la última barrera de los infiernos. (60)

Todavía hoy existe una creencia muy difusa de que el perro acompaña a su dueño o a la persona de nobles sentimientos para que "cruce el rio" como una forma simbólica de la antigua creencia que en el cristianismo se asimila como una cualidad de los santos y nobleza de espíritu, incluido el buen trato a los animales. Existen datos en la historia colonial mexicana de las primeras órdenes religiosas, en este caso franciscanas, con un San Francesco di Bernardone de Asís Italia, creador de la orden, un joven que estuvo cerca de los animales, y se resalta su vida por ese respeto y amor a ellos. Los franciscanos entre otros que llegaron a catequizar a los indígenas que poblaban las tierras de América Latina, documentaron en México como éstos ante su incapacidad de hablar las lenguas de los indígenas, encendían hogueras y lanzaban perros vivos que con sus gritos y chillidos ejemplificando a los indios las torturas del infierno. Este concepto no existía en la mitología indígena pero se aprendió rápidamente con esta práctica poco humanitaria de enseñanza y que reflejo el carácter e impacto de la conquista.

En la época de la colonia española en México los conquistadores llamaban a los indígenas perros o perras, como una forma de humillación y vejación ante el nuevo orden establecido por ellos. Y para denigrarlos más en la zona maya de Yucatán, se agrego al adjetivo calificativo malo del español, sumando el sufijo "ix" del maya, con el tiempo y esta asimilación, los perros criollos o cruzados fueron llamados malix o malix pek, como resultado del mestizaje. Hoy en el diccionario se considera este concepto la mezcla de dos o más razas. Pero en la conquista se llamo así a los indios como una forma de humillación y de control, un espejo de los españoles y la conquista.

La familia del muerto celebraba ceremonias destinadas a ayudar a estos en su viaje infernal con duración de 80 días, después al año, más tarde a los dos, tres y cuatro años respectivamente ya que después de ese lapso de tiempo la familia ya no podía hacer nada, pues llegando al noveno infierno dejaba de existir regresando a la nada. Estas celebraciones se llaman Cabo de Año, y los familiares y amigos cercanos regalan a la familia alimentos y alcohol para su consumo familiar. Es todo un rito y fiesta que se debe hacer desde el primer año.

El señor del infierno es Mictlantecutli o llamado señor de Mictlan o Tzontemoc el señor del crepúsculo que lleva en su espalda un sol negro según el Códice Borgia, y es el dios de los muertos. Se representa con una máscara de cráneo, la mandíbula descarnada, sus vestimentas se adornan con cráneos y huesos, sus adornos de las orejas son también de osamenta, lo acompañan sus animales simbólicos la lechuza y la araña. El pensamiento azteca es de tipo cosmogónico, aparecen las cuatro direcciones y una quinta en el centro. En el estado de Oaxaca donde se ubica la morada de los muertos es el Mictlan al sur donde ahora está la ciudad de Mitla.

La muerte para los aztecas debía ser por honor y por sacrificio, las guerras floridas eran un medio de obtención de victimas para continuar la propia existencia. Sacerdotes y nobleza participaban en este rito sagrado, incluido el canibalismo, pues el espíritu de los difuntos era de cuidado, el alimento y la bebida también, así como el perro eran necesarios para el gran viaje.

NOTAS DEL CAPÍTULO 2

(1) En la fiesta llamada "Comiria" o corte de cabellos, los jóvenes consagraban la cabellera al sol antes de la ejecución, parece ser parte del rito en la ceremonia de coronación real, estos se llamaban "curetas". Esta usanza al parecer de origen líbico se extiende en Grecia y Asia Menor...Apolo es venerado como dios inmortal del sol llevando cabellera larga. Graves.Op. cit pág 197. Como contrapartida en el Levítico 21 ver. 5 se prohíbe a los sacerdotes cortarse el cabello rapándose, así como el corte de los bordes de la barba como una forma de preservación santa a Dios. Números 6 vers.1-21.

(2) El nuevo culto del sol como parte de todas las cosas, al parecer fue llevado en el Egeo septentrional por los sacerdotes prófugos del culto monoteísta de Akhenaton en el 14 AC. Incrustándose este en los cultos locales. Trazas del culto solar se encuentran en Sófocles, fragmentos 523 y 1017 donde se habla del sol como de la flama más antigua apreciada por los caballeros tracios y del "señor de los dioses y padre de todas las cosas". Parece que los elementos conservados en Tracia se opusieron tenazmente a la nueva religión, sofocándola con sangre en algunas regiones del país. En seguida los sacerdotes órficos de costumbres egipcias llamaron Dionisio al semidiós de la epifanía taurina de la cual comían carne cruda, reservando el nombre de Apolo para el sol inmortal. Graves Ibídem pág. 101.

(3) Su contrapartida como intento de contrarrestar el sol está en Génesis 1 vers. 14 al 18, el hebraísmo los coloca solamente como astros mayores y menores, dando un elemento racional de astrología y medición del tiempo, así como la consecuencia determinante de los ciclos agrícolas.

(4) El caballo animal sagrado en la Grecia pelásgica antes de que se iniciara el culto del carro solar era un poni de raza europea dedicado a la luna, no al sol. Bellefonte doma Pegaso el caballo de la luna usando ritos propiciatorios de la lluvia. Ibídem pág. 229. Los caballos del trans Caspio son más grandes, los que llegan a Egipto son los Hyksos en el 1850 AC. En Grecia como en Roma el culto de los asnos fue suspendido cuando el carro solar pasa a ser el símbolo de la realeza. Ibídem pág. 365 En la Biblia en el segundo libro de los Reyes 23 vers, 4 en adelante sobretodo en el 11, el segundo sacerdote, por jerarquía bajo las ordenes del rey lleva a cabo una reforma religiosa donde erradica el culto a los caballos, suprimiendo los que los reyes de Judá habían dedicado al sol en la entrada de la casa de Yahveh quemando todo ya que el fuego significaba purificación, incluso el carro. Dioses y cultos cananeos se habían

introducido en el honrar a Yahvé, sobretodo los astrales tomados de Asiria, incluyendo Salomón rey de Israel que había profanado el culto construyendo un altar a Astarté Sidonia, y a Kemòs de Moab y a Milikom de los amonitas. Biblia de Jerusalén. Óp. Cit. pág. 42

(5) En Génesis 6 donde se habla de los gigantes en hebreo "Nefilim" que equivalían a los titanes orientales se da un giro en el enfoque del mito de Cnosos, donde el culto del toro celeste supera el antiguo rito de la perdiz y los danzantes. Estos ahora representan el curso anual de los cuerpos celestes y cuyo baile consta de 14 titanes, 7 hombres y 7 mujeres representando el sol, la luna y los planetas. En la concepción bíblica se consideran los titanes orientales nacidos de la unión entre mortales y seres celestiales. Se encuentran justificaciones de la perversidad en la humanidad que dará motivos de destrucción, el diluvio. Más adelante el judaísmo y luego el cristianismo en el Nuevo Testamento los considerara como ángeles caídos culpables de la soberbia. En el siglo 1V la iglesia católica los reconsidero como los hijos de Dios, el linaje de Set y las hijas de los hombres, la descendencia de Caín. Biblia de Jerusalén Ibíd. pág. 19. Eolo y Enarete no fueron considerados mortales, sino titanes y por lo tanto no sujetos a las prohibiciones de uniones consanguíneas así que no se considero incesto, la procreación de sus hijos que fueron los sobrevivientes encargados del cuidado de los 7 cuerpos astrales y los 7 días de la semana sagrada. Graves Ibídem pág. 136 y 145.

(6) Ritual del siglo X11 para los campos infecundos. La ceremonia se iniciaba al alba con la sustracción de cuatro pedazos de tierra de los cuatro lados del campo. El sacerdote riega estos con una mezcla de agua santa, aceite, leche, miel, plantas y hierbas despedazadas, recita en latín palabras de Dios a Adán y a Eva, seáis fecundos y multiplicaos, llenad la tierra. Génesis 1 ver. 28 y después hacia mas oraciones. Así cada pedazo se lleva a la iglesia en donde se celebran cuatro misas. Antes del anochecer estos pedazos se regresaban al campo y gracias a la fuerza adquirida en el rito producirían la fecundidad. Kierckhefer. Óp. Cit págs. 73 y74 a su vez se basa en el texto de Storms G. Anglo Saxon Magic Nijhoff, Den Hagg 1948 págs. 172 y 187. Donde Storms hipotiza que el sacerdote fuese pagano, aunque eso parece improbable.

(7) El periodo de máximo apogeo del culto del sol se da sobretodo en el desarrollo de la Edad de Bronce en el área nórdica, donde existe una abundancia de carros, barcos solares en oro o de cobre. Para esto se debe consultar Boyer, Regis. La Religión des Ancienes Scandinaves, Payot, Paris 1981.

(8) Todos los oráculos originalmente venían pronunciados de la Madre Tierra y su autoridad era tan grande que los invasores patriarcales se apuraron a adueñarse de sus santuarios, substituyendo sacerdotisas, o bien obligando a estas a servir a las nuevas divinidades masculinas...como Jehová suspende el culto de la acacia oracular de Ishtar en Crónicas X1V vers. 15, Apolo se adueña de los santuarios de Delfos y Argos. Graves Ibídem pág. 162.

(9) Existía un culto al sol en Corintio, Elio y Afrodita ocuparon sucesivamente la Acrópolis teniendo un templo común. Es más, Sísifo, originalmente el disco del sol, se localizaba junto a Isione en el Tártaro, la rueda de fuego de Isione es un símbolo del sol. Según la leyenda el pueblo de Efira habría nacido de los hongos, éstos eran la camada ritual para la rueda de Isione y el dios sol exigía que víctimas humanas fueran quemadas vivas para inaugurar su año. Graves, Ibídem pág. 197.

(10) En el ciclo del viaje los celtas consideran la muerte como éxtasis de un pasaje peligroso, de una mutación, el símbolo de atravesar el puente, recuerda a aquel mencionado bíblicamente de la estrecha puerta de paso. En Eliade se explica como el principio paradisiaco de la humanidad se unía por un puente que unía cielo y tierra y se pasaba de un lado a otro sin caer, sin obstáculos pues no existía la muerte. La fiesta de Samhain era considerada como un verdadero puente del alba de los tiempos, reconstruido simbólicamente por una noche y un día. Pero ahora solo se pasa en espíritu, en éxtasis o con la muerte. Este paso es difícil pues hay que enfrentar demonios y monstruos que devoran el alma, o bien el puente se estrecha como una navaja de los impíos... Solo los buenos y los iniciados pueden atravesar fácilmente el puente y algunos privilegiados que son los héroes con la fuerza, la sabiduría y la iniciación. Estos son los chamanes en la tradición celta los que atraviesan el puente el cual es la forma esencial y simbólica del modo de proceder propio del druidismo. Markale, Jean. Ibíd. págs. 213-214

(11) El sacrificio de un buey atado al arado, la maldición de Teodamante y el joven Ila que surge de un surco de la tierra, son mitos pre-helénicos de la siega, la sangre del buey propicia la diosa de la tierra, el joven representa las mies o el grano futuro y las maldiciones alejan la ira divina en los campos. Teodamante representa el espíritu del año viejo. Graves Ibídem pág. 518.

(12) Los dorios de proveniencia indoeuropea conocedores del secreto del fierro, así como temibles guerreros emigran de Asia Central y conquistan los Aqueos en la época minoica del bronce que eran sobretodo

agricultores y pastores. Con esto desaparece el culto de la tierra divinizada, sustituyéndose con el culto solar. Este culto al sol proviene del norte de Europa, de la llamada Hiperbórea donde el sol marca la forma de vida, es su centro en términos de sobrevivencia. En el antiguo fondo religioso griego dominaba la idea del culto de los antepasados, el cual entrelazaba al de la Tierra Madre que vinculaba a los ciclos de la vida con las comunidades pre-míticas.

(13) El Fakone es el limbo cristiano donde están las almas de los niños muertos antes de los 7 años. Este lugar se materializa en un recinto sacro donde se cumplen rituales con hojas de arboles que contienen oraciones inscritas. Coria Ibídem pág. 159.

(14) El origen de los dados es idéntico al de las cartas, fueron los instrumentos oraculares antes de ser usados en los juegos de azar. Graves, Ibídem pág. 618.

(15) Las cintas blancas heráldicas que honraban la caja de Hermes fueron más tarde cambiadas por serpientes... lastrie era la triple musa de las montañas del Parnaso y su práctica por medio de piedras de grava era practicada en Delfos. La invención de los dados adivinatorios proveniente de huesos de asnos fue atribuida primero a Atenas, prerrogativa aristocrática en Grecia y Roma... Hermes fue el primer patrón de estas artes, de la literatura y de la adivinación... La invención del método para encender fuego fue atribuida a Hermes ya que el vuelo del chupamirto macho cerca de la leña, elemento femenino, sugiere una magia de tipo fálico. Graves Ibídem pág. 57.

(16) Nemus era sagrado. El santuario celta fue el Nemeton que significa la ranura sagrada celeste del centro del bosque. Los druidas preferían los bosques, en Galia se reunían en el de Camuti, y en Gran Bretaña en el de la isla de Mona, Anglesey, que era igualmente boscoso. Los celtas no aceptaron la idea de tener a los dioses en un ambiente cerrado, al contrario pensaron que existían lugares simbólicos o reales donde en mundo de los humanos podía abrirse al mundo de los dioses y viceversa. El Nemeton es el lugar de intercambio sagrado. Es el centro del mundo, este se rige en la mayoría de los casos por el lugar donde está ubicado, siendo un santuario prehistórico ya que la tradición del sacro exige que algunos lugares sean privilegiados. Markale, Jean. Ibíd. págs. 148 a 150.

(17) Buda significa iluminado, después de su muerte se afirmo entre sus seguidores la tendencia a su culto y al de sus reliquias. La escuela budista de Mahasanghika desarrollo la concepción de la perfecta trascendencia considerándolo un ser divino, viviendo en un estado de beatitud ultra

terrena. El Buda histórico es una manifestación temporal de Buda Trascendente para la salvación de las creaturas de este mundo. Y el Buda futuro o el "Maitreya" que es la multiplicidad de estadios en donde permite conceptualizarlo a través del estado de salvación en la existencia de infinidad de mundos. El budismo actúa al centro de la propia experiencia religiosa el destino del hombre y la liberación del dolor a través de la renuncia al mundo y la praxis asceta. El Nirvana es el final del dolor y el camino para llegar a Él, es a rectitud en el pensar, hablar, comportarse, trabajar, esforzarse, concentrarse y meditar. Para ayudarse a esta tarea se dan cinco mandamientos: no mentir, no robar, no cometer adulterio, no matar a ningún ser viviente y no usar sustancias enervantes.

(18) Los arboles al atraer los rayos, un pararrayos moderno, conducían la energía, esto significo un enigma y en las culturas antiguas se organizaron ceremonias para invocar la lluvia o para propiciar el fuego. "Con el mito del hombre sauce se honraba a Atenas, a esta diosa era atribuido el culto del sauce en la Fthiotida, así como lo fue en Jerusalén donde Anatha copia de Atenas era venerada hasta que los sacerdotes de Jehová la desautorizaron y consagraron al mismo Jehová el sauce propiciatorio de lluvia durante la Fiesta de los Tabernáculos". Graves Ibídem pág. 39.

(19) Markale J. Ibídem, págs 152 a 154

(20) Coria Ibíd. pág. 22.

(21) El árbol de olivo era sagrado a Atenas, la palma de dátil a Iside y a Lot. "En un sello del minoico medio…se ve la diosa erigida junto a la palma, a los lados la envuelve una falda de hojas de palma y en la mano tiene una pequeña, ella observa al becerro del año nuevo que nace de un racimo de dátiles. De la otra parte del árbol se ve un toro muriendo, evidentemente es el toro real del año viejo." Graves. Ibíd. pág. 75.

(22) Ibídem págs. 226 y 227.

(23) Ibídem pág. 270.

(24) Mateo coloca el nacimiento de Jesús cerca de la fecha de la muerte de Herodes el Grande. Ya que este evento tuvo lugar en el año 4 antes de la era vulgar, el nacimiento de Jesús debería ser en ese año o poco antes, algunos estudiosos apoyan el año 5, el 6 o incluso el 7 antes de la era vulgar. "…en el siglo V1 un monje de la Scizia residente en Roma, Dionisio el Pequeño, introdujo un calendario litúrgico que contaba los años a partir de la encarnación, más que el segundo sistema fijado por el emperador romano Diocleciano. El calendario de Dionisio nunca pudo fijar con exactitud la fecha de la muerte de Herodes en Mateo 2, ni en el censo de Quirino en Lucas 2, parece que sus informadores se basaban en

Lucas. Juan Bautista que precede a Jesús inicio la actividad de predicación en el año decimoquinto de Tiberio en Lucas 3- 1, Jesús tenía entonces cerca de 30 años cuando inició su ministerio en Lucas 3, 22. En el año decimoquinto de Tiberio según cálculos modernos corresponde al decimonoveno de la era vulgar. Dionisio el Pequeño coloca un año de separación entre la misión de Juan el Bautista y Jesús concluyendo que Cristo inicia su ministerio en el año treinta de la era vulgar. Y si Jesús tenía exactamente treinta años en esa fecha, su nacimiento se coloca en el año 1" E.P Sander Óp. Cit pág. 13 y 14.

(25) En lo referente al nacimiento de Jesús no tenemos indicaciones acerca del mes, del día y son contrastantes las existentes en lo relativo al año aproximado. Para el año 4 antes de la era vulgar cerca la muerte de Herodes y el censo de Quirino ver Ibídem pág. 57 y Biblia de Jerusalén Óp. Cit pág. 1460.

(26) Los primeros cristianos agregaron nuevos hechos descifrados de las antiguas Escrituras hebraicas. Este proceso se fue haciendo hasta aproximadamente el periodo del Pseudo Mateo, el cual lee en Isaías que el buey y el asno conocen su dueño, y es entonces cuando se agregan estos al pesebre. Isaías 11 y Sander Ibíd. pág. 67.

(27) Los jabalís eran sagrados a la luna porque sus pezuñas eran curvas y el sucesor del rey sagrado que asesinaba su gemelo se disfrazaba de jabalí en esa circunstancia... Al parecer esto sucedió en invierno ya que el mito habla de la nieve. Así Heracles se identifica con Oro, joven que venga a Osirides contra su hermano Set, el cual aparece bajo la piel de un jabalí. De esta manera en pleno invierno la carne de jabalí era un tabú para los egipcios. La adaptación de la concepción griega del jabalí gira para darle a la cabeza del animal el triunfo del nuevo rey sagrado sobre su rival. Graves Ibídem pág. 439.

(28) El Babbo Natale en Italia, Santa Claus en Estados Unidos de América o Père Noèl en Francia o Ded Moròz, el abuelo de hielo en Rusia. Esta figura aparece en fin de año repartiendo dulces a los niños. En Rusia se festeja trece días después a medianoche del año viejo, pues Pedro 1 hace coincidir el antiguo fin de año con el 13 de enero, siendo celebrada la Navidad el 7 del mismo mes. Desde 1991 la misa se transmite a través de los medios de comunicación desde la sede de la catedral de la Epifanía.

(29) Así pues nunca consumimos un objeto por sí mismo o por su valor de uso, sino en relación a su valor de cambio, es decir en razón del prestigio, del estatus y del rango social que confiere. Por encima de la satisfacción espontanea de las necesidades, hay que reconocer en el consumo un

instrumento de jerarquía social y en los objetos un ámbito de producción social, diferencia y valores clasistas. Baudrillard, Jean, la Societe de Consomation. Ed. Denoel. Paris 1970

(30) Tema excelentemente tratado en este libro en donde hace hincapié en las sociedades consumistas, donde la cursilería es una estética que intenta construir un paraíso artificial como culminación de un proceso iniciado con la revolución industrial. La cultura de la apariencia creada por la moda corresponde con la tendencia de "vivir por encima de las posibilidades" y con la prioridad de la fantasía sobre lo real para nuevos ricos de estas sociedades opulentas. Son los nuevos valores que configuran la década de los noventas. Rivière Margarita. "Lo cursi y el Poder de la Moda" Espasa Calpe. Madrid 1992.

(31) Graves Ibídem pág. 109.

(32) La literatura celta contiene abundantes temas mágicos más afines con los dioses o deidades como en las fabulas, cuentos o leyendas de historias de hadas. Estas se refuerzan aun más con las leyendas de dioses paganos con las fábulas y en ambas es común y natural el uso de la magia. En la literatura posterior a la cristianización, los elementos mágicos son incorporados con un tinte de romanticismo mágico, asimilando el paganismo en las hadas, ya no más como seres demoniacos sino como aliadas de las fuerzas del bien y defensoras de la fe sobretodo contra los drusos. Aquí las hadas siendo buenas o malas son positivas, las buenas pueden anular los encantamientos siempre con sus limitaciones, y las malas como destructoras se apoyan en toda una gama de seres maléficos y diabólicos.

(33) Los celtas en la literatura incluyen la vida de los santos, san Patricio que se enfrenta a un druso, lo alza y lo lanza al suelo, como el mago Simón desafiando a los drusos, san Patricio obtiene incluso poderes mágicos positivos, pues no es mago y los encantamientos provienen de la divinidad es así que los milagros del santo son obra de Dios y atestiguan la grandeza y la gloria. Los drusos como el mago Simón son discípulos del demonio y por lo tanto su poder es maligno. Los drusos como los celtas hacían uso de la magia en el sentido de invocar antiguas divinidades de la cultura, no en el sentido cristiano del paganismo y magia, sino la magia que invoca al demonio. Ambos elementos en el cristianismo medieval se funden y aparecen como sinónimo uno del otro.

(34) Ogigia es el nombre de una isla fúnebre cuyo significado es océano, Calipso o escondida, o que se esconde, es otra diosa de la muerte y se muestra en su gruta, rodeada de arboles cuyas ramas albergan cuervos,

búhos y halcones. El perejil es el símbolo del luto y el lirio la flor de la muerte. En una isla verde sepulcral similar a Ogigia o Ea donde vivían las sirenas bajo la forma de pájaros, se lanzaban sobre las almas de los difuntos a veces con miras eróticas. Hijas de Forci, o sea el infierno, primas de las Arpía...; siendo peligrosas durante el mediodía o en las cálidas horas de la siesta... Los sicilianos situaban esta isla en Faro y los latinos en Capri junto a Nápoles. Graves Ibídem pág. 680.

(35) Ibídem, pág. 395 y 396. Sin embargo en Levítico 11 vers. 7 el cerdo adquiere características del animal impuro y por lo tanto no se come, ni tampoco se usa en los rituales. Ya que la ley de la pureza va unida a la ley de la santidad. Así en Éxodo 21 vers. 12 al 15 se contrarresta el mito de la purificación pagana, donde se pretende evitar los excesos de la venganza de sangre y se antepone el santuario como primitiva forma de asilo. Esta disposición genero posteriormente la institución de las ciudades de asilo.

(36) Los jefes escitas se sepultaban en tumbas sacras, en el túmulo 5 de Pazyryk sobre los montes de Altái en la Rusia oriental se encontró una cámara mortuoria en madera, con los cuerpos de un jefe escita y una mujer. Joyería, vajillas, cáñamo y 9 caballos están acomodados de 3 en 3 al lado de una carreta. Los escitas fueron excelentes jinetes, aun montando sin silla. Oliphant, Margaret. Atlante ilustrado del Mundo Antiguo. Ed. Menabò. Como pág. 86 y 87.

(37) Baal, dios del cielo en Medio Oriente, representado con dos cuernos y encima del agua en la estrella de Ugarit, simboliza la fertilidad con un tridente y en las manos el símbolo de los rayos del cielo. Baal es también señor, antiguo titulo de los dioses de la fertilidad en Siria y Canaán.

(38) Al inicio el alma de Heracles fue recibida en el paraíso occidental de las Hespérides o en el castillo de plata. La corona boreal está detrás del viento del norte. Heracles llamado Melón de la manzana significaba sabiduría, pero esta venia acompañada de la muerte. Su ingreso al Olimpo no le procuro un lugar entre las doce mayores divinidades. Su joven esposa Atena o Ebe es reina que se presentaba con el divino niño nacido ante los doce testigos del matrimonio sacro, cada uno de estos era el representante de un clan o una confederación religiosa o de un mes sagrado, la criatura renacía después ritualmente de una yegua o como en este caso de una mujer. Heracles es el portero del cielo porque muere a mediados del verano y el cielo era parangonado a una puerta de encino que giraba sobre un quicio o fundamento y que se abría poco a poco, de par en par hasta el máximo solsticio de verano para después cerrarse lentamente mientras los días se acortaban.

(39) Para ahondar sobre este tema ver 3.5 Calendario en el Mundo religioso. Capitulo 111

(40) Un antiguo tabú prohibía a los hombres sembrar habas, al parecer duro más tiempo del tabú sembrar el grano, ya que se creyó que existía una estrecha relación entre las habas y la sombra de los muertos. En Roma se lanzaban habas a la sombra de los difuntos durante la fiesta de los muertos, y si una planta de haba crecía y era comida por una mujer esta corría el riesgo de ser fecundada por un muerto. Los pitagóricos no comían habas para no privar a un antepasado de la posibilidad de reencarnarse. Graves Ibíd. pág. 84

(41) En la cultura celta la fiesta principal del año se celebraba el 1 de noviembre, Samhain o Samain o Samhuin en irlandés, corresponde al término fálico de Samonios del calendario de Coligny, testigo incontestable del calendario celta del paganismo. Samain se pronuncia Sho-uinn que etimológicamente quiere decir el final del verano, o sea el inicio del invierno, es la primera noche del año nuevo celta. En la creencia druida "Dis Páter" es una divinidad nocturna que da origen a los seres y las cosas. La fiesta de Samain consistía en una asamblea obligatoria de hombres y mujeres donde se discutían asuntos religiosos, económicos y políticos, se daba luego un banquete por tres días con carne de puerco y vino, esta fiesta fue considerada como la que otorgaba los efectos de la inmortalidad y el vino que bajo el éxtasis lograba alcanzar el trance gracias al cual se superaba la apariencia real y se aferraba a lo sobrenatural. En este día la comunidad de los vivos se encontraba con la de los muertos. El Sidh donde viven los dioses se abre ese día para permitir la compenetración. Markale.J. Ibíd., pág. 187 y 188

(42) Un tabú primitivo acerca de los alimentos de color rojo es que podían ser ofrecidos solamente a los muertos y se decía que la granada y la anemona escarlata de ocho pétalos fueron sacados de la sangre de Adonis, o Tammuz. Los 7 granos de la granada representan 7 fases de la luna que debían pasar antes de que los campesinos vieran germinar el grano. Pero Perséfone que come de la granada es en su origen el Sheol, la diosa del infierno, que devora Tammuz, mientras Isthar (que es siempre Sehol bajo otro aspecto) llora por aplacar a la sombra. También Era, un tiempo diosa de la muerte sostenía en la mano una granada. Graves Ibídem pág. 83.

(43) Según las tablas de Ras Shamra, Asthar ocupo temporalmente el tronco del cielo, mientras el dios Baal languidecía en la ultratumba por haber comido el alimento de los muertos. Asthar era solo un joven…Despúes Baal regreso y lo mato de un bastonazo. La ley mosaica prohibió las

fiestas de iniciación en honor de Asthar o Astarté, Ibídem pág. 106. Éxodo 23 vers. 19, y 34 vers. 26   Deuteronomio 24 vers. 21.

(44) Coria, G: Ibíd. pág. 169

(45) El suicidio era considerado positivo pues llevaba directamente al paraíso, sobre todo a los héroes que morían en batalla y a los sacerdotes que renunciaban al mundo. En la visión tolteca y azteca Ixtab se llama Cihuateteo, la suicida. En el Código de Dresdén la diosa se representa con una cuerda al cuello, ojos cerrados y con una máscara cubriendo la cara en estado de descomposición. El humor macabro es la expresión de su desesperación por las innumerables desgracias históricas. Morreta, A: Óp. Cit págs. 121 y 122.

(46) Las serpientes cambian periódicamente de piel y son las que tienen el símbolo del cambio, de la regeneración, bíblicamente se han hecho el equivalente de la tentación, del mal, la personificación del diablo por lo tanto enemigas del hombre. Génesis 3 vers. 1

(47) Es interesante notar como en la mitología germana al dios de la guerra Tiwaz, Tiw o Tyr, el cual se relaciona con la guerra, en su honor se hacían sacrificios tanto de seres humanos como de animales, llevándose a cabo el culto de los bosques sagrados. Así también en un gran caldero el de Gundestrup en Jutlandia, Dinamarca, fueron encontrados restos humanos y de animales puestos allí como ofrenda sagrada. Oliphant.M Óp. Cit. págs. 76-88-89.

(48) El sacrificio es el acto de consagrar un objeto o persona a una divinidad, manifestándose en deseos y sentimientos del grupo que lleva a cabo el sacrificio, de forma que el acto de consagrar en un ámbito social lo diferencia de la perspectiva de las religiones que lo someten a expiación de culpas, dándole un matiz negativo.

(49) Coria, Ibídem pág. 211

(50) Ibídem pág. 679

(51) Graves Ibídem pág. 110

(52) Los cisnes en la tradición helénica son los que transportan las almas de los reyes al Paraíso Septentrional. Cuando Apolo aparece montado sobre en un cisne en un carro jalado por los mismos para visitar la tierra de los hiperbóreos, la imagen representa figurativamente su muerte a mediados del verano. Los cisnes cantan dirigiéndose hacia el círculo polar Ártico, su tierra natal y su canto es similar a una tromba compartiendo con el alma del rey sagrado. Graves Ibídem pág. 609. Igualmente son usados en las fabulas medievales ya cristianizadas pero que se desarrollan en un ambiente de hadas y magia.

(53) Kun-Lun paraíso chino en la simbología de una montaña donde viven las divinidades y las almas de los inmortales. Coria Ibíd. pág. 217. En la religión budista los Kamis son las sombras de los muertos que pueden ser invocadas por los vivos.

(54) El Walhalla era el lugar de los héroes en la mitología germánica, y el infierno se presenta dividido en 9 compartimientos con 30 ríos, todos provenientes de una única fuente. No es lugar de castigo es de un estadio mientras llega el juicio definitivo. Coria Ibídem pág. 203. Ver Sehol, Nefesh y el concepto de la resurrección de algunas confesiones cristianas que consideran este estadio previo a la resurrección.

(55) La orientación celtica es en base donde nace el sol, el este. Frente al este ala izquierda está el norte el lado siniestro, de la palabra sinister, a la derecha el sur o lado luminoso, atrás el oeste. Solo con 3 puntos cardinales, el 4 no se ve en el otro mundo, el invisible. El norte es el lado maléfico oscuro que más tarde con la cristianización será el lado maléfico localizándose en los portales de las iglesias sobretodo en la edad media, así como los hombres a la derecha y las mujeres supuestamente diabólicas a la izquierda. Markale. Ibíd. pág. 104

(56) En las antiguas civilizaciones según Cesar (vol. V1-19) "todo lo que el muerto había amado viene lanzado a la hoguera, también los animales hasta hace poco tiempo los esclavos y los clientes que habían sido queridos por el difunto, todos eran quemados con el… y una vez terminado el rito de inhumación se erigía una columna fúnebre incidiendo formulas en ella." Ibídem pág. 164

(57) En Ciniria se han descubierto barquitos de juegos en las tumbas, usanza chipriota importada de Egipto, así enterrarlas junto al difunto de cierta importancia podrían facilitarle el viaje de ultratumba. Ibídem pág. 604.

(58) Cerbero era el equivalente griego de Anubi el hijo de la diosa líbica Nefti, de la cabeza de perro la cual guiaba a las almas en ultratumba. En el folclore europeo, que es parte del origen líbico las almas de los desgraciados son empujadas al infierno septentrional con un aullar parecido al del perro… y tal mito fue inspirado de las ruidosas migraciones veraniegas de las focas selváticas que iban hacia el círculo polar Ártico. Cerbero primero tuvo cincuenta cabezas número equivalente a la jauría espectral de perros que mato Ateone, y después a 3 cabezas como las de su patrona Ecate. Ibídem pág. 110.

(59) Los 13 Oxiahuntiku y los 9 Bolontiku son los 13 dioses y los 9 infiernos de los mayas donde en cada cielo residía una divinidad o un fenómeno celeste y en los 9 infiernos el sol atardecía y los muertos vivían bajo la

pesadilla de nuevos terrores. Los aztecas antepusieron sus propios dioses como Huitzilopochtli y Tezcatlipoca por encima de los 13 cielos y los 9 infiernos. Morreta Ibíd. pág. 158.

(60) En la óptica celta de los chamanes como los muertos deben atravesar el puente simbólico en el curso del viaje a los infiernos. Como lo demuestra Mircea Eliade en el chamanismo y las técnicas de éxtasis, la muerte como este ultimo implican un cambio que el mito confiere como paso peligroso. Esto explica el simbolismo iniciático del puente o pasaje estrecho, o bien de una puerta. En la antigüedad o sea el tiempo paradisiaco de la humanidad este puente unía cielo y tierra y se podía cruzar sin peligros. Ahora solo en espíritu y ante monstruos que quieren devorar el alma. Solo el chaman lo podrá hacer a través del éxtasis. Mircea Eiade. El chamanismo y las técnicas de Éxtasis. Paris segunda edición 1978. Roma 1971, págs. 375 y 376.

CAPÍTULO 3

Religión, magia y el calendario romano

"No se puede describir con medios materiales, una cosa inmaterial, o sea lo que es eterno, pero se relaciona con lo que es sujeto al tiempo. Esto pasó, aquello queda siempre; el uno es mera percepción de la mente, el otro es una realidad. Aquello que los sentidos pueden conocer, como los cuerpos visibles, se puede describir como lo incorpóreo lo visible, lo inmaterial que no tiene forma, no puede ser conocido por nuestros sentidos, ni descrito con las palabras. Yo entiendo entonces a Thoth, yo entiendo que Dios es infalible,"

Discurso al Dios Thoth, Primander o sea el intelecto Supremo, Potencia y Sabiduría Divinas. Definiciones dedicadas al rey Amonne. Asclepios discípulo de Thoth.

3.   Religión, Magia y Pensamiento Racional

Solo en occidente la ciencia logró un desarrollo reconocido como válido. En la antigua China, India, Egipto y Babilonia se dieron tanto el conocimiento empírico como la reflexión de problemas del mundo, de la vida y de la muerte. Esto se une a una sabiduría profunda y a un saber del conocimiento. Por una parte el cristianismo es portador de ello pues contiene elementos fundamentales del helenismo.

La astrología tanto babilónica como egipcia carecía de una base matemática desarrollada fundamentalmente por los griegos, de ahí que fueran ellos los primeros en crear la mecánica y la física. En aquellas sociedades donde la medicina se desarrolla sobre la base de un modelo empírico, carecieron de una base de experimentación racional, de una base biológica y por consecuencia de la bioquímica. La química racional se da fuertemente en occidente ya que en las otras culturas son de tipo empírico-mágico y ritualista.

Religión y magia son dos aspectos totalmente diversos, aún más son opuestos, contrarios. La religión es una sumisión del hombre a una divinidad, se somete a normas éticas, de salvación y de cultos. Sus manifestaciones más directas, están en la oración y sacrificio que conllevan a una actitud de reflexión y humildad. La religiosidad del hombre se da en el momento que éste está conforme con las normas religiosas, las respeta y es reverente al observarlas.

En el Medioevo un laico católico vivía sumido en la tradición por su modo de vida, se caracteriza por ejercer acciones sociales que en general se consideran buenas, para así garantizarse un premio, una compensación, sea hecha cotidianamente o al final de la vida. De manera que este sistema de vida, podía modificar su destino temporal y eterno.

El hombre al obedecer y someterse a las normas religiosas, se hacía partícipe de la Iglesia dominante de ese período, la Romana Católica. A través de sacramentos y penitencia la Iglesia controlaba tanto la psique como el mensaje del premio eterno y la tranquilidad terrenal.

La liberación del mundo de la magia como medio de salvación en la denominación católica no estaba desarrollado en todas sus consecuencias como lo estaba en el puritanismo, primero lo estuvo en el hebraísmo. "Para el católico, la gracia sacramental de su Iglesia era un medio a su disposición para compensar la propia insuficiencia, el sacerdote era un mago que cumplía el milagro de la transustanciación al cual le era dado el poder de las llaves". (1) Además todo el sistema de vida se hace sobre la base de la expiación a la contrición, donde el perdón es otorgado a través del sacerdote y de la Institución.

La gracia de salvación aparece con una valencia mágica, que se otorga a discreción y con la manipulación de un premio eterno. De manera que se hace un sistema de vida, generando una institución otorgante de salvación, además que se monopolizan aspectos dogmáticos, rituales y mágicos así como la ascesis en la concepción platónica dualista.

Por contrapartida la magia es un conjunto de prácticas rituales y de actitudes mentales que tiende a dominar las fuerzas ocultas de la naturaleza, sea para usufructuarlas con fines benéficos o maléficos. La magia pretende ser la conocedora de los secretos y por ende dominadora de éstos y de las fuerzas naturales, (2) imponiendo a los seres sobrenaturales para ayuda con el fin de que se satisfagan los deseos del mago. (3) Las antiguas sociedades tienen presente la figura del brujo, mago o chaman (4) donde es a la vez mago y sacerdote (5) y por lo tanto son profundos sabedores de los textos sacros y de las antiguas doctrinas, como expertos de operaciones mágicas. En la creencia mágica egipcia es fundamental el proceso de personificación de las fuerzas que el mago debe enfrentar y vencer.

3.1 Ritual Mágico y Cultura

La concepción de magia en diferentes ámbitos culturales varía, pero en general ha fungido como método de investigación de la naturaleza alternativa al campo científico, fungiendo como catalizador de inquietudes, insatisfacciones, miedos e inconformidades de frente al modelo cultural predominante. El porqué de la magia se puede deducir de la necesidad del hombre, desde tiempos ancestrales, de respuestas a sus inquietudes, el miedo de la muerte y la incertidumbre del más allá, así como angustias no perceptibles; ponderando la magia en virtud de que el hombre no goza de la inmortalidad, se han dado respuestas racionales a fenómenos interpretados según sus propias concepciones personales en un ámbito cultural determinado. Esta magia sustituye o se alinea de la parte de las religiones coadyuvando a un modo de respuesta y de pensamiento.

Después de miles de años la magia y sus rituales han pasado a ser parte de la condición humana, algo inherente y a la vez inconsciente que forma un patrimonio cultural. La magia forma parte de la cotidianeidad, puede incluso incubarse en el seno de algunas religiones y de la filosofía. Esta ha sobrevivido a creencias, mitos y prejuicios "no es otra cosa que la herencia de los desechos sobrevivientes, desde la noche de los tiempos en que millones de mentes y corazones, en los siglos han continuado a reproducir inconscientemente." (6)

A nivel popular la magia se concibe como una tendencia natural, que propicia respuestas satisfactorias, mientras que a nivel intelectual primero la magia sobretodo en los primeros siglos del cristianismo tiene que ver con los demonios, o por lo menos el concepto implícito, y segundo la influencia de la cultura árabe en el siglo XII estimula la idea de que en mucho la magia opere en campos naturales, y tercero en el tardo Medioevo se genera el temor de la práctica concretamente la nigromancía con la invocación explícita de demonios, aún con la presunción de la inocencia. (7)

3.1.1 Magia Egipcia

En el antiguo Egipto la magia desarrolló un papel muy importante, cada ser, cada cosa están animados por un espíritu similar al que mueve el cuerpo, en la naturaleza no hay nada inherente sin conciencia y sin voluntad. De manera que hay una interrelación, una interacción de objetos en pro y en contra de los hombres y es ahí donde el mago puede someter cada cosa y cada objeto a través de controlar, dominar a éstas y a sus espíritus.

Es fundamental señalar lo que propicia y genera en una acción mágica, el poder al que se somete. Si se somete a lo divino por lo tanto no es mágico y si se somete a los demonios y al concurso de éstos es por lo tanto demoníaca. En Alejandría una ciudad grande y de diversas etnias bajo el dominio del Imperio Romano fue el centro de la práctica y desarrollo de la magia y su articulación filosófica. Aquí aparecen escritos crípticos y alegóricos que dan las bases para la cultura de la alquimia. Por ejemplo, en el siglo II y III aparecen argumentos filosóficos, astrológicos, alquímicos y mágicos atribuidos a Hermete Trismegisto, dios griego de la astucia y la invención identificado con su homólogo Thoth.

Igualmente y como refuerzo, la aparición de talismanes, amuletos, sortilegios y la eficacia de las fórmulas dotarán al mago de éxito y poder. Es solo el mago como sacerdote y médico conocedor del cuerpo, el único capacitado a neutralizar la diosa Sekhmet divinidad de las enfermedades y de la muerte, ya que éstas se deben a la perversidad de algún espíritu, a un mal de ojo de un enemigo o bien a la hostilidad de algún otro espíritu. Es entonces cuando el mago deberá proceder a exorcizar y a encontrar una fórmula eficaz. Estas generalmente se encontraban en los papiros de los templos. (8)

Existen fórmulas mágicas para cada ocasión desde alejar una tempestad, ocasionar la fuga de leones en el desierto y los cocodrilos del Nilo, hasta el control de algunas enfermedades, para curaciones o bien para alejar los fantasmas de los difuntos. El mago como curandero ayudaba a los nacimientos de los niños prematuros procurándoles amuletos como ofrendas a la diosa Iside y Nefti. Como consejero en cuestiones anticonceptivas era muy común recurrir a la herbolaria y a las recetas mágicas. La diosa Hathor protectora del amor y la diosa Taurt patrona de la maternidad eran desafiadas a través de fórmulas mágicas para evitar la concepción. Otro rubro importante era el campo de las fórmulas afrodisiacas y los ritos del amor.

Los magos eran importantes en las cuestiones agrícolas donde a través de fórmulas mágicas y amuletos se aseguran los ciclos biológicos y de cultivo. Igualmente en la cacería y en la pesca.

En Egipto la magia no hacia distinciones de clase, era usada tanto en las personas dedicadas a la agricultura como en los miembros de familias pertenecientes a la dinastía faraónica, y en ambos casos servían para alejar a los enemigos del demandante, incluso del faraón. Se ha documentado en los casos donde la magia negra alcanzaba incluso a los dioses. La divinidad de Seth que era malvada, había asesinado a Osiris que era el perseguidor de su hijo Horus, en este caso se ha encontrado el rito íntegro de des conjurar la magia de Seth.

En la magia negra se hace uso de simples cabellos de la persona odiada, hasta las partes desmembradas de cadáveres de personas y animales. El uso de la sangre adquiere ritualmente una valencia mágica.

El mago para poder actuar necesitaba los amuletos, (9) fueran de barro o de cera, para servirse de la voluntad que se establece con la correspondencia exacta de la figura y la persona en cuestión, de manera que cada acto hecho a la figurilla sea cumplido en el simulacro a la persona. La relación imagen persona representada en ésta es ampliamente usado en los ritos de la magia negra. (10)

Los sacerdotes y magos se sirven de espíritus demoníacos con inclinaciones materiales, provocando alteraciones de los fluidos orgánicos, con la ayuda de rituales mágico–ceremoniales y con el uso de la energía, pueden invocar o poseer o a su vez ser poseídos de espíritus y cuya boca será el instrumento de comunicación, llegando a este punto el ritual difícilmente puede ser detenido y no hay forma de liberarse. El mago tiene el control e intensidad en el proceso de concentración de la energía, lo que le da una fuerza sobrenatural y un control a distancia de los fluidos y de la voluntad, de ésta forma se penetra conscientemente el subconsciente de la persona, se provoca sugestión y se apodera de la imaginación provocando el miedo. El mago puede afectar a una persona o a una familia, una casa, puede herir, matar y cambiar objetos de lugar. De ahí que los amuletos de todo tipo son la respuesta a la defensa de las malas influencias. (11) La mayoría de ellos tenían incisiones del disco solar, el sol, el pilar mágico; el escarabajo Scarabeus el ojo sagrado de Ugiat, la cruz curvada, el nudo de Iside y la corona del reino de Egipto.

El disco solar es generador de fluidos cósmicos capaz de vencer todos los males, a veces tiene dos brazos de cuyos extremos cuelga la cruz curvada o el cartílago del faraón. En el brazo se ven dos serpientes suspendidas al disco solar, o sea el alto y el bajo Egipto. El escarabajo es el símbolo de la resurrección, se recrea la figura del dios naciente Ra Aton, su metamorfosis es como el escarabajo que sale de la larva. El ojo sacro de giat está relacionado con el gran litigio entre Horus y Seth. En el mito de Horus se relaciona Iside en medio a los papiros del Delta del Nilo.

La cruz curvada es muy difusa, es el símbolo de la misma vida, de la esencia que emana de los dioses. El nudo de Iside la gran maga que es la soberana de la mitología. Y la corona del reino de Egipto es un amuleto doble en contra de las enfermedades y los celos. (12)

En el umbral del 2000 la cosmología ocupa una actividad importante en muchos pueblos y en la mente de muchas personas, independientemente de su situación económica, social, cultural, religiosa o educacional. La mitología, la astrología, la adivinación, el ritual del calendario y la magia forman parte de la vida cotidiana.

3.2 Magia y la Cosmología Ritual. Los Aztecas

La conquista española en la América Latina y la conversión masiva de indios al cristianismo no desapareció la tendencia de antiguos rituales y mitos, conservó incluso tradiciones paganas. Poco a poco se fueron asimilando para enriquecer la propia cultura autóctona. Aún hoy existen prácticas antiguas adaptadas a la modernidad por ejemplo la de enterrar a los animales con la finalidad de enriquecer a la tierra, ofrecer en la cima de la montaña "ofrendas" rituales con el fin de provocar la lluvia. La cura con pócimas es común sobre todo en las comunidades rurales, y el nahual animal totémico, sigue siendo para algunas comunidades un animal cargado de valencias mágico-rituales y de enigmas, o bien el culto al peyote que sobrevive en algunas comunidades de huicholes en el noroeste de México.

La sociedad azteca era en general supersticiosa y regía su vida cotidiana por rituales mágicos y o adivinatorios. Los hechiceros o nahuali, que quiere decir disfraz, podían transformarse en perros o búhos. Estos podían provocar enfermedades o el mal a una persona quemando figurillas de barro o madera grabadas con imágenes de la víctima. Algunos robaban dedos de la mano de las mujeres que habían muerto de parto, pues este hecho en sí las divinizaba pudiendo ser usado como amuleto.

Las prácticas de amor fueron muy difusas, se preparaban amuletos, pociones y bebidas con hierbas que podían servir desde un arreglo de noviazgo hasta provocar la muerte. La astrología y la adivinación, como la hechicería se perseguían y castigaban incluso con la muerte, sin embargo la misma superstición retroalimentó el sistema, de manera que a los magos se les permitió conservar su clientela por el temor de que ésta ya estuviera hechizada o solamente por el solo miedo.

Incluso posteriormente y con la racionalización del cristianismo, la institución suplantó los ritos de los santos por algunos de los antiguos ritos y amuletos, que pasando al monopolio de ésta se convirtieron en sacros y representantes del culto de los santos perdiendo sus valencias mágico-rituales, pues todo el rito se convierte en positivo, tolerando algunas prácticas sacramentales.

Los amuletos juegan un papel importante tanto antes como ahora. Como las mujeres (13) muertas por causas del parto eran divinizadas, sus espíritus iban a vivir al cielo del oeste, o sea el lado femenino llamado Cihuatlampa, por lo que acompañaban al sol del atardecer hasta el poniente. En ciertos días estas mujeres divinizadas bajaban a la tierra produciéndose un caos de enfermedades como la epilepsia o la parálisis de quienes desventuradamente las encontraban. El camino del sol de oriente a poniente obligaba a ritos mágicos para halagar al dios sol. Del oriente surgía la vida y cada día el transcurso de la luz solar reflejaba el cenit para luego declinar al acostarse el sol, al llegar a Tamoanchán. Esto simboliza la vida, es el ciclo de nacer y morir con la garantía de la resurrección.

La luna como sus fases es hoy como lo fue anteriormente un influjo fascinante. En las comunidades aztecas se creyó que representaba la muerte y el renacimiento periódicos. La luna es el lado femenino del mundo de la naturaleza, de la fecundidad, de la vegetación. Cuando había eclipses se pensaba que ésta moría para luego renacer. Si una mujer embarazada salía durante el eclipse sin la protección de una hoja de obsidiana su hijo podría nacer con los labios leporinos ya que en su rostro se reflejaría la gran mancha de la luna. Actualmente la obsidiana ha sido sustituida por un cuchillo o por las tijeras, muchas mujeres afilan éstos dejándolos serenar a la luz de la luna, en la fase de luna llena, para luego con éstos cortar las uñas a los recién nacidos de manera que se protegen de quedar mudos, esta costumbre se ha arraigado sobretodo aunque no necesariamente en sectores sin amplio acceso a la educación.

Igualmente las hierbas han jugado un papel muy importante, eran usadas por los magos para todo tipo de sortilegios hasta curaciones médicas. Los magos, hechiceros y curanderos conviven hoy con el catolicismo, con el cristianismo y con una sociedad tanto culta como en los sectores indígenas, clase media y alta, convivencia tácita e implícitamente en armonía.

3.3 La Magia como Instrumento Político

Los elementos esenciales de la práctica mágica son la clandestinidad, el secreto y el complot. Esto llevaba por consecuencia a una conspiración, ya desde tiempos antiguos los primeros cristianos fueron objeto de complots, usados y vistos como un peligro social, justificando las persecuciones. El Imperio Romano pagano atacaba duramente el cristianismo cuando la sociedad era prácticamente psíquica y políticamente inestable.

En cuanto se asocia el miedo con la brujería y sus misterios, la inestabilidad política y social propone los elementos necesarios para extender y justificar el pánico público y así poder legitimar los juicios y sentencias contra los primeros cristianos. A nivel privado fue un elemento muy usado para desactivar enemigos privados de la sociedad como del estado, o aún de la misma iglesia.

Esta desactivación es premeditada por los que sin escrúpulos maquinaban casos de magia y brujería con fines propios, procediendo a individualizar el enemigo interno, asociándole prácticas, fabricando testigos y concluyendo con la condena.

Un clásico de esto se ve en el caso de los bacanales (14) del 186 A.C este hecho resale en los primeros tiempos de la historia de la alianza de Roma con las ciudades italianas sometidas a ellos durante la segunda guerra Púnica. La alianza con extranjeros generó un miedo de los peligros de la importación de supersticiones mágicas. (15) La adoración de Baco es asociada con los ritos salvajes y privados, protegidos por las promesas y los juramentos secretos. Esta actividad se consagra a la violencia y a la desmembración de los que teniendo un ápice de conciencia se negaban a adorar a algún dios. En la Roma pagana desde el más humilde hasta la clase más poderosa daba culto a Baco y debido a los secretos del rito era difícil encontrar a los practicantes.

En el mismo año 186 la religión da origen a un gran escándalo político, basado en la acusación de los seguidores de Baco que habían planeado un incendio de la ciudad, para después obtener el control del estado. Estos fueron procesados, cerca de 8000 personas se acusaron de conspiración y traición al estado, nunca por uso de la magia para éstos fines. Así también un caso de traición ampliamente conocido fue en el 64 D.C bajo el gobierno de Nerón que es análogo al de los seguidores de Baco. En donde la práctica religiosa independientemente del estado pudo llegar a ser decisiva políticamente y usada en contra, bajo forma de traición, sobre todo en los estados donde las instituciones religiosas están vinculadas al poder político.

Otro caso se da en el 374 D.C bajo el imperio cristiano, se da una gran persecución de todos los magos y luego se les manda a juicio sumario, arrancándoseles una declaración bajo tortura, para luego ajusticiarlos. (16)

Valente emperador recibió un pentagrama mágico, hecho por los magos allegados a la corte, en ese según las incisiones hechas por ellos aparecía el nombre de su sucesor. Más que por miedo a la magia la cual siguió siendo lícita, fue el control de la traición lo que motivo al mismo emperador a ajusticiar a los magos y a cualquiera que fuera sospechoso de practicar la magia. (17) Se quemaron incluso bibliotecas enteras por el terror de encontrar literatura de este tipo. Aún más por el temor no de la magia, sino de la traición y de golpe de estado, se suspendieron las garantías y todos se sujetaron igualmente a la ley. Y aún cuando la justicia no veía a sus acusados, fueran nobles o senadores, todo quedaron sujetos al desafuero con miras al control político, pudiendo así enjuiciarse a éstos como a cualquier esclavo, obviamente bajo tortura.

Pocos casos a lo largo de la historia se han documentado como traición política por medio de la magia, más bien ésta es la protección contra el infortunio personal o en su caso familiar. Algunas veces sirve como instrumento de agresión a terceros. Desde el tiempo de los romanos, los magos eran de origen socialmente bajo, sin embargo su clientela no. Tanto los nobles, como los jefes de estado y la sociedad culta los consultaba, al igual que a las brujas. Con el declinar del Imperio se creyó que las ancianas eran en su mayoría practicantes fugaces, las cuales se revisten de poderes y dominio sobrenaturales, tanto en el aire, como en la tierra y por lo tanto fueron relacionadas con el infierno. (18)

Los cristianos eran efectivamente llevados por su religiosidad a creer en demonios. Planetas gobernados por éstos: los dioses paganos eran demonios y tanto gobernantes como políticos hacían uso de los servicios de los magos. (19) La magia fue usada con fines políticos, agudizando la superstición del hombre y negándole en un marco de libertad la elección de una vía directa y una relación única con Dios.

Un gran teólogo cristiano Orígenes, aceptaba la idea tanto de demonios planetarios como de las fórmulas mágicas usando el nombre de Jesús para exorcismos. (20) Los intelectuales de este período estaban permeados de ideas mágicas. Se ha demostrado la lucha tanto de intelectuales enriquecidos contra los aristócratas de prestigio, en las altas esferas políticas tardo romanas, la vida era insegura e incierta y muchas veces las promociones estaban sujetas no a la capacidad, sino a caprichos de una élite. Entonces el individuo se sentía con el deber de luchar por una posición, de luchar en contra de la sociedad de la doble imagen, y no con sus propias capacidades sino con el uso de la magia.

Todos recurrían de una u otra forma al mago a al brujo. El acercarse a la magia y al mago podía otorgar seguridad y protegerse de la mala suerte, también propiciaba el éxito económico. Esas figuras encontraron rápidamente la protección de figuras políticas y religiosas, así como de señores del Imperio. Obviamente no fue de extrañarse que más tarde sacerdotes católicos y cristianos tuvieran poderes para exorcizar a los demonios, para algunos era una fuerza superior, poder derivado de Dios, haciendo uso de la magia el hombre sobrenatural adquiere incluso poder celestial, para otros era solo un caso más de magia y brujería. (21)

3.4 El Imperio Romano, y el Impacto Político, Social, Religioso y Cultural del Cristianismo

En el calendario romano las festividades se asociaban a hechos muy particulares y que de alguna forma vinculaban el pueblo en las duras tareas diarias, y en las fiestas. El mes de diciembre en la Roma pagana se daba por hecho como un mes dedicado a los festejos del sol. Los días decembrinos eran cada vez más cortos provocando pánico a la población y entre los supersticiosos adoradores del sol se difundió la creencia de que éste estaba muriendo. Entonces se ponían velas y antorchas para revivir al sol que se creía moribundo, después del 21 de diciembre el dios sol parecía mejorar, adquiriendo fuerza y poco a poco los días se volvían a hacer más largos y cálidos. El 25 de diciembre era la culminación de las hazañas invernales. El papa Gregorio 1 aprovechó esta tendencia de la Roma pagana para sobreponer la fiesta de Saturnalis a las creencias cristianas. Una Roma que viene a ser cristiana y a oficializar la iglesia como institución en tiempo de Constantino. El cual como emperador adoraba el sol invicto, y su posterior conversión se ha interpretado como una cuestión militar y económica, más que una conversión de gracia.

Constantino en el 325 convocó a los obispos cristianos para llevar a cabo un concilio donde se discutió la teología griega obviamente incomprensible para él siendo estadista. Aquí se reconoce el cristianismo como la religión oficial del Imperio, más como una amenaza pues significaba la división de las religiones en el territorio; la reconciliación y el reconocimiento fue el mejor camino para la estabilidad política y social en las fronteras del Imperio. (22)

En el mundo antiguo desde el tiempo de Babilonia era común adorar a las tríades y a los ídolos, tanto como en Egipto, Grecia y Roma antes de Cristo. Después de la muerte de Jesús y de los apóstoles, creencias paganas, magia, brujería y sectarismo entraron a formar parte del desarrollo de la sociedad y se arraigaron fundamentalmente en el Imperio Romano. El cristianismo oficializado no destruyó el paganismo, más bien lo asimiló adoptándolo (23).

A fines del siglo III D.C el cristianismo oficial del Imperio Romano y las filosofías neoplatónicas trinitarias se hicieron inseparables. Una racionaliza a la otra y más tarde se hacen inseparables institucionalizándose. (24) En el campo las costumbres mágico rituales nunca representaron un problema grave a la religión dominante. De otra forma y con una constante agresión a estos ritos, hubiera sido difícil arraigar institucionalmente el cristianismo en el campo.

El Imperio Romano al asimilar el cristianismo y adoptar ideas paganas anteriores, legitima un nuevo status. Las antiguas concepciones míticas renacen bajo el Imperio, se expanden y se van enriqueciendo en tradiciones, sin discriminar algunas que de hecho son contrarias a la esencia del mismo cristianismo.

Esta nueva forma de pensamiento, inició una convivencia tanto mágica como ritual y pagana, sumándose a esto filosofías cristianas bíblicas y mesiánicas. Las doctrinas se reforzan con dogmas y con la potencia del Imperio se lleva a una legitimación conducida por el mismo estado romano.

Los ciclos del año, las fiestas, ritos, actos de la vida cotidiana y la jurisprudencia son ahora elaborados bajo la óptica de una clase dominante y dirigente. La asimilación de ideas y concepciones paganas, así como de filosofías se incrusta en la forma de pensamiento y racionalización de una Iglesia cristiana que se vincula con la confusión de las ideas de su tiempo, y con la simbiosis política y cultural del mismo Imperio.

Siendo ya desde Constantino el Imperio Romano cristiano, en el siglo V aproximadamente, España estaba en manos de los visigodos, en África del norte se establecía el reino de los vándalos, la Galia pasaba al control de los francos. El fin oficial del Imperio es en el 476 cuando Odoacro jefe germánico al servicio del Imperio es proclamado por las tropas mercenarias como rey. Este lucha en contra de Orestes jefe de las fuerzas imperiales que vence conquistando Ravena y deponiendo el último emperador, Zenón emperador de oriente reconoce el golpe de estado y da a Odoacro el título romano de patricio. Este fue el resultado de la estrategia de apoyo del Imperio para los bárbaros como parte fundamental de apoyo militar. Italia como las otras provincias del Imperio se convierte en reino bárbaro.

En el 497 Odoacro fue asesinado por Teodorico que fue reconocido sucesor del emperador por parte de Anastasio I. Teodorico reinó 30 años siendo tolerante en el aspecto de la religión, pues permitió a arianos y a romanos católicos convivir pacíficamente. La Francia medieval quedaba como el corazón del cristianismo sobre todo después del 511 año de la muerte de Clodoveo y la triple partición de ésta en los tres hijos del monarca.

Todo esto llevó a una disgregación en el ámbito cultural, el griego pasa a un plano inferior, desarrollándose las lenguas vulgares, quedando el latín en el ámbito eclesiástico. Muchos príncipes sin arraigo romano, empezaron a gobernar, agudizándose una separación más profunda del antiguo Imperio Romano. Sobre todo se pasa de un ámbito citadino a un predominio rural y del campo. Con esta presencia agrícola se incorporan diversos grupos y etnias con culturas propias, con ritos y mitologías que producen una ruptura con Roma. Fundamentalmente en el reino de Clodoveo en el siglo VI que se aleja de Roma y rompe sus vínculos políticos, religiosos y culturales.

Entonces la iglesia católica romana se propone convertir a estos príncipes en súbditos y llegar a formar una fe católica basada en el cristianismo universal y en el concepto de control y evangelización por parte de la misma. En esta conversión se da tanto el cambio en los convertidos, como en la fe, la cual recibe influencias y absorbe ritos pre cristianos de las comunidades rurales que se habían disgregado del Imperio. Se introducen elementos importantes como la asociación del paganismo y dioses con la consiguiente recurrencia a la magia, como en el caso de los Daimones los cuales se consideraron demonios, es entonces cuando la concepción de los ángeles como seres caídos de la gracia de Dios, tradición hebrea y de los primeros cristianos, pasa al ámbito de la magia por considerar a los espíritus malignos pertenecientes al demonio.

La magia abarcó ritos pre cristianos como diversos aspectos de las culturas de las que se vio influenciada, creencias de las etnias las que posteriormente se cristianizan. La magia ahora pasa a ser paganismo y cae en la condena de la moral y la teología y ya que esta vivamente presente en todas las culturas, bajo forma de ritos y mitos, es condenada por la Iglesia Romana, elaborando más tarde una serie de reglas específicas para su erradicación, ya que la Iglesia debía ser la única en detentar el monopolio de las cuestiones sobrenaturales.

3.5 El Calendario en el Mundo Religioso

El calendario es una de las aportaciones que se asimilan a los nuevos ritos cristianos romanos. Los ciclos vitales de invierno, primavera, verano y otoño se ven rígidamente influenciados por ideas extra - cristianas. Cada mes del calendario recibe un nombre basado en la representación de hechos simbólicos en la mitología, representa además la fusión del pasado con la nueva simbiosis imperial.

Cada mes vinculará ritualmente el misticismo con las ideas paganas a las que se ve sometida la absorción de etnias, culturas y creencias por parte del Imperio

Romano. Todo esto llegó a formar un patrimonio cultural y místico para los dominados por el Imperio. Tanto en occidente como en oriente, el calendario reflejó las tradiciones y la cultura de los pueblos, bajo un enfoque de religiosidad, para algunos paganos, para otros el reflejo de las culturas absorbidas y el monopolio de la cultura dominante, y para otros la legitimación dogmática y canónica del monopolio legítimo del poder terrenal y psíquico. (25)

3.5.1 Concepción Cósmica y Festividades Religiosas

El ciclo agrícola en muchas culturas antiguas determina la creencia humana, la aparición de los astros conllevó a actitudes de adoración y misterio, misticismo, como de búsqueda de lo desconocido, coadyuvando al desarrollo de creencias paralelas y al surgimiento de rituales y dogmas, basados fuertemente en la mitología dominante del período histórico.

Cada principio de invierno y éste en sí mismo, propiciaba el inicio de un ciclo natural, y la aparición de una vida cíclica. En la cultura romana Ianus o Giano, era el dios del principio, del tiempo, del espacio y como tal el inicio del ciclo. En la mitología romana se presentaba con dos caras una es de joven y otra es de un viejo el cual es invisible pues pertenece a lo espiritual, a lo etéreo. Lo invisible queda oculto tras el velo del misterio.

Las mitologías recibieron influencias de comunidades migratorias, algunas conservaron sus propios mitos, pero asimilaron elementos de las más fuertes. Así como el cristianismo se influenció del helenismo y del platonismo, la mitología romana absorbió ideas de las culturas indoeuropeas. Es así que la astrología fundamentalmente se debe a la cultura egipcia, la astronomía nace en Mesopotamia aproximadamente en el siglo V A.C desarrollándose ampliamente en el ámbito de la cultura griega. La astrología se construye a partir de la astronomía, el más antiguo horóscopo babilonio es del año 410 A.C pero el desarrollo de ésta se debe más bien a los egipcios. Quién afirmó la defensa de la ciencia astrológica fue el astrónomo egipcio Tolomeo II D.C la cual será definitiva en el período de la edad media. (26)

Una tradición análoga a los rostros de Ianus, es el ojo de Shiva, éste está en la frente, pero es invisible, solo la iniciación y el misticismo pueden llegar a vislumbrar los enigmas que plantea el más allá, dando por resultado la elaboración de filosofías místicas y principios etéreos acerca de lo invisible.

3.5.2 Inicio del Año y Paganismo Asimilado

Como inicio del año, será simbólicamente el origen, el principio será Ianus, o "ianuarius," que quiere decir el centro ontológico y cósmico. Como el inicio conllevará a un ciclo que determinará el origen, el principio de las cosas, metafísicamente representa un círculo, que es el cero, es a la vez todo y la representación de la nada.

En enero se inicia el año calendario y por lo tanto tendrá el lugar número uno. Este como su origen es indivisible, impenetrable, es el centro de la unidad y por lo tanto es el centro de la vida, del ciclo natural del individuo. De este mes se parte y a este mismo se llega, como el ciclo de la vida y de la muerte. Simbólicamente para el mundo romano cristianizado este principio fue muy importante, pues se marcó tanto el inicio del año físico, como civil y litúrgico. Este bajo la conducción de la iglesia romanizada y reconocida del Imperio (27) inició la elaboración y perfección de fiestas y rituales que marcarían el cristianismo universal llevado por ella y reconocido por los jerarcas de Europa. Todavía hoy se dan prácticas rituales cumpliendo antiguas tradiciones.

Enero entonces siendo el mes del inicio, pone fin a las fiestas romanas de diciembre. (28) La transición de lo viejo a lo nuevo se hace en un lapso de tiempo de doce días que representa el ciclo elemental de la vida. Doce meses son un año, doce son los elementos naturales básicos de los ciclos agrícolas. La Gran Madre Naturaleza ha llegado a secarse, todo parece muerto por el invierno, la vegetación esta en un estado latente de letargo. Al envejecer simbólicamente parece una bruja que esta al final del ciclo de la vida. Entonces se debe quemar para volver a ser sembrada, antes del inicio del nuevo período, la primavera. Así la fisonomía cambiará y de esta forma regresará recuperando su juventud. Este rito agrícola se personifica en una mujer anciana, que será la bruja que antes de ser quemada en el fuego purificador, deberá dar frutas, regalos y dulces siendo entonces la Epifanía.

En las antiguas culturas, esta anciana debía dar regalos y dulces siendo identificada como la Gran Madre en sus diversas concepciones: Ishtar, Atargatis, Artemide, Atena. Esta figura era la representante del principio y fin de la vida humana. (29) Con la cristianización de Roma quedó asimilada bajo un enfoque benéfico y protector que regala bienes y dones y que entra al calendario litúrgico como la Epifanía, que en el mundo católico coincide con los Tres Reyes Magos.

Conocida en Italia como la "Befana" ésta llega en la noche del 5 al 6 de enero repartiendo dulces y carbones (ahora de azúcar industrializada de color negro) y su contrapartida de los Reyes Magos que también llegan en la misma fecha pero con juguetes para los niños. En esta fecha en México se elabora una rosca con un muñeco escondido dentro cuyo ganador está obligado a hacer la fiesta el día de la Candelaria o como en Francia que la rosca lleva un príncipe o princesa y el que lo encuentre será el monarca por un día, costumbre arraigada del Medioevo. Estas representaciones son ahora parte muy fuerte de la tradición las que se basaron en la interpretación de una tradición pagana extra - cristiana, que a su vez se justificó en el evangelio de Marcos 2 vers. 11 que dice: "Entraron en la casa: vieron al niño con María su madre y postrándose, le adoraron: abrieron luego sus cofres y le ofrecieron dones de oro, incienso y mirra".

Los Reyes Magos eran sabios y astrólogos venidos de oriente, zona mística tradicional de la época que describe el evangelista Mateo. Estos dones son un simbolismo, el oro representa la realeza de la estirpe de Jesús, el incienso es la divinidad de su Persona, como el Hijo de Dios y la mirra es representativa de la Pasión del Mesías. La adoración de estos sabios es el cumplimiento de los oráculos mesiánicos en relación del reconocimiento y adoración de otras naciones fuera del pueblo de Israel al Dios de éstos.

3.5.3 La Candelaria y el Simbolismo de la Luz

Los pequeños misterios, llegaron a ser una preparación de los grandes al parecer fueron en su origen de naturaleza pelásgica independiente, basados también en la esperanza de un renacer, desarrollándose básicamente en la Candelaria de febrero. Sobre todo cuando en la naturaleza inician los primeros retoños previos al comienzo de la primavera.

En el mundo romano se usaba ofrecer un sacrificio de salvación a Janus que como origen e inicio pretendía también la purificación. Es así que se abre un período de purificación "februarius" que en latín quería significar este concepto. En el antiguo calendario romano febrero (30) era el último mes antes de iniciar el pasaje y por lo cual era obligatorio purificarse con hierbas y en algunos casos hasta comunicarse con los muertos.

En la tradición celta se celebraba la fiesta de la luz, los días son ahora más largos, ésta renace preparando la tierra a un nuevo ciclo. (31) Se festeja el hecho de que la luz renace, este hecho climático y estacional, pasa al cristianismo como la fiesta de las luces, las velas, las candelas.(32)

La Candelaria, origen de las candelas, se fija a los 40 días de la tradición hebraica para la presentación al templo de todo primogénito y para la consiguiente purificación de la madre a través del sacrificio de la sangre. En el caso de María la madre de Jesús, está escrito que fueron solo dos palomas de ofrenda.

La liturgia católica fusiona tanto las ideas celtas como aquellas de la tradición hebrea, proponiendo la presentación de Jesús en el templo, y la purificación de María, se erradica el paganismo de la presencia de Janua, se bendice a la luz, las veladoras, ya que los gentiles en febrero corrían con antorchas encendidas a favor de la diosa Februa, para así obtener su protección contra los eventos naturales. Todavía hoy las velas y candelas se bendicen en la Candelaria y para muchos son considerados talismanes protectores de valencias positivas que procuran la buena suerte contra los fenómenos naturales. La luz de paganismo es identificada con la luz del nuevo testamento, se considera esta tradición inocua, fuera del contexto pagano que más bien sería una manifestación de neo paganismo.

3.5.3.1 Febrero el Mes del Amor

Febrero como mes de la purificación, representa también una dualidad, siendo el segundo mes del año, simbólicamente es el emblema de luz y sombra, bien y mal, hombre y mujer, día y noche, material y espiritual, tangible e intangible, vida y muerte.

Febrero es la antesala de la primavera, en muchos lugares se inicia el deshielo, aparecen brotes, flores y los pájaros regidos por un instinto migratorio regresan a sus lugares a cumplir con la fecundidad. Esta idea de acoplamiento se reflejó en la simbología de la dualidad, de dos, de la pareja, del hombre y la mujer.

En la tradición de San Valentín como protector del amor, hay mucho de romanticismo. Valentín era el obispo de Roma, perseguido por Aureliano y considerado mártir en el 273 D.C. En la edad media se origina su culto, para luego difundirlo por toda Europa. Y ya que este mes es irregular de 28 días se toma simbólicamente la mitad, el 14 para establecer la mitad de uno en busca del otro. De esta forma se completa la pareja de dos conforme a la dualidad que significa febrero. Al crearse un culto específico en esta fecha se tomaron símbolos como el de los pájaros reminiscencia de la migración para el posterior acoplamiento de éstos, y el corazón que significa el órgano representante del sentimiento más puro del hombre, el amor.

Esta fiesta se incorpora al calendario y es seguida por muchos, sobre todo los jóvenes, es ahora patrimonio de la tradición y el folclore. Hoy día sumado a la tradición de regalar chocolates en forma de corazones y flores rojas, existen usanzas que surgieron paralelas a este culto al amor. En Italia, en Breno, el 14 de febrero se desarrolla una fiesta auspiciada por el patronato de la fiesta de San Valentín, esta consta de un extraño rito que es llevado a cabo por los jóvenes. Para llegar al santuario de la iglesia, los jóvenes deben caminar 3 pasos hacia delante y 3 hacia atrás, con el objeto de obtener el perdón de los pecados. Esta fiesta ha tenido éxito y ha propiciado el desarrollo de un mercado de productos típicos regionales así como la promoción de acciones benéficas para la sociedad, Hoy día se otorgan premios a los ciudadanos ejemplares.

3.5.3.2 Febrero y el Carnaval, Rituales

En este mes existe una fiesta muy importante, el Carnaval, que según definiciones diversas, se concluye en la carnalidad, la exaltación de la carne. En algunas acepciones es el relajamiento de la carne, la libertad a los instintos elementales, por un breve período. Algunas otras hablan de retirar toda la carne pues se terminaban las existencias de ésta acumulada antes de la primavera, y se debía de dar paso a existencias nuevas de carne fresca de los pastizales primaverales. (33)

Para el cristiano de la época medieval, el carnaval era el triunfo sobre la carne, un período de purificación y penitencia previa a la Pascua. El Carnaval cristiano es una interpretación de la fiesta del paso de un año al otro. Sus antecedentes se encuentran desde el Saturnalia romano hasta las fiestas preparatorias del equinoccio de primavera en Babilonia.

Este carnaval prototipo universal iniciaba las semanas que precedían el equinoccio de primavera. Se transportaba en un carro-nave al dios sol o la diosa luna hacia el santuario de Barsipa en Babilonia. Este desfile procesión significaba el paso de la renovación de un año al otro, así como la transición del caos al orden. Dentro del caos existían orgías, alegorías cósmicas positivas y negativas, batallas con máscaras que representaban la imagen de los muertos, de los seres que regresaban a mezclarse con los vivos, con la vida en general, es entonces cuando la vida y la muerte se unen en un preludio de representación del inicio.

Existían rituales en el carnaval que podían ir desde un sacrificio con víctimas como cerdos o pavos. Estos animales cargarán con los males del año que muere, del año viejo, pues para los babilonios febrero era el fin del año. En algunos lugares antes de matar al animal, llevaba a cabo un juicio donde era procesado y luego condenado a la guillotina. Posteriormente se llevaba a cabo un rito de lucha entre caballeros, terminando en un desfile medieval, en ambas ocasiones, históricamente separadas, se terminaba en un banquete. La cabeza del animal se convierte en un amuleto que dará fortuna antes de ser devorado por los comensales en el banquete ritual, en este se ofrecían además productos típicos de la estación y latitud del lugar.

En otros lugares el culto pre cristiano figura en el carnaval como la lucha de los demonios o maimones que tienen origen en Maimone el diablo por excelencia. Estos demonios son los muertos mezclados con máscaras que en la procesión eran aplastados, y al ser dominados se daba paso a un año nuevo, vencedor, era el paso del invierno a la primavera. También se encuentra esta idea en las fiestas dionisiacas de fines de febrero en la antigua Grecia y posteriormente en Roma.

En la ciudad de Milán, Italia, como parte de los lugares célticos europeos, la leyenda cuenta que los celtas según una adivinación debían escoger un lugar donde fundar la ciudad. Este debía tener una cerda (34) peluda de lana en el cuerpo. Esta es hoy parte de la simbología de la ciudad, y se halla representada en un bajo relieve del palacio Marino. Aquí el carnaval se desarrolla con todo lo relacionado a los cerdos, pues es el pilar de la alimentación, además del origen de la tradición. (35)

La tradición del carnaval fusiona la preparación de la Pascua y la intromisión de ideas, ritos y valores paganos que inconscientemente han pasado a ser parte de la tradición. El período carnavalesco es incluso organizado por los laicos, o por dirigentes de escuelas confesionales, fomentando en los niños y jóvenes actitudes de dualidad. Parece ahora lógico que los profesores detentores del conocimiento y la sabiduría, o los religiosos o religiosas, fomenten en la niñez el vestirse y enmascararse en pos de la tradición del carnaval. Se ven en los planteles escolares niños disfrazados, y padres que han empleado horas y horas en la preparación del traje y de la fiesta, costando horas perdidas de preparación escolástica. ¿Cómo es posible que en los planteles escolares, donde la educación y el saber coadyuvan a erradicar la ignorancia, se fomenten actitudes "inocuas" de permitir disfrazarse a niños como muertos, diablos o monstruos, simbolizando las antiguas creencias y tradiciones que fueron consideradas extra cristianas y por lo tanto paganas?

Laicos y cristianos de fe católica fomentan el carnaval, pues es una fuente de ingresos muy fuerte, patrimonio de folclore, y de tradición, que coadyuva a fortalecer el comercio y el turismo. Pero en las escuelas la fiesta del carnaval se efectúa en forma inconsciente del impacto que desarrolla en la formación y educación de la infancia. Es irónico ver como el "diablo" vestido de rojo y con una sonrisa se pasea por los pasillos del colegio, o de una escuela la considerada de corte confesional, y dedicada al saber, parece que nadie evoca al siervo de Maimone, que está presente en el rito de carnaval, y más aún se cuenta con la complacencia de maestros y padres.

La tradición y seguimiento de usanzas es llevada hasta lo más profundo de la mente del hombre, y solo puede ser detenida y reubicada en la medida de la crítica de la conciencia.

El conflicto en las culturas y civilizaciones de la tierra es la dualidad de la religiosidad del hombre con la espiritualidad, difícil de alcanzar por la misma naturaleza de la carne, la que se ha visto dominada por el poder terrenal.

3.5.4 La Primavera en la Cosmología

"…No practiques encantamiento ni astrología" Levítico 19-26. "No os dirijáis a los nigromantes, ni consultéis a los adivinos, haciéndoos impuros por su causa…" Levítico 19-31

Antiguamente con la entrada del equinoccio de primavera se iniciaba el tercer mes, marzo cuyo nombre derivaba de Marte. Entonces se encendía el fuego en el templo de Vesta, la diosa de la tierra, simbolizando el nacimiento de un nuevo año. La Gran Madre, la naturaleza después de haberse quemado, con la ceniza (36) representaba la fertilidad de nuevo ciclo. (37) Este nuevo cultivo caía en el primer mes del año zodiacal de Aries, asociándose con la renovación. (38)

El sol supera la línea del Ecuador y por lo tanto cambia de hemisferio, propiciando la primavera. Para los babilonios significaba el inicio del año. El sol se revitaliza, no como en diciembre, se ha superado Saturnalis. Entonces los atributos del sol pasan a ser sacros, se le atribuye ahora la creación y la destrucción el orden y el caos, todo es parte de su misma vitalidad.

3.5.4.1 El Mítico Número Tres

En la tradición de los mitras el nacimiento del mundo se da con el sacrificio del toro y la renovación con el equinoccio de primavera. Mitra era el creador del cosmos, señor dual, pues a su derecha estaba la luz y a la izquierda la oscuridad. (3) Se simboliza la luz con el equinoccio e inicio de la primavera y la oscuridad responde al otoño y al declinar de los rayos del sol.

Astrológicamente marzo es el tercer mes, y el número significa también la base de la creación del mundo, tres son los períodos del año divididos en cuatro meses, tres son los colores primarios básicos, tres son los grandes reinos: animal, vegetal y mineral, tres son los estadios básicos de la física; gaseoso, líquido y sólido. Entonces el tres adquiere una valencia mágica, y pasa a ser el equilibrio entre dos polos. (40)

Según Pitágoras la tríade arcano terciaria, es la existencia en la cual el Inmutable y el Mutable son Conjuntos. "El uno y el Tres se conciben en la Trinidad." (41) De uno se generan dos y dos se generan tres, el número perfecto del cual emana la entera creación. Simbólicamente se representará por el triángulo, la figura perfecta pues tiene sus tres lados iguales y equilibrados.

En la interpretación cristiana católica será la Trinidad donde Dios es el Uno y de Él se genera el número dos Jesucristo, y de los Dos se genera el Espíritu Santo que es la persona número Tres, siendo entonces el número perfecto de fundamento bíblico, la Santa Trinidad, Dios es uno y Trino, dogma indiscutible e infalible del catolicismo. (42)

3.5.4.2 La Cuaresma y la Reflexión

Para el cristiano este período de marzo se asoció a la cuaresma que era el tiempo para el espíritu, la reflexión, la renovación. Cuaresma deriva del latín "quadragesimadies" que significa el cuarentavo día. Este término bíblico señalado repetidamente en las escrituras señala los días del diluvio. "El diluvio duró 40 días sobre la tierra. Crecieron las aguas y levantaron el arca que se alzó encima de la tierra" Génesis 7-17.

"…Y permaneció Moisés en el monte 40 días y 40 noches". Éxodo 24-18

"…Y era conducido por el Espíritu en el Desierto, durante 40 días, tentado por el diablo…" Lucas 4 – 1 y 2.

"Entonces Jesús fue llevado por el Espíritu al Desierto para ser tentado por el diablo. Y después de hacer ayuno 40 días y 40 noches sintió hambre…" Mateo 4 – 1 y 2.

"A continuación, el Espíritu le empuja en el desierto, y permanece en el desierto 40 días… "Marcos 1 – 12 y 13.

Así como la humillación de Moisés por 40 años en el Deuteronomio 8 –2 y 3. Este número representa la espera, la purificación, el castigo. Mahoma recibe a los 40 años la revelación.

La mujer desde el parto debía abstenerse de la carne por 40 días, mientras se purificaba. Levítico 12 – 1 y 8.

Era una práctica común en época antigua ayunar por 40 días, exceptuando los niños, los ancianos y enfermos así como los sábados y domingos en espera de la Pascua. El ayuno es un medio de penitencia que coadyuva a la reflexión. Desde 1970 la cuaresma según el rito romano se inicia el miércoles de ceniza y termina el jueves santo. Según el calendario ambrosiano inicia el domingo siguiente al miércoles de ceniza, 40 días en vez de 44 del otro calendario. (43)

En el Islam el período de purificación previa también requiere el ayuno, así el Ramadán es una etapa de purificación y reflexión.

3.5.5 La Pascua o Pesah

La Pascua era una fiesta movible, dependiendo del calendario la cual cae en el domingo siguiente al plenilunio que sigue al equinoccio de primavera.

En el calendario hebreo, dividido en meses, existían regulaciones en base a la observación de las fases de la luna. El mes lunar iniciaba con la luna nueva y duraba 29 días y medio, siendo entonces los meses de 29 y 30 días, por lo tanto un año calculado así dará 354 días, 11 días y un cuarto más corto de un año solar incluidas las estaciones, donde más bien se determina por la posición de la tierra y el sol. Un año lunar, llevaba a consecuentes atrasos, cada año iniciaba con 11 días de adelanto del anterior, por lo tanto algunas fiestas celebradas en primavera bien podía acabar celebrándose en invierno. Para evitar esto los hebreos introducían un mes decimotercero, para que entonces algunos años fueran de 354, 383 o 384 días. La Pascua duraba un día y la Fiesta de los Ázimos los siguientes 7 siendo para los hebreos las celebraciones más importantes en el rito, aunque no las únicas. La Pascua cae en el 14 de Nisán y los Ázimos de 15 a 21 días de este calendario hebraico.

Los hombres hebreos se obligaban a esta fiesta en términos bíblicos. Números 9 vers. 10 y 11, e iniciaban un peregrinaje a Jerusalén con esposas y familias. En la época de la dominación romana se vigilaba arduamente la ciudad y sus alrededores para evitar cualquier amotinamiento o problema de seguridad civil.

En Números 9 vers. 9 y siguientes la Biblia prohibía a los hebreos de contaminarse de la impureza de un cadáver, para así poder celebrar la Pascua de forma pura, especificado en Números 19, incluso se da el plazo de una semana para quedar purificados. El tercer y séptimo día de purificaciones la persona impura recibía aspersiones de ceniza llamada "vaca roja" que era inmolada en sacrificio. Esta vaca pelirroja es rara de coloración, lo que la hacía diferente. Con la ceniza del sacrificio se llevaba a cabo el rito del agua lustral, que es un sacrificio por el pecado. Con esta agua la persona impura después de la segunda aspersión debía tomar un baño y lavar su ropa, quedando entonces pura. Así los peregrinos quedan puros una semana antes de la Fiesta dentro de los cánones del rito de Jerusalén.

La tarde del 14 de Nisán un miembro de cada grupo llevaba al Templo un cordero para ser sacrificado y después de sacarle las vísceras se le quitaba la piel. La cena se consumía con la carne del animal. Según la tradición hebrea el paso de un día a otro se hacía al atardecer, o sea que la cena bajo este criterio se llevaba a cabo el 15 Nisán o el Primer día de los Ázimos.

La relación que se establece con la luna es de origen tradicional propio de la cultura hebrea pascual, (con excepción de la tradición celta) que aún hoy se celebra la noche del 14 del mes de Nisán, o sea el plenilunio del primer mes lunar después de equinoccio. La palabra Pesah quiere decir "saltar más allá" (44) en recuerdo de cuando Dios pasó más allá, saltando, omitiendo a los hebreos varones, de morir en el cautiverio en Egipto, cuando sus casas fueron marcadas con la sangre del cordero, pudiendo salvarse. Éxodo 12, vers. 21 al 34.

La tradición marca una celebración de tipo campestre. Cuando en el campo se solemnizaba una renovación cósmica, la primavera durante la noche de plenilunio. Se sacrificaban los primeros animales, los mejores del rebaño los perfectos y puros, para que este holocausto de sangre regara las cabañas y a los animales, asegurándose fecundidad y protección. Posteriormente se comía la carne que había sido liberada de todo flujo sanguíneo como una señal de respeto al precepto de no comer sangre. Levítico 17 vers. 10-11-12.

Durante la comida con la sangre purificada, se celebraban bailes en forma de representación simbólica, se saltaba como un recuerdo del tiempo del exilio en Egipto y de cuando se dieron los primeros pasos hacia la tierra prometida.

La Pascua hebrea se desarrolla en la tarde del viernes o Parascene del año de la muerte de Jesús. Parascene es un término que se aplica al viernes, día en que se hacían los preparativos para el sábado. En esta fiesta se inmolaban los corderos y con unas hierbas de hisopo (45) planta aromática, usada en los antiguos ritos de purificación, se mojaban en sangre y se marcaban los dinteles de las puertas y ventanas de las casas. De esta manera nadie salía ya que quedaba protegido durante el holocausto por medio de la sangre.

La Pascua cristiana se lleva a cabo con pan sin levadura, y los ázimos que son hierbas amargas, es aquí donde Jesús sella un nuevo pacto de Alianza.(46) Esta se lleva a cabo la noche del primer plenilunio primaveral, fijándose la Pascua el domingo siguiente de la fiesta hebraica para marcar la resurrección. (47)

3.5.5.1 El Cirio Pascual y sus Concepciones Antiguas

Durante la cuaresma cristiana es costumbre tener encendido el cirio pascual. Según san Agustín este representaba la cera como emblema de la carne virginal del Cristo, la mecha su alma y la flama su divinidad. (48)

Durante la Contrarreforma nace la costumbre de visitar 7 sepulcros, ahora conocida como la visita de las 7 casas, que en lugar de sepulcros son iglesias, donde el jueves santo se guardaba la eucaristía. En los altares surgieron decoraciones con motivos relacionados con la pasión de Cristo y por costumbre aparece siempre encendido el cirio pascual.

En la concepción religiosa persa el fuego es la manifestación más pura de Ahura Mazda, este es el dios creador de la luz, el dios supremo que se opone a Ahriman el dios de la oscuridad. Los espíritus buenos tiene un "aura" y los malos una "daevas" la lucha entre estas fuerzas culmina con la victoria del bien.

Zaratustra o Zoroastro (628 al 551 A.C) fue un profeta iraní de la corte sasánide, de manera que el zoroastrismo pasó a ser la religión del imperio. Aquí el fuego es concebido como el elemento purificador y los cadáveres no se pueden cremar pues contaminarían este fuego que es sagrado y puro. Entonces los cuerpos deben ser expuestos al depredo de los animales y a la erosión del tiempo. (49)

El fuego simboliza la voluntad de cristianizar el mundo sobretodo el matiz del mazdeísmo, que muestra al fuego como el atributo del salvador. También los zoroastrianos creían en la venida de diferentes salvadores, ya que en sus libros sagrados se habla de diversos salvadores hasta un salvador final. El fuego Farr es una fuerza natural que formaba al universo dándole vida o bien adquiriendo una función regenerativa.

Antiguamente la fiesta del fuego en primavera, se hacía en el cuarto mes ya que los árboles en especial algunos eran más proclives a atraer a los rayos, generando de esta manera la producción de una chispa y por lo tanto el fuego primaveral.

En la concepción hebrea se hace explícita la condena de usar el fuego como elemento purificador cayendo dentro del ámbito de paganismo ya que este elemento se consideraba como sagrado pues daba la inmortalidad a las víctimas. Mólek de origen fenicio designaba un tipo de sacrificio, pero fue divinizado en Ugarit, donde aparece como un dios. Para Israel era un dios pagano al que muchos hebreos daban sus propios hijos para ser "pasado" por el fuego en el sentido de purificación. (50)

Según la tradición druida se enseñaba que las almas de los hombres eran inmortales y que el mundo un día sería regenerado por el fuego y el agua. Según la tradición celta el fuego no es un elemento sino la transformación de los 3 elementos existentes en la naturaleza, es la manifestación y metamorfosis de la energía contenida en un elemento, sin los otros 3 el fuego no existiría. Este es el signo de la transformación de la energía cósmica. Es significativa la fiesta del fuego y de la luz, en el inicio de verano, bajo el signo de Bel o Belenos, el brillante, así los druidas encendían el fuego purificador y en este rito pasaban las armas recitando encantamientos. Ahora esta costumbre se conserva en la tradición de los Fuegos de Mayo y en los Fuegos de San Juan. (51)

Entonces el fuego no es sólo concepción iraní, es universalmente conocido y simbolizado. Es el Cristo, la luz y el fuego.

Exodo 23-14. En la primavera la Fiesta de los Acimos, Exodo 34-2. La Fiesta de la Siega llamada Fiesta de las Semanas. La Fiesta de la Recoleccion de Otoño, llamada también De las Tiendas o de Los Tabernaculos, Deuteronomio 16-13. Más tarde se añadieron el Año Nuevo Religioso, Levitico 23-24, el Día de la Expiación, Levítico 16 y 23-27 al 32. Y después del destierro los Purim, Ester 9-24, la Dedicación de Macabeos, Macabeos 1 del 4 al 59. El Día de Nicanor, macabeos 1 del 7 al 49.

3.5.5.2 El Significado Ritual del Huevo

El huevo nace de la vida y da origen a otra siendo el reflejo de un ciclo de vida, así también es la renovación del año astrológico. El comer huevo significaba un buen inicio ya que el embrión de "oro" es el germen primordial de la luz cósmica. El cristianismo adopta esta tradición y es entonces el Cristo que muere y da inicio a una nueva vida a través de la resurrección.

En Grecia la diosa Demetria infundía la fertilidad, ésta había sido fecundada por el viento poniendo en la inmensidad del cosmos oscuro, un huevo de plata del cual salió un dios con las alas de oro que se llamó Eros. (52)

El huevo de la serpiente es entonces el inicio de un ciclo y al mismo tiempo el final de otro precedente, por lo tanto la muerte y también la vida. Este es el centro del pensamiento druida. La muerte es el punto central de una larga vida.

Es también representativo del sol, del conocimiento, que es el que da la riqueza en la sabiduría. Aunque es la Piedra Filosofal de los alquimistas que sirve no solo para fabricar oro, sino constituye el secreto universal de la creación. La unidad en la complejidad, cristalización de todas las ambigüedades del mundo, de todas las contradicciones aparentes.

El huevo cósmico, o la piedra, está ligado a la serpiente, signo de conocimiento y también de infinita movilidad del espíritu, la serpiente va por todos lados y se esconde en las ranuras de la tierra, se muerde la cola. El "Uroboros," el círculo perfecto, (53) que representa la totalidad en su unidad primordial, el nudo es el punto donde converge toda la energía. De esta conjunción nace el huevo, o la piedra filosofal, y de este huevo es de donde todo proviene porque ya contiene todo.

En la India, el Espíritu Supremo deseando procrear de sí mismo, emanó de su mente el agua y en esa la semilla. Esta se formó un huevo como el sol, es en sí mismo el nacimiento de Brahma padre de todas las cosas del mundo.

Durante la Pascua es tradicional el ofrecer huevos, éstos en Europa oriental están pintados de colores según las diversas tradiciones locales. También en la tradición sajona son muy demandados, los que se pintan y luego se regalan como símbolo de la nueva vida a través de la resurrección. La tradición de pintarlos, bendecirlos para luego adornar y ser regalados se adopta en la cristiandad, en Rusia son muy comunes y se conocen como "pysanky" del verbo pysaty, que quiere decir escribir, pues la noche del sábado se escribían en el cascarón signos cristianos y durante el acto se cantaban antiguos cantos. A la mañana siguiente de Pascua, se llevaban a bendecir. Hoy día en muchos países de Europa, los huevos decoran y adornan las casas, negocios, iglesias. Esta tradición parece perderse en general, pues ha sido desplazada por la industria chocolatera la cual ha sido muy eficiente en cuanta publicidad y records de consumo.

3.5.6 Ciclos Agrícolas. Impacto en la Formación de la Mitología

La Pascua cae generalmente en el mes de abril, el nombre del mes es derivado de la divinidad Afrodita cuya raíz significa espuma aphrós de esta forma nace Venus. Este período se marca por la germinación. Siendo el cuarto mes del año en el calendario es el generador y representante de los cuatro puntos cardinales así como los cuatro lados de la cruz.

La Pascua cae en el signo de Aries iniciando un nuevo año astrológico siendo el signo de la creación del cosmos y de los elementos básicos como son el agua, la tierra, el aire y fuego. (54)

En el antiguo Egipto, Osirides era representado con el color verde pues significaba la renovación. Este podía llamar a los muertos a la resurrección en los verdes campos, se haría eternamente. Entonces el verde se asocia con la salud y la energía, produciendo efectos positivos y relajantes.

Para los griegos la esmeralda verde se dedicaba a Venus y al amor, teniendo poderes proféticos y de prevención de enfermedades. Y el jade con valencia positiva era atribuido a Venus que protegía las uniones.

Originariamente los fenicios adoraban a Adonis preparando jardines en cestos y ollas donde se germinaba la avena, los granos y flores que después de la germinación a los 8 días se lanzaban al mar junto con la imagen de Adonis con el fin de proteger la naturaleza y así esperar su renovación.

Adonis era adorado en todo el Mediterráneo, y era conocido también con el nombre de Tammuz. Este pasaba seis meses de frío en los infiernos para luego surgir en la primavera, siendo el dios de la resurrección, es recordado por el profeta Ezequiel pues hasta las mujeres de Jerusalén se lamentaban de su muerte a la entrada del Templo. Su culto se extendió en el mundo helénico donde se conocía como Adonis, hijo de Afrodita y asesinado por un jabalí que había sido enviado por Aries. Se dice según Ovidio que de la sangre derramada del joven surge una flor efímera que es la anémona.

Abril y Mayo son meses del año donde la germinación es evidente, y donde simbólicamente al germinar la naturaleza se da el renacer. (55) El cristianismo asoció el mes de mayo a la Virgen María así como el acompañarla de blanco, ya que desde la antigüedad este significaba pureza.

El mes de abril astrológicamente es representado por el toro. En la tradición el toro con sus cuernos refleja las fases de la luna, simboliza la generación, el origen, la naturaleza. Se exalta aquí la luna y su asociación con la germinación de las flores.

El toro es el soporte de las tradiciones antiguas, se decía que el mundo estaba sostenido por un toro y que éste perdería una pata cuando se desplomara el mundo. Es así que el toro y la luna están juntos en el signo astrológico. Este es representado en el signo verde, con la germinación, es el símbolo de la juventud y la fertilidad.

El primero de mayo la antigua cultura celta celebraba la fiesta de Beltaine, cuyo nombre significa fuego de Bel y es relacionada con la luz y el calor, es el final del año celta, del invierno y del inicio del verano. Se dan los ritos del fuego y los ritos para sacralizar la vegetación naciente. Es una apertura a la luz, al mundo diurno, todavía hoy existen rituales de sembrar ramos de plantas en campos, jardines y establos. En esta fecha se daban los fuegos artificiales de San Juan siendo el rey de Irlanda el primero en encenderlos y los que se adelantaran se condenaban a muerte. En los países germánicos, la noche de Beltaine es la noche de Walpurga durante la cual se encontraban brujas y magos, los cuales iniciaban sus ritos como una reminiscencia druida de sacerdotes y sabios. (56)

Mayo, llamado Maius, deriva de María, la llamada por Pisone Calpurnio Luci, Maiestas o sea la esposa de Vulcano. A ésta se le sacrificaban el primero de mayo cerdas sobretodo una que estuviera gestando, pues según esto los neonatos no tienen voz ni voto durante su estancia en el útero. Este mes, el más grande del calendario en el sentido simbólico de las cosechas en todo su esplendor, donde todo germina y cósmicamente es muy importante. En este día se celebran rituales de la tradición popular la bendición de los animales, de los establos, se purifican mágicamente los lugares donde han estado éstos, así como las herramientas son pasadas por el fuego. Se celebran encantamientos para proteger a los animales tanto de enfermedades como de las bestias salvajes. El fuego potencial del invierno se manifiesta en Beltaine. Esta fiesta (57) no ha sido olvidada del todo dentro del marco de la tradición, aun cuando los acontecimientos del Día del Trabajo y el recuerdo de los Mártires de Chicago se han impuesto a antiguas tradiciones.

3.5.6.1 Floralia, Mayo y la Virgen María

En Roma es bien conocida la fiesta en honor de la diosa Flora que era protectora de las plantas y de los árboles durante la floración, en la época arcaica en Europa se han encontrado indicios de esta celebración (58) Floralia era la gran energía cósmica que renovaba la vida. Durante los días de la fiesta que iba del 28 de abril al 3 de mayo se iniciaba la siembra en los campos, se entonaban cantos y se hacían cruentos sacrificios de animales domésticos como parte de los rituales de la fiesta, terminando en verdaderas orgías.

La iglesia trató de limitar estas fiestas y el carácter pagano que las caracterizaba, fueron conocidas como Calendimaggio (59) ya desde la edad media. Es solo hasta la Contrarreforma que se impone la figura de la Virgen como la patrona del mes, como un intento de contrarrestar el paganismo y los sacrificios a Floralia. (60)

En Roma se decía se festejaba el primero de mayo a la diosa Maius, que era la generadora de mayo siendo además la Gran Madre. En sus templos se procreaban reptiles de diversas especies, y la serpiente era uno de sus mayores atributos. En la noche de la Calende de mayo le eran sacrificados en ritual secreto mujeres que se habían caracterizado por la castidad y la pureza. La diosa nunca había tenido contacto con ningún hombre. De aquí que en catolicismo se presente a la Virgen aplastando una serpiente. Fue aún más firme en reforzar este simbolismo el rey de Castilla, Alfonso X el Sabio, que en siglo XIII celebraba antiguos cantos a María en el inicio del mes de mayo, santificándola.

Es en el siglo XVI que en Roma, Felipe Neri adornó de flores la imagen y con los cánticos sagrados en su honor se enriqueció la tradición. Diversas órdenes religiosas, entre ellas los dominicos agregaron el resto del mes de mayo a la veneración de María, surge la idea de darle un corazón de plata, pasando a ser más importante la veneración de María, la Virgen como reina del cielo, que la misma reina de la primavera.

Con éstas prácticas se fueron creando en los países de corte católico sendas prácticas de cultos marianos, formalizándose en 1795 por los jesuitas, los altares llenos de flores, donde se ofrecían ramilletes espirituales, jaculatorios y al final del mes se ofrecía simbólicamente el propio corazón.

Así también mayo se dedicó a las almas del purgatorio, a las oraciones, misas y ofertas que junto con la devoción a la Virgen contrarrestarían las ideas paganas.

3.5.6.2 El 3 de Mayo y la Fiesta de la Santa Cruz

En este mes de mayo se celebra la Fiesta de la Santa Cruz, sobretodo en el mundo católico. Esta tiene sus orígenes en el calendario romano que celebra INVENTIO SANCTAE CRUCIS o sea la devolución de la cruz de Jesús, aproximadamente en el año de 628, cuando los persas la regresaron al emperador bizantino Heraclio, ya que esta había sido robada en el 614 por parte de su rey Cosroe Parviz, después de la conquista de Jerusalén.

Esta fiesta fue muy apreciada por los campesinos ya que la época de crecimiento del grano es en este período es muy fecunda, y de esta forma en lugar de andar en las procesiones, en cada cultivo simbólicamente se pone una cruz con objeto de la bendición y protección.

Estas cruces se hacían de caña y se adornaban con ramos y palmas llenas de flores. Y todo esto bendecido protegía el cultivo y la recolección. Más tarde la tradición pasó a las casas, donde aún en construcción se adornaban con la cruz en la misma fecha de la fiesta. El árbol había adquirido un lugar en la creencia del ser humano, y el acto de construir una casa, o bien de generar algo nuevo, debía contar simbólicamente con la bendición de la cruz y el contendido mágico de la madera.

Hoy día es una fiesta de tradición popular donde la cruz simboliza la bendición de la casa y durante su construcción queda como una muestra de la protección simbólica a la cual se unen obreros, patrones y arquitectos, todo bajo esa protección simbólica donde la comida de esa fecha desemboca en la libertad de circulación de alcohol.

3.5.6.3 La Luna y el Mito

En este mes lleno de alegorías se destaca la importancia de la luna, pues ésta atraviesa las tres fases en todo el ciclo. Antiguamente el tiempo fue subdividido según las lunaciones y las ceremonias fueron llevadas a cabo según determinada fase lunar. De ahí que los solsticios se hicieran aproximar a la precisión de la luna llena más cercana. Así que cuando los reyes morían se les adjudicaba el 7 quería decir que habían muerto en la séptima luna llena que seguía al día más corto. Así el año fue calculado en meses de 28 días, siendo entonces un número sagrado, igualmente para la mujer. La semana pasa a ser de 7 días siendo unidad del mes lunar y cada día adquiere una peculiaridad conforme a la vida del rey sagrado.

Las tres fases de la luna reflejan las tres fases de la vida de la matriarca; virgen, ninfa y vieja. La primera será la primavera, la segunda la época de verano y la tercera el invierno. La diosa fue identificada con los cambios estacionales que marcaban la vida animal y la vegetación. La madre tierra, era la diosa madre. Igualmente se identificaba con otra tríade, la virgen del aire, la ninfa de la tierra y la vieja del mundo subterráneo, personificadas respectivamente por Selene, Afrodita y Ecate. Con éstas analogías el número 3 se convierte en místico y sacro y la luna se simboliza con el número 9 cuando cada una de sus partes se manifiesta en tríade para demostrar su divinidad. (61)

A la luna le es asociado un animal mítico, el gato. Los egipcios lo adoraban bajo el nombre de Eluro el cual era representado mediante un jeroglífico. La luna o Diana (62) es el semblante de los ojos de gato cuando se refugió en Egipto, huyendo de los otros dioses durante la persecución de Tifón. Los helenos consideraban a Bastet una diosa con cara de gato, siendo ésta de carácter benéfico, era adulada en sendas orgías de vino. (63)

El gato es el animal mítico, adorado en algunas culturas o usado en ritos de brujería y cultos diabólicos. Este es un animal silencioso, enigmático e independiente de los cuidados del hombre, se sabe mover en la oscuridad y en la penumbra, sus ojos pueden admirar la luna y reflejar su misticismo, y al mismo tiempo es la causa de su perdición, pues han sido asociados con las brujas y siendo de color negro se les atribuyen cualidades demoniacas.

Los animales de "pezuña hendida" eran sagrados a la luna, formaban parte de los sacrificios prescritos para las fiestas de la luna nueva en el Levítico, "podemos deducir que la doble "S" se refería probablemente a Selene la luna, alias Afrodita más que a Sísifo, el cual como rey solar se limitaba a custodiar la manada sagrada de la diosa. El símbolo ω que representaba la luna llena es bien diferente de O que representaba el disco solar, que era marcado con fuego en los lados de la vaca sagrada que guía a Cadmo hasta el punto donde surge Tebas." (64)

Los cambios que se llevan a cabo en la luna durante los meses de mayo y junio, y que se deben sobre todo por su posición hacia la tierra y en la órbita de ésta, propiciaron cambios de tipo biológico así como alteraciones periódicas, que se reflejaron incluso en la transitoriedad de la vida y en los períodos de reinado. Como por ejemplo en Palestina los altares, adornados de cuernos, a los que se suma Joab se destinaron para refugiarse en la tienda de Yahvé, a pesar de esto éste fue asesinado. En 1 de Reyes vers. 28 al 35. Estos tipos de cultos sobrevivieron a la destronización de la vaca - lunar y de su cordero de oro.

Según Aristóteles los cambios en la luna eran como las alteraciones del cerebro del ser humano, podían oscilar de la volubilidad a la estabilidad, caracterizando a las personas como "lunáticas". Esta idea ha permanecido hasta la fecha asociando a las personas inestables y volubles como lunáticas o con la luna torcida. Incluso esta idea llevó a creencias acerca de enfermedades que no tenían explicaciones científicas en ese entonces, desde la epilepsia que se curaba con magia y brujería y donde las personas enfermas se sumergían en agua durante las noches de luna, hasta los trastornos de las mujeres con relación a la menstruación y por lo tanto de su carácter. Es muy significativo que paralelo a estas creencias en cuanto a la luna y posteriormente la asimilación de culto en Asia Menor de la diosa de la luna Marian, donde las curaciones llevadas a cabo para aliviar a los enfermos siempre iban acompañadas de rezos del Ave María. (65)

3.5.7 El Verano, Plenitud Cíclica Agrícola

Siguiendo el curso del calendario, el sexto mes es junio, al cual se le atribuyen características de estabilidad. Este debe su nombre a "Iuno" o "iuniores", los más jóvenes, y de la "Unctio" del pueblo romano y sabino. Junione era la diosa del matrimonio, y pasa a ser la protectora de éstos, propiciando la frecuencia de los desposados en este mes.

Es importante pues aquí se da el día más largo del año, que es el 21 de junio, o sea el solsticio de verano, que es establecido por el calendario gregoriano en el 1582. En el mundo católico el 24 de este mes se celebra el Día de San Juan, coincidiendo con los días del solsticio, que eran considerados sacros, en directa comunión con lo visible y lo invisible, ya que el sol llega en el cielo a su máxima declinación positiva. (66)

Tanto en Gran Bretaña como en los países nórdicos se conoce como "Midsumer Day" señalando el inicio del ritual de verano, aunque esto no coincida exactamente con el calendario moderno vigente. Esta fiesta de solsticio se llevaba a cabo por el hecho de observar la plenitud y los efectos del sol y de su posición, eran en si la contraposición de Natalis Solis Invicti del 25 de diciembre. Esta fecha era celebrada por los caldeos y los egipcios antes del advenimiento del cristianismo. Estos introducen la Navidad y el día de San Juan Bautista como la contraposición de cultos astrológicos y astronómicos pre-cristianos.

3.5.7.1 La Fiesta de San Juan y su Concepción Cósmica y Astrológica

Astrológicamente se inicia el mes con el signo de cáncer, que en astrología se representa como un cangrejo, símbolo del mundo acuático que representa la tranquilidad, se celebra la fiesta de San Juan que asume características de la tradición pre cristiana, la celebración del solsticio de verano simboliza la manifestación del invisible en la caverna cósmica y la vía a través de la cual las almas se encarnan. Según la tradición de la sapiencia el Encarnado por excelencia es Cristo quien debió haber nacido en este día.

En la tradición griega los solsticios eran considerados las puertas; la del norte que va por arriba del Ecuador, la del sur o del verano que era llamada por ellos la Bórea. Y la tercera que era la de los dioses y de los inmortales y que se localizaba completamente al sur, en relación del sol en el solsticio de invierno. Los solsticios son el símbolo del paso del espacio al cosmos, del tiempo a la eternidad, de la individualidad a la superioridad personal. La fiesta de San Juan Bautista sería entonces la vía simbólica de penetración de los seres en la cavidad cósmica.

En la ciudad de Baños de Cerrato en Palencia España, las fiestas de San Juan Bautista, duran 4 días donde se celebra tanto el solsticio como Juan el Bautista que es honrado con una misa y un recital. En Coria de Cáceres la celebración del solsticio de verano se confunde con las fiestas en honor de San Juan, y van del 24 al 28 del mes, y donde no podían faltar las corridas de toros auspiciadas y bendecidas por el clero local, como parte del marco festivo.

En Italia en los campos se iluminan antorchas, como la luz que protege lo creado, para que el cultivo sea bueno, de manera que la hierba que se corta pase a ser parte de un ritual mágico y sagrado de protección. (67) Y como este período se asocia con cáncer astrológicamente, y por ende la luna y el agua, el cristianismo concibe el agua como lo hizo Juan el Bautista, para lavar, para purificar al hombre de sus orígenes del pecado. (68)

En países conquistados por España, el día de San Juan mezclo ritos y costumbres indígenas con el solsticio de verano y con las ideas de la evangelización. Hasta hace algunos años, en este día era costumbre de ir a misa, y después someterse a baños rituales en la calle, cosa que derivó en abusos por parte de la gente así como en la suspensión de tal costumbre por la escasez de tan precioso líquido, dejando paso a la costumbre de quemar llantas en esta fecha, la cual ha sido prohibida también por cuestiones ecológicas.

En la noche de San Juan, la gente creía que las brujas se paseaban por el cielo, para luego bajar y a la sombra de un nogal hacer una fiesta. (69) Este árbol se conoce como el Gran Nogal de Benevento, pues en el siglo XVII bajo el reinado de Constancio II fue arrancado incluso con las raíces con objeto de erradicar cultos paganos. Aún así y a pesar de todo se continuó con la idea de que las brujas bailaban alrededor del árbol secreto, la tradición habla de hierbas aromáticas y ajo, así como la sal y la escoba características de la protección.

La hierba de ruda por su olor formó parte importante de esta tradición pues podía defender a cualquiera en la calle siempre y cuando la llevara cerca del corazón, o elaborada con los ajos servía de amuleto de protección y de buena suerte. La ruda era llamada hierba de Artemisa, madre de las hierbas, podía ayudar en los partos, impedir embarazos, regular ciclos menstruales, alejar demonios y neutralizar el mal de ojo.

En la noche de San Juan el 24 de junio, se prepara el agua del Bautista para ser bendecida con flores y hierbas aromáticas. Este anuncia bíblicamente la venida de Cristo que deberá venir después de Él. El crecerá y yo disminuiré, Juan era el sol veraniego que se hace más corto en el horizonte y Cristo en el solsticio invernal se hace grande en el horizonte. En el cristianismo se mezclaron ideas paganas con concepciones y usanzas más tarde interpretadas a la luz de la tradición.

En cuanto al árbol esta usanza de Italia y de los países nórdicos, tiene un simbolismo. Según la tradición en el día más largo del año, donde el sol resplandece por un día completo, se cortaba el árbol más grande, se clavaba en los campos de cultivo, en función de ritos agrícolas –solares y de la fertilidad. Son dos palos de madera en forma de cruz con dos círculos, uno a la derecha y otro a la izquierda, los cuales se llenaban de flores y cintas de colores, y la gente baila alrededor de ellos, las personas cantan, es el "Midsommer" vigente actualmente.

La relación brujería y paganismo en Escandinavia es muy elocuente. La brujería es toda una cultura que se hace de lado, sin desaparecer, tanto en Islandia como en Escandinavia las que se convierten al cristianismo, y es entonces cuando la brujería se considera paganismo, y entonces magia y brujería, pasan a ser obras del diablo.

En Escandinavia tanto la brujería como el paganismo fueron considerados diferentes, aún cuando es fácil pasar de un campo al otro, la cultura cristiana posterior mezcla y confunde estas dos categorías,… "contando historias de divinidades paganas que ayudan con sus poderes demoniacos a los magos, y cuya…confusión fue posteriormente transmitida por los predicadores." (70)

3.5.7.2 La Sacralidad del Número 7 y la Astrología

En el calendario que nos rige el mes de julio se llama así en honor de Julio César. Este al ocupar el número séptimo en el año, significa un ciclo que se cumple, así como una renovación positiva. Este es el número de la astrología tradicional, el de los días, bíblicamente es sagrado pues simboliza la suma de las tres virtudes teologales y de las 4 cardinales, fe, esperanza, caridad, justicia, fuerza, templanza y prudencia. Así como el séptimo día donde Dios descansó. Génesis 2 vers.2, (71)

Siete son las iglesias de Asia citadas en el Apocalipsis 1 vers. 4; siete son los cielos donde viven las diferentes órdenes de los ángeles, Apocalipsis 8 vers. 2. En este mismo tiempo Jesús tiene las 7 estrellas, Apocalipsis 1 vers. 20, en una mano y en la otra el cordero de la victoria con 7 cuernos. La Bestia tiene 7 cabezas en Apocalipsis 17 vers. 7 y siete son los sigilos del día de Armagedón Apocalipsis 16 vers. 16.

En cuanto a la luna es patente el influjo, el novilunio y el plenilunio, en el ser humano sobre todo en la mujer. Aquí el verano es la plenitud y astrológicamente cae en el signo del león, sede del sol, rey y amo de la selva. Con él aparecen períodos calientes y secos, llamados canícula como diminutivo de "cane," perro. Según las constelaciones de las estrellas, los antiguos egipcios llamaron canícula a éstas, pues como un perro custodiaba las inundaciones del río Nilo, las cuales llevaban la riqueza y abundancia a los cultivos.

3.5.8 La Festividad del Carmel

Este mes es muy importante para el mundo católico, pues se festeja la Virgen del Carmen el día 16. Su nombre es de origen hebraico Karmel significa jardín. En la antigua Palestina hoy Israel, el profeta Elías rezaba, y entonces vio una gran nube que oscureció el día y posteriormente se desvanece en lluvia. Más tarde se interpreta en la tradición católica como la re figuración de la gran Madre, la Virgen María; Elías en el monte Carmel crea una orden de ermitaños dedicados a rezar a la Virgen aún mucho antes de su propio nacimiento. En el siglo XIII se confirma la existencia de ermitaños que posteriormente pasan a formar parte de la orden carmelita del patriarca de Jerusalén. Esta durante las cruzadas obtuvo el apoyo real del Papa, pero debido a las distintas invasiones de la Palestina se transfiere a Europa.

En el 1226 el papado autorizó la nueva regla de los monjes y se instituye la Virgen del Carmen como fiesta del mundo católico. En el 1251 siendo superior y prior de la orden de las carmelitas un monje llamado Simón, en Inglaterra, tiene una visión donde la misma Virgen del Carmen le da un escapulario para que quien lo llevara puesto obtuviera la liberación de las penas del infierno. De aquí el uso del escapulario que se difunde en el mundo católico como un protector de valencia positiva y valor sacramental, reforzado en la liberación de las penas del infierno.

Hoy día la fiesta del Carmen es tan popular desde la de San Pedro del Piñatar en Murcia hasta las del Tevere en Roma. En estas hay procesiones de la estatua de la Virgen, con mercados abiertos donde se encuentran desde antigüedades hasta figuras de la Virgen, escapularios, los tradicionales buñuelos y frituras propias de ese día. En otros la fiesta incluye en San Ángel en la ciudad de México juegos mecánicos y pirotecnia, además de una variedad de comida típica.

3.5.9 "La Fiesta Brava" y la religiosidad Popular

Continuando con la tradición del Imperio Romano el mes de agosto se llamó así en honor de Augusto, primer emperador, ya que en esta época es el apogeo del Imperio que ha vencido a Egipto y los conflictos internos parecen haber terminado. Siendo el octavo mes en orden del calendario, significa equilibrio cósmico. Simbólicamente en la edad media el 8 significó el equilibrio y se plasmó en las fuentes bautismales de forma octagonal, como reflejo de la nueva vida sobre todo después del bautismo. Ya desde la época de Babilonia el número 8 era el número del paraíso donde vivía la divinidad.

Bíblicamente ocho fueron los salvadores en el diluvio universal, Génesis 9 vers del 1 al 18. Ocho son los días de la purificación en el templo, en Levítico la circuncisión se hace a los ocho días. Levítico 12 vers. 3. Desde la antigüedad existieron rituales de gracias por las cosechas, así como por la coronación. (72) En este mes de inicio de siembra, los primeros surcos son el símbolo ritual que propiciará mejores cultivos. (73) En sus raíces existen ritos mágicos y rituales que asociaban la siembra y la introducción al culto de la Gran Madre y del toro, astrológicamente sagrado. (74) Todavía en muchos lugares subsiste el rito aunque cristianizado.

En España hoy es famosa la Semana de la Huerta en los Alcázares de Murcia, o las Fiestas de Castellán de la Palma en la Plana de Valencia, como las de San Fermín, o las "Temporadas" tanto en Francia como en México.

En uso del toro en estas fiestas es una asociación sagrada pre cristiana que se dedicaba a la diosa Sabina Vacuna. Hoy la sacralidad del toro se ha convertido en una fiesta donde se mata al animal en pos de un ritual pre cristiano, entrelazando ritos paganos e ideas cristianas. En algunas de estas fiestas el sacerdote católico bendice los "encierros"en otros el toro llega a las puertas de la iglesia y lleno de adornos simbólicos hace una genuflexión y es retirado. Detrás aparecen carros alegóricos donde se transporta el fruto de las cosechas, el fruto de la fertilidad del campo. (75) El cristianismo sometió el ritual de la antigua diosa Sabina Vacuna por el sacro ritual a la Gran Madre o sea a la Virgen.

El uso y abuso de toros da un toque de esplendor y salvajismo, en una época eran los bueyes, los cuales fueron posteriormente sustituidos por toros sobre todo cuando se dispone de una "fiesta de matanza de toros". Hoy existe la corrida como una arte y como parte de la cultura de los pueblos, como su identidad nacional, la civilización disfruta de la muerte de animal, sin plantearse conflictos de conciencia como la suprema criatura de la creación.

Las tendencias actuales han considerado la corrida como más que una prueba de valor una absoluta necesidad de liberarse de la angustia, en la carrera que hace el toro desde los encierros, por vía Estafeta de Pamplona, hasta la plaza de toros, se encuentran jóvenes en su mayoría de diferentes nacionalidades que vestidos de blanco se estrellan con los muros de contención, puestos por las autoridades del festival, y donde se mezcla de miedo y la fascinación, es aquí donde se mide el valor.

Es importante para muchos demostrar que tiene valor y "sangre fría," comúnmente ser "macho," sentimiento que se refleja en la carrera por la calle hasta el ruedo, y de este sentimiento se obtiene la valentía necesaria para incitar al toro, para acercársele y tocarlo, incluso torearlo, a veces con la misma camisa, es entonces cuando el valor adquiere la máxima potencia.

Es peor aún la ignorancia y la inconsciencia total del origen que dio lugar a este tipo de manifestaciones, y que cada "fiesta brava," cuenta con el apoyo de autoridades, como del mismo clero que aún hoy "bendice" el encierro. La pregunta sería, ¿Hasta qué punto las tradiciones esclavizan el individuo y lo someten, siendo los intereses económicos más poderosos que la misma reivindicación de la naturaleza misma, del hombre libre?

El toro es el símbolo de la madre tierra, la Gran Madre, la materia prima fuerte y sólida, por ende estable. Es la tierra fecunda con sus frutos. Hace aproximadamente 5000 años se ha documentado la asociación de la primavera con el equinoccio, y con el principio de Taurus, identificación mítica del origen del mundo.

En la religión de los mitras el sacrificio del toro generaba utilidad a la tierra, ésta se volvía fértil y la hierba benéfica. La corrida de toros se puede clasificar como antecedente de ritos anteriores al cristianismo. Los mitras, hacían un banquete con la carne y sangre del toro, siendo este solamente para los iniciados al culto mitraico, donde se simboliza la creación. (76)

El paganismo es fusionado a las ideas pre - cristianas donde bíblicamente el holocausto de un toro llevará a la comunión de Dios con su pueblo. "Inmoló asimismo el toro y el carnero como sacrificio de comunión por el pueblo," Levítico 9 vers. 18 y 19.

Países como España, Portugal, México y Francia en mayoría, han canalizado estos actos dentro de la tradición popular, como parte de la propia identidad nacional. "La Fiesta Brava" es considerada un arte, una institución donde el derramamiento de sangre satisface un antiguo mito, y la fecundidad de la Gran Madre… satisfaciendo a la gente a través del morbo y el holocausto.

En mucho de la organización de estas celebraciones intervienen autoridades laicas (77) y ministros del culto católico que se unen a procesiones, cultos y ritos religiosos legitimando las tradiciones. Esto es parte de la cultura, la tradición y la identidad nacional de estos pueblos.

3.5.10 La Virgen María y la Ascensión al Cielo

Tanto en España como en Italia es mes de agosto está dedicado a La Virgen María, y a las diversas manifestaciones de su persona. La virginidad de la Virgen es un hecho cuestionable a lo largo del siglo XIX y XX. Ya que nuevos enfoques bíblicos, bajo una racionalidad liberada de dogmas, y con la relectura biográfica de los personajes del Nuevo Testamento, basándose en las costumbres y tradiciones hebreas, han dado a la luz elementos diferentes en cuanto al papel de María. Obviamente se llega a la conclusión de su desmitificación, situándola únicamente como instrumento terrenal para fines divinos. Así como su eliminación del papel fundamental de Madre de Dios y madre terrena de los hermanos de Jesús, ya que bíblicamente es la Madre de Jesús Ungido, el Elegido de Dios. Esta controversia hará aún más profundas las diferencias de las grandes religiones monoteístas, así como de las religiones y diversas acepciones de fe surgidas desde el luteranismo en cuanto al tema de la virginidad de María. (78) Sobre todo en el catolicismo juega un papel fundamental de culto y la base que nutre ritos de tipo mariano.

Las diferentes formas de la Virgen han originado cultos como el de la Virgen de la Nieve en Italia, o la Virgen Blanca de España, o la Virgen Negra de Chestochowa en Polonia, o la Virgen Morena de Guadalupe en México. (79)

Sobre la Virgen de la Nieve existe una leyenda romana que afirma que un rico patricio tuvo una visión, y que el papa Liberio en el siglo IV D.C compartió la misma. La Virgen pide un santuario que sea elegido el 5 de agosto en un lugar donde haya nieve en la citada fecha, en el monte Esquilino sucede el fenómeno y entonces se construye la basílica Liberiana con los recursos del patricio. En el

Concilio de Éfeso el papa Sixto III la consagra al culto de la Virgen y así también el dogma.

En este mes el mundo católico celebra la Ascensión de la Virgen o la Asunción de Nuestra Señora. Según las autoridades de la iglesia católica su origen data, sin ser fecha canónica, sino apócrifa, del siglo VI en oriente, donde también se da el culto de la Ascensión.

A la muerte física de María, Jesús desciende del cielo rodeado de ángeles y toma el alma de su madre para llevarla a su lado. Su cuerpo al quedarse en la tierra fue llevado por los apóstoles a un valle en Josafat para ser sepultado, pero los enemigos de Jesús tratan de robarlo, en ese momento quedan ciegos, y en esa confusión, los mismos discípulos lo trasladan al valle, pero al llegar una luz resplandeciente se plasma sobre su cuerpo que lo envuelve y así lo lleva al cielo, mientras los apóstoles quedan hincados ante tal milagro.

También Jerusalén existe una iglesia greco-ortodoxa de la época de las cruzadas en el siglo XI que custodia el cuerpo de la Virgen, como de José y sus padres Ana y Juan. La tumba de la Virgen esta excavada en la roca viva y decorada con iconografía, lámparas griegas y cuadros sobre el tema. Hay también otra tumba de la Virgen en Éfeso, Turquía (80) donde según los textos, el apóstol Juan la traslado y después de su muerte fue sepultada donde hoy se erige una iglesia, la Panaya Kapula, que celebra la Dormición de la Virgen, santificada en 1967 durante la visita de Paulo VI.

3.5.11 San Roque y la Nobleza del Perro. Diversos Enfoques

El perro ha tenido muchas formas de ser tomado en cuenta. Los egipcios concibieron antiguamente el dios Anubi con aspecto de perro, el cual era guardián de Iside y Osirides, pero esta veneración se viene abajo cuando el buey Apis fue muerto y lanzado a la tierra por Cambises el cual fue desmembrado por los perros.

Los japoneses lo representaron como "Amida" el dios supremo que se nutria de cadáveres. Para los hebreos su carne fue inmunda, al contrario de los romanos la cual la consideraban sacra. De esta forma la ofrecían en sacrificio a algunas divinidades durante las fiestas de ritos propiciatorios.

Los cristianos los echaban fuera de sus iglesias pues se pensaba que éstos bajo su forma física podían custodiar el alma de algún pobre desgraciado o de un demonio.

En la iconografía de los dominicos el perro, Domini Canes, o los perros del Señor se representan mientras alejan a los lobos que, por ser herejes persiguen a los corderos que simbolizan los fieles. Sistemáticamente adquieren dos simbologías una de denigrarlos, con sus vicios y defectos y la otra de apreciarlos con sus virtudes y prerrogativas. O bien como en la antigua sociedad india en América, usados en un ritual, donde se pasaba alguna enfermedad de la persona al perro, el cual era echado del pueblo, siendo usado como chivo expiatorio.

Entre los gitanos existe la superstición de que si un perro de la calle entra en un jardín de cualquier casa y excava un hoyo, esto significa una advertencia de la muerte de un componente de la familia.

En Sicilia incluso el aullar del perro puede significar que es un desgraciado, pues ha sido encarnado él "arsucáni" de un demonio, dada la creencia popular. (81)

A partir de la edad media se le consideraba símbolo de la fidelidad, compartido con el caballo. (82) Sin embargo, en la América Latina durante la conquista y los frailes que le siguieron para llevar a cabo la evangelización usaron gatos y sobretodo perros para enseñar simbólicamente el infierno a los indios politeístas. Estos frailes encendían hogueras y cuando las llamas estaban altas lanzaban los perros, con los aullidos de éstos se comparaba el rechinar de dientes que se menciona bíblicamente.

Más tarde el mundo católico celebra a San Roque que pasa a ser protector del perro. En la Liguria, Italia existe un monumento a un perro, en Betanzos la Coruña España se celebra su fiesta y cuenta con un patronato que celebra a San Roque a través de peregrinaciones, como también en Garachico Tenerife, en las fiestas de Llanes en Asturias o las de Cabalgata en Coruña que incluso lo celebra con un banquete de sardinas.

La leyenda cuenta que este santo, habiéndose enfermado decidió alejarse del pueblo escondiéndose en una cabaña del bosque, bendijo a todos los animales enfermos, y los curó. Este milagro está plasmado en una pintura de Tintoreto en la iglesia de San Roque en Venecia.

La leyenda dice que un perro en especial, fue beneficiado por el santo. Al estar éste enfermo de la peste y alejarse de la ciudad, se quedó dentro de una cueva donde fue encontrado por un perro, que robando la comida de su rico dueño, la llevaba cada día a Roque, hasta que éste se alivió. El dueño del perro al darse cuenta de que éste robaba a diario la comida lo siguió y se percato de la nobleza del animal, y sin importarle la peste entro a la cueva y ayudó a Roque, con este hecho el hombre cambió su actitud, ya que como patricio de la época era muy común verles en cacerías, fiestas y con diferentes amores. Otros santos que tuvieron actitudes de afecto hacia el perro fueron Bernardo de Claravalle,

Domingo de Guzmán, Felipe Neri y San Francisco en Asis, Italia.

En las iglesias de San Roque en Roma se festeja al santo en una fiesta de abundante comida, con figuras y estampitas. Por algún tiempo la confraternidad de la parroquia organizaba una comilona para los perros callejeros de la ciudad, tradición que se ha ido perdiendo para dar paso a los puestos de ambulantes y otras actividades más lucrativas. El problema del perro callejero se ha dejado a las autoridades sanitarias y las asociaciones de protección animal, siendo ahora visto como un problema de salud pública y de conciencia humanitaria.

3.5.12 Ética Humanitaria hacia los Animales y los Obstáculos del Paganismo Asimilado

Hoy día en la religiosidad, sobre todo en los países que se consideran católicos, parecería haber superado el holocausto de animales. Si bien la humanidad a casi 2000 años del sacrificio más grande del cristianismo, el derramamiento de sangre de Jesús parece haber borrado su simbolismo original.

Para la tradición celta sacrificar quiere decir hacer sagrado sea un objeto o una cosa para hacerlo llegar al otro mundo, o sea un mundo divino en donde se debe de incluir sentimientos y deseos comunitarios de manera que solo así opera entonces el sacrificio. Para la cristiandad el sacrificio opera ya con una carga afectiva de dolor, de negativo, de manera que tiene como implícita la noción de culpa y de chivo expiatorio. "Vaciado de su contenido metafísico, el sacrificio no es otra cosa que una vana superstición. Y esta es la razón por la cual las actuales religiones tienen la tendencia a eliminarlo de sus liturgias". (83)

El sacrificio de animales también es contemplado en la tradición celta, tanto para ritos reales de coronación como para los videntes y adivinos. La carne de cerdo se da en el banquete de inmortalidad o Samhain, así también la carne de perro.

Estos sacrificios han conservado la concepción religiosa antigua, sin la espiritualidad y lo sagrado. Hoy son sólo formas profanas; el ceremonial de muerte en las cacerías, de ciervos y jabalíes, que van junto con la percusión. Las Corridas de Toros como prolongación del sacrificio del animal. La muerte de cerdos que conllevan a banquetes rituales y donde participa toda la comunidad, e incluso las familias.

En otra acepción la expiación se hace con objeto de purgar al penitente el cual ha pecado. Loa árabes para la expiación de sus pecados usan aún hoy, cortar una oreja a un animal doméstico, el cual posteriormente será dejado en libertad.

Los hebreos en la fiesta de Expiación usaban un gallo el cual giraba 3 veces sobre la cabeza alrededor de los familiares, entonces se pronunciaba la fórmula ritual "Este gallo sea en mi y en mi lugar suceda esta expiación; este gallo vaya a muerte y yo a la vida" entonces lo desnucaban. (84)

En países católicos como España, Portugal, Francia y México, la corrida de toros es parte de tradiciones, usanzas e incluso parte de la identidad nacional. En las fiestas del alto Minho en Portugal y en Tarragona de la Mancha España, se ha formado un patronato que organiza las fiestas del 17 al 24 de agosto donde la corrida de toros es fundamental, además de la bendición de los encierros.

En China y Japón donde no se dio una racionalización de la religión en función de fines y medios, y donde no fue muy amplia la participación de la Iglesia católica, la concepción en cuanto a los animales es más bien de tipo animista.

Los "Ki-Lin" son los animales fantásticos dotados de alma e intelecto, que son amigos de los hombres y predicen incluso hechos. Son aliados del individuo y se representan como perros, ciervos, unicornios o dragones.

O él "Korn-Bock" que es el espíritu de la cabra que crece conforme avanza el verano, el cual protege los cultivos, siendo típico de la tradición sueca. El rito agrícola se vincula al espíritu positivo del animal. También los animales son usados dándoles una valencia mágica y haciéndoles parte de rituales, incluso satánicos.

Entre las antiguas creencias en China, él "Fong-Chwi" es la forma de contrarrestar el mal de ojo, cuando se debe construir una casa, en ésta se consagra un animal encerrándolo en una cámara especial por todo el tiempo que dura la construcción. (85)

La religiosidad de los pueblos ha asimilado formas paganas y profanas dentro de la conducción de sus ritos, e incluso ante el beneplácito de sus miembros acreditados, como el clero que en 1995 en Roca Vivara, pueblito de la zona de Campobasso en la localidad de Molise, al sur de Italia, cada año se lleva a cabo la "fiesta" llamada de Ferragosto, donde se mata a bastonazos a un ave, llamada "penuto" (86) en la plaza principal.

Este sacrificio es parte de la fiesta que es organizada por el párroco local. Tiene por objeto expiar simbólicamente el individuo de la culpa, el pecado, el cual es transmitido al animal. Sobre todo que la fiesta se lleva a cabo en el centro de la plaza, donde el animal permanece dentro de una jaula, con la cabeza salida, y donde todos los niños, jóvenes, hombres y mujeres, participan dándole de bastonazos, descargando la culpa. Todo esto bajo la dirección parroquial. Los orígenes de esta fiesta datan de la fiesta de la primavera donde se bailaba la danza erótica de la perdiz, en honor de la diosa-luna. (87)

La contrapartida de esta danza y el mito que de ella deriva esta en Eclesiástico 11 vers. 30 que dice "Perdiz cautiva es su jaula, tal es el corazón del orgulloso, como el espía acecha tu caída, como un lobo se mantiene al acecho para desgarrar a la manera del ave colocada como "reclamo" en el lazo del corazón del orgulloso que atrae al prójimo a los lazos del pecado".

Esta práctica ha sido detenida con la aplicación del código penal, relacionada con el maltrato a los animales. Es la Ley y sus sanciones monetarias que han cambiado el matiz de la "fiesta" y no la verdadera esencia del sacrificio de sangre y muerte fundamental para el cristianismo. ¿Cómo es posible que el mismo clero promueva la destrucción de las creaturas, que desde la Sagrada Escritura se conciben como la obra de Dios? Jesucristo ya derramo su sangre en un sacrificio cruento que vale la expiación de la humanidad entera. Si el clero no aplica la responsabilidad, la justicia y la caridad con las criaturas de Dios, creadas y concebidas por Él, ¿entonces quién tiene la representación moral y ética de la Verdad y la Vida?

La práctica de usar animales es muy antigua, en los monasterios se estudiaba medicina, como parte de la cultura, así como el uso de la herboristería era común, cayendo en el ámbito de un pequeño grupo conocedor de las virtudes de las hierbas y de los minerales. En la medida que el uso de la medicina incluía hierbas y elementos "mágicos" los monjes fueron agregándolos a los textos de Hipócrates y Galeano. En los monasterios se abrieron consultorios durante la edad media, donde se atendían sobre todo los pobres y los que no tenían recursos para pagar un médico. Los monjes usaban desde la mandrágora que para ser extirpada de raíz se usaba un perro hambriento, el cual se amarraba con una cuerda al tallo visible de la planta, más adelante de él se ponía un pedazo de carne de manera que el hambre lo hiciera dar un tirón y sacar la planta de raíz. De esta forma los maleficios no caían más que en el perro, pues era de mala suerte sacar la mandrágora. También la ruda era parte de las hierbas para las curaciones, de manera que se fusionan ritos, pociones mágicas y el uso de animales con el cristianismo, incluso para exorcismos. (88)

Monjes y clérigos menores, de extracción humilde y en su mayoría campesina, con una formación profesional muy limitada e imbuida de un pensamiento pagano y supersticioso fueron producto de la cultura e idiosincrasia de la época.

3.5.13 El Otoño, la Luna y la Neomenia

Siguiendo el criterio del calendario del año, el mes de septiembre tomo su nombre según la antigua costumbre, de contar los meses a partir de marzo o sea que es el séptimo mes, donde se completa el ciclo y se inicia el otro equinoccio de otoño, el sol se acuesta más tarde y los días son más largos. Es un mes de solidaridad cósmica, de potencia y virtud, donde se otorga la redención. Esta colocado en un número de posición de fortuna. (89)

En el catolicismo el mes paso a ser el número 9, con relación al resto del año, siendo tiempo de reflexión, de luto de la liturgia. También lo fue para la magia y la brujería, pues de aquí en adelante se termina una estación e inicia otra en el nuevo ciclo.

La luna nueva es llamada "luna negra" pues desde la tierra no se puede ver, es un fenómeno natural que se debe a la conjunción del sol y la luna, de manera que la cara de la luna que da a la tierra no se ve por estar iluminada, este fenómeno normalmente dura tres días. "…En el mes séptimo, el primer día del mes será para vosotros de gran descanso, una fiesta conmemorativa con clamor de trompetas, una reunión sagrada…" Levítico 23 vers. 24-25.

El primer día del mes lunar, es la luna nueva o neomenia, fiesta celebrada en el hebraísmo antiguamente, y por los cananeos, ritual que se celebra hasta el Nuevo Testamento. Este día se conocía como el Día de los Clamores, donde se hacían sacrificios de expiación. Estos rituales conservan la neomenia del séptimo mes, iniciando el año en la primavera, y que por mucho tiempo fue el primero cuando el año iniciaba en el otoño.

Antiguamente los hebreos celebran el sábado que se identificaba con el plenilunio, Sabbat derivado de Shabatu cesar, pues la luna después del plenilunio no crecía más, iniciaba un proceso de progresivo de retroceso. En la cesación del trabajo, el hombre consagraba a Yahvé su descanso ordenado desde tiempos bíblicos. Génesis 2 vers. 3, Éxodo 31 vers. 14,20 vers. 8 y 35 vers.3 Los hebreos llegaron a celebrar en la antigüedad a una diosa lunar, las fiestas "neomenias," cuyo culto se erradica al convertirse a un riguroso monoteísmo. (90)

En Grecia la sacralidad del 7 fue sobre la base de la función planetaria del número que llegó a ser sagrado a Titano y Cronos, como lo fue a Yahvé, Jehová en Jerusalén.

3.5.13.1 Simbología, Astrología y Cósmica del Otoño

Los pueblos helenos celebran igualmente este equinoccio donde el sol pasa de nuevo por el Ecuador celeste, inversamente a la primavera. Este fue dedicado a Mitra, el cual fue considerado la personificación divina del sol. Es aquí donde al acabar el ciclo, se entra a un período de oscuridad de largas noches y días cortos.

Con el cristianismo se sobrepusieron a Mitra las fiestas del Arcángel San Miguel, cuya fiesta se da inmediatamente después del equinoccio de otoño, y de esta forma se trató de contrarrestar el paganismo.

En el calendario céltico el árbol del álamo representa simbólicamente el equinoccio, de manera que se da el paso del sol de la parte septentrional del zodiaco a la meridional, los infiernos invernales. (91)

Astrológicamente es el signo de la balanza, del justo medio, donde se pretende una dimensión de equilibrio y armonía interior que representa el espíritu de la justicia y la armonía.

En Grecia se consideró el macho cabrío como el símbolo de las fiestas dedicadas a Dionisio, las cuales se hacían en octubre, tiempo de la uva, el vino y la vendimia. En su honor se sacrificaba a un macho cabrío como muestra de castigo a las demás cabras que hubieran podido maltratar o pisotear los sembrados, este era un escarmiento para no maltratar las viñas o el terreno.

En la tradición hebrea los Tabernáculos eran una fiesta de la vendimia, con su correspondencia de las "Oscofories" atenienses, o sea la procesión de los racimos que se concluía con una carrera. Originalmente quien ganara la carrera se hacía rey al cual se le ofrecía una combinación de "aceite, vino, miel, queso desmenuzado y harina o sea el divino néctar...de los dioses"... (92)

La tradición hebrea de Levítico 23 vers. 39 al 44 y 24 vers. 5 al 9 la fiesta de la vendimia se consagra a Yahvé, Jehová y el alimento es considerado sagrado ya no a las divinidades sino aun solo Dios, parte importante del riguroso monoteísmo hebreo.

Así también el macho cabrío tiene un carácter de sacrificio, y una connotación de animal inmundo, demoniaco. Números 29 vers. 5,16, 22, 31, 34 y 38. Y en el Levítico 16 vers. 22 sé específico de que manera es usado en la magia y la brujería.

En la edad media en el cristianismo, se dio una nueva fase de simbología del macho cabrío. Se habla de un sacrificio que redime con su sangre a toda la humanidad, que borra los pecados y es una forma de expiación que borraría antiguas creencias. (93)

3.5.13.2 La Manzana y el Mito de la Juventud

Al igual que la uva, se inicia la maduración de una fruta muy difundida en Europa sobre todo, la manzana, ésta llega a las fases lunares, básicamente en su corazón y semillas, de manera que fue asociada a la luna. Es símbolo de la "inmortalidad" en la naturaleza. (94)

Considerada junto con el mito de la inmortalidad en la mitología celta (95) se decía de una isla asociada a la inmortalidad llamada Avalón, de Abelio que en celta significaba manzana. Esta pasa a Inglaterra, a Bretaña y a Gales en forma de leyenda, donde el rey Arturo esperaba el momento de la liberación al lado de los consejos del Mago Merlín, el cual se halla siempre rodeado de "abelis".

En los mitos de juventud y de renacer, la mitología germana creó a Idun diosa que poseía la juventud perpetua, pues poseía las manzanas encantadas, y el que comiera no moriría sino hasta el final del Gran ciclo cósmico. (96)

En el romanticismo, las fábulas y cuentos ganaron un papel importante, concibiendo los encantamientos y la magia como positivos, de ahí que los poderes pudieran ser neutralizados, aún cuando la manzana siguió siendo el símbolo de la eterna juventud.

Hoy la leyenda y la producción agrícola se ha fusionado, haciéndose frecuente en el uso de proverbios y analogías como la que dice: "One Apple a day, Keeps the doctor away".

NOTAS DEL CAPÍTULO 3

(1) Weber, Max. Ética protestante y Espíritu del Capitalismo. pág. 178.

(2) Ecate fue en sus orígenes la triple diosa, del poder supremo del cielo, la tierra y el Tártaro. Pero los helenos le dieron la preeminencia a su fuerza destructora en demérito de su fuerza creadora, y esa fue invocada en los ritos clandestinos de magia negra, especialmente en lugares donde se cruzaban tres caminos. La leyenda que Zeus no le negó la antigua prerrogativa de conceder a cualquier mortal lo que deseaba, se relaciona con los poderes ocultos de la brujería tesálica de las cuales todos se aterrorizaban. Sus 3 cabezas (león, perro y asna) se refieren evidentemente a la antigua tripartición del año, así como también se refieren las tres de Cerbero. Graves, Ibídem. pág. 110,111.

(3) La magia natural no era distinta de la ciencia, pero era si embargo una parte de la misma ciencia; era la que se ocupaba de las "virtudes ocultas" o fuerzas escondidas dentro de la naturaleza. La magia demoniaca, no era distinta de la religión, pero era una fuerza pervertida de religión, era una religión que daba la espalda a Dios y se dirigía a los demonios para obtener su ayuda en los asuntos humanos. Kieckhefer, Richard. La Magia en el Medioevo. C.D.E, spa. Milano, 1993 pág. 13.

(4) El chamanismo fue practicado en Asia Oriental, en los pueblos del norte de Europa de origen indoeuropeo, y en la franja nórdica de Europa así como la civilización escita.

(5) En la tradición celta la adivinación puede ser efectuada a través de la observación del vuelo de los pájaros o de las viseras de un animal, por encantamientos o sueños provocados. Se da una interrelación entre el sueño provocado en un estado de éxtasis, a causa del uso sobre todo de la hierba mágica del cáñamo. En este sueño, parecido al viaje del chaman, el iniciado puede tener revelaciones del otro mundo, al cual accede espiritualmente o sea separado de la materialidad del cuerpo. "En Irlanda este ritual se llama "el imbasforosnai" que tiene puntos en común con la ceremonia del toro, que después de su sacrificio el solo masticar su carne y un sueño mágico otorgan la visión del futuro del rey." Markale. Ibídem. pág. 198.

(6) Coria Giusseppe. Op. Cit pág. 10

(7) Kierckhefer Ibídem pág. *21.*

(8) Entre los Tuareg, nómadas del Sahara, es una usanza común colgar de las piernas de los niños una bolsita de cuero, la cual contiene hojas con versos inscritos del Corán, esto con el fin de protegerlos de los espíritus malignos. Así también en algunas regiones de Italia era común, cuando

una persona tenía un pariente enfermo, el raspar una representación de la virgen y el Niño, o los santos Protectores, y con los pedacitos del yeso envueltos en un pañuelo se metían en una bolsita que se ponía colgada al cuello del enfermo para que se absorbiera el mal y se curara. A cada éxito la bolsita era colgada en el lugar de donde originalmente se había raspado el yeso, pasando así a ser ex-voto. Coria, Op. Cit pág. 351.

(9) Amuletos Naturales de origen Animal. Al inicio tuvieron características, profilácticas y anti-maléficas, provienen de órganos de animales, con la carga de asumir la misma fuerza extirpada. Dientes de alce, conchas, patas de perro, cuernos de ciervo, así como el "hueso de corazón" degeneración calcárea de la válvula coronaria, cuya finalidad es curar a los enfermos del corazón. Quijada y dientes de jabalí, la quijada derecha del cocodrilo era afrodisiaca, esperones de gallo, dientes de tiburón, zorra, uñas y cola, el cráneo contra dolor de dientes, etc. Amuletos de origen Mineral, piedras, gemas, metales, que sea por dureza, color o procedencia, significan símbolos de fuerzas oscuras, mágicas capaces de curaciones o de alejar peligros, o bien de atraer fortuna y amor. Se les atribuye un poder oculto mágico, simpático, energético y se retiene emanen radiaciones cósmicas. Coral, ágata, selenita, siendo gemas rojas se usaban contra hemorragias. Ágata, calcedonia, coral, blanca, para favorecer la leche en las madres al amamantar sus bebés. Madreperla fósil contra los gusanos en los niños. Piedra de la "bruja" la amatista, se usa contra las brujerías.

Amuletos naturales de origen vegetal. Raíces, hojas, madera, flores, frutos. A través de semejanzas o analogías con el cuerpo humano o animal, o bien un arma defensiva. El tipo de amuletos prevalente y dominador del principio mágico y el mágico terapéutico - madera falsa o embrujada "Ibex aquifolium" o "Pirus Aucuparia" contra las brujas. "Pulmonaria" contra el mal de pecho. La nuez para el dolor de cabeza. Espigas de maíz con grano rojo, trébol de 4 hojas. Amuletos artificiales imitadores de los naturales. Reproducen los naturales usando cuernos, piedra cerámica, vidrio, mineral, dándoles forma de cuerpo humano, de animal o de sus partes. Escarabajo de amatista o rubí, serpiente de origen hebrea como anillo o pulsera, manos en forma de cuernos, dientes de animales (África) cerdos (Baviera meridional) pez (Manchuria).

Amuletos como simbología astral. Astros y formas geométricas. Ágata alternándose con espacios blancos, y en el centro inciso un ojo y alrededor los atributos divinos para cada día de la semana. El león (el sol) para el domingo, un ciervo (la luna) el lunes, un escorpión (Marte) para el martes, un perro (mercurio) miércoles, un rayo (atributo de Giove) el jueves, una serpiente (Venus) el viernes, búho (Saturno) sábado, el ojo al centro divinizaba y protegía el sujeto que lo llevaba por toda la semana.

Amuletos artificiales de varias simbologías fuesen anillos, pulseras, clavos, collares signos mágicos, o piedras preciosas, las diversas formas van desde curaciones afrodisiacas, energéticos, sufrimientos o debilidades físicas.

Amuletos de guerra, difusión sobre todo desde la primera guerra pueden ser pedazos de piel de gato negro, rosario de huesitos de muertos, escapularios hechos con huesos de almas paganas. (fragmentos de cartílagos de abortos) Tanto escapularios como medallas, velas, eran bendecidos y enviados a los soldados al frente, adquiriendo una valencia mágica y protectora.

(10) Amuletos y talismanes maléficos. Estos no existen propiamente dichos, son objetos de sortilegio, elementos de un ritual maléfico más amplio. Los objetos simbólicos representan emblemáticamente el sujeto contra el cual el maleficio esta dado, puede ser una fotografía un muñeco o una estatua. Los objetos personales como uñas, cabellos, excrementos, o bien tierra, dependen del maleficio requerido. Los objetos de contacto son: zapatos, camisas, pañuelos y ropa. El cuarto grupo de objetos activos los cuales, en las intenciones de la bruja o el mago que lo ha sugerido, deben ser funestos para el individuo. Para profundizarse más en los amuletos consultar Coria Ibídem págs. 31 a 35. (10) El aspecto central de la religión es pedir o implorar a Dios, o su vez a los dioses, la principal característica de la magia es de coartar seres o fuerzas espirituales,... La magia manipula los espíritus o las fuerzas espirituales impersonales que están en la naturaleza. Kierkhefer. Ibídem pág. 18-19.

(11) Las Empuses (que se introducen por la fuerza) eran demonios femeninos maniáticos de seducir a los hombres. Una concepción probablemente llegada de Grecia a Palestina, donde tales demonios tenían el nombre de "Lilim," hijas de Lilith, y se representaban con los glúteos de asno, pues este simboliza la crueldad y la lujuria. Lilith lechuza era Ecate Media, la gente llevaba amuletos para protegerse de sus ataques... Se podían transformar en perros, vacas o bellas jóvenes, pues la Perra Ecate siendo uno de los miembros de la Tríade lunar, se Identificaba con Afrodita o con Era de los ojos bovinos. Graves, Ibídem pág. 170.

(12) Fenoglio, Alberto. I Misteri dell Antico Egitto. Ed. Muzzio C.D.E.

Milano. pág. 259. Estos amuletos hoy tienen gran demanda en el "souk" del Cairo, como para magos y magas que los ofrecen con cualidades tradicionales aún fuera del mismo Egipto.

(13) La vulnerabilidad de las mujeres es vista como corolario tanto en estas culturas como lo que fue en la Europa de la Edad Media. La cultura comúnmente la considera débil y con un bajo nivel tanto de intelecto como de voluntad, por lo tanto es fácil presa de ritos de brujería y propicia a la magia, sea natural o demoniaca.

(14) Para ampliar acerca de los bacanales ver Peter Partner en los Templares, anexo bibliografía.

(15) Los primeros cristianos podían ser presa fácil de prácticas de magia, ya que atribuían poderes a Cristo en la Cruz, éstos señalados tanto por los evangelistas como en Hechos de los Apóstoles. En la Roma Imperial era común atribuir poderes especiales a las personas que hubiesen sufrido una muerte violenta o precoz, además de que sus "almas" podían ser objeto del campo de la magia o de la necromancia (necros) de los muertos (mantéia) adivinación. Así también para los cristianos el nombre de Jesús adquiere una valencia mágica y el solo pronunciarlo incluso daba protección. En Hechos de los Apóstoles 19 vers. 13 a 17 sobre los judíos exorcistas, se les excluye de ésta práctica, y es en este campo que se les considera magos, pues de antemano no hay conversión al cristianismo. Véase 8 y 9 y sigs. Sobre Simón el mago y el concepto de simonía.

(16) Una justificación bíblica se halla en: Primero Crónicas vers. 10 a 13 donde la muerte de Saúl se da por su infidelidad a Yahveh, pues este consultó un nigromante. En primero Corintios vers. 10 a 20 Pablo amonesta a no entrar en comunión con los demonios, ni inmolar a los ídolos en banquetes rituales. En Isaías 47 vers. 11 y 12 se condenan explícitamente a los magos y hechiceros, además de que se plantea la interrogante si éstos con sus sortilegios y astrología, como hechicería servirán a la salvación y a la liberación de la vida. En Juan 15 vers. 6 dice si alguien no pertenece a Cristo es arrojado al fuego y arde, como el sarmiento que se aparta y se deja secar. Haciendo una interpretación se deduce fácilmente la hoguera como medio legítimo de extirpar a aquellos practicantes de la magia.

(17) La Iglesia cristiana en base a los cánones y sínodos regionales, como base del derecho canónico, condena la magia. En el año 306 DC el Sínodo de Elvira prohibió dar la comunión en el lecho de muerte a aquellos que hubieran usado la brujería para deshacerse de alguien, sobre la base de que estos actos de magia implícitamente se ayudaban del diablo. En el

314 DC en Ancira, el Concilio otorga 5 años de penitencia por el uso de la magia curativa y la adivinación, y 10 por la magia en contracepción. En el 375 DC en Laodicea, se excomulgan a los portadores de talismanes y se exhorta al clero a no participar en la brujería, ni en la necromancia por la obvia razón que estas prácticas incluyen la demonología.

(18) Decline and Fall or The Roman Empire, Libro 11, XXV.

(19) El concepto que Ficino ahonda y que está presente en los neoplatónicos, aunque de raíces estoicas, es el del alma en el mundo o también del Espíritu cósmico. Esto es similar al espíritu humano, pero se encuentra en todo el cosmos, de aquí que sus poderes se irradian sobre la tierra tanto de estrellas como de planetas. La tarea del mago es de discernir y encauzar estos poderes para esto existen varios métodos, algunos materiales con piedras y metales, otros de tipo espiritual con cantos y palabras. Y Ficino como seguidor de la tendencia neoplatónica ordena jerárquicamente los materiales, en la parte inferior y los espirituales en el vértice. K, Richard Ibídem pág. 193.

(20) Los primeros cristianos tienen en alta consideración los milagros descritos en los Evangelios. Estos eran en relación a la curación del cuerpo, pero sobretodo del alma, del espíritu. Jesús exorciza los demonios con el poder que Dios le ha dado. Mateo 12 vers. 27 y 28. Lucas 11 vers. 14 y 15. Marcos 1 vers. 32 y 34 y 5 el endemoniado de Gerasa. Lucas 4 vers. 31 al 37. Lucas 8 vers. 26 y siguientes. Estos en el sentido escatológico significaban la lucha del bien contra el mal, de Dios contra el demonio. De aquí se presupone que la magia es por lo tanto obra de los demonios y los milagros obra de Dios y que lleva por ende la conclusión implícita que la Verdad está en el Dios cristiano y la falsedad en los demonios que se asocian a antiguos dioses del paganismo.

(21) Bajo esta tesis Hechos de los Apóstoles muestra los primeros cristianos como delegados del poder de Cristo -divino- pues por ejemplo en es el capítulo 19 vers. 11 y 12 se dan a conocer las hazañas no naturales de Pablo, en el sentido de que bastaba solo la aplicación de los pañuelos o delantales que él había usado para alejar las enfermedades y aún exorcizar a los demonios. Así como las diferentes situaciones en que los Apóstoles ganan la lucha contra los magos de Éfeso, famosa por las prácticas de magia y éstos voluntariamente llevan a quemar sus libros en el 19 vers. 18 al 20. Esta dualidad de los Apóstoles cristianos, dotados de poderes extra naturales y de origen divino aparecía en la comunidad como parte de la lucha escatológica contra el mal. Ante esto los Apóstoles magnifican el poder de Dios y de los milagros para el resto de la población estos

acontecimientos caían en el ámbito de la magia.

(22) Después de la conversión al cristianismo de la Roma imperial, todo acto de magia fue considerado reato capital. En el año 537 Constanzo II mete al bando los magos y a todos los que practicaban la magia so pena de decapitación. La misma pena y dureza contra prácticas mágicas fue usada por Teodosio II en el año 438 y por Justiniano en el 529. Kierckhefer, R. Ibídem pág. 52.

(23) Parece ser que durante el cautiverio de los hebreos en Babilonia en el 597-537 A.C a Satanás le fue dado un papel mayor como entidad malévola, hasta llegar a ser un segundo dios, malvado. Este alcanzó esta clasificación cuando los judíos se afirman en el monoteísmo durante el exilio babilonio. Al inicio consideraban su Dios como el mejor, pero no negaban a otros. Ante la existencia del bien y del mal algunas tradiciones religiosas han postulado la existencia de dos dioses opuestos, la creencia religiosa más característica del zoroastrismo desarrollado en Persia en el siglo V o VI A.C. fue determinante en la evolución del pensamiento mediterráneo. El judaísmo debe probablemente al zoroastrismo la idea de una potencia del mal que se contrapone a Dios.

El cristianismo a su vez hereda del judaísmo, quedándose fiel al monoteísmo y no aceptando un dios opuesto, sin embargo asimiló aspectos del dualismo persiano como el del conflicto de Dios y las fuerzas del mal con la expectativa que el Dios bueno ganaría contra estas fuerzas…E.P. Sanders. Jesu. Óp. Cit. pág. 118.

(24) Weber en Sociología de la Religión afirma que "El gran proceso histórico religioso de la desmitificación del mundo que ha negado cualquier instrumento mágico de búsqueda de la salvación como superstición y como profanación de la razón ha encontrado aquí su cumplimiento." La religión de la redención tiene la propia base en una exigencia de la racionalidad y entonces hay un proceso de racionalización interno en la esfera religiosa, el cual deriva de su intento fundamental de dar sentido al mundo y a la existencia humana. "El primer significado del proceso de la racionalización reside en la desvinculación de la magia… A los campesinos era suficiente la magia con sus ritos directos para garantizar la fecundidad de la tierra, a la nobleza guerrera… no ocurría ninguna perspectiva de redención en cuanto que ya poseía riqueza y prestigio… La religión de la redención encuentra entonces su propia base en los estratos burgueses y sobretodo pequeño burgueses, o sean estratos los cuales ocupaban un lugar en el orden social que exige cualquier forma de

compensación…" Weber, Max Ética Protestante y Espíritu del Capitalismo. Ed. Rizzoli. Spa Milano, pág. 12.

(25) En el Libro Primero de Reyes del 6 al 8 se han conservado los nombres de tres meses fenicios y en Éxodo el antiguo nombre de Abib (13 vers. 4). A partir del destierro se adoptan los nombres de meses babilonios como Nisan, Iyyar, etc. Y el mes de intercalar se coloca antes de Nisan Ve Adar. Seleuco introdujo nombres macedonios en el calendario.

La observación del novilunio de Nisan es la que fijaba todo el calendario normalmente según el equinoccio de primavera, en la época seleucida hacia el 25 de marzo y cuyo intervalo podía alcanzar 29 días. La semana de los judíos estaba desligada a las fases lunares de manera que una fiesta como la Pascua no cayera en sábado. Y como la luna nueva aparece al atardecer se concluyó contando los días de una puesta de sol a otra; el día del plenilunio de Nisan (Pascua) iniciaba el 14 por la tarde.

Desde el año 367 los científicos babilonios distribuyeron a intervalos fijos de 7 meses suplementarios, en un ciclo de 19 años se habría anulado este retraso, ya que siendo el año lunisolar 12 meses de 29 o 30 días con un mes suplementario cada dos o tres años, para contraponer el retraso del ciclo lunar con el año solar. Este sistema fue adoptado por Seleuco I cuando en el 312 se inaugura la era de los griegos, la cual prevaleció en oriente. En Babilonia se conservó el año primaveral y con él se inicia la era de los seleucidas, el primero de Nisan del 311 equivale al 3 de abril del calendario juliano. Entre los judíos el calendario cultural iniciaba en la primavera, el año civil en otoño, pero se contaba el comienzo de la primavera al igual que en Babilonia.

Nombres babilonios	Meses solares	Nombres macedonios
1* Nisán	marzo-abril	Artemisios
*Abib (Éxodo 13-4)		
2*Iyyar	abril-mayo	Daisios

Ziv (1 Reyes 6-1)		
3* Siván	mayo-junio	Pánemos
4* Tammuz	junio-julio	Loos
5* Ab	julio-agosto	Gorpaios
6* Elul	agosto-sept.	Hiperberetaios
7* Tisri	sept.-octubre	Dios
Etanim (1 Reyes 8-2)		
8*Marjesuán	octubre-nov	Apel-laios
Bul (1 Reyes 6-38)		
9* Kisléu	nov.-diciembre	Andunaios
10* Tébet	diciembre-enero	Peritios
11* Sabbat	enero-febrero	Dystros
12* Adar	febrero- marzo	Xantikós

Consultar Biblia de Jerusalén versión castellana Óp. Cit. págs. 1812 y ss.

(26) Kierckhefer, R. Óp. Cit. pág. 33

(27) Hoy día en el 21 de enero en Roma se bendicen dos corderos cuya lana será usada en la confección del "palio" que el Papa ofrecerá a los arzobispos. Cordero del latín "agnus" que significa casto, inocente. Coria, G Ibídem, pág. 18.

(28) La constelación del Cane inauguraba el año nuevo ateniense, tenía dos cabezas como Giano pues el año reformado ateniense contaba con dos estaciones y no 3. El león significaba la primera mitad de dicho año y la serpiente la segunda. La diosa del calendario, Cardea, fue llamada por los romanos Posvorta y Antevorta siendo Ortro el generador del león y la serpiente que fue conocida como primera pues marcaba el inicio del año. Graves Ibídem pág. 116.

(29) Lamia era la líbica Neith, diosa del amor y de la batalla, llamada también Anatha y Atena, su culto fue suspendido por los aqueos y terminó por ser solo un espantapájaros para los niños. Su nombre significa lamyros ávida de laimos, "garganta" para una mujer lasciva, su horrible cara era la máscara profiláctica de la Gorgona, usada por las sacerdotisas durante la celebración de los misterios, dónde el infanticidio era parte del rito. Ibíd. pág. 184.

(30) En el siglo IV DC Grecia, era considerada pagana todavía por el cristianismo oficial, los habitantes celebraban un rito sacro en el mes de febrero como también en septiembre en Eleusina ciudad cercana a Atenas. Los atenienses debían recorrer la vía Sacra o Hiera Hodós para participar en el rito sacro. La Iglesia cristiana ortodoxa construye el monasterio de Dafne para atraer la atención de los ciudadanos y así desviar el culto. Este monasterio que cuenta con una iglesia se construyó sobre los antiguos basamentos del templo antiguo del dios griego Apolo Pitico o Dafneo.

(31) Entre los celtas, es común que el papel solar sea desarrollado por una mujer. El calendario céltico es lunar, de donde los días se miden por noches. Al calendario lunar se le agregaba un mes cada cinco años y se dividía en dos estaciones: el invierno y el verano. Del 1 de noviembre al 1 de mayo se organizan las fiestas druidas, dándose 40 días después del solsticio o del equinoccio de manera que siendo la cuarentena un período de preparación culminaba con una orgía que era la liberación de la energía.

(32) La fiesta del Imbolc, el 1 de febrero se da bajo el patrocinio de la diosa de las tres caras Brigit. Aquí se exalta el fuego por parte de los celtas, así

como el agua lustral. Es en sí una fiesta de purificación asimilada al cristianismo como la Candelaria.

(33) Malsenica o carnaval en Rusia precede al gran ayuno cuaresmal y la fiesta de los bliny frituras de leche y harina que son el símbolo del sol de primavera.

(34) El puerco es particularmente sagrado a la diosa de la muerte, siendo esta la que nutre a los compañeros de Ulises, el rojo es el fruto de los muertos, la contrapartida de este mito del cerdo se encuentra en Levítico 11 vers. 7. "La cerda Crommionia o fea, es la cerda blanca Demetra cuyo culto fue suspendido muy temprano en el Peloponeso... Higino y Ovidio transforman la cerda en un jabalí y Plutarco la describe como una mujer bandida cuyo comportamiento vergonzoso le otorga el sobrenombre de cerda. En el mito galés ésta aparece como la vieja cerda blanca Hen Wen cuidada por un vigilante o mago el Coll... que introduce en Gran Bretaña el trigo y la apicultura, y el mago porquero Eubuleo venía conmemorado durante la Tesmoforias en Eleusina, cuando en su honor se aventaban cerdos vivos en un abismo y cuando estos restos se descomponían, servían de fertilizantes para el grano apenas sembrado". Graves, Ibídem pág. 300-301.

(35) La idea del santuario central es ya conocida del topónimo galo Mediolanum que es el antiguo nombre de Milán sobretodo en la Galia Cisalpina. La palabra significa literalmente el lugar del centro lanum de la misma raíz del latín planus y del gálico landa, teniendo un significado más preciso de lugar de fundación y como cada fundación es sagrada se convierte entonces en un santuario. Markale, Ibídem pág. 150.

(36) La ceniza contrariamente al fuego, que significaba la luz, representa las tinieblas, la tristeza, el dolor por lo que se esparcía en la cabeza, sea como purificación o como curación. Los antiguos hebreos usaban la ceniza en señal de luto y se la esparcían en la cabeza. Igualmente en Levítico en el ritual de los sacrificios se establece el papel de la ceniza, tanto en el rito de purificación para las personas como en los actos de la vida cotidiana. Levítico 1 y 11 respectivamente. El miércoles de ceniza se origina de la antigua usanza cristiana de esparcirla públicamente en la cabeza de los pecadores reconocidos, abolidas estas penitencias en el 1091 en el Concilio de Benevento se optó por fijar el miércoles precedente al domingo de cuaresma cambiándose el origen de súplica por el recuerdo ratificado de la tierra y el polvo, así como la humildad del hombre frente a Dios. Para orígenes ver Coria, Óp. Cit. pág. 104.

(37) Las sacerdotisas de la luna se unían anualmente en una orgía con el rey sagrado y de esta forma se aseguraban una buena cosecha. Esta usanza sobrevive en Roma en el templo de Hércules donde la esposa del dios se llamaba Acca (Peloponeso Acco) y en Jerusalén donde antes de las reformas religiosas del Exilio venía celebrado un matrimonio sagrado cada año en septiembre entre el gran sacerdote que representaba a Yahveh y la diosa Anatha. Los hijos divinos de esta unión eran los espíritus del grano y la patrona de los molinos... Ibídem pág. 510.

(38) La sangre de los toros era considerada venenosa por su poder mágico, los cretenses y micenos la usaban diluida con agua como fertilizante mágico para los campos y los árboles, solamente las sacerdotisas de la Madre Tierra podían beberla pura sin envenenarse; la sangre de los toros a veces se usaba para consagrar una tribu entera Éxodo 24-8, venía diluida con mucha agua antes de rociarse sobre los campos para lograr su fertilidad. La sacerdotisa de la tierra podía beber todo lo que la Madre Tierra bebía. Graves Ibídem pág. 163.

(39) Las invasiones eólicas e iónicas aproximadamente en el segundo milenio A.C. llevaron a pequeños grupos de mandrianos armados, devotos de la trinidad (de sexo masculino) Indra, Mitra y Varuna a infiltrarse pacíficamente entre la población pre-helénica en Tesalia y la Grecia central. Ibídem pág. 10.

(40) Según Apolonio Rodio, Tizia era uno de los tres dátiles o dedos, "Idei" que administraban la muerte... En la tradición mágica los dedos de Tizia, el dátil representaba el de en medio. Cilenio alias Heracles era el pulgar y Dascilo el tercero era el índice. Estos tres dedos alzados, mientras el anular y el meñique se repliegan eran el signo del la bendición frigia. Dada un tiempo en nombre de Mirina, esta bendición es ahora suministrada por padres católicos en nombre de la Santísima Trinidad. Ibídem pág. 454.

(41) En Irlanda se da la tríade de Eriu, Banba y Fotla, el 3 simboliza la eternidad de la totalidad que comúnmente se asocia a la diosa de las tres caras o triple diosa de la tradición celta, estos personajes maternos se asociaban a la protección sea de grupos bien determinados de ciudades o de polis. La triple diosa era asociada a Brigit, la santa cristiana. En los celtas el símbolo o emblema de la civilización es el Triskell del griego Triskelés asimilado a la mitología, que quiere decir tres piernas, o el movimiento perpetuo del sol. La suástica es símbolo de la trinacria. Markale, Ibíd. pág. 133.

(42) Más adelante se hace detallada la diferencia en el concepto de Filioque tanto para la iglesia católica como para la ortodoxa.

(43) El comer pescado los viernes de cuaresma no es solo una tradición de penitencia, con los tudores en Inglaterra, y ésta como potencia marítima estaba interesada en promover el consumo de pescado. Así al consumir pescado se disminuían los de buey y de borrego permitiendo a las tierras de pastoreo dar cabida a los cultivos.

(44) Parece que en la primavera se seguía una danza erótica de la perdiz en honor de la diosa- luna y que los danzantes masculinos brincaban casi cojeando, llevando alas. Según San Jerónimo en Palestina esta ceremonia llamada Pesach (el saltar) venía seguida todavía en Beth Hoglah (el santuario del saltarín) donde los fieles seguían una danza en espiral. Beth Hoglah ha sido identificada con (la sala de baile de Atad) donde se llora la muerte del rey Jacobo el cojo, cuyo nombre significa quizá Jah Aceb. (El dios del talón) Jeremías invita a los judíos a no tomar parte en estos ritos orgiásticos cananeos y dice "la perdiz cría sus pequeños que no han generado". Anafe una isla al norte de Creta, legada a Minases por un pacto era famosa en la antigüedad porque ahí paraban las perdices en su ruta migratoria. Ibídem págs. 286 y 287.

(45) Números 19 versículo 18.

(46) En relación a la cena llevada a cabo por Jesús instituye un ritual pilar del cristianismo lo que propicia en el 1415 DC un problema fundamental. En Inglaterra John Wycliffe teólogo de Oxford se convierte en el primer herético inglés, pues predicó contra el dogma de la transustanciación. La fe de que en la consagración el pan y el vino se convierten en el cuerpo y la sangre de Jesús. Además de que tradujo por primera vez la biblia al inglés, promoviendo la renuncia de los bienes materiales y terrenales. Fue condenado por la Iglesia inglesa muriendo en Leicestershire en 1834.

(47) La Pascua rusa se celebra con huevos pintados de colores y dulces hechos en casa. Estos huevos se bendicen durante la ceremonia de sábado santo y se llevan en una charola con velas encendidas. La comida de la Pascua consta de pescado relleno del mismo, símbolo de Cristo, huevos benditos, carne, salami y dulces, en el domingo de Pascua es obligatoria la visita a los panteones para celebrar el día de la resurrección.

(48) La arcaica imagen de la gran diosa se difunde por la cuenca del Mediterráneo oriental, al parecer como una forma de bracero. Así y bajo las cenizas del fuego es como se puede conservar el clan, la tribu o la familia que se reúne a su alrededor. En Delfos ésta pasa a ser el Omphalos un ombligo, pasando a representar simbólicamente el centro del mundo.

En la época clásica, éste era asistido por un sacerdote que al quemar hierbas y cáñamo entraba en éxtasis, más tarde interpretaba lo sucedido durante el trance. Se han encontrado en Creta pequeños santuarios donde se atizaba el fuego sagrado el cual era puesto en una mesa de barro redonda de tres patas pintadas de rojo, blanco y negro o sea los colores de la luna. Ibídem pág. 65.

(49) La costumbre de no profanar el fuego sagrado se encuentra también en Coloquide, pues se dejaban los cuerpos de los muertos colgados de los sauces, o bien la costumbre de los parsos de abandonar los cadáveres en torres para que fueran devorados por los buitres. Se concibe el fuego como un don del sol y la cremación lo profana. Ibíd. pág. 556.

(50) En Levítico 18 vers. 21, 20 vers. 2. Libro Primero de Reyes 11 vers. 7, Libro Segundo de Reyes 23 vers. 10 y Jeremías 32 vers. 35.

(51) Markale, J. Óp Cit. pág. 175 y 176. En cuanto a la referencia bíblica en Corintios 3 vers. 12 al 15 San Pablo afirma que el fuego de ser abrazador puede ser incluso purificador. Este texto es uno de los que sirvió a la Iglesia católica para elaborar la concepción del Purgatorio, aunque no es explícito el mencionar el fuego en este sentido de la purificación.

(52) Elena, Elle o Selene son variaciones de la diosa luna. Es ella quién depone el huevo cósmico después de haberse unido con la serpiente Ofione y lo coba sobre las aguas de manera que toma forma de una paloma. La misma diosa aparece del vacío. Ibídem pág. 186. Acerca del vacío también Orígenes plantea la relación de Dios, el hombre y el vacío, tesis de los orígenes.

(53) Markale, Ibíd. pág. 238 y 239.

(54) El uno primer elemento es tierra, el segundo el aire que se considera está por encima, el tercero es el agua y el cuarto es el fuego… El agua es considerada un elemento primordial sobretodo en cuanto a Anfitrite que significa mar. Esta se muestra indecisa a casarse con Zeus, este matrimonio simbolizó la interferencia de sacerdotes, hombres en el control de la industria de la pesca hasta entonces monopolio femenino durante el período matriarcal.

(55) Los arginos veneraban la luna como vaca, pues del primer cuarto de cuerno de ésta se supone dependía la lluvia y por lo tanto la abundancia de hierba para el pastoreo. Sus tres colores blanco para el primer cuarto, rojo para la luna llena y negro para la luna calante representaban sus tres edades: joven, ninfa y anciana. Las danzas propiciatorias de la lluvia se llevaban a cabo también en las colonias arginas fundadas en Eubea sobre el Bósforo, sobre el mar Negro, en Siria y en Egipto. En cuanto al pájaro

carpintero este es adjudicado a la luna, de tipo orgiástico hace su nido en los sauces por lo que se le relaciona con las prácticas de magia amorosa. (Afrodita) Ibíd. pág. 172. Los pájaros se asocian con la primavera y con los enamorados por su significado durante el mes de febrero.

(56) Ibíd. pág. 189 y 190.

(57) Debido a la importancia del foco purificador el primer de mayo se hace la fiesta del pasaje de los animales entre dos fuegos, además del efecto purificador se regeneraba la energía que se había entorpecido por el sueño del invierno, o sea que se garantizaba una superación de sí mismo. Ibíd. pág. 180, así también la Valpurga o la noche de brujas y de ultratumba llegó a ser popular en Europa celebrándose en mayo.

(58) En la isla de Citera o Cerigo en el mar Egeo, surgen dos capillas bizantinas en la cima, una dedicada a San Jorge y la otra a la Virgen María. Antiguamente hace aproximadamente 3500 años aquí existía un santuario de culto minoico. Entre los siglos VI y VII DC la iglesia cristiana construyó estas capillas pues el lugar como centro marítimo desvió el culto honrando a San Nicolás patrón de los navegantes.

(59) El sauce precede el quinto mes del año sacro, y es asociado con la práctica de la brujería y con los ritos de la fertilidad en toda Europa, especialmente en Calendimaggio que cae en los inicios de mayo. Libia, Telfassa, Argiope y Alfesibea son los diferentes apelativos que se le dan a la luna. Ibíd. pág. 176. También el rapto de Europa de parte de Zeus se efectúa en Calendimaggio.

(60) En Irlanda en la tradición celta Etainne Boinn, pierde su calidad de diosa primordial para ser la soberana encarnada…En una misma variante de la leyenda asume el nombre de Ethné o Eithné que se despoja de su calidad de Tuatha Dé Danann, renuncia a su divinidad pagana y se hace bautizar por San Patricio. Boinn-Brigit llega a la santidad como Brigita de Kildare ya que es la Madre de los dioses de la Irlanda druídica, se compara con la Virgen Madre del Dios del cristianismo que al mismo tiempo es su "esposa" y "su hija." Estableciendo un paralelismo elocuente. Markale J. Ibídem pág. 130.

(61) Graves Ibídem pág. 6.

(62) El nombre sumerio de Dánae era Damíkina, los hebreos la llamaron Dina. Génesis 34 vers. 1 al 5 posteriormente se masculinizó como Dan. Cincuenta era el número de las sacerdotisas de la luna reunidas en colegio, y cuya tarea era la de abastecer de agua el país haciendo llover con ritos mágicos o bien sacando agua de los pozos excavados y trazando canales, así el nombre de "Danaidi" se asoció con la palabra griega dános,

disecado, y con "danos" un don. Ibíd. pág. 183

(63) Los griegos llamaban Ariana, Ariane (Santísima) y fue probablemente el apelativo de la diosa luna a la que se honraba con bailes y con toros en la arena… Se hacían procesiones en su honor con ramos llenos de frutas… Dionisio cretense, representado por un toro Minoses era el legítimo esposo de Ariana, un día en una isla Creta cerca de Cnosos, ésta fue abandonada por él cuando fue sorprendida con Teseo que era extranjero por esto ella pierde sus derechos según las leyes matriarcales, así como la línea real de princesa de sangre por matrimonio y por haber seguido al marido a otras tierras, más aún por haberse acercado a Teseo. Ibíd. pág. 316.

(64) El signo ω ocupaba el lugar de la doble S en la antigua escritura griega y simbolizaba las dos mitades conjuntas del mes lunar y todos los significados implícitos, ascenso y descenso, bendición y maldición. Ibíd. pág. 197 y 198. Para las reglas relativas a la pureza y la impureza de los animales ver Levítico 11.

(65) En Asia Menor la contrafigura de Atena era la gran diosa de la luna Marian, Mirina, Ay-Mari, Marianne o Marienna… los troyanos la honraron como Mirina la saltadora… como Marienna en su forma sumérica significa Madre rica de frutos y de Artemide de Éfeso que era una diosa de la fertilidad. Los hititas tenían patriarcado pero al contacto de las sociedades matriarcales de Asia Menor y Babilonia terminaron por aceptar el culto de la diosa Madre. Entre los diferentes nombres o apelativos con que es conocida esta diosa están según Graves Madre del Cielo o Mirine, Aymari o Mariamme diosa del Mediterráneo oriental. Ibíd. págs. 453 y 552.

(66) A la mitad del verano el rey sagrado con una máscara de macho cabrío sobre la cara era masacrado sobre la cima de una montaña después se cocían sus miembros en un caldero grande, (El calderón también es mencionado en la tradición celta como el símbolo de la regeneración y la resucitación) y las sacerdotisas se lo comían. La sombra del difunto entonces pasaba a una de ellas y después en la próxima primavera renacería en ella como un niño. También Medea diosa de la tierra y de la luna en su carro llevado por serpientes, creaturas de ultratumba, aparece en la triple forma de Perséfone, Demetra, Ecate, las tres hijas de Pelia que hacen pedazos al padre. La teoría de que el rey solar se uniera con la diosa lunar y que ésta lo invitara gentilmente a subir a su carro, cambió al consolidarse el sistema patriarcal en la época clásica ya que el carro era propiedad indiscutible de Helio y el mito tardío de Medea y Teseo fue

prestado a Helio en vista de que su sobrina Medea corría peligro de muerte. Ibíd. pág. 569.

(67) La hierba de San Juan o "hipérico" del griego "Ypér" híper sobre y "eikón" imagen, fue usada por las propiedades astringentes, analgésicas y vasodilatadoras. Antiguamente se ponían ramos junto a las imágenes religiosas para alejar a los espíritus malignos. Es considerado un amuleto para tenerlo sobre todo durante la noche de San Juan. Coria Ibídem pág. 212.

(68) En la tradición celta es notable como éstos acumulaban tesoros, básicamente el oro. Estos se depositaban en los lagos o estanques sagrados. La tradición dice que el oro de los Delfos, que fue regresado por los galos y escondido en un lago en Tolosa (hoy Francia) fue maldecido pues contrariamente a la religiosidad druida se escondió en el fondo del lago para fines personales, perdiendo la sacralidad. Cuando el romano Cepione se adueña de la ciudad de Tolosa, la saquea y draga el lago para llevarse los 15 mil talentos de oro aproximadamente 3 toneladas del metal. Esta fortuna le acarreo desgracias llamándose el oro maldito de los Delfos. Markale, Ibídem pág. 186. Violando la religiosidad druida donde los seres y las cosas por medio del sacrificio se divinizan, nace una costumbre popular en el cristianismo de lanzar monedas a las fuentes como augurio de la buena fortuna o como en la fuente de Trevi en Roma para asegurarse de regresar. Por analogía Cortés hizo lo posible por encontrar el oro de la Gran Tenochtitlán, dragó el lago y sin poder hallarlo. Este tesoro provenía de los templos de los aztecas él cual fue fundido en presencia de las autoridades para así poder ser transportado en lingotes a las arcas de la corona de España. Queda en un mito el oro de la Gran Tenochtitlán que despertó más ambición en los conquistadores.

(69) Durante la noche de San Juan en París frente al rey, se tenía lugar la hoguera de "gatos" simbolizando el suplicio de las brujas y de aquellas que llevaban a cabo encantamientos. Coria Ibídem pág. 185.

(70) La magia en las historias, leyendas y cuentos se retroalimenta a su vez de la mitología alemana y en ésta se ven plasmados los poderes mágicos atribuidos al dios nórdico Odín. En la Laponia, los brujos se convierten en animales para atraer al enemigo y atacar, así como la idea que hay animales-espíritus que como contrapartida los protegen. Similitud con las tribus indias antiguas y los chamanes. Así también la mitología escandinava otorga un lugar especial a los "cantos idílicos" donde se hace

una referencia especial a los dioses. Uno de estos cantos muy conocido es cuando el dios Odín queda colgado de un árbol, donde debe de ayunar, quedando expuesto a los elementos naturales hasta el momento que obtiene la recompensa por el dominio de las runas y de sus poderes mágicos. Aquí hay una estrecha conexión entre la magia y la fuerza ligada a la escritura, haciendo énfasis que en la magia a diferencia de los cuentos se requiere de una preparación ascética, una actitud heroica, voluntad y energía escondidas. Kierckhefer. Ibídem págs. 65 a 67.

(71) La función planetaria del séptimo día que era sagrado a Titano Crono y Al Cronio, a Jehová en Jerusalén era la del "reposo" pero éste significaba la muerte en honor de la diosa. Graves, Ibídem pág. 259.

72) Los atenienses sacrificaban 7 jovencitas al Minotauro en lugar del rey de Cnosos. Es más lógico sacrificar extranjeros en lugar de cretenses, el mismo criterio lo tuvieron los aztecas en las guerras floridas, como sucedía en el rito cananeo de la crucifixión, donde los prisioneros de guerra y criminales terminaban por ser considerados suficientes sustitutos de Tammuz. "Cada 9 años significaban el final de cada Gran Año de 100 lunaciones y después el sacrificio de 7 jóvenes en lugar del rey, aún cuando éste debía morir. Las jóvenes atenienses no venían inmoladas servían en calidad de anzuelos de la sacerdotisa de la luna, bailaban danzas acrobáticas en ocasión de las luchas con toros…" Ibíd. pág. 282.

(73) Parsifal es un apelativo de la luna e Itonia su segundo nombre, apelativo de Atena propiciatoria de la lluvia, el mito de Parsifal y el toro se refiere a un matrimonio ritual celebrado bajo un encino entre la sacerdotisa de la luna que llevaba en la cabeza los cuernos de vaca y el rey Minoses que llevaba una máscara de toro… Ibíd. pág. 269

(74) Los toros blancos eran particularmente sagrados a la luna y figuraban en los sacrificios anuales en la colina de Albano en Roma, durante el culto a Dionisio en el rito del muérdago y el encino del los druidas galos… Ibíd.

(75) Un cuerno de toro es considerado desde la antigüedad símbolo de la fertilidad y se consagraba al trono real al candidato que lo poseía, fuera por lucha con un verdadero toro o contra un adversario disfrazado con la piel del animal. El toro y la serpiente son símbolos del año que nace y del que muere, el toro como padre de la serpiente y ésta como su hija, ambos significan victoria y dominio del rey sagrado en el ritual antiguo de coronación. Ibíd. pág. 514

(76) En Cnosos el culto del toro celeste se impone al culto de la perdiz y con la evolución de los danzantes se terminó con representar el curso anual de los cuerpos celestes. Entonces los 7 jóvenes y las 7 doncellas debían

representar los titanes del sol, de la luna y los 5 planetas… Estos tuvieron su correspondencia en las divinidades de la antigua astrología babilonia y de Palestina, presuponiendo los 7 días de la semana planetaria.

La danza de la grulla en Delfos (o del amor) sigue un esquema parecido a un laberinto. En algunos casos, los bailarines tienen en mano una cuerda para mantener las distancias justas y sin errores… en Atenas sobre el monte Sísifo, la danza de la cuerda era llamada "ordax"…El espectáculo que se llevaba en la arena de toros en Creta consistía en una serie de saltos acrobáticos seguidos por jóvenes que tomaban los cuernos del toro, aventándose y que al rebotar regresaban brincando y haciendo piruetas. Ibíd. págs. 22 y 316.

(77) En España en el 1997 han surgido dos tendencias en referencia a la corrida de toros. Con el paro de los toreros se dio una polémica sobre el artículo 49 de la Ley de Regulación del Espectáculo Taurino que dice: "Cuando los animales sufran incidentes que deterioren su capacidad de defensa, los ganaderos podrán solicitar el plazo de 10 días del accidente, una autorización para las intervenciones necesarias que lo pongan de nuevo en la corrida"… será indispensable la intervención del delegado gubernamental y del médico veterinario zootecnista, y todo se controlará con particular cuidado acerca de la medición de la cara interna y externa del cuerno. Esta ley del 4 de abril del 1991 interrumpe la práctica de limar los cuernos de estos animales, pues se sobrepasaban con la rotura de éstos y sobre todo el dolor causado, bien por haber chocado contra un árbol o con cualquier otro método. Con estas medidas consideradas salvajes para una cultura y sociedad civilizada en los albores del milenio, el gobierno socialista cancela el artículo 49 y da mayor poder a los veterinarios. Entonces se dan dos tendencias una la CAPT, Confederación de Asociados de Profesionales Taurinos con miembros como ganaderos poderosos, toreros "brillantes" y "audaces", banderilleros "profesionales" que propugnan por una regulación más elástica en cuanto se refiere a la limadura de los cuernos del toro. Y la otra que es la CATAM la Confederación de Aficionados Taurinos Abonados de Madrid que sostiene una acción gubernamental obviamente la primera tiene mayor peso económico y político por lo que ha ganado; así el 2 de marzo de 1997 se da la primera corrida del año en un pueblo cerca de Valencia, aprovechando la cercanía de la próxima feria regional.

(78) En el Evangelio de Lucas 1 vers. 26 dice: Al sexto mes fue enviado por Dios el ángel Gabriel a una ciudad de Galilea, llamada Nazaret, a una

virgen desposada con un hombre llamado José, de la casa de David… Vas a concebir un hijo en el seno y le darás por nombre Jesús. El será grande y será llamado Hijo del Altísimo, y el Señor Dios le dará el trono de David, su padre, reinará sobre la casa de Jacob por los siglos y su reino no tendrá fin. María respondió al ángel; ¿Cómo será esto, puesto que no conozco varón? El ángel le respondió El Espíritu Santo vendrá sobre ti y el poder del Altísimo te cubrirá con su sombra, por eso el que ha de nacer será santo y será llamado hijo de Dios. Lucas 1 vers. 26 al 38. En el evangelio de Juan 1 ver 11 al 14 se habla del nacimiento de Jesús en forma menos específica…Pero a todos los que recibieron la Palabra les dio poder de hacerse hijos de Dios, a los que creen en su nombre, el cual no nació de sangre, ni de deseo de carne, ni de deseo de hombre, sino que nació de Dios. Y la Palabra se hizo carne y puso su Morada entre nosotros…Marcos inicia su Evangelio con la predicación de Juan el Bautista y hace énfasis en que Jesucristo es el Hijo de Dios y de cómo inicia su predicación después de ser bautizado en el Jordán. En el Evangelio de Mateo se habla de la concepción virginal de Jesús a través del Espíritu Santo. Mateo 1 vers. 18 al 25.

Antiguamente a finales del siglo III D.C Lattanzio parangona el fenómeno de la virginidad concebida por obra del Sanctus Spiritus con el mito del culto erótico de la diosa yegua. "Este era asociado a la primitiva creencia que los niños fuesen reencarnación de sus antepasados difuntos, que entraban en el vientre de las mujeres como molinillos de viento improvisados" y la palabra de Homero tuvo autoridad suficiente para hacer creer a los romanos cultos, Plinio incluido, que las yeguas españolas se preñaban volteándose hacia el viento de parte de los cuadriles posteriores. Plinio, Historia Natural IV 35 y VIII 67, Véase el mito del viento que preña. Graves Ibídem pág. 154

(79) En la tradición celta se festejaba el primero de agosto el Lugnasad, cuarta fiesta de su calendario. Etimológicamente "La Fiesta de Lug" había sido instituida del mismo dios Lug a Tailtiu, con objeto de conmemorar a su madre adoptiva la misma Tailtiu, símbolo de la diosa madre de Irlanda. Esta fiesta real se desarrollaba con juegos, carreras de caballos y el concurso de poetas. El rey en ésta desarrolla el máximo de su potencia, y con ello simbólicamente se inicia la recolección agrícola pues todo se ha dado bajo la protección de la diosa madre que con su muerte asegura la prosperidad a sus hijos. Las fiestas y los ritos son de tipo mágico y religioso, presentándose frecuentemente simultáneos, lo que establece

relaciones de armonía entre los seres y las cosas, entre los hombres y los dioses, entre las fuerzas visibles e invisibles. Markale. Ibídem pág. 190-191.

(80) La virgen del Arco de la Plata que los griegos introdujeron en la familia olímpica, era el miembro más joven de la tríade de Artemide ya que ésta era un apelativo de la triple diosa luna. Esta tenía el derecho de nutrir a sus ciervos con el trébol o trifolio símbolo de la trinidad y su arco de plata significaba la luna nueva. Aún Artemide olímpica fue más que una virgen en otros centros de su culto como en Ninfa, siendo presentada como una afrodita orgiástica acompañada de un "paredro" con la palma de dátiles, con la cierva y la abeja como emblemas principales. Su tercer aspecto de vieja va asociado con la prerrogativa de ayudar en los partos y de lanzadora de flechas, y el número 9, edades de sus sacerdotisas lo que recuerda la extinción de la luna de 3 en 3. Ibíd. pág. 74.

(81) Coria, Ibídem pág. 90-91.

(82) Todas las epopeyas de la cultura celta, la cual se extiende en una vasta zona de Europa hasta el este incluyendo Irlanda y las Islas Británicas giran alrededor de despiadadas razias de vacas y toros, de animales domésticos como el perro que servía para cuidar los arneses, muchos héroes celtas tienen su nombre conteniendo la palabra perro. Cane como Cúchulainn, Cúroi, Conchobar o Conall. Markale. Ibídem pág. 137.

(83) Los Sacrificios...Ibídem págs. 182-183.

(84) Coria G. Ibídem pág. 156.

(85) Ibíd. pág. 171.

(86) La simbología del gallo es muy variada como emblema de impiedad, pues se une con la madre y ataca al padre, por esto venía encerrado en un odre el que fuera culpable junto con un gallo, perro o víbora, matándolo ya que la muerte significaba el sacrificio para despertar a la vida eterna, y a los profetas les servía para predecir el futuro. En la tradición árabe a los "jenounes" o los espíritus intermedios entre ángeles y demonios se les sacrificaba un gallo o una gallina, o una cabra hembra o macho según el sexo y la gravedad del mal, como forma de expiación siendo la maga que se queda con los cadáveres. Coria Ibídem pág. 183.

(87) En la primavera se seguía la danza erótica de la perdiz en honor de la diosa luna. (Véase Pascua) En la leyenda del Laberinto en el palacio de Cnosos existía una intrincada red de pasillos donde los atenienses trataron inútilmente de matar al rey, "Un vasto espacio de frente al palacio estaba ocupado por una pista de baile cubierta de un diseño primaveral, la forma de la perdiz." El esquema de este diseño en principio fue inspirado por lo

intrincado de los arbustos según Graves usado por los cazadores para capturar los animales machos que llegaban atraídos por los reclamos amorosos de la hembra encerrada en una jaula al centro de los mismos arbustos; entonces los danzantes en una exhibición de primavera imitaban la estática y los saltos, esta danza de amor o del macho de la perdiz fue usada mas tarde para matar al animal dentro de la jaula convirtiéndose en un ritual. Como contrapartida de este mito en Eclesiástico 11 vers. 30 dice "Perdiz cautiva en su jaula, tal es el corazón del orgulloso, como el espía acecha tu caída. Como lobo se mantiene al acecho para desgarrar a la manera del ave colocada como reclamo en el lazo del corazón del orgulloso que atrae al prójimo a los lazos del pecado." Biblia...Ibídem pág. 971 Eclesiastico vers. 29 al 34.

(88) Plinio el Viejo 23 D.C como intelectual de la época en su Historia Natural, en los libros 28-30 hace una amplia referencia al poder curativo de los animales, así como sus efluvios. Hace un recuento de propiedades de éstos, vivos y muertos, relacionándolos con remedios y poderes escondidos y simbólicos, no se definen mágicos, sino que caen en el ámbito de poderes naturales. "La creencia que la lengua de una rana viva puesta en el corazón de una mujer que duerme, la obligará a ser veraz en las respuestas que deberá dar a las preguntas formuladas. En los libros 37 y 39 habla del poder de un diamante como una sustancia muy fuerte de la naturaleza...Pero éste puede ser destruido si se sumerge en la sangre caliente de una cabra. Plinio hace énfasis en los principios de la simpatía y la antipatía, centro de la ciencia y concluye que la parte relativa al uso médico de los animales es esencialmente un catálogo de locuras" Kierckhefer, Óp. Cit. págs. 30, 31,32.

En los monasterios donde también se estudiaba medicina, el uso de la herboristería era común. Esta actividad cayó en el ámbito de un pequeño grupo conocedor de las virtudes de las hierbas y los animales. En la medida que el uso de la medicina incluía hierbas y elementos mágicos, los monjes lo fueron sumando a los textos clásicos como los de Hipócrates y Galeno. Estos elementos caen en el área de la cultura extra natural llamada posteriormente mágica. Hasta entonces era especulación y conocimiento mezclados para la curación. En muchos monasterios de la Edad Media se abrieron consultorios o enfermerías abiertas sobre todo a los pobres y ancianos que no podían pagar a los médicos que estudiaban en las universidades. Los monjes usaban desde la mandrágora, la ruda y hasta las pociones mágicas unidas a ritos del cristianismo o incluso exorcismos. El nivel cultural de monjes y clérigos se plasmó en la medicina curativa y en la formación de remedios y aplicación de fórmulas de tipo religioso. Esto a falta de una formación profesional y racionalizada propició una doble actividad de medicina, aquellos que usaban remedios y fórmulas a través de la especulación y experimentación con animales y otro grupo de acceso a escuelas, profesores y más tarde universitarios donde se analizaban hierbas, remedios y se practicaba la vivisección tanto de cadáveres de humanos como de animales vivos y muertos. La formación profesional de monjes y clérigos básicamente de extracción campesina influyó determinantemente en la inclusión de un pensamiento pagano, producto de la cultura e idiosincrasia de la época que no superó la racionalización y la profesionalización de la medicina.

(89) Sémele era la diosa venerada en Atenas durante la Lenee, o sea la Fiesta de las Mujeres Obsesionadas, cuando un toro joven que representaba a Dionisio era cortado después de su sacrificio y sus 9 pedazos venían devorados por sus fieles, a excepción de uno el cual era quemado. Sémele o Selene es un apelativo de la luna, siendo el número 9 el tradicional número de las orgías de las sacerdotisas de la luna las cuales tomaban parte en estas fiestas. Las 9 danzaban alrededor del rey, en el esquema de danzas rituales efectuadas durante la corta vida de rey. Esto hasta que Zeus Olimpo reafirma su poder poniendo bajo su protección al rey sagrado y liquidando con un rayo a la diosa. Graves Ibídem pág. 48.

(90) El sacrificio de agua ofrecido a Anafe recuerda la oferta análoga que los hebreos hacían en la Fiesta de los Sauces en el ápice de su Fiesta de los Tabernáculos cuando llevaban en solemne procesión el agua sacada de la piscina de Siloé, la carrera con los cazos de agua de Egina, era probablemente parte de una ceremonia del mismo tipo. Los Tabernáculos se iniciaron como una fiesta otoñal de fertilidad y según del Talmud los fariseos tuvieron no pocas dificultades a frenar la tradicional "despreocupación" de las mujeres. Ibíd. pág. 566. En Levítico 23 vers. 24 y ss. Dice: En el mes séptimo, el primer día del mes será para vosotros de gran descanso, una fiesta conmemorativa con clamor de trompetas, una reunión sagrada. No haréis ningún trabajo servil y ofreceréis manjares abrasados a Yahveh. El primer día del mes lunar, la luna nueva o Neomenia era una fiesta celebrada entre los israelitas y los cananeos. Los rituales de Levítico 23 y Números 28 y 29 sólo conservan la neomenia del séptimo mes (del año que inicia la primavera) que por mucho tiempo fue el inicio del año, o sea el otoño.

(91) Sobre todo el árbol de encino representaba la fuerza divina que sustituye

simbólicamente al muérdago. El agua de éste representa en la tradición druida la constante búsqueda de contacto con las potencias superiores, traduciéndose en una asimilación vegetal de la misma. Se trata de integrar lo divino en lo humano, en definitiva de encarnar el dios. Markale, Ibídem pág. 162.

(92) Graves, Ibíd. págs. 316-317. La prostitución real de las jovencitas, así como la sodomía, característica del culto de Anatha en Jerusalén y de la diosa Siria en Hierápolis, sobrevivieron en la consagración propiciatoria de las vírgenes de Apolo y en la procesión de la recolección, donde dos ramas de olivo eran llevadas por dos jóvenes invertidos. Las ramas estaban llenas de frutas y recuerdan "Lulab" llevado en procesión en Jerusalén al inicio del año durante la fiesta del Tabernáculo o de las Tiendas. Levítico 23 vers. 34 y ss. Deuteronomio 16.

(93) El Máximo Pontífice de los antiguos romanos no era divino ni mago, era el vigilante y coordinador de ritos del calendario de días buenos y nefastos, que con la ayuda de los augurios desarrollaba sus funciones. Lo más característico era el "Piácolo" o ceremonia de expiación la cual era usada en caso de errores involuntarios durante el rito, el piácolo era la repetición del sacrificio y la inmolación de un puerco. Coria Ibídem pág. 325.

(94) Hoy día la ciencia ha coadyuvado la posibilidad de permanecer joven por más tiempo gracias a injertos, artificios, cirugías complejas o correctivas, colágeno etc. Los viejos son jóvenes como el prototipo del dinamismo cultural dando un culto total a la imagen propia y obviamente a la apariencia externa propiciando estilos extra naturales de la misma imagen de venta.

(95) El árbol de manzana o manzanar es el de la ciencia del bien y del mal, es el de la vida de la isla de Avalon o de Emain Ablach y su manzana es el fruto de la inmortalidad y la sabiduría. Génesis 2 vers. 9. El árbol de la ciencia del bien y del mal Génesis 3 vers. 1 al 24.

(96) Apolo era quién curaba las enfermedades su nombre deriva de la raíz indo europea de donde deriva el nombre de la manzana, mela malum en latín, Apple en inglés, apfel en alemán, anal en bretón y galés. Apolo fue introducido no por los romanos sino por los etruscos que la consideraban una divinidad asociada a las pestes y epidemias, luego con los griegos se le dan características solares. Apolo es una divinidad hiperbórea de origen escita que se incrusta en el panteón griego después de desalojar a los dorios. Este se encontraba en la isla de Avalón en Emain Ablach, la tierra de las hadas en la tradición irlandesa. Aquí el hada Morgana y sus 9

hermanas pueden curar las heridas impuestas al rey Arturo. En estas islas sea Avallon que Emain Ablach nadie sufre de enfermedades, muerte o vejez, la presencia de Apolo cura y vigila por el bien de todos. Markale, Ibídem págs. 89-90. Así también el mito de la manzana y la eterna juventud y la inmortalidad se plasmó en fábulas y leyendas relacionadas con la magia para más tarde transformarse en relatos infantiles, donde la magia pasa a ser blanca, rodeada de romanticismo y plasmada en un contexto de tipo feudal. Blanca Nieves, La Bella Durmiente.

CAPÍTULO 4

Mitos, tradiciones y religiosidad

4.1 Orden Social y Religión en Egipto

Los egipcios fueron los primeros en tener un orden social y político bajo la égida de un jefe, que bajo leyes determinadas constituiría la primera idea de monarquía. Al inicio fue de tipo electivo, para luego ser hereditaria. El rey era escogido de la clase sacerdotal o de los grupos militares y por regla general es iniciado en el culto de los grandes misterios del templo.

Antes de la monarquía, la clase sacerdotal se ocupaba en la conducción de los asuntos de gobierno, las artes, las letras y el mantenimiento de los templos. Menes es considerado el primer rey donde se manifiesta el cambio de teocracia a gobierno civil.

Los egipcios se organizaron en una burocracia, la primera de la historia, pues había que tener un control administrativo y eficiente cuando el Nilo se inundaba ya que esto propiciaba la formación de especialistas que dieron una grandeza y esplendor al imperio.

Igualmente fueron los primeros que como pueblo levantaron altares y templos, instituyendo fiestas y ceremonias, de ésta forma se genera la idea de relacionar hombres con dioses. Estos templos testimonian la fe y la potencia de cada uno de los soberanos que los mando construir, pues siendo los soberanos la imagen esculpida de los dioses en la tierra, solo ellos eran los únicos capaces de financiar estas construcciones. Solo un dios en la tierra puede construir dignamente la casa de un dios.

Los templos eran lugares de culto, sagrados y por lo tanto quedaban fuera del alcance de las clases sacerdotales, militares y dinásticas.

La religiosidad egipcia es de una sabiduría y refinamiento enormes, de ahí que llegó a ser escuela de instrucción tanto para los filósofos como para los poetas y jurisconsultos. La doctrina se basa en el fundamento de la Unidad de Dios y es representado en una cifra que significa uno y tres. Dios universal, Dios Infinito y Etéreo. (1)

La religión se reduce a dogma, jerarquía y culto, estas verdades infalibles ligan al Dios de la espiritualidad con la materia, con la humanidad. Las tríades fueron fundamentales en la concepción de la teología egipcia.

En Egipto bajo la dinastía de Amenofis IV llegaron a haber alrededor de 750 divinidades, este faraón regresa a la idea del monoteísmo y al culto de un solo dios, único, por consecuencia desechando todas las demás divinidades y reconociendo en el sol un único dios llamado Aton. Esta concepción monoteísta se presenta casi 1350 años antes de la tradición hebrea. Como en el campo de gobierno y legitimación esto provocó serios problemas de estabilidad, se produjo un "golpe de estado" derrocando al faraón. A su muerte se regresa al politeísmo que era la base de las creencias sacerdotales y militares.

Con la reglamentación al interno del modo de vivir, se penetra en medida impensable en las esferas de la existencia del hombre. Es así que en la sociedad, compuesta por clases cada una ligada a sus propios intereses, debe existir un poder normativo, o sea en este caso la realeza. Esta como orden social mantenido por un sistema permite una posición que se legitima a través de un poder normativo, (tanto real) pasando a ser de forma natural.

4.1.1 La Realeza, el Poder Soberano y la Religiosidad

Los jóvenes en preparación a sus cargos, sobretodo en la antigua realeza iraní se educaron dentro de un estrecho círculo social, cultural y religioso el cual era casi imposible de romper.

La visión mundana se reduce a un núcleo donde existe un soberano y una dinastía, éste es sostenido por la clase militar, éstos a su vez con el dinero el cual sale de las arcas del pueblo, protegido por la justicia la cual emana del mismo soberano.

En este proceso no se da ningún rasgo de racionalización, la legitimación del soberano se da en base a la creencia popular y a la fe, así como la credibilidad. En cuanto a la religiosidad está escrito en el Corán para fines de legitimación del estatus: "En cada época y momento Dios sea Alabado, escoge a un miembro de la raza humana y le confía los intereses del mundo y el bienestar de sus siervos."(2)

Legitimado en el derecho divino el soberano se mantiene alejado de las fuerzas y equilibrios de poder y por consecuencia no será elegido por su pueblo, concepto que más tarde será manejado en la revolución francesa, separado de los vaivenes políticos, el soberano se legitimará a través de las dinastías de su propia estirpe dejando su heredero a cargo. Bajo este esquema su única responsabilidad será ante Dios y ante su propia conciencia pues en el futuro se someterá solo al juicio divino.

4.1.2 Espejo de Príncipes

El espejo siempre se ha relacionado con la adivinación, ésta era conocida como "catoptromancia" y era la revelación por medio de un espejo. Esto se debe al principio animista por el cual el alma de la persona reside no solo en ésta, sino también en su reflejo; alma- sombra y alma- reflejo, ambas se exponen a los mismos peligros.

De aquí la leyenda de que cuando en una familia hay un muerto todavía en países como España, Italia y algunos de América Latina hasta hace 3 o 4 décadas, se cubrían los espejos con lienzos morados o negros, o se volteaban del revés para evitar la interferencia de la sombra del muerto y las sombras de los vivos que se pudieran reflejar en el espejo y de esta forma quedar atrapadas. El romper un espejo traía mala suerte pues habiendo capturado el alma o un reflejo de ella, la persona privaba al alma de encontrar el descanso eterno. Entonces el castigo podría ser de 7 años que representaba simbólicamente un ciclo de penitencia, en otras culturas se llego incluso a 25 años.

En la tradición griega, el espejo representaba el alter ego, o sea la sombra del iniciado. Estos pasaron a ser parte activa en la adivinación y la superstición. Por ejemplo en la leyenda que dice que los vampiros no reflejan su imagen pues están muertos, no tienen alma y por lo tanto su sombra no es perceptible en el espejo.

El Islam hereda de la tarda antigüedad griega las disciplinas de astrología y alquimia. La astrología griega fue importada en Persia y en India se desarrolla con los elementos, la idiosincrasia y los ritos nativos.

Con la apertura a la cultura árabe en el siglo XIII, sobretodo, en España se propicia la entrada de obras literarias, culturales, políticas y religiosas incluso mágicas del Islam. Básicamente en la sabiduría árabe se filtran conceptos y rituales hebreos que a su vez se habían incrustado en este pensamiento. Algunos estudiosos en universidades como la de Toledo tuvieron acceso a las ciencias ocultas, a la medicina, las hierbas como sus métodos curativos y a la alquimia. También en los campos de astrología y horóscopos hubo una evidente influencia, ya que se ejercitaban influjos estelares y planetarios en los momentos fundamentales de la vida.

En antiguas culturas como la iraquí, la egipcia y las de arraigo musulmán se promueve la creación de un manual destinado a dar consejos y reglas de educación a los futuros príncipes. Más tarde éstos fueron difundidos por la Europa medieval. Asimismo se educaba como desarrollarse en diferentes etapas y situaciones de la incipiente burocracia, se hacía hincapié de las cualidades ideales tanto del servidor público como del funcionario y su relación con sus súbditos. Se marca sobretodo el reconocimiento de los consejos de los ancianos, la gerontocracia y la sabiduría emanada de ellos. Incluso se prescriben las cualidades de los amigos de cómo escogerlos, abarcando también el aspecto de la lealtad y fidelidad de los soldados.

Estos consejos fueron especialmente importantes cuando el poder absoluto de los monarcas peligraba poniendo en riesgo tanto la estabilidad política como la legitimación de la misma dinastía, o el contrario el aislamiento podía provocar que los subordinados abusarán del poder del monarca, fuera en su nombre o por iniciativas de corte no necesariamente identificadas con las de la nobleza.

Conocido como Espejo de Príncipes fue ampliamente difundido en la Europa del Medioevo y en las diferentes monarquías árabes, sultanatos y califatos siendo un código de honor que educó a generaciones reales y a los allegados a éstas reflejando la cultura de la época, la idiosincrasia, el equilibrio de poder, la sociedad como los mitos que operaron e influyeron determinantemente en la estructura social y política legitimada en un estatus y con una religiosidad al servicio de las clases dominantes. Cada monarquía lo adecuó a sus necesidades particulares legitimando su propia estructura con la costumbre y tradición popular. Así como el estatus vigente que tomando en cuenta los grupos tanto militares como religiosos que participaban dentro de la corte, de los grupos y alianzas efectuadas en nombre de un poder sobrenatural. El heredero del pensamiento de la realeza iraní y de la religiosidad egipcia, con el poder de Dios dado a los hombres en la tierra se reflejó sobretodo en la elección de un miembro de la raza humana al cual se le confiaron los intereses del mundo y el bienestar de sus siervos, la soberanía se encuentra en una sola persona y con ella el monopolio legítimo del uso del poder y el dominio de su pueblo legitimado en un orden social aceptado.

4.2 Teología y Magia en el Cristianismo

Mientras en las antiguas culturas de corte empírico cuyo conocimiento y reflexiones del mundo, de la vida, y de la teología dominaban la visión cósmica reflejada en una organización cultural, política y social en Europa la teología sistematizaba ésta por medio del cristianismo y de la influencia del pensamiento helénico. (3)

Los griegos aportan la base de la matemática que cambia el enfoque astrológico de la antigua Babilonia y de la tradicional concepción egipcia. El experimento racional culmina como un producto del Renacimiento, la ciencia absorbe el empirismo dándole una nueva base racional, la biología que junto con la química se relacionan en un proceso cultural superando las bases teóricas y empíricas de las antiguas culturas.

La sistematización y la racionalización de las cuestiones en el campo de la jurisprudencia se re elaboran bajo el concepto del Imperio Romano y en el ámbito del derecho canónico se da una doble y paralela sistematización de pensamiento. Este derecho absorbe elementos dogmáticos, ritos y mitos de la ideología del momento los cuales se re acomodan a los valores de la realidad social y política de la cultura predominante.

La interpretación y elaboración de la doctrina cristiana sobretodo bajo los influjos culturales a que fue sometida, en virtud de los diferentes predicadores y de sus orígenes religiosos, étnicos, raciales y geográficos, incluidos los culturales asimiló prácticas mágicas que hasta entonces habían sido consideradas como enemigas. Estas llegaron a ser identificadas con actos rituales del politeísmo y por ende al servicio de varias divinidades que en el fondo se consideraban contrarias a la voluntad de Dios, es solo más tarde que adquieren una connotación diabólica y maléfica.

Las prácticas mágicas nunca fueron declaradas oficialmente como enemigas. Algunas veces lo fueron como crímenes o actos demoníacos pero nunca se les consideró como actos masivos en contra del pueblo de Dios. Solamente la herejía fue considerada perjudicial para la fe y la base de la doctrina cristiana de la sociedad. Durante la Edad Media los magos representaron incluso el papel de consejeros de los monarcas, siendo hombres en su mayoría de origen y linaje caballeresco con fe hacia Dios y lealtad al soberano, conocedores de las tradiciones, de medicina, del uso de las hierbas, de adivinación y sobretodo de la conducción de los asuntos de corte y de los principios que en ella regían.

Estos jugaron un papel muy importante dentro de la corte pues siendo conocedores de las prácticas mágico rituales tenían el poder de la conjura, (4) haciendo posible que éstos se apoderarán de la voluntad del mismo monarca. Son conocedores de los ritos de la magia blanca, de la negra, de la adivinación y todo esto los lleva a estar más cerca del mundo espiritual y en pleno conocimiento del terrenal. (5)

4.2.1 Magia y Cuestión Política

En el seno de la Iglesia católica romana, el fenómeno de la magia y la conjura estuvo presente en la corte del papa Juan XXII del 1316 al 1334, período que se calificó como de una gran burocratización del occidente medieval, donde la superstición propició que el mismo papa aceptara de la condesa de Foix un cuerno de forma curva, ya que se decía eficaz contra los envenenamientos, además de que siempre se encontraron súbditos fieles para probar de antemano los alimentos del pontífice y su corte papal antes de que les fueran servidos.

En la misma época el obispo de Cahors en Francia, Hugo de Géraud admitió el uso de la magia y de los muñecos de cera como medio para asesinar a un sobrino del papa. Este obispo fue sentenciado más que por la superstición por el hecho de querer asesinar y conjurar propiciando una conspiración en contra de la Institución, (6) y más por ser el representante papal.

La invocación demoníaca no constituye "per se" un acto de herejía, sino más bien es el proceso mágico ritual que se ha extendido hasta el límite de la superstición sin caer en la categoría de la herejía, pero por su amplitud y dimensión se consideraba meritorio de la pena capital. (7)

En el mundo medieval cristiano no se tiene duda del poder de origen maléfico y demoníaco siendo su ámbito natural de influencia la magia. Esta concepción fue desarrollada con la misma evolución tanto política como religiosa, propia del mismo sistema feudal. Esta es vista como el acto del maligno, de la destrucción, del apoderarse de la voluntad de la persona para hacer daño a terceros, mientras que la magia se contuvo en sectores humildes o privados de poder, no representó más que lamentos para aquellos actos condenables considerándoseles de escaso valor.

Atribuir el infortunio o la mala suerte a los demonios constituía el equivalente de cuestionar la soberanía de Dios, cosa que el cristianismo institucional no se podía permitir sin que salieran a la luz cuestionamientos incluso bíblicos, que ponían en entredicho no tanto la ética hacia Dios como la lealtad hacia las instituciones y clero terrenales. Lo mismo con el concepto de libertad el cual permitía al individuo de acercarse en forma libre a Dios, rechazando dogmas y misterios que en un momento reflejaron la ideología tanto de la época como de

la esencia del mismo cristianismo interpretado bajo el enfoque cultural y político de la época.

4.2.2 El Conde Cagliostro

Un caso singular por su envergadura fue la participación de la jerarquía católica en la persona del cardenal de Ruan de Estrasburgo y del de Trento Monseñor Pietro Vigilo Thun, príncipe y obispo a la vez, el cual era apasionado del esoterismo. Estos apoyaron material, política, social y religiosamente las doctrinas y la misma persona del conde Cagliostro.

Este hombre había nacido en Palermo, Italia el 2 de junio de 1743, fue bautizado en el seno de la Iglesia católica romana con el nombre de Giuseppe Bálsamo, más tarde se ordenó masón en la Orden de Malta y a partir de esto profundiza en los estudios de ciencias ocultas y espiritismo, así como de magia y misterios del antiguo Egipto. (8)

Elabora la orden de los "Elegidos Cöen" dividida en tres grados azules: aprendiz, compañero y maestro simbólico, aumentando a cuatro en la tradicional concepción masónica, Maestro Electo Cöen, Gran Maestro Cöen, Zoroabel y Rëan Croix. (9) La base de la orden era la regeneración del ser humano con tintes de salud permanentes, hasta llegar a la reintegración de la vida de Adán en el paraíso. Este proceso requería la invocación de espíritus, el trance, el o la médium que debía ser la inocencia representada en un niño que era el contacto, la voz con los espíritus del más allá. (10)

A este hombre se le debe en 1770 la fundación y difusión del rito egipcio en la masonería, se le conoce como el Gran Cofto estableciendo su sede principal en Estrasburgo y en Lion. Se basa en la afirmación de la posesión de un alma, un espíritu y un cuerpo regenerados y por lo tanto un "masón regenerado" y en la posesión de la piedra fundamental la cual le permite aprender la naturaleza misma de las cosas.

La purificación y la auténtica fe desasociada de las riquezas materiales coadyuvarán a hacer el bien y a practicar la caridad, de esta forma a través de la ciencia sacerdotal de Egipto el hombre pecador reconquistará el paraíso antes perdido.

La cultura, el arte y las ciencias como la religión egipcia, también llamaron la atención del papa Sixto V (11) en el siglo XVI, el cual aprovechó los obeliscos egipcios con los cuales se sirvió para remodelar la plaza de San Pedro en Roma con el que llamó Calígula apenas desenterrado, también restauro San Juan de Letrán, el ábside de Santa María la Mayor, la Trinidad de los Montes y la iglesia de Santa María del Pueblo, todas ellas contenían composiciones arquitectónicas de tipo sacro, con obeliscos egipcios, los que en conjunto representaron la máxima grandeza y cultura de un pueblo milenario, solo que ahora con una connotación cristiana.

Es curioso como al Conde Cagliostro lo enjuiciaron en el mismo Vaticano, con la Inquisición condenándolo como hereje, en un ambiente egipcio cristiano arquitectónicamente hablando, obligándolo a abjurar el rito masón egipcio. Jamás la Inquisición en su proceso mencionó el apoyo material y político tanto del obispo príncipe o del cardenal de Estrasburgo, ni tampoco nadie se quejo de las nuevas decoraciones y de la urbanización del Vaticano. Aún hoy estos modelos adornan la plaza de San Pedro y en las iglesias donde el arte profano ha sido cristianizado.

El Santo Oficio tendió a politizar el asunto del Gran Cofto en la medida que la franco masonería se veía como un peligro para la desestabilización política y geográfica de los estados Vaticanos, como de Europa. Más que ser enjuiciado como espiritista y mago charlatán, fue considerado como un revolucionario peligroso, activo organizador de la revolución francesa y en lo referente a la muerte de la dinastía de Luis XVI y en la nefasta influencia que ejerció sobre María Antonieta admiradora enconada del cardenal de Ruan.

La Inquisición lo condenó el 7 de abril de 1791 después de quince meses de arresto, a cadena perpetua. Fue dejado en la prisión civil, ya que el Santo Oficio no contaba con las instalaciones de este género ni con los medios financieros para encarcelarlo, de hecho considerados en contra de la libertad humana, don concebido y dado por Dios.

Antes del carnaval romano de 1791 el papado suspende las audiencias para no dar pie a intrigas o conjuras de tipo político, previendo una insurrección debida al proceso. La sentencia de este caso fue herejía, promoción de maestros y alumnos de la magia supersticiosa, dogmatización, además de ir en contra de las leyes apostólicas emanadas de Clemente XII y de Benedetto XIV.

La Inquisición de la época se postula como enjuiciadora oficial de la Santa Iglesia rechazando la dogmatización como un delito a la par de la herejía, cuando en la historia de los Concilios de ésta, los mismos dogmas pasaron a ser fundamento de la fe católica y la base de la estructura material, de lo que se llamó por la misma tradición la esposa de Cristo.

Estos dogmas incluyeron desde la concepción de la Santísima Trinidad, la infalibilidad, la transustanciación, la Biblia y la tradición como fuentes de sabiduría de la misma iglesia, los pecados mortales y veniales, el limbo y la jerarquización de la Virgen como madre de Jesús y de Dios siendo difíciles para la razón humana, quedaron como misterios de fe y dogmas pilares de la teología. En este caso nunca se consideraron herejía por la Santa Inquisición, como si lo fue la sentencia del Gran Cofto. Más bien fue la reafirmación del grupo en el poder, legitimándose a través de un proceso de racionalización basado en los dogmas.

4.3 La Coerción Psíquica y sus Alternativas

En los funerales cristianos del Medioevo, los sacerdotes permitían a la gente ritos y actos que propiciaban el exorcismo aún de los muertos, de esta forma se creía que el alma quedaría liberada. El clero solo se limitó a dar penitencias a los promotores de estos ritos exorcizantes y a procurarles la sumisión a los cánones de la institución católica.

La muerte, la esperanza de la inmortalidad, lo desconocido y la carencia de respuestas racionales a fenómenos naturales a lo largo de la historia humana, se encuentran plasmados en la religiosidad de muchos pueblos. (12) Las respuestas a esta religiosidad encontraron en el cristianismo una racionalización apoyada en las amenazas del infierno maldito por la eternidad, de un purgatorio para penas menores y más aún con la posibilidad de salida a un cielo glorioso para aquellos que en la tierra cumplieran con todo el programa institucional incluidos los sacramentos y los dogmas.

El cristiano de corte católico, sobretodo en el Medioevo hace énfasis en el estado de gracia del individuo, la cual liberaba al hombre de la condena bíblica del pecado original. Este estado de gracia se consigue a través del cumplimiento, no sistemático necesariamente, de los preceptos institucionales, sino que incluso a través de la confesión o del arrepentimiento.

En una cosmografía donde el más allá era todo, donde el destino del alma se pone en primer lugar y la admisión a la eucaristía dependía en mucho del estatus social del cristiano, el estado de gracia se ve como el fin último del cuerpo para garantizar el descanso eterno del alma.

La concepción de los santos quedaba fuera de la cosmografía mundana ya que éstos al alejarse voluntariamente del mundo y de las tentaciones que este representaba, racionalizaban su conducta de vida dentro del mundo y en referencia al más allá, como un efecto de la profesión, de la llamada de la vocación.

Esta metodicidad conllevará a la transformación de una existencia racional en el mundo, no de este mundo sino por este mundo. (13) La contemplación, la riqueza de bienes espirituales y la oración pasan a ser el punto fundamental para ganar el estado de gracia, de manera que el trabajo y la riqueza pueden propiciar desviaciones mundanas en la alabanza y servicio a Dios. La pobreza y la humildad, así como el pedir limosna se ensalzan como forma de vida ascética y fundamental del estado de gracia y por ende de la propia salvación del alma en la eternidad del más allá.

En la población laica sobre todo en aquellos cristianos socialmente reconocidos se produce una doble moral. La ostentación y el lujo significan el éxito terrenal y como estos elementos están considerados tentaciones para alejarlo del estado de gracia, busca la benevolencia y el apoyo institucional de la Iglesia con mérito de ganarse la salvación de la propia alma. Esto implica un sometimiento a cánones, dogmas, oraciones, ritos y en fin un programa metódico de salvación.

En muchas de las ocasiones se intercambiaban "gracias" por favores, o por dinero, e incluso por enteras herencias dedicadas a la expiación del alma. Este sistema de compraventa sacramental fue el pilar y sostén de la Iglesia por mucho tiempo, llegando a hacerse una institución de potentados con una enorme riqueza, con una incipiente burocracia que llegó a tener el control administrativo, legal y notarial de enteras poblaciones, además de contar con patrimonios enteros en lo relacionado a las órdenes religiosas, de mendigos y de las llamadas militares. Caballeros de Cristo para la Defensa de los Santos Lugares, los Templarios dependientes únicamente del papa, o los frailes Hospitaleros que daban asistencia a los peregrinos del Santo Sepulcro.

Con este patrimonio la misma institución se vuelve mercenaria de manera que el arte y los artistas se ven en la necesidad de recurrir a ésta para ser financiados, con la consecuencia de que la producción artística se ve dirigida y censurada para que no exista ninguna contradicción entre lo artístico y lo dogmático. La Institución es promotora de grandes obras artísticas, pinturas, catedrales, ornamentos, conventos y abadías.

La máxima "Extra Ecclesiam Nulla Salus" garantizaba y legitimaba el estatus del cristiano medieval. Así como los sacramentos fueron fundamentales en el plan de salvación.

Desde la época de San Agustín se reafirma la idea de que el hombre está marcado por el pecado, y sólo la gracia ayuda a la redención, descontando cualquier mérito individual. Así la iglesia podía ser indulgente con los pecadores, como castigadora de la herejía. La Divina Comedia de Dante reflejó el pensamiento de la época, así como la Inquisición era el mecanismo terrenal para lograr la institucionalización de todo programa de salvación por parte del clero a través de eficaces métodos de purificación tanto de los herejes como de los paganos, brujas, magos y todos aquellos considerados infieles o no institucionalizados.

El mensaje de Cristo en cuanto a la fe, la resurrección y el reino de Dios fue la base del programa de la iglesia oficial ésta como portadora del mensaje, por ejemplo en Irlanda país de tradición celta, se dedicó a la conversión con la ayuda de hombres en su mayoría santos pues el mensaje cristiano aparentemente no es incompatible con la antigua tradición celta. Aparecen santos portadores del mensaje y promotores de la conversión, San Patricio, San Jorge, San Francisco.

Antiguos conceptos y leyendas se cristianizan sobre todo a nivel europeo, pero en muchos casos este proceso no desarraigo las creencias populares, las asimiló. El programa de salvación incluía un proceso de purificación que popularmente había sido concebido por el fuego pero en forma pagana y profana, ahora la concepción de éste se da con una nueva base, la Primera Carta a los Corintios 3 vers. 12 al 15 donde el fuego revelará el valor de las obras cimentadas en Jesús y lo superfluo del oro, las joyas, piedras y maderas preciosas. Así como el valor de la purificación del fuego "más aquel cuya obra queda abrasada, sufrirá el daño. Él, no obstante quedará a salvo, pero como quién pasa a través del fuego". Se ha considerado que la iglesia se basó fundamentalmente en esta premisa para elaborar la doctrina del purgatorio a través del cual el alma se someterá simbólicamente a la purificación del fuego.

4.4 Racionalización y Evangelización a Través de la Conquista. El Mito de la Superioridad

El cristianismo se expande por toda Europa con las bases dogmáticas y el programa de salvación con todo un programa cultural, social, educacional y llega a la mayor parte del mundo de la etapa medieval. Los convertidos al cristianismo conservaron antiguos ritos, creencias y tradiciones que no representaron mayor problema en el proceso de la doble racionalización, la del derecho romano y la del derecho canónico.

Los pueblos conquistados por este cristianismo asimilaron el mensaje institucional, pero sin ninguna base crítica en un momento en que la salvación del alma lo era todo, era entonces imposible cuestionarse aún mas rebelarse. La España católica aporta al mundo cristiano la Inquisición como medio terrenal para castigar y purificar aquellos que no se sometían a los cánones de la iglesia.

En los países tradicionalmente católicos la conversión al cristianismo por parte de la iglesia de Roma, propició un doble fenómeno. El miedo a la Santa Inquisición y a los castigos terrenales, además de la coerción psíquica de dogmas perfeccionados a lo largo de los Concilios, promoviendo simultáneamente la religiosidad y la hipocresía.

La Santa Inquisición como la materialización de la justicia divina encargada de una misión extra terrenal, era un excelente negocio para todos: ganaban los inquisidores, los delatores, los escribanos, los ejecutores, fuese de hoguera o los que se decapitaban, los carpinteros y todos los que de alguna manera estuvieran relacionados con el procedimiento. Así el mecanismo de la delación llegó a ser un instrumento tanto político, para hacer desaparecer a los enemigos, como social, controlando conjuras, chismes hasta problemas de amantes apasionados. La Inquisición llegó a apoderarse de fortunas, castillos, dotes y feudos así como de pensamientos y esperanzas. Todos los bienes de los condenados se destinaban a la redención de las almas inmersas en la herejía.

Se desarrolla en el pensamiento cristiano la idea de salvaguardar los Santos Lugares siendo originalmente la guerra y la violencia concebidas como la consecuencia del pecado original, se inicia a cambiar el concepto por el de la guerra justa. Los Santos Lugares que habían caído en manos de los infieles legitiman el derecho de la reconquista que deberá ser efectuada solo por aquellos a los que les sea permitido y reconocido, o sea un príncipe o un rey, de esta forma la guerra privada quedaba condenada y la "guerra justa" se legitimaba y reivindicaba como un derecho. Es san Agustín quién da las primeras bases de justificación de la "guerra justa" pues no la consideraba un castigo, sino una forma de remediar la injusticia, por lo tanto el soldado no mata, solo repara la acción, librándose de toda culpa. "Justas son las guerras que reivindican la injusticia, cuando un pueblo o un Estado, al cual se le debe hacer la guerra no ha castigado la iniquidad de los suyos o no ha restituido lo que ha estado robando por medio de esta injusticia."(14)

El mismo San Bernardo que no aceptaba la idea de la guerra, argumenta que ésta debe ser efectuada solo si está en peligro la unidad de la iglesia o contra los hebreos, heréticos y paganos; argumentando primero una persuasión de lo contrario se debe recurrir a la guerra defensiva. Así el hecho de la guerra santa implica una conversión interior del soldado, pues este es de Cristo y combate por El y muere por la propia salvación reivindicando al mismo Jesucristo. (15)

De esta forma los conceptos de guerra justa y guerra santa son los caminos escogidos de Dios para llegar a la paz, según la iglesia dominante, la católica. San Agustín predica ser pacíficos, pero valida la guerra como medio para lograr la paz. Entonces recomienda "Sean pues pacíficos aún combatiendo, para combatir la felicidad de la paz."

El papa Gregorio VII acuña la idea que más tarde se pone en práctica de unir a la milicia con los ideales espirituales de la iglesia. Así éstas llegan a ser una compañía de caballeros prontos a ir al campo de batalla para combatir a los enemigos de la cristiandad. "Gregorio VII invita al derramamiento de sangre, promete la remisión de los pecados a condición de que se defienda el patrimonio de San Pedro con la fuerza." (17)

Esta forma de expiación colectiva legitimada por la autoridad papal impulsó la creación de órdenes caballerescas que asumieron el papel de guardianes del cristianismo en los Santos Lugares. No existiendo el remordimiento de la violencia y el asesinato, los conceptos de guerra justa y guerra santa pasaron a formar parte del patrimonio terrenal de la iglesia de Roma, viendo en él el medio legítimo tanto de la salvación personal como del engrandecimiento de la obra de Cristo. Con esta mentalidad se produjeron dos fenómenos; el primero un derecho natural de conquista sobre todo en el caso de la caballería feudal y una obligación innata de rescate de almas infieles para la gloria de Dios y en consecuencia el engrandecimiento de la misma iglesia. (18)

Con esto se justificaron las conquistas por parte de sociedades civilizadas y promotoras de los principios cristianos, considerando las demás religiones o culturas incapaces de articular pensamientos filosóficos o literarios, y hasta en algunos casos hasta de gobernarse. (19)

El cristianismo heredado estaba imbuido de ideas helenizantes y de bases aristotélicas que se asimilaron en un pensamiento racional que más tarde evolucionó en la teología católica. Uno de sus más grandes exponentes Fue Santo Tomás de Aquino, quien influiría radicalmente en la evolución del pensamiento y en la formulación de los dogmas. (20)

La gihad es la guerra santa contra los enemigos de Dios, o sean los paganos que rechazan la conversión al Islam.

4.4.1 La Religiosidad y la Doble Moral

La religiosidad y la doble moral son fenómenos que se presentan frecuentemente juntos. En la intimidad se practica una actitud se es religioso, de una religiosidad heredada casi siempre de forma familiar y tradicional, se es aceptado socialmente con la apariencia de una apertura universal. Al externo la religiosidad personal se deja a un lado a la hora del acomodo político o cultural, siendo elástico en concepciones y principios aparentando una vocación abierta y crítica. Públicamente es posible hasta una crítica y burla abierta de las mismas tradiciones.

Los católicos hoy día como a lo largo de la historia se alejan de sus convicciones en la medida que se vinculan a la vida política o nacional de una comunidad o estado, y cuando participan activamente en asociaciones de diferentes vocaciones religiosas. La interpretación y aplicación de los principios cristianos dados en su conjunto en la Biblia y posteriormente interpretados por las jerarquías a la cabeza de la iglesia desde tiempos de la Roma imperial estuvieron impregnadas de enfoques culturales y de las mismas tradiciones populares, mitos y concepciones cósmicas dominantes del momento. Es así que con esta re-elaboración el cristianismo se fue adaptando a las necesidades humanas, políticas, sociales y culturales, dejando de ser un código de conducta para la misma salvación. Esta adaptación que lo volvió un cristianismo social y cultural producto de la época y de las aspiraciones del hombre, lo alejó sistemáticamente de la espiritualidad que lo caracterizó en la época bíblica, la religión se culturizo y con ello se hace intolerante de otros procesos culturales sociales, económicos e históricos.

Este pasa a ser el instrumento legitimador de las clases y grupos dominantes interesados en mantener un status quo favorable y al mismo tiempo rescatar la espiritualidad mística y la salvación.

La Iglesia se considera representante de las esperanzas y la salvación de la humanidad por otra parte es el freno a la modernidad de la misma sociedad en evolución y en el inicio del Tercer Milenio. Esta ha mantenido una lealtad a la tradición y en algunos países se presenta todavía como la lideresa y la representante de la misma, no sin percatarse de las contradicciones internas que el mismo proceso político, social, económico y de globalización que en el mundo se están dando.

Estas contradicciones del mismo proceso capitalista a nivel mundial han generado enormes problemas de credibilidad, los cuales no han sido superados pues ello equivaldría a una profunda reforma y una mentalidad de cambio, lo que llevaría a retomar antiguos dogmas y conceptos algunos de ellos milenarios para su adaptación y sobre todo su cuestionamiento en base a una actitud universal reconocida y aceptada bíblicamente.

Esta crisis a nivel universal es el reflejo de la misma pero a nivel del individuo. La iglesia de adapta a las necesidades terrenales y al mismo tiempo lucha por seguir siendo la cabeza en el campo espiritual. La doble moral es incluso una característica de la supervivencia. Ya en el año 1875 el diputado napolitano Pascual Villardi decía que la Iglesia a nivel mundial se preparaba a una ofensiva en vista de la pérdida de su poder temporal y ésta ya no consistía en los antiguos métodos de conquista o de inquisición sino en la lucha con el uso de medios más poderosos.

La pérdida paulatina de su poder temporal, la ha orillado a alianzas secretas y a pactos ética y políticamente discutibles produciendo una imagen más de un gobierno terrenal que de una guía espiritual. Al perder terreno, tanto espiritual como en presencia política, los dogmas y la tradición tratan de recuperar el campo perdido. Algunas veces el ataque frontal, la credibilidad, la capacidad moral y ética de las personas se ven como elementos decisivos en otorgar favores y reconocimientos. Más bien se está de frente a un estado con un gobierno con medios y fines determinados.

Algunos países previendo la injerencia clerical en los asuntos gubernamentales, decidieron separar la salvación espiritual eterna de los asuntos puramente terrenales y de la conducción del gobierno. En México en 1929 se da la guerra cristera donde se elimina el poder de la iglesia y su intromisión en los asuntos de estado, los que dependerán en lo sucesivo de los laicos, o bien en la revolución rusa donde se limitó absolutamente el papel de la iglesia ortodoxa.

4.4.2 La Conquista Española en la América Latina. Los Indios en Proceso de Aprendizaje Teológico

Ya desde el 1539 después de la conquista española, el proceso de catequización para los indios en México se consideraba rudimentario, tanto que el decreto episcopal de ese año prohibía golpear a los indios y cargarles de hierros como medio de aprendizaje teológico y de catequesis. Una forma de aprender los dogmas del cielo y el infierno por parte de los primeros misioneros franciscanos, dominicos y agustinos que habían llegado desde el 1526 era, en el caso del infierno de encender una gran fogata con un horno y arrojar dentro perros y gatos vivos de manera que estos pobres animales antes de morir calcinados producían chillidos y contorsiones que emulaban las mismas situaciones vividas en el infierno, así se visualizaba la teología del infierno por parte del franciscano Luis Cabrera el cual solo hablaba español, lo que le obligaba a utilizar recursos tanto de mímica como visivos para ejemplificar la teología y los castigos del infierno. Para la paz y la serenidad del cielo se recurría a la trilogía de Dios Uno y Trino y a la simbología de la cruz, que no era del todo ajena a los indios de la América precolombina. (21)

Es curioso como todavía muchos españoles, obviamente no todos sino los que desconocen el proceso de conquista llevado a cabo por Cortés y los italianos se pregunten sobre el estado de salvajismo encontrado por los primeros evangelizadores en las nuevas tierras, pero no han recapacitado en los métodos de catequesis de los frailes misioneros sobretodo de los franciscanos que tenían como representante un fraile humilde que la tradición y la leyenda lo han elevado a ser el interlocutor de las creaturas creadas por Dios, los animales en su relación con el hombre. (22)

En la obra del franciscano protector de los indios, Fray Bernardino de Sahagún, conocida como Historia General de las Cosas de la Nueva España se hace un detallado análisis sobre los mecanismos utilizados durante la colonia con el fin de erradicar el paganismo. Esto era importante para la corona española sobre todo en términos económicos y de costos humanos, entonces la evangelización de los indios se vio como una misión santa y de expiación, una causa justa donde la salvación era tan importante para los indios como para aquellos misioneros que daban su vida por una causa justa. Primero se debía hacer la conquista material y después se ganarían las almas, este principio fue asimilado sin convicción sino sobre la base de la actitud de poder ejercida en los territorios conquistados.

Este cristianismo vacío espiritualmente pero a la vez lleno de cultura, tradiciones, leyendas y mitos de la cultura española estaba protegido por todo un aparato institucional, basado en mucho del poder económico que la corona española obtuvo de la posesión de las colonias de ultramar y en materia religiosa por la Inquisición la cual eliminaba todo proceso de herejía, de cisma, de rivalidad o de emancipación.

La iglesia católica resultó ser un efectivo elemento de control para los fines de la corona, (23) sobre todo Carlos V y Felipe II. La corona se sirve de la iglesia católica y de la Inquisición y ésta a su vez se sirve de la monarquía para aumentar su poder terrenal, quedando fuera de este equilibrio el papa que estaba ocupado en extender la política de San Agustín y el mundo milenario.

El cristianismo respaldado por un poder clerical racionalizado doblemente en el derecho canónico y en el derecho romano y detentor del monopolio legítimo de la salvación solo pudo penetrar en aquellas zonas donde no se tenía una verdadera y fuerte concepción y convicción de la conciencia nacional, económica, racial, social y cultural. (24)

Como consecuencia tanto los indígenas como los conquistadores se adaptaron a ambos tipos de vida, aunque en la convicción íntima y personal se produjo una doble moral y un germen que se fue haciendo sutil en la medida que creció, la sumisión a la tradición, además de una religiosidad visiva de imágenes y temerosa de las posiciones críticas. Una religión lejos del amor de Dios y plena de cultura. Este tipo de pensamiento se incrustó en las generaciones sucesivas que no lucharon contra la barbarie de la conquista sino que se asimilaron poco a poco a una religiosidad de un cristianismo típico evangelizador en el marco de una sociedad tradicional, con miedo a los cambios y con la esperanza de la salvación íntima y espiritual, la doble moral jugó un papel fundamental de supervivencia.

4.4.3 La Cultura Visiva en la Religiosidad Humana

Entre el 500 y el 600 de la era cristiana, los frailes destacaron la importancia de la predicación visual, más que de una profunda reflexión de las Sagradas Escrituras o más aún de las corrientes diferentes de pensamiento.

Con la paulatina elaboración de textos y la actividad copista, los manuales iniciaron a ser leídos por la clase preparada y culta, o sea la que hablaba el latín, por consecuencia el resto de la sociedad no tuvo acceso a éstos. Igualmente el costo y el tiempo de copiar un manuscrito limitaron enormemente la difusión y discusión de textos. Surgieron monasterios especializados en la copia de textos que en su mayoría eran de tipo religioso, uno de los más grandes fue el Fulda.

En cuanto al arte este se vio financiado sea por la misma iglesia o por señores feudales, en ambos casos éste fue el reflejo de la cultura, mitos, tradiciones y religiosidad de sus patrocinadores. Incluso en la pintura muchos artistas fueron deliberadamente censurados para no caer en agudas contradicciones con la teología y los dogmas predominantes, así el arte representa la visualización de la idiosincrasia del momento, el representativo de la historiografía y la opción visiva del cristianismo.

Esta opción visiva del cristianismo fue aprovechada por la iglesia para dar a conocer las diferentes etapas de la vida del Cristo, de vincularlas a San Pedro y de relacionarlas íntimamente con aquellos jerarcas y frailes que inspirados por una ética cristiana habían dedicado su vida terrenal en pos de la salvación.

La representación visual pasó a ser un poderoso instrumento de evangelización sobre todo para aquellos sectores sin recursos y sin posibilidad de acceso a la lectura.

Siendo la Biblia y los textos sacros prohibidos en cuanto a su circulación, la opción tanto de la catequesis como de la visualización representó el medio más eficaz y económico de difusión. Así las primeras órdenes religiosas utilizaron figuras de tamaño natural para la representación de la Natividad de Cristo, costumbre que más tarde los frailes jesuitas y franciscanos aprovecharon para la elaboración de los primeros pesebres, y con la inspiración de los salmos se fueron agregando poco a poco los animales que hoy son parte fundamental de cualquier nacimiento, el buey y el asno.

España e Italia, culturas con grande riqueza visiva, en el sentido estético, fueron promotoras de esta forma de difusión del arte, que más tarde pasaría con sus propias contradicciones a sus colonias. En éstas, las Sagradas Escrituras fueron prohibidas, obviamente para los indios y las clases desposeídas, la censura fue el medio de controlar los artistas y los pintores de origen nativo que plasmaron la religiosidad bajo enfoques culturales muy diferentes de los que prevalecían en la corona española, pues en algunos casos se introdujeron alusiones de tipo ritualistico, o evocaciones al paganismo, que reflejaron más bien cómo se habían asimilado los elementos cristianos posteriores a la Conquista.

La religiosidad de los cristianos se vuelve visiva en lo fundamental, una espiritualidad basada e inspirada en su entorno, en una procesión de imágenes, estatuas, y en un ritual de veladoras.

El cristiano ve y cree porque ha visualizado, sin embargo en lo interno se producen contradicciones entre un paganismo asimilado y un entorno cultural que esta rebasando poco a poco la tradición y la cultura visiva de la religiosidad. La opción es someterse al poder terrenal y a un programa oficial de salvación, aceptando sus pros y contras cuya disyuntiva es: encontrar las respuestas y el medio de salvación en un ambiente extra confesional.

La visualización de la religiosidad coadyuvó a personalizar el culto de los santos, frailes y hombres, en su mayoría que aportaron ideas y que incluso fueron operadores de milagros, arraigándose en la fe y tradiciones populares. El culto personalizado de los santos logró la construcción de capillas dentro de las iglesias con el fin de culto, e incluso la construcción de sendas basílicas para su consagración. En éstas, las imágenes y estatuas fluyeron copiosamente para luego ser bendecidas y adoradas por los mismos fieles. El marco de adoración cristiana de corte católico se ensancha en la medida que la visualización se abre paso.

En muchos templos católicos hoy en día es frecuente notar como se ha dado cabida a una variedad enorme de santos y beatos para su exposición al culto, y de frente a estos pequeños altares una serie de velas cumplen su función ritual al lado de una oración previamente escrita, la cual se reza al momento de encender la vela.

En el santuario de la virgen de los pastorcitos en Portugal, las velas se encienden en un gran horno, se ha mercantilizado a tal grado la encendida de velas, que las personas ya la ponen directamente en el horno, previamente su pago.

Con la aparición visual de santos, monjes, beatos o mujeres devotas merecedoras de un reconocimiento oficial que las eleva al nivel de santas o beatas, la salvación y la redención han tomado caminos diversos, alejándose muchas veces de los altares mayores. La visualización ha coadyuvado a imponer rituales de intersección, así como actitudes fanáticas y fetichistas que alimentan la esperanza y la consecución material de los milagros, a corto plazo, postergando la salvación del alma y los beneficios del más allá.

La manifestación del arte sacro recalcó básicamente el dolor y el sacrificio como relacionados al Cristo y a las promesas de la redención, de manera que fue visualizado por los primeros cristianos como místico y alejado de la alegría y la bienaventuranza. El ser cristiano se asoció con una ascética forma de vida, extra- mundana, y alejada de los peligros de la ambición de poder terrenal y por consecuencia de la riqueza. Se enfatiza en que la salvación y la redención se logran a través de una actitud de sumisión total a la providencia de Dios, y a la aceptación de cargar con la propia cruz.

El arte sacro y el dolor se ven íntimamente ligados en la medida que justifican visualmente la concepción tradicional de la misma patrocinadora cristiana y que reflejan estéticamente la teología y los programas de salvación, así como la concepción tanto de Dios como del más allá y de los misterios de fe.

4.5 La raza Superior, la Conquista y el Mito de la Malinche

El término malinchismo, acuñado posteriormente de la conquista de México, refleja el sentimiento de la población autóctona ante la avasalladora y cruenta lucha de los conquistadores españoles para obtener el dominio de las nuevas tierras apenas descubiertas por Cristóbal Colón.

La historia de la conquista de México se caracterizó por ser una de las más cruentas y sanguinarias luchas llevadas a cabo en el recién territorio conquistado, la violencia del extranjero se une a los propósitos del evangelizador cristiano. El capitán Hernán Cortés (25) llega a México en representación del rey Don Carlos V, Emperador del Santo Imperio Romano y Rey de España, y en vista de que Cortés no conocía la lengua náhuatl y los diversos dialectos de las nuevas tierras, utiliza los servicios de una mujer conocida como la Malinche, para ser su traductora, cargo que posteriormente la hará ser despreciada por su misma raza.

Durante el imperio de Moctezuma los aztecas habían logrado desarrollar mercados muy amplios dentro de lo que hoy son los estados de Veracruz, Oaxaca y Tabasco. En la zona de Coatzacoalcos, Veracruz, el comercio y la prostitución eran ampliamente difundidos entre las caravanas de mercaderes y la población local. La prostitución obligaba a las jóvenes a dejar a los hijos en los maizales, sobre todo neonatos, para su sustento. Así es como Ce-Malinali en español Uno-hierba nombre del Calendario, nace y aprende la lengua de Coatlimacac, y posteriormente el náhuatl, pues fue vendida a cambio de maíz, estos cambios le permitieron aprender varias lenguas y dialectos. A la llegada de Cortés al golfo de México y concretamente a Veracruz, los indios enviaron mensajeros al emperador Moctezuma avisando de los nuevos visitantes, diferentes étnicamente de los conocidos hasta entonces. Como el emperador era creyente de la leyenda de Quetzalcóatl, vio en los recién llegados el cumplimiento de la profecía del regreso de éste. (26)

Como costumbre arraigada entre nativos, les llenaron de regalos, joyas, piedras preciosas, oro y mujeres y los españoles, que más que interpretar actos de protocolo vieron en esto la riqueza despertando la ambición de muchos. El oro fue fundido, ya que no se podían transportar elementos religiosos o artísticos de culturas paganas, y llevados en forma de lingotes a la propia España. Entre las mujeres dadas a los españoles estaba la Malinche que fue regalada a Jerónimo de Aguilar, para entonces ésta había aprendido el español y podía traducir el náhuatl y el totonaca.

Viendo sus dotes de traductora Cortés se apoyó en ella como intérprete y traductora con los indios, poniéndose al tanto de las costumbres, mitos y leyendas, así como de las supersticiones del pueblo azteca, pudiendo entonces manipularlos y llegar a la misma Tenochtitlán con los indios como aliados.

Para este momento Ce-Malinali contaba con un pasado noble y con los señores de Coatlícamac por padres, cambia su nombre por el de Malintzin, ya que el –tzin– representaba la nobleza indígena. Al ser bautizada en el rito romano católico recibe el nombre de Doña Marina o sea Santa Margarita Marina, más tarde fue dada en regalo a un oficial español llamado Alonso el cual muere en un naufragio al regresar a España, aprovechando esta coyuntura Cortés la vuelve su concubina, además de seguir siendo su intérprete personal. En diversas ocasiones se intento por parte tanto de la nobleza azteca como de nativos comunes de envenenar a los españoles y a la misma Malinche, pero ésta hábilmente había enseñado a los conquistadores artes, maleficios y brujerías para que salvaguardaran sus vidas, y en lo relacionado con el envenenamiento se habían tomado precauciones necesarias al ser probados todos los alimentos por indios fieles e ignorantes del alcance de una conquista.

La labor de la Malinche durante la guerra entre españoles y tlaxcaltecas no se limitó exclusivamente a la traducción, sino a la logística de la guerra, basada en un conocimiento profundo de las costumbres y cosmologías indígenas, con el resultado de la confusión y sometimiento de los indios al poder de los cañones, Tlaxcala fue la primera rendición.

Fue invaluable la participación y ayuda en lo concerniente a abandonar la Triple Alianza, mexicas, acolhuas y tepanecas, para que estas comunidades se unieran con los españoles y así conquistar la tierra mexica. Todo bajo la promesa de que unidos bajo el yugo del rey Carlos de España recibirían posteriormente de la conquista los beneficios de la evangelización.

Cuando Cortés llega con sus aliados tepanecas a Chololán previa invitación de Moctezuma, y gracias a la labor de la Malinche, tres mil aliados básicamente totonacas se unen a las tropas españolas. La matanza de Chololán se concluye con la muerte de indios dentro y en los alrededores del templo de Quetzalcóatl, siendo quemados al interior del templo. (27) El príncipe heredero Ixtli-Xóchitl, legítimo representante de los acolhua, se une a Cortés aumentando el contingente bélico para así garantizar la conquista de Tenochtitlán y el sometimiento de los tepanecas y totonacas. El príncipe fue mejor conocido para los españoles como Flor Oscura.

En el día Dos-Casa del año Uno-Caña, aproximadamente noviembre de 1519, Cortés entra en Tenochtitlán junto con sus aliados y la Malinche como traductora e intérprete. Esta se presentó ante Moctezuma llevando banderas de España y la que usaba personalmente Cortés. Poco después el emperador fue encarcelado y el gobierno de Tenochtitlán quedó sin jefatura, conspirándose un golpe de estado se asesina a Moctezuma, aún cuando todavía no existía un control material de la ciudad. Los mexicas en una reunión desaforaron (28) a Moctezuma Xocoyotzin como emperador ya que era incapaz de ejercer el poder y de expulsar a los españoles personificando la profecía de la venganza. Se nombra a su hermano Cuitláhuatzin como regente para dar la aprobación necesaria a la estrategia de expulsar a los conquistadores. Con esto y para celebrar el nuevo emperador, los mexicas celebran una ceremonia exclusivamente para indios, de investidura, la que serviría de pretexto para reunir a hombres, mujeres y niños en la plaza de Tlatelolco. Libres de sospechas el proceso de expulsión podía ser efectuado por Cuauthémoctzin en tanto que los españoles estaban muy ocupados trasladando el oro del tesoro de Tenochtitlán para ser embarcado directo a la corona española. En esa noche de coronación la Malinche en vano fue objeto de envenenamiento pero como tenía la costumbre de no probar alimento sin antes someterlo a sus esclavos todo intento de eliminarla del panorama fue en balde.

La muerte de Moctezuma facilitó la estrategia de Cuauthémoctzin logrando hacer retroceder a Cortés el cual lloró su derrota en el árbol de la noche triste en la calzada de Tlacopan, fuera de la gran Tenochtitlán el 30 de junio de 1520.

Descansando en Tlacopan se refuerzan las armas y las tropas, aprovechando la enemistad de los tepanecas hacia los tlaxcaltecas se liberan de éstos llevándolos hacia la dirección de Atzcapozalco para quedar libres de marchar hacia Tenochtitlán, donde después del asedio Cortés emprende la demolición de la pirámide de Tlatelolco como símbolo y coronación del éxito de su empresa, se detiene a Cuauhtémoc el día Uno Serpiente del año Tres. Cosa que pasa a los anales de la historia como el 13 de agosto de 1521. Con Cuauhtémoc prisionero se inicia la búsqueda del tesoro de Moctezuma que se había perdido en el gran lago de la ciudad de Tenochtitlán. En vista de que el mismo Cuauhtémoc no cooperaba en revelar el lugar donde el tesoro había caído Cortés utilizó métodos inquisitoriales quemándole los pies no como castigo por la herejía sino el fuego como ayuda para revelar el secreto de este oro que quedó maldito en el fondo del lago de la gran Tenochtitlán Con la conquista de ésta se lleva a cabo una nueva urbanización conforme a los cánones de la corona y la iglesia. El mismo Cortés se hace construir un palacio en Quaunáhuac, hoy Cuernavaca, cerca de oficiales y concubinas y por supuesto la Malinche, que desde esta posición estratégica podía vigilar a los últimos familiares de la dinastía de Moctezuma.

Años más tarde llegó la esposa de Cortés Doña Catalina la cual según la leyenda muere de tristeza y de abandono tres meses después de haber estado en la isla de Cuba ya que era conocedora de la Malinche y de su relación con Cortés. El mismo Cortés desliga toda responsabilidad en relación a la muerte de su esposa, teniendo un hijo con la Malinche al que bautizaría con el nombre de Martín. Fiel al lado de ella Cortés solo la abandonará cuando parte para España a la corte del rey Don Carlos de donde regresa como marqués del Valle acompañado de la nueva marquesa doña Juana.

La Malinche recibió una pensión vitalicia de parte de la Corona española y en una ceremonia confesional se le une en matrimonio con Don Juan Jaramillo el cual muere en una aventura marina que comandaba como capitán. Doña Marina viuda de Jaramillo quedó como dueña de la isla Tacamichara en Coatzacoalcos Veracruz donde vivió hasta su muerte rodeada de comodidades y de la pensión vitalicia.

4.5.1 El Malinchismo como Mito. Impactos en la Doble Moral

La conquista propició enormes cambios políticos, económicos, sociales, religiosos, culturales y emocionales en la población sometida a este proceso, sea voluntariamente o sin quererlo. La conversión al cristianismo por parte de aquellos que renegaron rápidamente de sus convicciones, les permitió tener puestos en el gobierno, incluso hasta jefaturas de lugares circunvecinos, y de recibir un trato diferente de aquellos que continuaban con las antiguas creencias, y sometidos a la tradición y mitos de su propia y hasta entonces única cultura.

La actitud de los conquistadores reflejó los valores y la idiosincrasia de la misma población española, como también la espiritualidad y convicciones religiosas imperantes, las que chocaron con la misma cultura nativa, como dos culturas que se enfrentan y cuyos exponentes representan dos visiones religiosas irreconciliables.

La conquista cambió el orden económico y social de forma violenta y rápida, ahora para poder sobrevivir en la nueva situación el indio debía renunciar a sus antiguas posiciones, creencias, a su cultura, reconocer a su nuevo patrón y sentirse blanco, aun no siéndolo, estos se conocieron en la historia como los oportunistas.

Con esta doble moral, al interior que se negó a reconocer sino hasta generaciones después, un Dios del blanco como único y una actitud externa de conciliación y de aceptación, coadyuvo a la formación de una nueva mentalidad de mestizaje. Una nueva cultura religiosa requería sumisión a la Iglesia, no a Dios. El reacomodo ante los nuevos patrones europeos, así como la aceptación de una religión para ellos desconocida que predicaba el amor, la santidad y la justicia produjo enormes choques tanto sociales como espirituales. Debido a que los primeros contactos con cristianos se verificaron en base a la traición, el abuso, la codicia, la injusticia y posteriormente el refinamiento de los métodos inquisitoriales para la consecución de estos fines, propiciaron la concepción primero de un cristianismo sádico y flexible en la medida que no se rebasara por las ambiciones puramente terrenales. La espiritualidad tanto indígena como cristiana quedo en el ámbito de la salvación y justicia en el más allá, bajo la inmensa bondad de Dios.

Con la convicción aparente muchos indígenas lograron una mejor posición social donde incluso podían vivir como siervos dentro de un régimen estrictamente feudal. Este acomodo permitió encontrar una salida a la miseria, aún cuando el resentimiento de hecho no se pudo superar.

Ahora los oportunistas y los resentidos se encontraban por encima de los demás, iguales en raza, siendo serviles con el extranjero podían obtener más que siendo solidarios con los de su propia raza, la leyenda de la Malinche era la prueba contundente.

Las autoridades españolas, así como las nuevas familias que fueron llegando tuvieron a su servicio personas pertenecientes a la antigua realeza mexica, usaron sus jóvenes para los servicios más humildes como una forma de expiación, y como reacción en cadena aquellos convertidos y oportunistas hicieron lo mismo con las clases más bajas de la antigua organización social y cultural nativa, aun habiendo sido éstos de la misma extracción racial. La humillación se hizo patente entre españoles e indios y entre éstos mismos.

En la península de Yucatán y el área maya en el siglo XVI, los españoles que llegaban a conquistar y repartirse las tierras denominaron a los indios ahí establecidos "perros" y "perras" como forma de humillación, utilizaban el calificativo malo y la terminación maya ix, que se convierte en malix perros corrientes, esta palabra se fusiono y con el tiempo paso a ser el nombre que se da a los perros criollos de la zona, perdió su connotación de humillación en personas para pasar a los animales, los perros.

Las nuevas generaciones nacidas en la antigua Tenochtitlán conocieron la humillación, la corrupción y el soborno como prácticas comunes tanto para sobrevivir como para obtener beneficios en el marco de una nueva sociedad impuesta por el poder y la violencia de más fuerte, que por el derecho natural entraba en el esquema político, social y cultural religioso.

Inherente a la conquista y a la cristianización posterior, la iglesia dotó a las nuevas sociedades de cultos, ritos y dogmas importados de la realidad europea, concretamente española, que se fueron asimilando a la idiosincrasia indígena, que fusionó el paganismo con la religiosidad cristiana y donde se postergaron las ambiciones terrenales por las esperanzas de salvación y justicia en el más allá.

Los dogmas, misterios y ritos religiosos, unidos a la actividad de la Santa Inquisición, lograron legitimar la religión del conquistador haciéndola el monopolio legítimo de la salvación a diferencia de otras religiones que quedaron bajo la categoría de paganismo.

La Malinche despreciada por su propia raza, bautizada sin una plena convicción, fue aún rechazada en los círculos españoles, fue la más fiel representante de la traición, de la doble moral, de ahí que se acuña el término de "malinchismo".

4.5.2 La Conquista y la Evangelización

La conquista española aportó a las colonias un instinto de superioridad, actitud que muchas veces se transformó en paternalismo. A Felipe II se le informaba que los indios eran como "pichones" cuyas alas no habían crecido lo suficiente para volar solos, así los religiosos fungen como padres y madres para ellos. (29)

Fray Juan de Zumárraga escribe al emperador y rey Don Carlos de España como los indios de la Nueva España eran puestos a trabajar hasta la muerte en las haciendas de los españoles y argumenta que éstos indios deberían estar más agradecidos con sus patrones, pues a cambio se les ha llevado la salvación de la Cruz, y cita en sus cartas: "… Porque nosotros los cristianos rescatamos a esos salvajes de su adoración al demonio y su inevitable condenación, y porque nosotros les trajimos la esperanza de su salvación, por eso los indios deben estar eternamente agradecidos de nosotros sus redentores. El Capellán de Vuestra Majestad, no puede negar que hay cierta lógica en este argumento, pero nosotros no creemos que el agradecimiento de los indios los obligue a morir indiscriminadamente y arbitrariamente, por golpes, por marcas de hierro, por falta de alimentos y otros malos tratos, y ciertamente, antes de que hayan sido bautizados y totalmente confirmados dentro de la fe." (30)

La evangelización llevada a cabo por la conquista española estuvo impregnada de la moral y la concepción que se había formado durante la edad media, y sobre todo en lo relacionado a concepciones filosóficas del cristianismo de base aristotélica y helenizada.

Así como el cristianismo absorbió elementos del paganismo de los pueblos en donde se estableció, en la Nueva España asimiló elementos nativos que se fusionaron para lograr el control total y la sumisión indígena al nuevo poder. Las antiguas concepciones cósmicas aztecas no eran incompatibles a las nuevas doctrinas que presentaban los misioneros. La concepción dual azteca en cuanto dioses y el papel del sol se adaptó a la versión de un Dios bueno y de un diablo malo, el sol representaba la luz, el demonio las tinieblas. El paraíso terrenal se localizaba en Tlalocan y era la morada de Dios, pero no el dios Tlalocan, sino el nuevo, más poderoso.

La tradición azteca concebía también un infierno, el Mictlán, pero de duración limitada, y al final sobrevenía la disolución del ser, concepción que fue reformada en la idiosincrasia y sobre todo apoyada con la visualización de las penas que allí se infringían como castigo a la desobediencia de la misma iglesia.

Y como el chalchihuitl, piedra que emulaba su nuevo corazón para la otra vida no podía ser usado en la nueva concepción religiosa, se cambió en otros talismanes y fetiches que ayudarían al muerto en un viaje a la otra vida, o bien durante ella.

Así como la nobleza indígena se enterraba en cuclillas acompañada sea del chalchihuite que de sus posesiones y animales preferidos, los primeros funerales cristianizados no incluyeron a los perros en la sepultura puesto que servían sobre todo para ejemplificar las vivencias del infierno, más aún éstos fueron despreciados, y a las mujeres de conducta libidinosa les fue dado el apelativo de "perras".

Para los indios el perro era el servidor y fiel ayuda que les permitía cruzar el borde de los nueve ríos, el cual era el límite de los infiernos, éste había podido penetrar al mismo y robar los huesos de hombres para hacer una nueva raza, el perro es el signo de uno de los veinte días del calendario de adivinación azteca.

La muerte en la cultura azteca esta predestinada, cada ser desde que nace tiene un destino el cual debe cumplir como parte de esta idiosincrasia, la muerte, a través del suicidio representaba un fin noble para el sujeto. Con el cristianismo la concepción de la muerte adquiere un sentido de expiación y castigo por los pecados de la primera pareja humana, y siendo castigo pierde el destino de un fin noble. La muerte es ahora el remedio para terminar con la Cruz de cada persona, es el medio para penetrar en un estado de espiritualidad cósmica, que se logrará a través de la observación de los principios establecidos por la nueva religión y su instrumento terrenal.

Y como la sociedad azteca era en general supersticiosa y consultaba frecuentemente los magos para saber acerca de su destino, siendo proclive a desarrollarse entre misterios y concepciones mágicas, la adopción del cristianismo paulatinamente asimiló conceptos, conductas, mitos y ritos propios del folclore y cultura nativa que se manifestaron en una religiosidad carente de bases profundas y críticas, tomando en cuenta que la circulación de la Biblia estuvo restringida, y que la base de la evangelización de dio con los textos catequísticos elaborados por sacerdotes, revisados por obispos y aprobados por el papa.

Tanto en la religiosidad del pueblo, como en las manifestaciones artísticas los misioneros aprovecharon el intelecto indígena, propiciando con esto la introducción de los elementos sincretistas en la fe cristiana.

Durante siglos se inculcó una mentalidad y conductas similares, así las siguientes generaciones que no conocieron la conquista ni vieron vejados los más elementales derechos de civilización, se adaptaron a la nueva realidad, manifestando una espiritualidad basada en un comportamiento regido por duros cánones de conducta y con la Inquisición como medio de expiación. La salvación del alma era garantizada por la pertenencia a la iglesia y el cumplimiento de sus preceptos, la riqueza puede ser obstáculo para llegar a este estado de gracia, así la pobreza y la humildad son medios eficaces de asegurarse la vida eterna, el trabajo y las duras labores cotidianas de identifican con la Cruz que cada cristiano tiene desde que nace y que acepta gustoso, como lo hizo el Cristo antes de ser crucificado, por los pecados de toda la humanidad.

El Colegio de Tlatelolco donde los franciscanos enseñaban el español y el latín, no formó sacerdotes locales de origen indígena, sino que dedicó mucho tiempo a la cátedra y a la medicina.(31) El paternalismo de los primeros frailes como lo muestran las Crónicas de la Nueva España y el pensamiento de monjes como Zumárraga reflejaron una actitud de desconfianza a los discípulos reunidos allí, sobre todo los de origen indígena, a los que se les seguía considerando los pichones que no podían todavía volar. Existía la convicción de que era mejor participar en las misiones en el exterior que permanecer en las colonias, ya que éstas estaban sobre pobladas, sobre todo en referencia a la capital donde hubo una mayor concentración tanto urbana como del poder político e inquisitorial de España. (32)

4.5.3 La Doble Moral y las Buenas Costumbres

A partir del 1600 aparece un libro llamado "Dissimulatione Honesta" de Torcuato Accetto. Este se presenta como manual de guía donde los "zorros" son más peligrosos que los lobos y leones, y que para lograr engañar a los demás incluso hay que fingir estupidez y mezclarla con la cautela. Como este manual surgieron los del del "Cortigiano" de Catiglione o el "Libro de las Buenas Costumbres" de Paolo Certaldo, donde se enseña a la sociedad culta del momento las buenas costumbres y el cómo moverse en un ambiente de influencias e intrigas político sociales. Sin faltar el Manual de Carreño que por muchos años y con varias reediciones coadyuvó al refinamiento de generaciones enteras de la aristocracia española y las familias de posición privilegiada durante la administración post colonial.

Estos manuales propiciaron y reforzaron aún más la doble moral, a veces con comportamientos ambiguos, acomodaticios, de resistencia, considerando el engaño como medio de subsistencia aún a costa de servir a diferentes intereses al mismo tiempo servirse de ellos.

Este tipo de literatura quedo inaccesible a los sectores de extracción social popular, restringiendo su uso a círculos sociales con antecedentes aristocráticos o con solidez económica. La diferencia de clases se hizo más patente pues los buenos modales aceptados universalmente no fueron patrimonio popular. Indirectamente promovieron mitos de refinamiento, de raza y de posición social los que se identificaron con la blancura de la piel, cuanto más blanco más puro, y cuanto más alejado de rasgos autóctonos o de razas indígenas se es más puro, como la casta divina en Yucatán y por consecuencia parte de la raza superior. Entonces la gente blanca adquiere una supremacía dificilmente cuestionable, promoviendo un tipo de la belleza y del refinamiento basado en cuestiones de raza y pureza.

Al reflejar el orden social imperante, estos manuales esbozan una escala de valores que rigen en toda la estructura de la sociedad, y que dificilmente tiene posibilidad de movilidad, ya que se fundamenta en principios sobre todo de tipo feudal en cuanto a la credibilidad del orden social imperante, ya que el derecho divino otorgó los intereses de la raza humana a una persona para que ésta los gobierne.(33) La responsabilidad que se genera es más en relación hacia la autoconciencia y ésta hacia Dios, que un sentimiento de solidaridad hacia el resto de la misma sociedad. En Epístola a los hebreos 13 vers. 17 dice "Obedeced a vuestros dirigentes y someteos a ellos, pues velan sobre vuestras almas como quienes han de dar cuentas de ellas, para que lo hagan con alegría y no lamentándose, cosa que no os traería ventaja alguna".

En la primera Epístola de San Pedro 2 vers. 13 al 15 se exonera al cristiano de ser sumiso, en nombre del Señor, sea al rey, como soberano o a los gobernantes para alabanza de los que obran bien y para gloria de Dios. Aquí reafirma más bien la idea dentro de un marco de libertad y donde la obediencia no debe ser divinizada, pues esto corresponde más bien al paganismo, sobre todo en lo relacionado a la divinización humana.

En los países donde hubo una fuerte influencia romana, donde la inquisición participó activamente y la evangelización se dio sin una plena convicción intima, el fenómeno de la doble moral fue latente como medio aún de supervivencia personal. (34)

En base al modelo típico del cristiano delineado bíblicamente los buenos modales legitimaron actitudes de buen comportamiento, de caridad, de indulgencia, de control del mismo carácter, de sencillez y a la vez sobriedad, el amor no es mal educado, es comprensivo, es caritativo, servicial. Delineando modelos de comportamiento perfectos y compatibles con la predicación cristiana.

4.6 Poder Económico y Político de la Iglesia Católica y su Papel en la Doble Moral

En el año 1800 aproximadamente, la Iglesia que había afirmado su poder económico y político sobre todo en Europa y después en las colonias de ultramar, enfrentaba con Pío IX una crisis política de envergadura para la misma estabilidad de la institución. Era tradición y legitimaba el poder religioso que los reyes se coronaran por el mismo papa adquiriendo de esta forma la gracia divina, el no hacerlo significaba una desobediencia y un no reconocimiento de la autoridad designada por Dios en un orden político basado en la teocracia. Según Spengler la historia de occidente es la historia del paso de la teocracia a la democracia, "desafiando la superstición más grande de la historia", donde se ha dado el paso del poder político directamente de Dios al soberano tal como éste ha sido recibido por el mismo papa, claro en menor medida.

Con la afirmación de las monarquías europeas y el avance de la democracia la iglesia concretamente el papado, vio limitadas sus expectativas de poder, y tuvo que someterse a la conclusión de alianzas terrenales y a la separación de dominios y prerrogativas políticas que por tradición habían quedado sometidas a su jurisdicción. (35)

La iglesia por si sola poseía en la Lombardía austríaca el 22 por ciento de la propiedad de la tierra y poco menos en el resto de Italia. Solo en el reino de Nápoles, la misma percibía una renta de poco menos la cantidad de la que tenía el estado italiano. Los bienes de manos muertas, las confiscaciones, las donaciones agrandaron el ya gran poder económico y el patrimonio clerical.

Benedetto XIII trató de continuar con la práctica de ampliar el poder y patrimonio del papado, pero esto fue frenado sobre todo con la presencia de un sacerdote en el punto de muerte.

Las órdenes religiosas contribuyeron al engrandecimiento del poder terrenal del papado, pues reconocidas ante él, se someten a la iglesia y sus representantes por el voto de obediencia. Iglesias, conventos, monasterios, abadías, oratorios, basílicas y museos sacros son parte del patrimonio religioso custodiado institucionalmente.

Los jesuitas llegaron a tener un patrimonio religioso considerable, lo que les permitió participar veladamente en los asuntos políticos de los países, es así que son expulsados de casi toda Europa (36) sobre todo de España, Francia, Parma y Nápoles entre los años 1764 y 1767 siendo definidos por el ministro Bernardo Tanucci como un verdadero cáncer. En el 1773 el papa de la orden franciscana, Clemente XIV presionando por casi todos los reyes de Europa disuelve la orden sobreviviendo solo en Polonia y en Rusia hasta el 1814.

Con la limitación parcial del poder económico y político de la iglesia, que estaba arraigada en la espiritualidad de la sociedad, se da un paso adelante en el proceso de la democratización, sobre todo teniendo en cuenta que el papel de la misma se remite a la guía espiritual y a la conducción del camino de salvación.

Con la pérdida del reconocimiento por parte de las monarquías europeas el papado se re adecua a los nuevos esquemas de poder, celebrando alianzas, pactos y reconocimientos que le permitiran continuar presente en las sociedades, pero con limitaciones financieras y controles por parte de algunos gobiernos que sintieron desconfianza. Incluso llega a ser muy criticada su posición durante la segunda guerra mundial, ya que gozó de inmunidad a nivel diplomático; la Santa Sede tuvo privilegios que no le permitieron una posición crítica en relación al holocausto judío.

Con la pérdida de legitimidad y con el cuestionamiento de su viabilidad como motor de salvación, la iglesia católica llega al Tercer Milenio con una posición más vulnerable y al mismo tiempo rígida en cuanto a los dogmas como fundamentos de fe. La religiosidad promovida por la iglesia ha sido superada por la tradición y por el avance científico de la misma sociedad. Ha perdido terreno en cuanto a su presencia, aunque se considere por una gran parte de la población el monopolio legítimo de la salvación sobre todo por la herencia de los Primeros Apóstoles.

La crisis de legitimidad de la iglesia se ha visto afectada en lo interno a nivel del mismo clero, los casos de corrupción, de abuso, de pederastia, de homosexualismo, narco limosnas, de violación a los votos de castidad y de pobreza han provocado un alejamiento incluso de los mismos fieles a los sacramentos y el manejo de nuevas alternativas más democráticas para los sacerdotes y para la mujer que no tiene un papel de primer orden en la organización y jerarquía eclesiástica.

4.7 El papel de la mujer

La concepción cristiana original da un papel meritorio y digno a la mujer, la hace respetable (37) a la par de igualdad con el hombre, así como el cristiano presupone esta igualdad ante Dios.

En el mismo Génesis la igualdad y la paridad de derechos se hace patente cuando en el capitulo 1 vers. 27 y 28 es explícita la condición de ambos seres, en su calidad de obra de Dios hechos a imagen y semejanza Suya.

La mujer fue considerada instrumento sexual del hombre sobre todo en la concepción patriarcal, y de ahí el concepto evoluciona impregnándose de mitos y antiguas tradiciones. Los tabús han acompañado la condición de la mujer desde la antigüedad remota. Este separa lo profano del sacro, lo puro de lo impuro. El tabú se presenta en cuanto a la fisiología femenina como en lo relativo a la menstruación, al embarazo, al parto, al puerperio y al amamantar un niño, lo que obliga a la necesidad de separación. La cámara de la separación fue concebida para disociar a la menstruante durante el período de la impureza que era un tabú y en consecuencia de la sacralidad, ya que a través del cuerpo femenino se produce sea la vida, que la relación directa con la potencia a través del milagro de la vida, de los misterios de la genética y también de la muerte, llegando a la conclusión de que ésta por su condición fisiológica es congénitamente impura a diferencia del hombre que no tiene este tipo de fenomenologías. (38)

El tabú sobre la fisiología femenina se asimila con la evolución de las mismas culturas antiguas y se legitima a través de la costumbre y de las mismas tradiciones culturales surgidas de las etapas de evolución de la misma humanidad. La mujer de la época bíblica como señala Pablo en 1° Corintios debe de sujetarse al hombre, como éste lo hace hacia Dios, y muestra de esta sujeción es el cubrirse la cabeza. Así que la cabellera en la mujer es el velo que le da gloria, y para el hombre es la afrenta. (39) Ya que en el mismo Génesis el origen de la mujer es de la carne y de una de las costillas del primer hombre, "…porque del varón ha sido tomada". La mujer en la sociedad hebrea tenía un lugar aparte dentro de la sinagoga, que se explica a través del tabú de la misma fisiología femenina. La mujer cristiana se crea bajo el dogma de la culpabilidad, pues rompe el pacto con Dios e incita al hombre (40) a cometer el pecado original, ella es la transgresora y en consecuencia pierde al hombre y en revancha éste se vuelve su jefe para someterla, ya no le pide, le ordena y ella a su vez como forma de expiación se somete, le debe la total sumisión que puede manifestarse desde los insultos, los golpes y aún la muerte o la sujeción de pensamiento. (41)

Durante la dictadura nazi, el programa de mejoramiento de la raza tuvo un papel ideológicamente muy importante. Bajo el tabú de la raza aria, genéticamente perfecta y biológicamente pura, la mujer tuvo un papel predominante. Sujeta a la ideología nazi la mujer coadyuvó a través del programa de selección y mejoramiento de la raza aria a la pureza que se consideró en cuanto a no tener ningún antepasado hebreo, sobre todo garantizando la autenticidad del germanismo a partir de los años de 1700. El programa "Lebensborn" propició el nacimiento de aproximadamente 90 mil niños cuyos rasgos eran típicamente arios, cabellos rubios y ojos azules. Con esto se contribuía a la grandeza del Tercer Reich sobre la base del tabú del mejoramiento de la raza aria de la creación de un súper hombre, ideado por Himmler. La mujer se somete no a las doctrinas religiosas sino a las doctrinas políticas al servicio de un mito, el súper hombre.

La mujer musulmana que se cubre con el velo de pies a cabeza demuestra una sujeción a la tradición, a la costumbre y al marido. El velo representa su liberación para desarrollarse en la sociedad. La justificación en los textos sagrados se sometió a través de un proceso cultural que reflejó los mitos surgidos en las sociedades bárbaras (42) y en el paso del matriarcado al patriarcado, promoviéndose una sub cultura que ha mantenido el status de la mujer a nivel puramente fisiológico.

En el Islam el concepto es interpretado del Corán y significa la sumisión interna hacía Dios y una profesión externa de la misma. El abandono hacia Dios requiere de una sumisión íntegra a El ya que la revelación según el Corán viene dada al mismo Mahoma por parte de Dios, legitimando el orden social vigente.

La religiosidad se presenta como el respeto a la tradición y la sujeción de la mujer por parte de la cabeza de la familia y de la sociedad el hombre, siendo entonces esto considerado como parte del designo de Dios.

En el caso de las mujeres que tradicionalmente se han mantenido en un estatus de sub cultura mitificada, sea por motivos escriturales o por cuestiones fisiológicas, o biológicas, es de tomar en consideración el papel que ha jugado la superstición. Ya Herodoto consideraba la homosexualidad como un mal femenino. (43) El tabú abarca no solo la fisiología de la misma mujer sino que se amplía a la homosexualidad como un malestar que en principio era de la mujer, sobre todo en el paso de la organización social del matriarcado al patriarcado, donde ésta pierde muchos de sus privilegios para heredarlos al hombre dentro de un esquema poligámico.

También la superstición llevó incluso sobre todo en Europa, durante la edad media a una cacería de brujas, magas, encantadoras, discípulas del mal las cuales organizaban orgías y ritos mágicos. La persecución alimentaba el espíritu de purificación y justificación sobre todo para la mujer, en su condición genética de pecadora y proclive al mal. La erradicación de esta superstición conllevaría a un crecimiento espiritual. (44)

Carlos Borromeo contra reformista en la corriente religiosa, aseguraba que la mujer siendo la carne, era la oposición a la espiritualidad y debía entonces sujetarse a su marido por orden divina, Números 30 vers. 14 al 17. El proceder de la carne implicaba ser proclive a cuestiones puramente carnales, las cuales se fueron identificando con el pecado. Así la sexualidad de la mujer pasó a ser sinónimo de impureza, de pecado.

4.7.1 La Virginidad y la Sexualidad Cristianas

El obispo de Milán Ambrosio fue el primero en su categoría de ocuparse de la cuestión de la mujer y la sexualidad. Para los primeros cristianos esto no representó mayor problema.

La sexualidad sobre todo durante el matrimonio fue moralizada y regulada a través de normas morales y cristianas contenidas en su obra de tres volúmenes "De Officiis Ministrorum", con un énfasis muy particular a la cuestión de la virginidad, la cual es exaltada como un ideal.

Ambrosio de origen noble, siendo obispo de Milán fue consejero de muchas damas de su época, y es lógico que fuera conocedor de los pensamientos más íntimos de éstas, así como de sus infortunios matrimoniales y pasionales. El matrimonio era concebido como generador de la esclavitud, de la servidumbre y muchas veces la respuesta política de alianzas concretas. Incluso el mismo pecado de impureza debía ser atenuado con la consagración matrimonial, donde la mujer obedecía al hombre, su marido, por consecuencia era lógico optar por el celibato.

En el siglo IV la controversia sobre la Trinidad y la ortodoxia fortaleció el culto a la Virgen María, y en consecuencia al celibato que para ese entonces era una cualidad superior seguido del matrimonio que quedaba en un plano inferior. El sexo quedaba encuadrado en el marco del pecado y se tolera dentro del matrimonio como una forma de pecado legítimo, donde la mujer jugaba un papel muy activo de corruptora, la carne sujetando al espíritu.

El Antiguo Testamento no hace virtud alguna del celibato, incluso el mismo Génesis 2 vers. 24 reafirma la unión de un hombre y mujer en una sola carne, con una sexualidad implícita, que requiere de un marco monogámico y en algunas culturas de una única viudez. (45)

El sexo, como todo en la creación, fue hecho por Dios en sus maravillosos planes y creaciones. La concepción de la virginidad era considerada como un estado físico mental que coadyuvaba a la redención del pecado original durante la concepción. La Virgen estaba relacionada solamente con Cristo, el matrimonio se representaba con una fiesta y un velo que la preservaban, para luego encerrarse y quedar en el silencio perpetuo, si alguna virgen era transgresora sería entonces la justicia divina a castigarla, pero mientras tendría que hacer penitencia y rasurarse la cabeza como señal de arrepentimiento.

En la 1° Epístola a los Corintios 7 vers. 1 al 40, Pablo alienta a la gente a "mantenerse como esta" dando un valor a la soltería, ya que la tribulación se hallará en la carne. Es una invitación a permanecer soltero, ya que de esa forma se atiende a las cosas del Señor, pues tanto la mujer como el hombre casados se preocupan más de las cosas del mundo, y las mujeres solteras se preocupan de ser santas tanto en el cuerpo como en el espíritu.

Acerca de la virginidad en el versículo 25 dice: "no tengo precepto del Señor. Doy, no obstante un consejo, como quién por la misericordia de Dios es digno de crédito. Por tanto pienso es cosa buena a causa de la necesidad presente quedarse al hombre así."

Las prescripciones acerca de la virginidad fueron re elaboradas reflejando un rechazo a tradiciones, ritos y mitos de las culturas consideradas paganas, o sea fuera del ámbito geográfico donde el cristianismo se había arraigado, o incluso dentro del seno de las mismas culturas que se incrustaron al cristianismo oficial y que no perdieron su sentido profano.

En el Medioevo, Ambrosio relacionó la pureza espiritual y sexual de la virgen María con los colores blanco sinónimo de la pureza, plata y celeste colores tradicionales adjudicados a la luna. Así una virgen que llegara al matrimonio debía estar de blanco como representación externa de la pureza espiritual y de la castidad. La mujer que optaba por el matrimonio y al ejercicio de la sexualidad abandonaba la pureza de la carne en un marco de pecado legítimo. La virginidad una vez perdida no se recupera ya que implicaba rechazar el mito por el cual las vírgenes en la época helénica al bañarse en el mar recuperaban su virginidad. Así esta se vuelve un valor único y apreciable, en el contexto cristiano institucional. (46)

Otro filósofo de gran envergadura y teólogo de la iglesia era Agustín que primero fue sacerdote en el 391 para después consagrarse obispo de Hipona hoy Annaba en el 395 DC hasta su muerte en el 430. Sus escritos influyeron, sobre todo en el plan dogmático, en áreas como filosofía y teología medievales, la reforma luterana, el jansenismo y el espiritualismo contemporáneo. Su relación con Ambrosio le permite profundizar en la filosofía neoplatónica y en la concepción de la teología cristiana. El eleva a la virgen María como Madre de Todos, y elabora la tesis de la contraposición de la carne como materia al espíritu, siendo la primera el obstáculo al progreso de la segunda. Así la virginidad tiene implícita la superación misma de la espiritualidad humana como la el pecado original. Estas ideas reflejaron la cultura e idiosincrasia de la misma época, no necesariamente los conceptos bíblicos de la Palabra de Dios. (47)

Y si la mujer se casa se debe someter a su marido, como la iglesia se somete a Cristo y se hace universal. Esta es el vínculo de la sociedad humana y la universalidad, así el matrimonio dentro de esta iglesia se hace universal y legítimo y como la iglesia requiere de una autoridad inquisitoria, incluso disciplinaria así el matrimonio. La mujer se debe someter al hombre como su jefe. Sin embargo la mujer fue sacada de una costilla del hombre, no de los pies. Génesis y la creación.

Socialmente la tradición considera a la mujer frágil, emotiva, inconsistente e incapaz por su misma naturaleza de estar a la par del hombre, incluso antiguamente para gobernar o tener una jerarquía ésta se debía cambiar la fisonomía aparentando ser hombre y cuya transformación le permitía tener acceso a mayores privilegios y a una legitimación por parte del resto de la sociedad. (48)

El destino femenino debía auto negarse de su propia condición y expiar su naturaleza sobre todo en cuanto al pecado y a la sexualidad. Y si opta por el matrimonio debe dar su completa disponibilidad asexual, sin deseos, ni aspiraciones pues no se le considera capaz, entonces la mujer vale solo cuando conserva la virginidad. Una forma de expiar los pecados de la mujer era superando la misma femineidad como medio de alcanzar la espiritualidad. Así la mujer se consagraba al matrimonio visto como sacramento legitimo aprobado por la Iglesia, aun en la viudez, o el claustro como forma de expiación personal y colectiva. La otra opción era el ejercicio de la sexualidad lo que la acercaba mas a los pecados de la carne. Así el mito de la perra de Troya ha incorporado el desprecio a la mujer en relación a la sexualidad, a la traición y a la concupiscencia. (49)

Tradicionalmente sometida al hombre en sus necesidades, ambiciones y aspiraciones, excluidas del sacerdocio están marcadas en su origen por el pecado original, lo que lleva a algunas mujeres a la búsqueda de un rescate, como fervientes y practicantes creyentes. A partir de la mitad del siglo XII las burguesías acomodadas, hostiles al clero local que se aprovechaba de ellas y preocupadas por las riquezas mal habidas habían creado al margen de la iglesia oficial nuevos instrumentos de rescate colectivo, fuera en reclusorios de hombres y mujeres como en los leprosarios. La mujer siempre estuvo sujeta al hombre sobre todo en las tareas monacales pues se conservaba la idea de que los primeros padres de la iglesia aseguraron que la mujer era portadora del pecado además de que es el hombre bíblicamente que se hace su jefe para someterla ya que este es imagen y semejanza de Dios y la mujer es la del hombre. Así la vida de monasterio recupera la dignidad y el rescate femeninos. Igualmente con los discípulos de Cristo se argumenta que eran hombres los que dejaron la vida familiar para seguir al Maestro. Nunca bíblicamente se ha argumentado la existencia de discípulos femeninos en las cuestiones de la conducción de los asuntos de la iglesia. (50)

Durante la edad media sobre todo y con la aparición de las universidades para el estudio profesional en este caso de la medicina, así como su sistematización racional, la mujer quedaba excluida de estas áreas. La misma concepción de tabús y mitos de la mujer restringió su participación de actividades que se consideraron propias de la naturaleza masculina. Por ser considerada frágil y emotiva, inconsistente y sobre todo dependiente de fenómenos fisiológicos y biológicos, y portadora de la sexualidad implícitamente del pecado, la mujer no participa en la profesionalización, mucho menos si es pobre.

Después de años de estudios el médico era oficialmente tal, los curanderos quedaron en la parte inferior de la escala médica, pero continuaron a ser requeridos por los sectores de escasos recursos.

Este sector carece de la profesionalización universitaria basándose en el conocimiento empírico. A mediados del siglo XII en Inglaterra los médicos egresados de las universidades presionaron al parlamento para obtener un decreto que limitara la actividad de los curanderos y que la medicina se ejerciera solo por aquellos que se hubieran titulado en los programas universitarios, así se excluían a las curanderas y herbolarios que posteriormente serían considerados magos.

Este decreto aproximadamente 1420- 1430 fue apoyado por los papas, y excluye a las mujeres de cualquier actividad relacionada con la medicina o sus disciplinas adherentes. Con esto, el trabajo hasta entonces desarrollado en estas áreas sobre todo por mujeres, se vio desconocido obligándolo a continuar en un marco del secreto e ilegalidad. Paulatinamente esto propició la formación y desarrollo de sectores como curanderas, parteras, enfermeras y empíricas que limitadas de la profesionalización de la medicina recurrieron a la herboristería y a la sabiduría antigua plasmada incluso en textos de tipo mágico ritual y en tradiciones y mitos de las sub culturas semi paganas.

4.7.2 La Condición Femenina Como Portadora de la Herejía

Las brujas parecía que fueran la prueba diabólica de la unión de la mujer y la serpiente. No en vano la Inquisición organizaba cacerías para su exterminio, aún sin tomar en consideración la herejía sino más bien los dogmas básicos de la teología cristiana.

Muchas de estas mujeres estaban enfermas de la cabeza, epilépticas o esquizofrénicas, pero tanto en la Europa del norte de la Reforma y posterior a la formación de nuevos estados, como en la del sur estuvieron al bando, lo que ayudó a su exterminio.

En el 1484 Inocencio VIII emanó la bula "Summis Desiderantes Affectibus" la cual contiene las instrucciones dadas a los inquisidores dominicos para erradicar las brujas de Alemania. En 1486 sólo dos años después los inquisidores publican el complemento de esta bula la "Malleus Maleficarum" el impacto de ambas no solo se extiende a Alemania, sino a toda Europa, sirviendo sobre todo como instrumentos de "pureza racial" ya que éstas se enfocaban a los campesinos y los montañeses con tradiciones agrícolas y rituales extra citadinos mucho muy arraigados. Se ha calculado que aproximadamente la Inquisición mandó en este período a la hoguera 120 personas consideradas herejes, siendo éstas asociadas principalmente con las tradiciones y ritos campiranos que paulatinamente se habían incrustado en la mentalidad de los campesinos que recibieron el cristianismo, pero también que habían asimilado de la tradición conceptos profanos no necesariamente sacros.

El mismo papa Juan XXII en el año 1326 autorizaba a la Inquisición a erradicar la herejía y la superstición ya que ésta estaba arraigada sobre todo entre la población campesina.

La superstición y la religión se retroalimentaron una a la otra, estando unidas fuertemente, más aún en el caso de las brujas. La bruja, la hechicera o la maga representan "el chivo expiatorio", es la respuesta no racional a lo nefasto que ocurre a la sociedad. La muerte, las desgracias, las pestes, las enfermedades eran consideradas mandadas por el demonio y ejecutadas por las mismas brujas. Así la bruja portadora de la herejía se convierte en el mecanismo del Diablo. Sobre todo en el siglo XVI cuando no existen respuestas racionales para la superación de la ignorancia de las masas que se caracterizaron por ser supersticiosas y creyentes de un mundo espiritual donde los demonios conviven con las brujas acoplándose en ritos maléficos durante la noche de Valpurga y no solo las masas también los grupos considerados cultos y la aristocracia.

Sin embargo la superstición no solo fue característica de las masas incrédulas e ignorantes, la superstición llegó a niveles papales. El mismo papa Juan XXII era supersticioso, y temía sobre todo a los envenenamientos y para su protección personal contaba con un amuleto, este papa murió ¡a los 89 años!

Más tarde la superstición considerada como carencia de fe llevó al papa Sixto V a elevarla al rango de herejía cayendo en el ámbito de jurisdicción de la Inquisición. Hecho importante fue que el sacramento penitencial ahora podía colaborar en la detección de la misma superstición, siendo este mecanismo un medio ejemplar de control psíquico, espiritual y económico.

Un efecto nefasto que propició la Inquisición con sus juicios de herejía y en contra de las brujas y magos en menor proporción, fue que arraigó en la conciencia y opinión pública que tanto éstos como el mismo diablo existieran verdaderamente afirmando indirectamente el dominio de las fuerzas superiores, espirituales, poderosas y maléficas que entraban en comunicación con seres aptos a recibir el mensaje.

Los religiosos parten de la idea de que la vida está dominada por fuerzas superiores, espirituales las cuales tienen la capacidad de comunicación, en este caso son los santos, y en los casos de brujas y hechiceras su ínter relación se da con los demonios y los espíritus diabólicos y solo la iglesia tendrá el monopolio sobre la fuerza maligna.

No solo en el sentido espiritual la Inquisición provocó daños a personas identificadas con la brujería, o con la herejía. En el seno mismo de la sociedad fue determinante en la especulación de la misma, ya que llegó a ser un medio legítimo de aniquilar enemigos, rivales, denigrando los principios elementales de la convivencia y solidaridad humanas y aún más hablando en términos cristianos.

A partir de las bulas papales y edictos, o como el libro de Martín del Río que es un manual del proceso de las brujas, la población se vuelve más supersticiosa, y requiere de los servicios de los magos, brujas o hechiceros para tener la protección, entonces amuletos, sortilegios u objetos pasan a tener una valencia mágica de protección para quién los posea.

Este tipo de protección a su vez se inspiró en antiguos ritos, mitos y tradiciones de conceptos y elementos que nutrieron la superstición popular y que se asimilaron a la mentalidad religiosa de la sociedad. Esta asimilación convivió tácitamente con el cristianismo hasta la aparición del protestantismo, ya que en el ámbito religioso cristiano católico las imágenes y las estatuas de santos coadyuvaron a la protección requerida básicamente de las masas, sin excluir los grupos cultos y preparados de la sociedad.

Así se retoman elementos heréticos y supersticiosos como el espejo, la herradura, el trébol de 4 hojas, la campana colgada al cuello de las vacas o los listones a las crines de los caballos, etc., que fungen como protectores en su concepción original pero que ahora son parte del folclore popular y en algunos casos son elementos de la misma tradición que han encontrado protectores que (51) son considerados santos, ya que luchan simbólicamente contra la negatividad en un ámbito de espiritualidad. Esta espiritualidad de los santos es el patrimonio legítimo de la Iglesia, pues éstos representan el vínculo de asociación de la humanidad terrenal con el mundo de la espiritualidad.

4.8 El Culto a los Santos

El culto a los santos es antiquísimo, inicia desde que el hombre necesita protección. Su relación y culto a diferentes dioses le permitió llegar a un profundo conocimiento teológico y a una actitud religiosa, con la consecuencia de la creación de un grupo dotado, sensible e iniciado en los misterios esotéricos. Esta clase sacerdotal es conocedora de ritos y prácticas que acercan al hombre aún más con la divinidad. La transición temporal carnal a un estado espiritual y la concepción del alma permitieron prolongar la protección y el apoyo. (52)

Jesucristo al hacerse hombre, había materializado su esencia divina, así que a partir del siglo XII y más aún en el XIII se acentúa una devoción especial hacia la Eucaristía. En este período se afina la doctrina teológica de la consustancialidad y la transustancialidad. En el momento de la elevación de la hostia, durante la consagración en la misa, los teólogos cristianos afirmaron que la sustancia del pan por milagro y cuestión de fe se sustituía en el cuerpo de Cristo, al momento que el sacerdote pronunciaba las palabras en latín, siguiendo el rito de la misa. Así el oficiante enseña a los fieles la hostia que es elevada en alto para que pueda ser visualizada por los fieles, pasando a ser testigos de la transustanciación o sea la transformación sustancial del pan por el cuerpo de Jesucristo.

Esto lleva a otorgarle una valencia positiva al acto de la transformación sustancial generando posteriormente el fanatismo. En la fiesta de Corpus Domini, la hostia era llevada en el ostensorio por toda la iglesia y luego la ciudad, todo bajo una procesión de tipo citadino. Su valencia positiva le otorga un estatus símil a un amuleto con poderes intrínsecos. Esto es considerado superstición, no actos de magia ni de paganismo, ya que el uso y abuso de la hostia consagrada por personas no autorizadas se considera sacrilegio. Este uso de la hostia en su procesión imploraba a través de la fe, la protección directa de Cristo, propiciando actitudes fanáticas y supersticiosas de los fieles, sobre todo cuando el tocar o besar el ostensorio era suficiente para garantizar la protección. Los hombres y mujeres que mantienen una conducta inmejorable están entonces más cerca de la divinidad y en espíritu pueden participar aún más que en la materialidad de un favor de Dios, pudiendo interceder por la misma humanidad.

En el calvinismo los santos se dan en el marco de la predestinación y en vez de la aristocracia de santos dada en el catolicismo fueran mártires o monjes, los elegidos de Dios desde la eternidad están ya escogidos y por lo tanto separados automáticamente de la humanidad, todo esto debido a la interpretación de las Sagradas Escrituras. La protección se busca en el acercamiento divino y en la espiritualidad, siendo los hombres los que han superado a través de una inmejorable conducta la muerte terrenal los que han logrado una eternidad espiritual, la que les permite gozar de las prerrogativas divinas.

Este estado de santidad terrenal que otorga la espiritualidad, permite al santo de interceder por las necesidades de los fieles, restableciendo la relación materia espíritu perdida por la desobediencia y el pecado original.

La dialéctica espíritu materia y materia espíritu de la cual el mismo Jesucristo es protagonista, permite concebir que el hombre santo puede después de la muerte continuar en un ambiente espiritual. Y esta continuación le otorga en la eternidad un estatus de intercesor de las necesidades humanas, así el santo puede proveer a los requerimientos de protección y ayuda de creyentes. Paralelo a esto se iniciaron movimientos de búsqueda de hombres y mujeres santos por parte de la Congregación de los Santos de la Iglesia católica con el fin de otorgarles la santidad oficial y sumarlos a la lista de santos oficiales reconocidos por ésta.

La iglesia católica es la que tiene el monopolio legítimo de los santos y es en este marco donde los fieles pueden ejercer sus requerimientos de protección, de comunicación con el mundo espiritual, esta actividad redituara más adelante en la iglesia del santo, con su fiesta patronal y por ende patrocinios, mas aun cuando se presentaron reliquias o milagros del mismo. Los santos podían actuar en la tierra a través de sus restos mortales pues sus almas estaban cerca de Dios, en el cielo y por lo tanto podían interceder por medio de sus favores. Su vida, obra y milagros se fueron heredando a través de los relatos por lo que se empezaron a identificar sus campos de acción, los milagros y las intersecciones terrenales. Muchos de sus restos fueron robados por la misma nobleza medieval europea adquiriendo entonces una valencia positiva, llegando a ser amuletos de protección y beneficio. Algunos llegaron a tener capillas o merecieron la construcción de templos. Los peregrinajes a los lugares de culto fueron promovidos por los obispos y los mismos papas, aparecieron las Guías del Peregrino y ante este movimiento se acompaño un visible desarrollo económico sustentado en el "reencuentro de reliquias" muchas veces falsificadas y saqueadas de tumbas anónimas.

Esta búsqueda de acercamiento divino es más patente en donde hay mayor pobreza material y en donde se ve hay mayor necesidad de la intersección de hombres santos. Sin embargo no es prerrogativa de la pobreza material la búsqueda de santos y de la intersección institucional, también la pobreza espiritual conlleva a desviar la fe y devoción de Dios hacia santos y beatos. Primer mandamiento dado a Moisés, amaras a Dios sobre todas las cosas y no harás imagen ni en el cielo, ni en la tierra, ni bajo el mar.

4.8.1 Imágenes y Fetichismo

Para hablar de los santos se requiere una visión retrospectiva de la religiosidad del hombre, así como una graduación de términos que influyeron decisivamente en su concepción animista.

La concepción hebraica original, la más antigua no dispone del concepto de alma. El hombre no se consideraba dividido en dos, alma y cuerpo. La palabra "nefesh" fue traducida por los griegos como "psique" y más tarde pasó al latín como alma. En la tradición hebraica esto significó la vida y todo lo relacionado con ella.

En Génesis 2 vers. 7 dice: "Entonces Yahveh Dios formó al hombre con polvo del suelo, e insufló en sus narices aliento de vida y resultó el hombre un ser viviente".

En Salmos 107 vers. 25 y 26 dice: "Dijo, y suscitó un viento de borrasca, que entumeció las olas, subiendo hasta los cielos, bajando hasta el abismo bajo el peso del mal su alma se hundía." Salmos 6 vers 2 al 6, "desmoronada totalmente mi alma" se hace en referencia a la falta de fuerzas, a la fatiga, que se reafirma cuando pide a Yahveh recobrar su "alma", que ésta se salve por el amor "Porque en la muerte, nadie de ti se acuerda; en el seol ¿quién te puede alabar?"

La palabra hebrea "nefesh" designa entonces el soplo vital y por extensión a la garganta donde se halla el principio de la vida el cual se retira en la muerte, como lo demuestra Éxodo 21 vers. 23-24 y 25. "Pero si resultare daño, darás mi vida, mano por mano, ojo por ojo, diente por diente…." Y en cuanto a la garganta en el Libro Primero de Samuel 28 vers. 9 la pitonisa Endor "tiende un lazo a la vida de Saúl" en referencia obvia a quererlo matar.

En cuanto al "seol" es el lugar considerado para los muertos, donde éstos no son conscientes de nada, dónde no mantienen relaciones con Dios.

En Deuteronomio 12 vers. 23 a 25 dice: "Abstente solo de comer la sangre, porque la sangre es la vida, y no debes comer la vida con la carne. No la comerás, la derramarás en tierra como agua." Es evidente que aquí el alma se considera la vida. En estos breves párrafos además de muchos más, se encierra el concepto del alma unida al cuerpo, y en ningún caso se trasluce el desdoblamiento del mismo a la hora de la muerte. La expresión "nefesh" indica un alma muerta, un cuerpo sin vida, como lo es un cadáver. En este sentido éstos eran considerados impuros, ya que por ejemplo un Nazir no podía acercarse a los muertos, pues se contaminaba ya que éste había sido consagrado por sus padres para Yahveh. Números 6 vers. 6.

En la primera Epístola a los Corintios 15 vers. 44 al 53, el apóstol Pablo habla de Adán como alma viviente, y aclara que "la sangre y la carne no pueden heredar el reino de los cielos, ni la corrupción hereda la incorrupción". Haciendo énfasis en la transitoriedad de la carne, no se habla de su proyección espiritual para continuar, más bien la frase la corrupción no hereda la incorrupción "afirma el fin del cuerpo carnal, pero sobre todo que los muertos se levantarán de sus tumbas, saldrán del seol para así después de ser juzgados obtengan la incorruptibilidad, en esto consiste la transformación.

En el desarrollo del concepto "nefesh", fueron incrustados elementos griegos como el de "anemoi", que eran espíritus llevados por el viento y entraban en el cuerpo de los hombres. De anemos viento, pnêuma aire, soplo, viento.

La concepción dualística del hombre, en cuanto al alma y cuerpo, aparece primero con Platón, que considera la primera como un principio de la naturaleza diversa al cuerpo, y que persiste a la muerte del mismo estado carnal, pasando a ser inmortal. Agustín como padre de la iglesia retoma estos conceptos.

Agustín hace a un lado la tradición hebraica cristiana antigua fundada en valores como la carne, el cuerpo y la sangre, y aporta al cristianismo el concepto de alma como sustancia dotada de razón la cual dirige los destinos del cuerpo y sus sentimientos. Esta es concebida como independiente, lo que la hace inmortal, aún a la muerte física de la envoltura corporal, continuando a vivir hasta el juicio final, en donde ésta recobrará otra vez su cuerpo.

Agustín incluye además la noción de salvación, la cual se da en un marco de tiempo, durante el cual el mundo se mejorará, el bien triunfará sobre el mal, habrá una renovación, y la salvación será el destino último escatológico de toda la humanidad.

Aristóteles supera el dualismo agustiniano y clasifica el alma en tres categorías: la vegetativa, la sensitiva y la del intelecto o razón. Estas tres no están separadas, sino que forman la unidad básica de la concepción aristotélica.

Con el desarrollo del cristianismo basado en el pensamiento platónico, y con la fuerte influencia griega, como en el caso del orfismo el cual considera la fuga ascética y catártica del individuo para llegar a una nueva dimensión espiritual, la renuncia del mundo y sus tentaciones fueron la prioridad para conseguir la salvación integral del alma, o sea la parte divina del hombre.

Así aquellos hombres o mujeres que habían llegado según criterios humanos, a un nivel de ascetismo y divinidad, tenían sus almas más cerca de Dios (53) en el cielo, y podían ser considerados interlocutores entre la humanidad y sus relaciones con Dios.

El culto hacia Dios había sido el motor de las relaciones antiguas, de la relación personal de Dios con la humanidad. Ahora el concepto de protección de hecho se amplia para ser distribuido con estos hombres nuevos dotados de un alma que ha llegado a la divinidad y vive eternamente en el más allá, cielo.

Tradicionalmente las peticiones más íntimas se hacían a Jesús, delante del altar mayor, pues tiene la materialidad de un cuerpo carnal, dentro del misterio de la Trinidad. Hoy los altares cuentan con más demostraciones físicas y materiales de la protección que el mismo altar mayor. Las capillas menores con sus altares están dedicadas a diferentes santos, conocidos y legitimados por ese monopolio de santos por parte de la Iglesia.

Estos están llenos de reliquias (54) las cuales se piensa ejerzan poderes de intersección, de peticiones y de milagros entre los devotos y la Divinidad, muchas de ellas provenientes del ultraje de tumbas, sobre todo durante las cruzadas y la defensa de los Lugares Santos. Y en los lugares donde no tienen reliquias u osamentas, se han instituido las imágenes y las esculturas de santos según la tradición que los concibe.

El proceso de canonización y santificación, o aún beatificación, por parte de las autoridades eclesiásticas pide que el sujeto en cuestión sea sometido a un proceso, en el cual se demuestren milagros como prueba de la conducta extra-natural, en otros casos se limita a solo la beatificación. Así en los templos católicos las capillas rebosan de imágenes, esculturas de santos y fotografías de beatos y beatas que son objeto del culto y la devoción popular. La tendencia visiva en la tradición es tan fuerte que incluso en este aspecto se rinde culto a pinturas y frescos, reforzando así la visualización de la protección. Los simulacros de trans sudoración no son nuevos ni propios del catolicismo, estos fueron un fenómeno frecuente desde la caída de Troya en adelante, posteriormente las estatuas de los romanos gotearon sudor ante los peligros inminentes siendo tomado este modelo para reforzar el culto de algunos santos, hoy día el lagrimeo de la Madona de Medujorg ha llevado a iniciar un nuevo culto no reconocido en su totalidad, pero con el apoyo de gran parte de la comunidad de fervientes.

En Éxodo 20 vers. 3 al 5 siguiendo la antigua tradición hebrea en la formación cristiana y basándose en el Decálogo, se afirma: "No habrá para ti otros dioses delante de mí, No te harás escultura ni imagen alguna ni de lo que hay arriba en los cielos, ni de lo que hay abajo en la tierra, ni de lo que hay en las aguas debajo de la tierra. No te postrarás ante ellas, ni les darás culto, porque yo Yahveh, tu Dios, soy un Dios celoso, que castigo la iniquidad de los padres en los hijos hasta la tercera y cuarta generación de los que me odian…" La adoración de imágenes en la Escritura se concibió como una adoración cúltica, fuera del ámbito del pueblo hebreo, así se establece un único culto a Dios y una sola Alianza. El culto a otros dioses y a las imágenes fue más tarde asociado con el paganismo de las tradiciones profanas. Ya que el adorar a imágenes esculpidas era en fondo adorar a los muertos, a las almas sin vida, y siendo éstos considerados impuros por Yahveh.

La proliferación de santos, ha conllevado a elaborar una serie de objetos propios para esos cultos, entre ellos están los rosarios, (55) las jaculatorias, las reliquias, los corazones de plata, los milagros los cuales son puestos sea a los pies que en toda la figura, siendo el corazón el lugar preferido ya que cuenta con una valencia positiva. Ha sido destinado un espacio para encender una veladora en recuerdo al fuego y a sus concepciones neo testamentarias.

Albano Biondi comenta que estas actitudes tienen lugar en altos niveles de las jerarquías de culto católico, y hace referencia a la desmembración, en reliquias, del cuerpo del cardenal Roberto Bellarmino cuatro siglos antes. Los restos del cardenal fueron desmembrados seccionándose públicamente, para después ser distribuidos entre los fieles más distinguidos de la sociedad. Así también las sábanas que había usado fueron cortadas en pedacitos y luego remojadas en la sangre cardenalicia. El papa en agradecimiento al médico personal del cardenal le regaló el cráneo. De esta forma se confiere un orden sagrado al acto y se legitima la entera estructura institucional, los santos y las reliquias adquieren una valencia sacra.

El ejercer de la racionalización y la legitimación ha otorgado a la iglesia el control del monopolio mágico popular para el beneficio de lo sagrado institucional, pero la importancia es que ha absorbido en sí el carácter mágico ritual.

El uso de objetos sacros propicia la protección requerida y confiere seguridad al poseedor, cuestiones que habían sido consideradas como promoción de la magia y actos rituales, sin embargo con la monopolización de éstos por parte de la iglesia, se han eliminado tanto el carácter profano como el contexto cultural pagano.

4.8.2 Clasificación de los Santos, Según sus Méritos y campos de Acción

En la sabiduría antigua pre cristiana, en el mundo espiritual y en el simbolismo, el mito conlleva al ser humano a utilizar la capacidad del uso de las fuerzas naturales, de la energía cósmica, del renuevo espiritual, de la resurrección simbólica, así como del concepto del alma inmortal, pero a la vez en la concepción de la dualidad Bien-Mal, también Satanás conoce el modo, de manera que cada acto será con la intención con que cada individuo lo realice.

Para los santos reconocidos se ha desarrollado todo un programa institucional además de haber sido dividido el campo de acción de cada uno. (56) Las reliquias fueron consideradas como fenómeno de gran envergadura para el cristianismo, anteriormente nunca se tomaron en cuenta. La iglesia afirmo su predominio sobre los laicos con el "Dictatus Papae" de Gregorio V11 en l075. Con esto se afirma el poder universal y control de una iglesia independiente donde Roma se hacía cada vez más representativa a diferencia del resto de los obispos. Así las diferentes monarquías se someten al consenso y legitimación papal, básicamente en relación a la coronación y la investidura. Con la reforma religiosa del siglo X, la iglesia obtiene apoyo de las órdenes religiosas y la promoción de abadías, sobre todo la de Cluny en Francia, la más grande de Europa hasta la construcción de San Pedro en Roma, paralelamente adquiere con este proceso de racionalización el monopolio de la salvación siendo así que solo dentro del aparato institucional y doctrinal se obtiene la gracia de salvación. La aparición de los santos y sus respectivas reliquias coadyuvo a reforzar el aparato institucional del clero el cual inicia a su vez un proceso de cristianización de las monarquías dominantes a través de una readecuación de valores afines al cristianismo, pero al mando de la misma institución. También se inicia a introducir a las mujeres en el ámbito de ejemplificación de conductas santas con objeto de moralizar el papel de la mujer. Paralelamente se readecuo el calendario poniendo nombres de santos que posteriormente se legitimarían con fiestas patronales y cultos, siempre en el ámbito del ejercicio del monopolio legitimo de santificación.

Tanto para la protección como para la intersección entre el hombre y la divinidad y para delimitar su campo de acción, el surgimiento de los santos es considerado a la par del desarrollo de la división social del trabajo, al principio basado principalmente en categorías medievales.

Existen santos para los zapateros, los orfebres, los enfermos, prisioneros, navegantes, agricultores, en sí para todas las artes. (57)

El campo de acción se ha ampliado a viajeros, desempleados, para causas perdidas, para la pareja y los enamorados, para los animales, para el servicio doméstico, para maestros, para encontrar cosas perdidas, para recobrar la salud, para el infortunio.

Existen templos que ostentan el nombre personal del santo, y que cuentan con todo un sistema racionalizado de la doctrina del mismo. Se hace énfasis a través de una estética visual de la vida y obra, de sus milagros y de las repercusiones en la vida terrenal de sus milagros extra naturales. Así también como complemento de esta legitimación la misma institución realza la vida del santo y la refuerza a través de la venta de objetos que son sagrados a la tradición o a la vida personal del santo, así se encuentran réplicas de sus obras literarias cuando las hay, milagros de plata, cadenas, estampas, vírgenes y Cristos de diferentes materiales como complemento y valorización de la santidad. Todos estos objetos forman parte del repertorio del culto y devoción del pueblo católico que requiere en su mayoría de un refuerzo visual.

En la Europa del siglo XIII se da la tendencia a inscribir versitos en la superficie de las piedras preciosas sobre todo en latín. El poder de éstas se conecta a aquel poder otorgado a los santos. En muchos casos los contenedores de las reliquias se adornaron con gemas, tanto para honrar al santo como para tener mayor poder sobre las reliquias. Ya que piedras preciosas y joyas fueron consideradas desde la antigüedad portadores de virtudes y de cualidades incluso curativas. Algunas conteniendo inscripciones se convertían en valencias positivas, ocupando el lugar de los amuletos.

La división social de trabajo unida al posterior desarrollo económico a partir de la edad media se incrustó en el pensamiento religioso cristiano con el doble fin: la protección, y el culto y la veneración. Así la protección abarcó aspectos de la inmortalidad del alma, la cual fue concebida bajo el concepto de San Agustín, y que repercutirá incluso en los rituales establecidos por la propia institución.

Entonces el culto y la veneración a los santos que se establecen como actos rituales de protección, se asimilan en la tradición y culturas de países netamente católicos, los cuales establecen las fiestas de santos patronos, asimilando concepciones derivadas de ambientes considerados paganos, rituales místicos y mitos impregnando un cristianismo dogmático de corte ritualizado con una elevada propensión a la fe en los misterios.

4.8.3 Fiestas Patronales, Culto a los Santos y Paganismo Asimilado en el Mundo Católico

Por ejemplo en la España católica se dan las fiestas de San Juan en el solsticio de verano, en Baños de Cerrato Palencia e in Coria de Cáceres donde además del rito eclesiástico, se baila, y se celebra la tradicional corrida de toros. O como en la fiesta patronal del Santísimo Cristo y San Vicente Ferrer donde no falta el folclore y la corrida de toros, además del rito de la bendición del encierro y la corrida. (58)

O las conocidas internacionalmente "Las Fiestas de san Fermín" en Pamplona, Navarra, donde a la luz, el color y la emoción de la corrida de toros, se añade el beneplácito cristiano con la bendición de los encierros que se dejan correr por las calles de Pamplona. Los participantes llevan al cuello un pañuelo rojo, cantan y bailan al frente del toro, y así en la carrera de la muerte el valor es exaltado tanto por correr delante del toro, como en culminar la carrera hasta la plaza de toros donde torean a los animales más mansos y cansados después de haber recorrido la ciudad entre gritos de júbilo exaltando la virilidad de los toreros promitentes. Esta fiesta termina con cantos y una comida en una larga mesa donde participan todos los comensales importantes, el resto es sólo parte del público.

O las fiestas de San Bartolomé Apóstol de Tarragona de la Mancha en Albacete que también festeja al santo con una corrida. O las de san Lucas que honra al patrón en octubre con un festival de caballos de todas las razas. El ámbito de las fiestas patronales ha extendido su marco de referencia a las jornadas culinarias como las auspiciadas en la gran fiesta de san Pedro y San Pablo en Burgos, en el Día de las Penas.

En Portugal las fiestas de San Jorge se dan con las pantomimas de la tauromaquia. O en Braga, en el solsticio de verano se lleva a cabo la procesión del rey David. O las de Amarante en la fiesta de San Gonzalo, donde hay una feria artesanal y se representa el antiguo rito del mito de la fertilidad. O las fiestas de Santa Marta en Portzuelo donde los campesinos llevan su ganado para ser bendecido en pos de la protección. Y las famosas y tradicionales fiestas de Viana do Castelo, dedicadas a Nuestra Señora de las Penas, donde hay un gran desfile de máscaras, flores en abundancia, fuegos artificiales, culminando con la corrida de toros. En Caminha las fiestas de Santa Rita de Casia y las de Tomar con las fiestas de los "Tabuleiros" en los primeros días de julio, recuerdan la ruta de los caballeros Templarios de la época de las cruzadas.

En Milán, Italia el mercado de "Obei Obe" en el mes de noviembre es dedicado al obispo Ambrosio y se efectúa en la calle, frente de la iglesia románica donde descansan sus restos junto con los de San Carlos Borromeo, esta manifestación data sus primeras apariciones en 1288 y es solo desde el 1866 que se celebra en la basílica que lleva su nombre. El patronato de Santa Lucía en Casalpusterlego o el de Tremezzo promueven artesanías natalicias así como comida típica basada en el maíz, la "polenta" presentada en su forma tradicional en el marco de la jornada culinaria. Estos festejos terminan con la celebración de la misa en honor a santa Lucía.

En Bresso se celebra la "Sagra de la Madonna del Pilastrello", la protectora de la recolección. Aquí se presenta en un fresco a la Virgen y al Niño, datando la obra del siglo XV, la imagen de la Virgen de las Gracias con el Niño es llevada en procesión durante toda la fiesta.

Igualmente las fiestas de carnaval que se han extendido por todos los países, algunos de estos ritos presentan rasgos comerciales, otros han mantenido la tradición ritual y pagana del marco cultural en donde fueron concebidas.

Las procesiones de la Semana Santa que ahora son reconocidas internacionalmente atraen mucho público religioso que ve en ellas un repetirse de la sacralidad. El viernes santo, fecha establecida por la iglesia católica romana, que no necesariamente concuerda con las estimaciones relativas al 14 de Nisan hebraico Pascua, desfila una procesión del Cristo, rodeada de personajes bíblicos y de soldados romanos. Tradicionalmente los encapuchados llevan su cruz en recuerdo de la cruz de Jesús, y como símbolo de la pasión. Estas procesiones evocan la santidad de personajes bíblicos, como la religiosidad medieval y el misticismo que de ella derivó, plasmando el corte inquisitorial en el que fueron concebidas. Así Sevilla en España, Gubbio en Italia e Ixtapalapa en México son promotoras de la espiritualidad de corte místico, y al mismo tiempo plasman en estas procesiones un carácter pagano unido a la profesión de fe. El dolor se expía a través del sacrificio del Cristo y se requiere visualizar el hecho para asimilarlo a la religiosidad, la religión se volvió cultura visiva.

En la cuidad de Gubbio al sur de Italia, en la región de Umbría, anteriormente parte de los estados latinos se desarrolla una fiesta el 15 de mayo en honor al patrón de la ciudad San Ubaldo y cuya fecha es su aniversario luctuoso. Esta fiesta evoca ancestrales ritos de la fertilidad y las fiestas de Cerere, han ido incorporando elementos del folclore del bajo Medioevo. Inicialmente era una procesión a la tumba del santo, este desfile de devotos estaba organizado por individuos de pertenencia a diferentes oficios los cuales se habían organizado en confraternidades, apoyadas por el mismo santo, Ubaldo Baldasini.

La fiesta se inicia el 15 de mayo y es muy significativo que los tres prismas de forma octagonal, de aproximadamente siete metros se alcen con la fuerza de los fieles y participantes. En la parte superior de estos prismas se colocan las imágenes de San Ubaldo patrón de la cuidad y protector de los albañiles, de San Jorge protector de los comerciantes, y de San Antonio protector de los campesinos y los estudiantes siendo éstas categorías de división laboral el reflejo de la división medieval del trabajo.

El capitán de cada "Ceri" o prisma octagonal es el responsable que otros diez llamados "Capodieci" lleven el peso del prisma octagonal en la espalda antes de ser elevados. En la iglesia de san Francisco de la Paz, están custodiadas las figuras de los tres santos, permaneciendo allí todo el año, siendo retiradas solo el día de la celebración. La mañana del día de la fiesta estás son llevadas después de la misa para a su vez ser colocadas en la parte superior de cada uno de los prismas, todo esto se hace paralelamente al sonido de los tambores que inician oficialmente el desfile.

Con las estatuas y los prismas se llega al palacio de los Cónsules donde a la hora dada por el sonido de la campana, el mediodía, se inicia el alzamiento de los prismas, y simultáneamente se rompen tres jarras de agua como símbolo de buena fortuna. Así colocados en fila, los prismas cada uno con el soporte de diez hombres, desfilan por la ciudad y es hasta las seis cuando reciben la bendición del obispo, los prismas al ser llevados propician movimientos y falseadas ante la algarabía de los observadores, sobre todo cuando es el cambio de hombres que están agotados por el peso.

Regresando a la plaza de la Señoría y a la señal del alcalde, se hace la vuelta que los llevará a la basílica de san Ubaldo para marcar el final de la fiesta.

En la época de la segunda guerra mundial al estar empleados los hombres en la guerra y en actividades de defensa, la iniciativa de continuar la fiesta y no romper la tradición fue tomada por las mujeres las cuales llevaron a cabo la celebración.

Tanto el culto a los santos como las fiestas patronales han asimilado el paganismo y los rituales de épocas antiguas. Hoy estos actos se repiten y se reproducen bajo la óptica de folclore nacional, regional y sobre todo del patrimonio cultural. Poblaciones enteras viven del mito de una tradición y han encauzado su economía, y sobre todo sus valores bajo esto enfoque, viven de la mística del profano, se enorgullecen de un pasado rico de tradiciones y cultura desarrollando un modo racional como forma de vida.

La religiosidad cristiana mayoritariamente católica ha asimilado este sincretismo, sin que con ello las bases de legitimidad no se hayan visto alteradas y sobre todo cuestionadas. Los diferentes ritos sean de santos patrones, de fiestas nacionales, de semana santa, de vírgenes patronales; Pilar en Zaragoza, Fátima de Portugal, Lourdes en Francia o Guadalupe en México y gran parte de América latina, son enriquecidos por las tradiciones y paulatinamente han ido eliminado de la religiosidad popular el aspecto mágico ritual. Sin embargo esto ha conllevado paralelamente a una disminución de la riqueza y experiencia de espiritualidad heredada de las bases primitivas judeocristianas.

4.9 Sincretismo y Asimilación

En el esquema de monoteísmo riguroso el politeísmo de antiguas tribus no fue visto más que como paganismo, mas tarde y con la evolución del cristianismo y los enfoques culturales a los que fue sometido, este se asocio al culto y a la magia sobre todo de tipo tribal, de manera que en el politeísmo y culto a los dioses diversos fue visto como una forma de satanismo, siendo entonces en el Medioevo donde se asocia a lo no sacro, a lo profano, y en el fondo a una motivación satánica. El monopolio de las fuerzas maléficas está contenido en el diablo y sus seguidores, sean brujas o magos. Es entonces cuando la iglesia con el monopolio legítimo de la salvación y de las fuerzas buenas auto concede la persuasión y destrucción de todo lo que pueda considerarse pagano y maléfico. La herejía abarco la intolerancia hacia los albigeses cuyo credo derivaba del maniqueísmo y los Cataros o puros los que conducían vidas ascéticas obviamente se apartaban de los sacramentos institucionales. El papa Inocencio 111 inicio una guerra santa donde extermina estas comunidades y sectas, liberando a la monarquía francesa de esta herejía. Con este criterio de herejía se inicia una nueva etapa en la evangelización cristiana.

El culto a los santos, las fiestas patronales, las romerías, los desfiles y procesiones son formas evocadoras de ancestrales ritos paganos. Los carnavales y las procesiones funden las expectativas sociales, todos son iguales ante Dios, el señor y el siervo, y las gracias divinas se distribuyen en función de la actitud de humildad y de la tolerancia hacia el prójimo. Se usa el nombre y la figura de un hombre definido como santo en un proceso interno exclusivamente por un grupo que se legitima con la racionalización del uso del derecho canónico y el monopolio legítimo de las fuerzas divinas a través del ejercicio del culto a los santos.

Durante el Medioevo sobre todo al inicio, los misioneros en su mayoría buscaron adaptarse a algunos de los elementos de las culturas paganas donde desarrollaban su trabajo y donde debían de evangelizar. El papa Gregorio Magno (590-604) ordena que los templos no se destruyan, más aún que fueran rehabilitados al culto y rito cristiano de manera que posteriormente se pudieran consagrar. Así como el hecho de dar un giro a las fiestas paganas dándoles un matiz de cristianizadas, la destrucción de templos obedeció a causas diversas y a culturas diferentes en consideración al cristianismo medieval.

En este marco el sacerdote cristiano difícilmente podía erradicar ancestrales cultos y ritos paganos y profanos, con relación a diferentes dioses. Sobretodo tomando en cuenta la voluntad del cambio que no siempre se manifestó ya que muchos elementos del sacerdocio provenían de los estratos más bajos de la sociedad proyectando una carencia de instrucción y de una formación profesional.

Más tarde escritores cristianos asociaron explícita o implícitamente la idea de que todo paganismo implicaba una evocación demoniaca. Entonces la iglesia tiene el monopolio de las fuerzas buenas o sean los santos y que se diferenciará de las brujas que tienen al igual que los magos el de las fuerzas del mal.

El cristianismo en sus inicios luchó por no asimilar las ideas paganas de la época, sin embargo en la medida que se institucionaliza y absorbe diferentes grupos sociales y con ello la cultura, tradiciones y mitos, se enriquece en su patrimonio cultural y religioso, así como en conceptos provenientes de las tradiciones consideradas paganas y o profanas. Todos estos se asimilan a dogmas y a la tradición cultural de la institución, lo que alimentado con las ideas del Evangelio, promueven una diferente interpretación del cristianismo, sobretodo en base a enfoques culturales. A medida que las autoridades clericales luchaban por cristianizar las culturas conquistadas, paralelamente se daba una aceptación implícita de creencias y de templos, así como ritos y cultos considerados paganos. Sin embargo el alto clero se ocupaba más por lo que la gente hacía que por lo que en realidad pensaba. Este doble fenómeno propicio un alejamiento escritural y un fuerte control psíquico en base a la formulación de dogmas y ritos que apoyaban a las monarquías reinantes para favorecer el estatus adquirido. Asimilaron la cultura y con ello formas de paganismo, este como el portador de la cultura y tradiciones populares, parte de la misma identidad de los pueblos y el que paso a formar parte del patrimonio dogmatico o sea de la riqueza de la tradición religiosa. Es a partir del siglo X111 cuando los obispos buscaron elevar la instrucción y formación de los sacerdotes a través de un proceso de racionalización con el fin de erradicar la magia y las usanzas paganas del momento.

El cristianismo, sobre todo después de la muerte de Jesús no se había hecho partícipe de ninguna tradición o culto, propiciando una ardua lucha con los conceptos heredados del hebraísmo. Uno de los problemas que se plantean es la circuncisión como alianza con Dios, aquí la relación y religiosidad parecen tener más bien una representación física más que interior o íntima. Esto se ve manifestado claramente en las cartas del Nuevo Testamento.

Esta discusión acerca de la circuncisión o no, tuvo un impacto más fuerte sobre todo entre los convertidos, pues en su mayoría son de origen extra judío, los cuales no se habían sometido ritualmente a ésta, así la apariencia fue el primero de los conflictos y divergencias que enfrentaría el mismo cristianismo.

Otros pueblos que asimilaron más fácilmente el cristianismo fueron los helenos, los cuales contaban con una gran tradición cultural y de pensamiento, así como una tradición artística, plástica y visiva, lo que permitió que se asimilaran las ideas helenistas con la esencia cristiana, cosa imposible en los grupos hebreos tradicionalmente apegados a la ortodoxia y la ley.

4.9.1 Los límites de la Asimilación en el Esquema de la Iglesia como único medio de Salvación

Después del reconocimiento oficial del cristianismo por parte de la Roma de Constantino, éste llega a ser parte fundamental del mismo estado romano, un estado en pleno proceso de racionalización, donde se mantiene el control del monopolio legítimo del uso de la espiritualidad para la expansión y prolongación del poder material.

Este proceso de control se ejerció a través de la coerción psíquica y espiritual con la fe en la providencia y en la esperanza, los dones del cielo serán el monopolio de la misma institución, la cual bajo sus normas será la única social, política y religiosamente aceptada para efectuar la distribución, tomando en cuenta los méritos personales. El desarrollo de la fe y la divina providencia fue sumamente intenso identificándose con la obediencia incondicional a Dios, por lo tanto aceptación de la situación dada. Este destino se debe conservar y aceptar individualmente con humildad como parte del diseño divino, en el aspecto terrenal será reforzado por la misma institución. (59)

De manera que cualquier otra institución que se otorgara poderes y promoviera la salvación quedaría fuera de este contexto, siendo automáticamente excluida del mismo proceso de salvación, ya que operaría en la ilegalidad. Así la iglesia surgida a través de un reconocimiento oficial adquiere poderes legales y es la primera interesada en no permitir la confluencia de otros grupos interesados en el poder o en la distribución del mismo.

Esto conllevó a Concilios, dogmas, Edictos, bulas y en general a una política que excluyera cualquier forma de competencia, considerándola extra legal, o ilegal, y paralelamente a efectuar una serie de alianzas con señores o príncipes que eran a la vez garantes de este orden social, geográfico y espiritual. Y muy importante fue la prohibición de leer la Biblia de manera que fue muy difícil erradicar la ignorancia a través de la lectura, política que se traspaso a las colonias de España y de todos aquellos lugares conquistados por las potencias europeas de corte católico de ese entonces.

Las alianzas y pactos que fueron promovidos por la misma iglesia la llevaron mas a considerarse como un verdadero estado nación con pretensiones territoriales y económicas, con fines bien precisos y sobre todo basados en el cálculo, representada por una monarquía hereditaria de corte feudal que no quedó exenta de los vicios naturales de los estados nación. Las alianzas y apoyos a príncipes y monarcas propiciaron un reconocimiento tácito del poder y la capacidad del monopolio de la salvación ejercido por los papas, en representación del poder emanado de la iglesia.

La iglesia otorga indulgencias, reconocimientos y en si la salvación, pero a su vez requiere seguridad económica, ámbito geográfico amplio, y la sumisión de príncipes, señores y siervos como muestra de la humildad cristiana. Además de la sumisión la iglesia requiere del cumplimiento del programa doctrinal y sacramental establecido en sus mismos cánones, elaborados sobre la base de una trayectoria de fe, misterios y dogmas.

Con la firma del Concordado de Worms la autoridad papal se reafirma, ya que la controversia tradicional había sido el papel del papa y del emperador como representantes de la voluntad de Dios en la tierra. Este se firma en el 1122 con Enrique V y Calixto II. Con este concordato la iglesia tuvo el derecho de elegir obispos y abadías dentro de los confines del Sacro Imperio Romano que abarcaba Alemania, Borgoña e Italia. Sin embargo en Alemania la elección debía estar presidida por el Emperador el cual delegaba a favor del papa la investidura de obispos simbolizado en el anillo pastoral, pero se tiene la concesión del cetro que significaba las posesiones temporales y los derechos de los laicos. Más tarde con un poder político reconocido en un ámbito geográfico delimitado, el papado de Inocencio 11 en el 1139 publica la bula "Omne Datum Optimun" que paso a ser la Carta Magna de la orden templar. En esta se conceden todos los privilegios como orden religiosa militar, quedando sometidos solo a la autoridad papal sin ninguna interferencia de ningún príncipe o monarquía, mas tarde con la bula de 1139 sustrae la orden de las milicias templares a la autoridad episcopal sobre todo la del Patriarca de Jerusalén para ponerla bajo la autoridad de la Santa Sede. En el 1145 con la bula "Militia Dei" se amplía la bula anterior y se autoriza a la orden de poseer sus propias iglesias y cementerios.

El patrimonio de las órdenes religiosas se fue aumentando cada día en la medida de las donaciones hechas por laicos y príncipes con el fin de promover las Cruzadas y la evangelización se hizo más frecuente. Incluso estas fueron exentas del pago del diezmo cosa que enemisto el clero local con las órdenes religiosas apoyadas directamente por la Santa Sede. Esta enemistad se hizo más patente sobre todo en los estados alemanes de Federico 11 de Hohenstaufen y su hijo Manfredo. Los bienes de manos muertas y los inmuebles aumentaron el patrimonio de la iglesia pero a la vez contribuyeron a contraponer fuertes intereses de las monarquías reinantes incluso desafiando el poder del mismo papa. La cristianización de Europa se ve cuestionada por la legitimidad de la misma iglesia lo que permitirá más adelante el cisma y la división del cristianismo, así como el dogma de la infalibilidad papal y sus alcances. (60)

Inocencio III fue el máximo exponente de la supremacía de la iglesia sobre el poder político, y sus sucesores mantuvieron esta posición coadyuvando al aumento de la burocracia papal lo que propició un incremento de su poder y presencia en la diplomacia internacional.

La Bula de Oro emanada por Carlos IV en el 1356, después de haberse extinguido la estirpe de los Hohenstaufen en Alemania, reconocía de facto la autoridad de los Electores y príncipes menores que en el marco de sus territorios podían acuñar moneda, imponer sanciones e impuestos a los hebreos, y tener sus propios tribunales con su jurisdicción propia, concedía además la extracción de mineral y sales con concesión que equivalía a los derechos legitimados por un rey, siendo estos privilegios hereditarios. Estos derechos fueron gradualmente adoptados por otros príncipes alemanes los cuales racionalizaron el hecho dotándolo de una base legal.

Con la proliferación de estados locales y la limitación de los poderes imperiales a favor de Electores y príncipes menores, la autoridad papal se vio disminuida en el derecho de aprobar o desaprobar cargos, poderes e incluso la elección al trono imperial. Es aquí y solo aquí que Lutero pudo lograr la disensión de la Iglesia católica y criticar la venta de las indulgencias plenarias.

El cisma llega al seno de la misma iglesia, cuando más tarde en el 1378 un Colegio de Cardenales elige al papa Urbano VI el cual poco después fue considerado inadecuado para el cargo. Un segundo Colegio de prelados franceses voto por Cemente VII en lugar de Urbano VI, el primero se establece Avignon y el segundo en Roma.

Esta dualidad del mismo poder papal mostró la incapacidad de los Concilios y normas establecidos ante los imperativos políticos y de alianzas, igualmente mostró que las pretensiones nacionales se podían anteponer a las pretensiones de alianzas supranacionales y por lo mismo el papado inició su circunscripción al ámbito italiano. Aparentemente la contradicción fue superada por el Concilio de Constanza y las reformas que de éste derivaron.

Igualmente en Inglaterra en el 1533 Enrique VIII al casarse en segundas nupcias con Ana Bolena rompe con el papado al declararse jefe de la iglesia con el "Acto de Supremacía" otorgando el papel de legitimador al parlamento en vez de la autoridad papal. Este rey quedó siempre como defensor de la fe, pues había luchado en contra de las ideas luteranas, el papa no le retiró el título ya que siempre era mejor contar con un aliado aún después de haber infringido uno de los postulados cristianos acerca del matrimonio.

Esta aceptación papal fue resultado de la legitimación al divorcio que se concede por parte del parlamento y que en el marco de esta reforma se propicia sobretodo la no intromisión en asuntos internos ingleses, y la apertura al puritanismo un siglo después.

Así la idea de un cristianismo universal, bajo los principios de una sola iglesia católica con sede en Roma es solo una utopía, ya que la política imperial y la diplomacia internacional limitaron las pretensiones papales, restringiéndolas a un ámbito puramente espiritual. Así se llega al Concilio de Trento en el 1545 con el apoyo de Carlos V para evitar el cisma de la iglesia. En este Concilio se confirma la autoridad de las doctrinas aprobadas por la iglesia, las cuales se afirma no se contraponen a las Sagradas Escrituras, dando al individuo la libertad de elegir o rechazar la gracia divina, como una alusión contra Lutero y Calvino y al principio de la salvación a través de la fe. Este Concilio no tomo en cuenta las protestas en cuanto al culto de los santos, al celibato y a la práctica de otorgar indulgencias.

Avalado por Pio IV el Concilio terminó hasta el 1564 con una posición reforzada en el marco de la división de protestantes y católicos. Este refuerzo papal marcó una nueva etapa de la historia en cuanto a la división y hegemonía de la iglesia, ya no era posible la idea de un cristianismo universal con una sola institución al mando, ahora la misma se prepara a un reto de multiplicidad de iglesias, pero se mantiene el principio de salvación otorgado solo por la misma y única iglesia.

El mismo tratado de Augusta en el 1555 confirma la imposibilidad de la universalidad, este declino permitió el refuerzo de príncipes y monarquías emergentes de Europa.

Con la aparición de nuevos estados nacionales, el descubrimiento de territorios de ultramar y la consecuente colonización, se obliga a la iglesia católica a elaborar nuevas estrategias de control para asegurarse el monopolio de la evangelización y con esto la legitimidad de las doctrinas predicadas. Así el control pasa a ser psíquico unido a la esperanza de salvación y a la iglesia como único medio legítimo, ya que fuera de este contexto las demás iglesias aún organizadas, no son depositarias de la fe y la tradición apostólica.

4.9.2 La Basílica de Guadalupe

En los lugares donde la tradición indígena de la América Latina basó un culto politeísta y una adoración del sol no fue difícil introducir el misterio y la luz como conceptos base del cristianismo pues de hecho eran familiares a los nativos.

En algunos lugares donde habían existido templos dedicados al culto de divinidades indígenas, los españoles levantaron iglesias cristianas de manera de no confundir a los indios en sus peregrinajes, así como en los lugares de oración y dedicación.

En las cartas de Juan de Zumárraga al rey Don Carlos de España, el fraile describe los pormenores de la destrucción de ídolos y templos paganos, sobre los cuales se sobreponen templos cristianos coloniales. (61)

"Los Conquistadores españoles, en sus primeras matanzas en estas tierras, hicieron una admirable labor, destruyendo sus templos mayores, sus ídolos y poniendo en esos lugares La Cruz de Cristo y la imagen de la Virgen. Nosotros y nuestros hermanos de hábito, hemos continuado y mantenido esa destrucción y erigido en esos mismos sitios más iglesias Cristianas, en donde de otra manera se estuvieran adorando a todos los diablos y diablesas…

Para citaros solo alguno de los muchos ejemplos, el Obispo de Tlaxcala está construyendo una iglesia a Nuestra Señora en lo alto de esa pirámide gigantesca de Cholula, que era como la arrogante Torre de Babel de Shina, y en donde se rendía adoración a Quetzalcóatl, la Serpiente Emplumada. Aquí en la capital de la Nueva España, nuestra casi totalmente construida, la iglesia catedral de San Francisco, ha sido deliberadamente edificada como casi lo pudo determinar el arquitecto García Bravo en el sitio donde una vez estuvo la Gran Pirámide de los aztecas." (62)

".... Nosotros creemos que incluso utilizaron algunas de las piedras con que estaba construido ese monumento de atrocidad, ya demolido. En un punto de la tierra llamada Tepeyaca, al norte de aquí y al otro lado del lago, había un lugar en donde los indios adoraban a Tonantzin, una especie de Madre Diosa y nosotros, hemos mandado construir allí un santuario a la Madre de Dios. A petición del capitán General Cortés, le hemos dado el nombre mismo del santuario de Nuestra Señora de Guadalupe como el que está situado en el lugar de donde él proviene, la provincia de Extremadura en España....

Ellos, los indios las escondieron en los cimientos de nuestros santuarios, de nuestras capillas y de otros monumentos Cristianos, que fueron construidos por trabajadores indios. Estos hipócritas salvajes, escondieron imágenes impías en los lugares santos, creyendo que nunca se descubrirían. Y peor todavía creían que pondrían allí a esas monstruosidades escondidas, mientras aparentaban rendir homenaje a la Cruz o a la Virgen o a cualquier santo que estuviera visiblemente representado allí." (63)

Así también en estas cartas Zumárraga agradece al rey las flores, los injertos de rosas (64) traídos del invernadero real de Castilla para ser distribuidas en las propiedades eclesiásticas, y se precia de tener un jardinero brillante que se llama Juan Diego.

La tradición popular religiosa acerca de la historia de la basílica de Guadalupe difiere un poco de las cartas de Zumárraga. Durante la ocupación española, se dice que la Virgen se apareció en la cima del cerro del Tepeyac, a un indio llamado Juan Diego. Esta le pide que se le construya un santuario, como había sucedido en otros lugares de España e Italia, donde igualmente se requiere de un santuario o iglesia para la adoración.

La tradición dice que la Virgen se apareció varias veces a Juan Diego ya que este por sí solo no lograba convencer a las autoridades del clero, pues siempre pedían una prueba de la "Señora" y de sus apariciones. Los sacerdotes pidieron a Juan Diego el milagro que consistía en hacer brotar rosas en el jardín de la casa de la diócesis en una mañana fría de invierno, lo cual hacía más difícil alguna maniobra por parte fuera del mismo indígena o de alguna otra persona.

Así el 12 de Diciembre la Señora hace brotar las flores y cuando Juan Diego se encuentra con los sacerdotes en su huipil se halla plasmada la figura entera de la Virgen Morena de Guadalupe, que pasa a ser la patrona de los mexicanos y que es venerada en su santuario del Tepeyac cada día 12 de Diciembre. Según la tradición y la versión de la Iglesia católica, aun diferente de la de Zumárraga dice que en el santuario está custodiada la imagen de la Virgen que se encontró en el huipil del indígena. Actualmente ha sido construido un nuevo santuario junto a la antigua basílica ya que ésta está muy deteriorada por los hundimientos de la ciudad de México, pues como es sabido está construida sobre suelos fangosos, después de la re urbanización que sufre con la Conquista de Cortés.

4.10 Paganismo, Folclore y Cultura Popular

La Compañía de Jesús, fue una orden fundada por el español Ignacio de Loyola en 1534, y es hasta el 1540 que obtiene pleno reconocimiento papal. Subordinados al papa y a la rigidez del contexto en el que fueron creados se volvieron el instrumento papal más eficaz para combatir la reforma Protestante. Tanto en Francia como en España sus relaciones con los reyes y príncipes fueron difíciles puesto que se consideraron aliados del papa en contra de los poderes reales establecidos y en la formación de estados nacionales. No así en Alemania, Italia y Portugal.

En las colonias españolas, dice Carlo Ginzbug, aprovecharon la incentiva y la pasión teatral de las comunidades locales, imponiendo un estilo el cual asimilaba gustos populares, generaba y exaltaba colores, así como los mitos y ritos mágicos que no desaparecieron, incluso se fusionaron en una religiosidad cristiano pagana, aprovechando el intelecto autóctono y el consentimiento tácito de las autoridades.

Se organizaban las procesiones donde la comunidad tenía la oportunidad de la purificación y en donde se valían comportamientos en exceso, orgiásticos, míticos, que normalmente estaban prohibidos a la sociedad, sobre todo en lugares donde predominaba el convencionalismo social.

En la procesión hay igualdad de ricos y pobres, de patrones y de siervos e indios, el mito social de la escala de clases es abolido, para dar paso al arrepentimiento, a la igualdad espiritual, pero solo ante Dios. La igualdad es también en la repartición de la gracia y las oportunidades mesiánicas. Esta igualdad aparente durante las procesiones nunca abarcó los límites mas allá de eventos específicos, fuera del ámbito religioso las clases continuaron a estar claramente separadas, y sentimientos como el racismo y la superioridad no fueron eliminados del esquema de las clases sociales.

En estas procesiones también hacen aparición las fuerzas diabólicas, donde se representan los demonios a través de figuras enormes con caras de gárgolas, y donde se relacionan colores como el rojo del fuego con el infierno. Al final del desfile éstas se queman en las plazas principales como muestra del triunfo del bien sobre el mal.

Las imágenes sacras recorren ritualmente la procesión junto con los fieles, se hace énfasis en una espiritualidad perdida, se otorga la protección y se busca la expiación.

Las piñatas que tuvieron su origen en el sur de Italia, pasan a las colonias españolas como parte del bagaje cultural que conlleva la conquista, incrustándose en la mentalidad individual como parte del patrimonio popular, reforzando la identidad nacional.

En sus orígenes ésta fue una forma pagana en un esquema profano del bien y del mal. Al flagelarla y luego romperla, se simbolizaba la destrucción del pecado, que conllevaría posteriormente a la afluencia de dones, de beneficios.

4.10.1 Espiritualidad y Paganismo

La religiosidad cristiana en sus orígenes estaba despojada de elementos animistas, más tarde éstos fueron considerados en el ámbito del paganismo. Sobre todo en este periodo se lucha contra la asimilación y o fusión de ritos y mitos provenientes de los pueblos vecinos a la tradición hebrea. (65)

Con la racionalización del cristianismo y con la burocratización de la misma institución, reconocida por Constantino en el Edicto de Milán y la liberalización del culto en todo el Imperio, la religiosidad inicia un proceso de oficialización sobre la base de fines y valores, que poco a poco pierde de vista los valores esenciales, para dar paso a la formación de un aparato clerical con un estado apoyado por príncipes y señores.

Este cambio a manos de un príncipe y con un estado como aparato institucional de apoyo, modifica la religiosidad que había sido pregonada durante la época de Jesucristo.

La religiosidad al mando de los primeros obispos se marcó en el ámbito oficial del Imperio, pues respondía a los beneficios del Edicto de Milán, pero poco a poco la espiritualidad da paso a la diplomacia internacional y a la supremacía de la presencia geográfica de la iglesia como institución.

El aumento de poder económico, por la presencia física de la iglesia, sea por el reconocimiento y dependencia de órdenes religiosas militares, o por el aumento de diezmos, la herencia de fortunas, la posesión de vastos territorios para pastoreo o agrícolas, las viñas adjudicadas, y los bienes de manos muertas, hicieron de ésta un verdadero estado supranacional, con arreglo a fines y valores como cualquier estado en formación y consolidación.

Las órdenes militares como Templarios y Hospitaleros representaron un obstáculo para el desarrollo de las monarquías centralizadas, debido a que no tienen una colocación en el estado moderno, o se someten o desaparecen .(66) La pertenencia de éstas a la dirección del papado coadyuvó al enfrentamiento directo de intereses tanto de la monarquía, en este caso francesa, como a los intereses del clero de manera que los intereses económicos y financieros han representado el motor de la consolidación del estado confesional.

La abolición del Sacro Imperio Romano pone el fin oficial a la lucha por el control de las investiduras entre la iglesia y las monarquías europeas. Sin embargo la trayectoria de la primera marcó claramente los límites de la espiritualidad.

El cristianismo oficial se verá alineado a las políticas y dictados de la diplomacia internacional, aún a costa de sacrificar y limitar su propia historia y origen. Así también la participación activa en asuntos de estado e intereses internacionales ha promovido una re adecuación de valores tradicionales, considerados algunos de ellos de origen pagano, ampliando en forma determinante su patrimonio cultural religioso.

Esta re adecuación de valores no toca en lo fundamental los principios y dogmas con los cuales está sustentado el entero aparato religioso institucional. Aún más ésta abarca una modernización dogmática y doctrinal con revisión de la Biblia versión la vulgata aumentada por la misma Iglesia y textos considerados parte del patrimonio sagrado, los cuales se ven reforzados con la apertura ecuménica y los Concilios.

Sin embargo la espiritualidad arraigada en el hombre se ha encauzado a fórmulas consideradas paganas como un complemento de la religiosidad y sobretodo como respuesta a preguntas que han quedado solo en la teoría o en la ambigüedad de respuestas, como la explicación de actos humanos más allá de las normas éticas y morales mínimamente permitidos en la sociedad las cuales implícitamente han orillado a encontrar sustitutos religiosos: respuestas al origen, a la inmortalidad, a las enfermedades, al mal, a la violencia, a las guerras y las limpiezas étnicas, a los conflictos, a la falta creciente de la solidaridad humana, etc.

La búsqueda de Dios no es ya preferentemente en el ámbito de la iglesia, el hombre ha encontrado sustitutos idóneos que dan las respuestas que la misma iglesia con sus contradicciones internas no ha podido responder. La espiritualidad se manifiesta en una recurrencia a la visualización sea de milagros o del culto a una amplia gama de santos, la religiosidad queda como un fenómeno interno, intimo, alejado de las bases originales, del auténtico ser cristiano.

El paganismo ha rebasado el monopolio legítimo de lo mágico ritual, la espiritualidad se ha perdido cayendo en el ámbito del ateísmo, sobre todo cuando la ciencia ha llegado a dar las soluciones desarrolladas en los últimos decenios.

4.11 Los Misterios y las Respuestas Mágico Rituales

Muchos cristianos, inconscientes del fenómeno se integran a la religiosidad con prácticas ajenas y aún contradictorias de lo que bíblicamente se considera el cristianismo. Se han asimilado antiguas creencias y mitos de otras culturas como parte de un patrimonio universal de pensamiento y tradiciones. En muchas ocasiones existe una mayor confianza en las imágenes a las cuales se les ha otorgado una valencia positiva, que en todo un complejo doctrinal y dogmático ya establecido.

Para la iglesia Católica el misterio es la base de la fe; la Encarnación de Dios, la Comunión del Cuerpo de Cristo, la Santísima Trinidad, la Virginidad de María y su papel en la Trinidad.

La religión de Luz como se consideró el cristianismo se hace presa de la misma oscuridad. Es fácil caer en una contradicción, cuando los principios en los cuales se ha fundamentado la iglesia, propician conductas ambiguas, y aún contradictorias. La religiosidad en el ser humano tiende a formar una ética de conducta con valores universales, los cuales a través del tiempo se han re-adecuado a la época que se viven. Hoy los diez mandamientos forman parte del patrimonio exclusivo de antiguas comunidades, ya que éstos han pasado por un proceso de re adecuación, a la par del mismo desarrollo de la humanidad, intrínsecamente llegan a contraponerse a los nuevos valores culturalmente vigentes sobre todo en sociedades de tendencia capitalista.

Los misterios no han resuelto satisfactoriamente las preguntas inherentes a la presencia del hombre, y sobre éstos se han elaborado tesis y nuevos dogmas que han contrapuesto las mismas tesis bíblicas. La historia del cristianismo se ha encuadrado en un marco de desarrollo de un poder oficial, que rige príncipes y señores, gobiernos e instituciones, por lo mismo se ha adecuado a las necesidades de los mismos. Esta adecuación tuvo por fuerza que asimilar tradiciones de otras culturas, mitos del campo, tabús de la sociedad como en el caso de las mujeres, de lo contrario quedaba fuera del contexto social, sin embargo en el mismo proceso de asimilación el cristianismo oficial marcó sus mismas contradicciones.

La religiosidad se marcó en un ámbito de un estado poderoso, aliado a príncipes e instituciones, pero perdió el monopolio legítimo de la salvación. Es entonces cuando los católicos sobre todo conviven con ideas mágico rituales, con aproximaciones al paganismo y simultáneamente con la evangelización, fenómeno incompatible que se ha hecho un modo de vida arraigado a la íntima religiosidad del ser humano. Los santos conviven con la espiritualidad y al mismo tiempo pueden ser sujetos de actitudes fetichistas, la fe en Dios y las consultas con los magos o cartomantes no representan ninguna contradicción, al contrario se complementan. La misma predisposición cristiano animista permite de practicar la brujería considerada como blanca la cartomancia, la astrología, la superstición y la nigromancia. (67)

La astrología y la reencarnación son aparentemente eficientes, pues responden a las expectativas que la religión a corto plazo no ha podido satisfacer, ya que orientan actitudes de conducta aparentemente compatibles con el ser religioso.

La magia blanca, negra o roja puede abarcar aspectos como la astrología, los horóscopos, (68) el ocultismo, el exorcismo, la parapsicología o la pranoterapia. (69)

Con un mago se puede alejar la mala suerte, el infortunio sea para la casa, la escuela o el trabajo, el mal de ojo, los enemigos se alejan o incluso se destruyen. En el ámbito del amor se puede encontrar la pareja o conservarla e incluso enajenarla.

La preparación de pociones mágicas, la elaboración de amuletos y talismanes (70) que están basados en el concepto de antiguos mitos y tradiciones egipcias, africanas o aztecas se desarrollaron en un ambiente profano para después ser considerados paganos aún por la misma iglesia.

Las "limpias" donde tanto las hierbas como el huevo absorben la energía negativa que está dentro del individuo, o la ruda que sacude los espíritus negativos, o bien la famosa mandrágora que se considera un talismán y que durante la edad media fue la piedra angular de muchos ritos mágicos demoniacos, son ahora parte del repertorio del mago o terapeuta anímico el cual coadyuva al ejercicio de la espiritualidad del hombre, sin aparente contradicción. Más aun Juan Pablo 11 en una visita a México y al santuario de la virgen de Guadalupe se sometió a una limpia ritual de indígenas en el mismo atrio del altar, lo que sumo puntos a su popularidad y a su amplio consenso sincretista.

La lectura del I Ching y la antigua sabiduría china será la pauta para conocer los destinos que deparan al hombre, y los misterios ocultos para la mayoría con excepción de los dotados en el arte de conocer a través de antiguas fórmulas, los devenires de la suerte, del futuro.

La cartomancia, la astrología y el zodiaco (71) junto con los ritos y signos sacramánticos y cabalísticos han perdido su significado original ya que ha pasado su contexto histórico, el cual le dio origen y sentido, y pasa ahora a las mayorías como medio eficaz de respuestas satisfactorias a corto plazo, pudiendo regir incluso actitudes de auto estima y comportamiento.

Las decisiones personales se hallan incluso sujetas a la capacidad de respuesta mágica ritual de un mago o experto. La autoestima y la seguridad que derivan de estas prácticas aparentemente no se contradicen en el contexto de la religiosidad cristiana, curiosamente el individuo establece una dependencia unida a la religiosidad y la creencia de Dios que en muchas ocasiones se refuerza con la intersección de santos y vírgenes aparentando un matiz religioso unido al mismo patrimonio cultural.

NOTAS DEL CAPÍTULO 4

(1) Fenoglio, Alberto. I Misteri del Antico Egitto. Milano Stampa C.D.E pág. 224.

(2) Al Mulk Nizam, The book of Government or Rules for Kings. Trad. Inglesa de H. Drake. Londres 1978 pág. 9.

(3) En la Europa Medieval, tanto la cultura pre-cristiana del área septentrional y la tradición grecorromana se funden para dar paso a una nueva cultura. Por ejemplo existen dos manuales sobre conceptos de medicina que oscilan entre la herboristería, la magia, el rito y la teología cristiana. El primero compilado por un hombre llamado Bald, el manual Leechbook o libro médico donde se da una compilación de recetas de herboristería mezcladas con ritos cristianos escritos en latín, con misas celebradas ex – profeso de frente a las hierbas. En el manual se dan recetas de la medicina clásica de Plinio, hasta el uso del incienso, agua bendita y oraciones.

En otro manual la Lacnuga del siglo XI, plasma las recetas de la cultura popular desde la anglosajona, la céltica, la escandinava así como las tradiciones antiguas de Inglaterra. A estos remedios se mezclan los de las culturas griega, romana y hebrea. Este manual de medicinas y recetas, hace énfasis en los "elfos" seres teológicos y moralistas que se identificaban con los demonios visibles. El Lacnuga prescribe con las curaciones oraciones en latín para las hierbas en cuestión. Las pociones que se dan en el Manual, pueden contener plantas, animales o partes de ellos, y es recurrente el uso de oraciones y ritos de la liturgia cristiana, lo que aparentemente hace pensar en una fuerte influencia monástica: C Storms, Op. Cit. Y en R Kierckhefer. Op Cit págs. 80 a 83.

(4) En el 1317 durante el pontificado de Juan XXII (1316- 1334) el obispo de Cahors fue ajusticiado por el atentado al papa, y por sus vínculos con un mago hebreo. Se le acusó no solamente del envenenamiento, sino de la elaboración de figuras y muñecos con inscripciones de la efigie papal que se escondían en el pan y que pertenecían a ritos mágicos, todo esto con objeto de atentar contra la cabeza de la Iglesia

(5) La diosa Car, da su nombre a la Caria, y pasa a ser la diosa itálica de la adivinación Carmenta. Carla Sabia y las cariátides son sus ninfas centrales, así como las Melie son las ninfas del fresno, la Melié es la ninfa de las manzanas, y las Dríades las ninfas de los encinos. Plinio se mantiene fiel a la tradición según la cual Car inventó el arte augural... Fillide (rica de hojas, frondosa) es quizá la humilde versión griega de la gran diosa mesopotámica y palestina Belili.... Graves Ibídem. pág. 262

(6) "Si los paganos, griegos y romanos eran capaces de predecir el futuro, o de curar era porque tenían la ayuda de sus dioses. Pero los dioses paganos no eran dioses verdaderos; para un cristiano eran en realidad demonios y la taumaturgia del paganismo greco romano era entonces magia demoniaca". R: Kierckhefer. Ibídem pág. 15

(7) Gerberto de Aurillac (940-1003) estudiante de filosofía y disciplinas afines, estudia lógica en España. De regreso a la corte de los emperadores germánicos, apoyado por éstos asciende en la escala eclesiástica hasta llegar a ser papa bajo el nombre de Silvestre II. A finales del siglo XI el cardenal Bennone explica como su ascensión al poder fue obra de la magia, no solo Gerberto, otros papas elevados a este rango habían usado la magia y por todo el siglo habían mantenido en Roma una escuela de magia. Bennone cuenta que Satanás había prometido al papa Silvestre que no moriría sin haber celebrado una misa en Jerusalén. El papa entonces se sentía seguro. Pero un día ofició misa en la iglesia romana de la Santa Cruz de Jerusalén, y la muerte lo reclamó, Silvestre desesperado se cortó la lengua y una mano para expiar el pecado de la nigromancia. Ibídem. págs. 188- 189.

(8) En el libro de los Muertos en Egipto se sugería tanto la abolición del sacrificio del rey típico del matriarcado como la iniciación para penetrar en los grandes misterios. Un hombre de buena reputación podía llegar a ser un Osiride, purificándose y sometiéndose a una muerte finta. En Eleuside, Osiride era identificado con Dionisio, las hojas del álamo blanco eran el símbolo sumerio del renacimiento y en el calendario arbóreo el álamo blanco correspondía al equinoccio de otoño. Graves Ibídem pág. 478

(9) Brunet, Philippe. El Conde Cagliostro. Milano CDE. Ed. 1994. pág. 199.

(10) Los Magos tienen un culto de la discreción en el campo de sus actividades mágicas. El secreto de la práctica de ésta y las ciencias ocultas, sitúa a la práctica mágica en una dimensión donde el conocimiento da en sí el poder, y al mismo tiempo es poder en sí mismo.

(11) Felice Peretti, Inquisidor, después papa Sixto V.

(12) En la Europa occidental, la cultura celta a través de sus héroes, vive en el mundo, reacciona ante él, con la posibilidad de cambiarlo y así hacerlo concordar con el plan divino. En el reino celta el mundo terreno es un reflejo del mundo en el más allá. La tradición cultural marca un amplio y progresivo apoyo a la justicia humana como modelo de realizar la misma en el otro mundo. Para ser perfecto en este mundo, es necesario saber cómo se presenta la perfección en el otro. Por lo tanto la libertad de cada

uno está en el deber de buscar y de intentar regresar al mundo que ha visto, aquel perfecto, obligándose a la búsqueda a través de la sabiduría como un elevado sentimiento de colectividad, donde el individuo es parte de ella, y con la autonomía de la libertad se lucha para ordenar este mundo reflejo del otro.

(13) Weber, Max. Ética Protestante y Espíritu del Capitalismo. Trad. Italiana Op Cit pág. 214

(14) Citado en R: Regout. "La Doctrine de la Guerre Juste" de Saint Augustin a nós Jours. Paris 1935. Y en Demurger Alain. "Vie et Mort de l'Ordre du Temple. Seuil. 1985.

(15) Acerca de las Teorías de San Bernardo. J Leclercq. Saint Bernard's Attitude toward War, in Studies in Medieval Cistercian History, 2. 1976, pág. 24. Igualmente se aplican las teorías de san Bernardo a la época de las Cruzadas y a la formación de órdenes militares religiosas, como los Templares. Véase Demurger Alain Op. Cit pág. 26-27.

(16) San Agustín Op Cit pág. 81.

(17) Demurger Alain. Ibídem pág. 30 (Versión Italiana de Vita e Morte dell' Ordine dei Templari)

(18) Las Cruzadas, la Guerra Santa y la liberalización junto con la protección de los Santos Lugares, fueron durante el Medioevo, los motores fundamentales del pensamiento del cruzado y del caballero. Así los cruzados pasan a ser los peregrinos que luchan por la salvación de los lugares Santos y a la vez encuentran su propia vía de salvación. Ya que ésta justificaba la guerra santa y la destrucción de todo aquello que no perteneciera a la cultura de los cruzados, que son militares y a la vez monjes. Este tipo de reivindicación, de salvación se lleva a cabo a través de la expiación, pues todo llevará a la gloria de Dios y al engrandecimiento de la iglesia que es la que tiene el motor legítimo de la salvación. De esta forma el Islam, y toda tradición fuera de Occidente pasa a ser pagana y por lo tanto posible de reconquista, sin ningún temor en cuanto al papel de un soldado, sobre todo soldado de Cristo, justificando incluso el homicidio. El mismo Gregorio VII afirma que: "La Milicia de Cristo abandona el campo espiritual por el campo de batalla, se convierte en una compañía de caballeros pronta para el combate contra los adversarios del cristianismo" Demurger Ibíd. pág. 30.

(19) Los pueblos americanos crearon una agricultura y un arado de la "nada". Entre los más eficientes podemos considerar a los incas y a los aztecas. Y es precisamente por sus arados e instrumentos técnicos que se puede decir que respetaban sin agotar a la Madre Tierra. "Los individuos americanos

parece que eran igualmente conscientes de la cualidad preciosa y sagrada de la tierra fértil. Los pueblos civiles de América transformaron sus lagos en paraísos lacustres, convirtiéndolos en jardines flotantes por medio de refuerzos y plantando lodo en los árboles que con el desarrollo de sus raíces se fijaron nuevas islas en el fondo del lago. Alrededor de este núcleo se aglomeraba más fango hasta que la superficie quedaba disponible para la siembra del maíz, estas islas fueron creadas por razones económicas no siendo necesariamente estéticas." Morretta Angelo. I Miti Delle Antiche Civiltá Messicane. Longanesi 1984 Milano págs. 160-161.

(20) Con el fundamento filosófico y científico la astrología llega a ser una disciplina en el mundo intelectual. Los árabes imbuidos en el pensamiento aristotélico y ecléctico logran demostrar sistemáticamente la influencia de cuerpos celestes en los seres humanos. Recientemente la astrología ha llegado a ser materia de estudio en las universidades europeas, teniendo una influencia entre los neoplatónicos encauzados más por el espíritu que la materia. Esta concepción neoplatónica inducía a considerar el cosmos como un sistema vivo pleno de complejos y predecibles influjos más que como un sistema mecánico de probabilidades de predicción.

En el siglo XIII Santo Tomás de Aquino en su tratado sobre las cosas ocultas de la naturaleza "De Occultis Operibus Naturae ad Qemdam Militem Ultramontanum" diferencia la influencia natural de los astros, de la astrología usada en la magia. Las imágenes con signos de constelaciones o planetas atraen poder de los cuerpos celestes, pero éstos solo pueden operar como instrumentos de un poder extrínseco, el diablo. En el caso de la alquimia, ésta basa sus principios en la filosofía aristotélica posteriormente desarrollados en la Escolástica, siendo importante el fundamento de que toda materia se reduce a los cuatro elementos fundamentales que son: agua, aire, tierra y fuego.

(21) En el mito de Glauce se ilustra el holocausto anual de animales que se efectúa en el templo de Era. Esta Glauce era la sacerdotisa de la diadema en la frente la cual precedía la ceremonia en lugar de la víctima, lanzando agua en forma de baño ritual. En el tiempo de Luciano, los animales domésticos eran colgados vivos en las ramas de los árboles en el patio del templo de Hierápolis, para luego ser quemados. Originalmente estos fueron los catorce hijos de Medea lo que presupone que al inicio eran seres humanos. Común fue también ofrecer niños y jóvenes a Melkart el Heracles fenicio o Melicerte dios cretense que precedía los juegos

ístmicos en Corinto conocido como Melkar el protector de la ciudad. Graves Ibíd. pág. 571-572. O Molek del Levitico 18 al 21.

(22) La historia de las religiones habla de una degradación en las creencias humanas que va desde el plano inferior del mágico hasta las más altas concepciones de las religiones evolucionadas. En línea ascendente de eso, la purificación del hombre hacia la más elevada conciencia de sí en relación a sus semejantes. Es así porque los esclavos no se comen en Ur o entre los asirios, mientras el mito del rey devorado en los egipcios se transforma al límite del neolítico en un símbolo alegórico. Abraham fue detenido en el acto de matar a su hijo indicando así el salto cualitativo que en las religiones semíticas y cristianas será decisivo para liberar no solo la idolatría zoomórfica, también el sacrificio humano. "En cuanto a quitarles la piel, práctica común entre los otomanos de la Sublime Puerta, no presenta antropofagia."... Morretta Ibíd. págs. 168-169.

(23) No solo la corona española promueve la trata de esclavos, ya en el 1441, durante el reino de Enrique el Navegante hijo de Juan I de Portugal que llega a Lisboa con oro y esclavos funda la primera estación comercial africana en la isla de Arquin en la costa de Mauritania. Nicolás V promueve la trata de esclavos y las conversiones de paganos a través de las bulas papales. Es solo hasta el siglo XVI que se exportan alrededor de diez mil esclavos por este medio a España y que son usados como mano de obra agrícola.

(24) Con el edicto de Nantes, Enrique IV representando a los hugonotes protestantes de Francia pone fin a las guerras internas de religión. Este instrumento estuvo vigente hasta el 1685 ya que fue revocado por Luis XIV a iniciativa del cardenal Richelieu. Según este los hugonotes representaban un peligro en relación al poder real. Estos firmaron la "Grace d´Alais" con la cual pudieron conservar la fe protestante pero obligándose a abandonar los cargos públicos, pese aún a estas disposiciones algunos permanecieron fieles a la Corona. En el 1680 Luis XIV emana una serie de edictos que atacaron su libertad, y entonces fueron expulsados de sus cargos públicos, se destruyeron sus templos e instituciones de educación obligando a los niños a bautizarse. Con la revolución francesa posteriormente se abolen los privilegios del clero, el diezmo y los de la aristocracia. En 1790 se da la Constitución Civil del Clero donde se dan las medidas de la Asamblea Nacional después de la expropiación de los bienes de la Institución, así como la elección de sacerdotes en asambleas locales, manteniendo el gobierno a obispos y clérigos de manera que se abroga la jurisdicción papal. Esta revolución

fue modelo para otras ya que marcó el paso al moderno nacionalismo.

(25) En el 1519 Diego Velázquez da a Cortés el encargo de explorar el continente de América Latina sobretodo en la parte central. Al llegar éste a México encarcela a Moctezuma imponiendo a un sustituto como emperador. Velázquez envía a Pánfilo Narváez a contrarrestar el poder de Cortés que después de haberlo vencido regresa a Tenochtitlán para asediarla y es en el 1521 después del asedio que se logra la conquista habiendo consumado el masacro de la entera nobleza imperial. En cuanto al imperio inca, este fue descubierto en el 1530 por Francisco Pizarro, el que captura y ejecuta en el 1532 a Atahualpa usurpador inca del trono indio, como recompensa el gobierno español lo nombra gobernador del Perú. Para la América del Norte el emperador Carlos V otorga el derecho de conquista a Hernando de Soto aproximadamente entre el 1539 y 1540, el que al desembarcar en Florida se dedica a la extracción de la plata y oro paralelamente de la matanza de indios. Cruza el Misisipi buscando oro y llega a la actual Oklahoma donde muere en el 1541. Un siglo después llegan exploradores franceses hasta Arkansas perdiendo los españoles el control de los territorios, es hasta el 1819 que España cede los derechos a los Estados Unidos por medio de un instrumento legal el Tratado Onís-Adam, de John Quincy Adams y Luis de Onís.

(26) El imperio azteca, durante el gobierno de Moctezuma se regía de un modo particular. El "Potlatch" o intercambio de regalos fue una práctica común, siendo Teotihuacán un centro religioso compuesto de sacerdotes y creyentes concedía el comercio pero en el ámbito religioso. El Potlach es más puro, pues el intercambio no es entre hombres, es un tipo de marketing con los dioses. Para esto se requiere primero de absoluta honestidad de los sacerdotes y la fe de los donadores. Entre los aztecas los sacerdotes eran pobres y no tenían idea del enriquecimiento personal, pues esta era una misión de los servidores de los dioses. Los bienes eran destinados al mantenimiento y aumento del centro religioso y no se pensaba en acumular a beneficio particular, siendo este intercambio natural y característico del mundo primitivo. Ver Soustelle, Jacques. El Universo de los Aztecas. Fondo de Cultura Económico y a Morreta Ibíd. págs. 97-101.

(27) En el pueblo de Papalótl cerca de Texcoco, hoy día surge una iglesia católica de estilo barroco, la transformación de lo profano a lo sagrado se hace a través de la edificación de templos donde antes existían ruinas de templos indígenas.

(28) La primera etapa de las mutaciones simbólicas del dios mariposa viene en

el momento en que Quetzalcóatl fue elevado al rango de Estrella de la Mañana, la cual vagaba en el cielo y era accesible solo a los sacerdotes los cuales tenían su "Tloque Nahuaque" dios sumo de los teólogos aztecas. El Quetzalcóatl en forma clásica era incompatible con una religión guerrera como la azteca que tenía en las guerras floridas un medio de obtener sacrificios a Huichilopoztli. Entonces se transforma éste en un dios del viento "Ehécatl". En la época del rey sacerdote Ce Acatl –Topiltzin se intentó restaurar el culto a Quetzalcóatl como en Tula que se le llamó Topiltzin – Quetzalcóatl, sin embargo no fue posible erradicar los sacrificios humanos, y el sacerdote Huémac instaura de nuevo los antiguos cultos. Topiltzin Quetzalcóatl reinó diecinueve años hasta el desafío de Huémac, después huye a Cholula. Aquí se desarrolla la leyenda. Este se quemó en la hoguera y sus nobles cenizas volaron al cielo transformándose en la Estrella de la Mañana, una serpiente emplumada "reencarnó" como planeta Venus, o bien se embarcó en una balsa de serpientes emplumadas con dirección a Oriente de donde había llegado, pero antes de partir profetiza la venganza: Así Moctezuma ve en Cortés la reencarnación de Topiltzin- Quetzalcóatl. Morreta Ibíd. págs. 87 a 97.

(29) Con el Tratado de Tordecillas de 1494 entre Juan II rey de Portugal con la monarquía española y con el papa Alejandro VI como mediador, se divide el Nuevo Mundo conquistado por las tres partes. La línea de demarcación en de 370 millas al oeste lo que permite a Pedro Cabral reivindicar en 1500 el Brasil para Portugal. El papado obtiene el apoyo real para iniciar una ofensiva de evangelización a través de las instituciones monárquicas, apoyándose mas tarde en un eficiente aparato de control como lo fue la Inquisición y en las órdenes religiosas.

(30) Cartas de la Correspondencia privada de Fray Juan de Zumárraga Obispo de México, Inquisidor Apostólico y Protector de los Indios, al Emperador y Rey de España.

(31) Tanto franciscanos como dominicos órdenes religiosos surgidos en el siglo XIII se dedicaron tanto a la predicación como al estudio de la medicina, aunque formalmente les era prohibido graduarse. En los monasterios surgen los primeros dispensarios donde se curaba gratuitamente a los enfermos, se practicaba la herboristería la cual se vio enriquecida con ritos populares y locales, aún cuando algunos de éstos más tarde fueron considerados no tanto portadores de la sabiduría empírica popular, sino como curaciones mágico rituales, sin embargo habían sido asimilados a la tradición médica popular siendo patrimonio y elemento de la identidad derivada de la Colonia.

(32) Con la conquista española y con la masacre de indios arawak la población empeñada en trabajos agrícolas descendió enormemente, lo que llevó a la Corona en 1501 a aumentar la mano de obra para el Caribe promoviendo la importación de esclavos de África, así con el aumento del comercio España recibía beneficios incluso con la venta de licencias para la importación de africanos. Este fenómeno se prolongó cerca de tres siglos donde la riqueza fue basada principalmente en la trata de esclavos y la mínima subsistencia.

(33) En el 1519 el rey Carlos V obtiene la corona imperial por parte de la dinastía Habsburgo. Este hereda de su madre la corona española, Sicilia, el Nuevo Mundo y por parte de su padre los Países Bajos, de su abuelo Austria y el Tirol. La posesión de este vasto reino provocó el interés de los Valois y del rey de Francia. Siendo así que los príncipes electores en Alemania lo apoyan a través de los banqueros Fugger garantizándose su apoyo en el interés de Alemania. Ante un imperio tan vasto y de dimensiones inimaginables el nuevo emperador se apoya sobre todo en el cristianismo haciéndolo llegar a todos sus dominios y a su vez para financiar y contrarrestar la expansión del protestantismo y la reforma de Alemania, el nacionalismo de Holanda, las presiones de los Valois, así como el avance turco en oriente. Una de las fuentes principales del origen de la riqueza de la Corona fue la extracción de plata y oro de las Colonias sobretodo de México y Perú. Con la extracción de minerales la Corona se enriqueció a costa de la explotación de mano de obra que a su vez se justificó en el marco del derecho natural y del orden imperial vigente, apoyándose en los principios de evangelización cristiana que promovieron la lealtad al príncipe y la aceptación humilde del orden vigente ya que el príncipe es el representante de los intereses divinos en la tierra y de la conducción gubernamental. La iglesia desde el siglo XII estaba empeñada en verificar las alianzas matrimoniales de manera que se pudieron disolver algunas para mantener el control del panorama político y de las mismas monarquías reinantes.

(34) Por citar un ejemplo. En el 1632 Galileo publica "Diálogo de los Máximos Sistemas", el Santo Oficio confiscó el libro convocándolo a Roma donde se le obliga a abjurar sus propias tesis sobre la diferencia entre el sistema tolemaico y el copernicano. Por esto fue condenado a la pena de cárcel la cual fue breve, para más tarde ir a Florencia donde escribirá el "Diálogo de las Nuevas Ciencias"

(35) La guerra de sucesión española fue la última intromisión de Luis XIV por el predominio político y colonial ya que Inglaterra obtuvo la supremacía

colonial junto con su aliada Holanda. Con el tratado de Utrecht, Felipe V renuncia a la ambición del trono de Francia, cede los países Bajos de pertenencia española, la Lombardía, Nápoles y Cerdeña a los Habsburgo de Austria. Luis XIV cede a su vez los territorios conquistados de la Renania, Inglaterra logra el reconocimiento al derecho de sucesión de los Hannover, ganando Terranova, Saint Kits y la Bahía de Hudson en Canadá. España recupera Gibraltar, Menorca y el monopolio de 33 años para la trata de esclavos negros en las colonias del Nuevo Mundo.

(36) En Alemania, o la Confederación de Estados Alemanes, los jesuitas fueron expulsados en 1873, siendo la ley Falk la que obligaba al clero a someterse al orden civil dando la prioridad a los matrimonios civiles en lugar de los religiosos. Es solo hasta 1887 cuando se resuelven definitivamente los problemas en este renglón entre la iglesia y el estado.

(37) Los Erinos compañeros de Ecate eran la personificación de los remordimientos que atormentaban la conciencia de quienes habían infringido un tabú. Inicialmente se refería a los insultos, desobediencias y violencia con relación a la madre. Los suplicantes y los huéspedes gozaban de la protección de la diosa Estia del hogar, de manera que maltratarlas significaba desobedecer a ésta e insultarla. Graves Ibídem, pág. 111. El respeto y obediencia a la madre era un reflejo de la sociedad matriarcal, que más tarde se incorporó al pensamiento cristiano. Ya en el mismo Génesis 1 vers. 27 y 28 la mujer es concebida como la obra de Dios a la par del hombre en cuanto a que los dos son seres humanos. También la madre significa origen.

(38) Estas cámaras fueron creadas por Zeus. Y Atlacomeneo (protector) es un personaje mítico cuyo nombre es la forma masculinizada de Atenas. Citado en la Ilíada IV, 8 es la protectora de Beozia. Su figura principal es útil al dogma patriarcal según el cual ninguna mujer aunque fuese diosa podía llegar a ser sabia sin la ayuda de un hombre y de la diosa luna. La situación de la mujer en el orden del mundo es según Duby: Para los hombres sobre todo un objeto, estos la dan, la toman, la desechan, la mujer es parte de su patrimonio o de los bienes inmuebles. O bien solamente para afirmar la propia gloria la exponen al mundo siempre de un lado, pomposamente vestida como uno de sus tesoros o bien la esconden en la parte más protegida de su casa y si es necesario sacarla la disimulan bajo el velo, bajo la capa pues es necesario sustraerla a la vista de otros hombres por si éstos quisieran apoderarse de ella. Existe un espacio cerrado, reservado a las mujeres estrechamente controlado por el poder masculino. Duby, Georges. Done nello Spechio del Medioevo.

Gallimard, 1995 trad. italiana Laterza.

(39) En la Primera Epístola a los Corintios 11 vers. 2 en adelante Pablo habla sobre el ornamento de las mujeres y afirma que el hombre no debe cubrirse la cabeza pues es imagen y reflejo de Dios, pero la mujer es reflejo del hombre. En los vers. 6 y 7 dice: Por tanto si una mujer no se cubre la cabeza, que se corte el pelo. Y si es afrentoso para una mujer cortarse el pelo o raparse, ¡Que se [lo] cubra! Entonces el cubrirse la cabeza es una señal de sujeción y el velo es una simbología de la cabellera. En Génesis 2 vers 23 y 24 dice... del hombre que dormía en un profundo sueño, le fue sacada una costilla de la cual se formó a la mujer y de ahí que los dos serán uno. Pues estando ambos desnudos no tenían vergüenza uno del otro. Para el siglo XII con la reforma religiosa en Europa, sobretodo en Francia, la Iglesia se proponía obligar a sus fieles a observar sus preceptos. En este caso la penitencia, además de las prácticas de contrición y confesión (rito inspirado en la justicia pública y el concepto de reparación) era inspirada en el rescate manejado en las comunidades monacales. Se inauguran castigos expiatorios que serían administrados por los sacerdotes. Para estos la apariencia de la mujer representó en la imaginación colectiva, el pecado y por lo tanto su rescate. El pecado de la carne se debía de expiar a través de la flagelación de la destrucción para así llegar a la santidad. Los predicadores franceses se referían a la forma de vestir de la mujer como una forma de inducir a la tentación del hombre, así también la cabellera larga y suelta, el don más apreciado de la mujer es para servirse de éste en un modo particular afirmaba Oddone di Chateauroux. Duby Op Cit págs. 58 a 63.

(40) El papel de la mujer sobretodo se encuentra justificado en Génesis 3 ya que esta es la primera en violar las disposiciones de Dios, aliándose a la serpiente comete el primer pecado de la humanidad entera por la incitación. Se inicia una diferencia patente en cuanto al papel de cada uno a lo largo de una vida no más paradisiaca, sino en términos de sufrimiento terrenal. Durante el platonismo la mujer que en la cultura griega tenía un papel importante, queda relegada del ámbito de la intelectualidad quedando como una servidumbre no pagada y la procreadora de hijos, en tanto que el hombre queda superior, en la mitología Zeus y Apolo son omnipotentes legitiman la división social y a la vez son el reflejo del orden imperante. Durante el período inicial del Medioevo el papel de la mujer se caracterizó por ser siempre la originaria de la culpa, o sea de la caída. "La mujer, todas las mujeres, la sierva del gran sacerdote frente a la cual San Pedro renegó de Jesús, Eva en el paraíso que incita a Adán a

desobedecer, son instrumentos del diablo: a través de ella la perdición se introduce en el mundo. Impregnada de pecado como todas las mujeres, para ser la esperanza de todos los pecadores, para tomar un lugar en la puerta del cielo y no del infierno, María Magdalena (considerada la mujer más perdida pero reivindicada por su amor a Jesús) ha tenido que destruir completamente, consumada en las laceraciones, la parte femenina del propio ser." Duby G: Ibídem pág. 53

(41) En la cristiandad la mujer perfecta era la que lloraba y no hablaba, la que obedecía y se postraba ante su hombre. Por consecuencia desde la adolescencia las jóvenes debían prepararse para ser esposas de Cristo recluidas en un convento de otra forma es fácil caer en la prostitución. De aquí que los Epistolarios y Consejos para Jóvenes tendieron a promover la sumisión entre éstas haciendo determinante la opción de ser esposa y mejor aún si lo era de Cristo en lugar de terminar en la calle. Duby Ibidem págs. 57 y 58. Pero no solo durante la Edad Media en Europa, en Grecia existía una antigua usanza de comprar a la esposa con el sistema rápido de las razias de ganado. En la Grecia Homérica las mujeres estaban valoradas en una determinada cantidad de cabezas de ganado, costumbre que prevalece en algunas partes de Africa Central y oriental. Y en las comunidades donde impera el sistema de dote. En la sociedad matriarcal el divorcio de la mujer real implicaba la renuncia al reino el cual era su dote, de manera que perdía sus privilegios en favor del hombre. La mujer es considerada una propiedad ya que el desarrollo económico en el cual está inmersa posibilita a través del matrimonio la inclusión de la esposa y esto refleja la legalidad del orden vigente.

(42) En la sociedad bárbara dórica cuando las mujeres perdieron todos sus poderes mágicos salvo el don de la profecía pasaron a ser consideradas objetos de propiedad del marido. Solo la sacerdotisa elegía al rey sagrado como su amante, ya que en esta época no se conoce la monogamia. El señor del mundo helénico tenía la facultad de someter a su disposición a las jóvenes en edad de marido. Graves Ibidem págs. 45 y 46. La sumisión se reflejo también en el uso del velo por parte de la mujer; en el primer milenio se consideraba ésta asociada al pecado por el solo hecho de su feminidad y por lo tanto el sexo femenino fundamento del pecado y en consecuencia del pecado sexual. Por esto mismo debía ser segregada en un convento femenino, separada de los hombres como un signo de expiación colectiva personal del sexo femenino, su redención se hacía básicamente en relación al pecado original.

(43) El "mal femenino" llamado así por Herodoto es la forma que se dio para

la homosexualidad. Hoy en India meridional, se considera de mal agüero ver dos serpientes que se unen ya que el espectador será castigado con este mal convirtiéndose en homosexual. Graves Ibidem pág 343. Ya desde el siglo XII los llamados padres del cristianismo estaban preocupados por encontrar y castigar la homosexualidad. San Agustín reflexionando en Génesis 1 vers 27. Y los creó macho y hembra o sea hombre y mujer, deduce que en la criatura humana existe algo de masculino y de femenino. Cuando Dios sacó la pareja, el modelo del matrimonio, dando a la esposa como ayudante que obedece al esposo, aclara la estructura del alma. En esta domina el cuerpo o sea el princípio masculino "la virilis ratio" la razón viril sometiendo la "paris animalis" por medio de la cual el alma domina el cuerpo, el appetitus, el deseo. Esta es la parte femenina la cual "adjutorium" debe ayudar a la sumisión... La antropología que da fundamento a las reflexiones de San Agustín invita a considerar a que en cada hombre hay una parte femenina que Dios se la ha introducido para ayudarlo a elevarse hacia el bien, entonces el apetito, el deseo, viene gobernado convenientemente para que sea bueno. Duby Ibid. págs. 166-167.

(44) Carlos Borromeo haciendo eco de las demandas del Santo Oficio acerca de la Inquisición y sus métodos exhorta a la población y a los jesuitas a ahondar sobre la cacería de brujas y magos. Aún siendo conocedor de la quema de éstas en Mesalcina, Italia profundiza en las reflexiones sobre como esto repercute en el crecimiento espiritual y en la evangelización. Para profundizar sobre este tema ver Prosperi, Adriano. Tribunali della Coscienza. pág 376.

(45) Durante el siglo XII la Iglesia hacía del matrimonio un sacramento. Imponía la indisolubilidad y contradictoriamente aceptaba la disolución cuando se hubiese probado el incesto o sea que los cónyuges fueran parientes consanguíneos en siete grados menos de parentesco. De esta forma sobre todo cuando el matrimonio era de reyes la Iglesia intervenía para unir y disolver las uniones. La política en el seno de las dinastías monárquicas promovía el matrimonio del hijo mayor como forma de mantener intactas las dotes y así evitar fraccionar el patrimonio familiar. Así la Iglesia condivide los postulados de la monarquía acerca de la poligamia y el incesto, siendo la práctica del sexo limitada a un matrimonio legítimo y único en el sentido de coadyuvar a la política patriarcal en Europa. Sin embargo ya desde la antigüedad Artemide era contraria al matrimonio monógamo pues esta pertenecía al culto pre-helénico por el cual la mujer se unía promiscuamente fuera de su clan,

entonces los helenos la propiciaban con sacrificios nupciales, llevando antorchas. La práctica patriarcal del Sutee (del sánscrito sati, es la práctica hindú de la cremación de la viuda sobre la hoguera del marido muerto) nace de la usanza indo europea que imponía a las viudas no volverse a casar y cuando esta prohibición fue abolida el Sutee perdió atractivo. Para ver la mitología helénica ver Graves Ibíd. pág. 202.

(46) Afrodita (nacida de la espuma) es la misma diosa del inmenso poder que nace del caos, la que danzó sobre el mar, la que era venerada en Siria y Palestina como Ishtar o Astaroth, el centro más famoso de su culto era Pafo donde cada primavera las sacerdotisas se bañaban en el mar y emergían vírgenes. Ibíd. pág. 41. Para el cristianismo Eva había sido la perdición y en ella estaba el estigma del pecado, y por otra mujer la Virgen María, la humanidad podía obtener la redención y como la mujer es fuente de deseo y de lujuria, careciendo de sentimientos ya que se basa en el cálculo, solo puede ofrecer al hombre que será su jefe, como lo es Cristo de la Iglesia, un don que se equipara a la virginidad. En el discurso agustiniano se afirma que "la mujer no es toda animalidad. Esa tiene una parte de razón, inferior evidentemente, pues en ella domina el deseo. Es un peligro, pero también una fuerza, el atributo que la pone en condición de ayudar en el mundo (oportunamente) es su hombre:" Duby, Ibid pág 167. Así la virginidad de la mujer adquiere valor en relación al hombre no al intrínseco de la feminidad y básicamente en un marco de sociedad monogamica.

(47) El pensamiento tradicional en la Europa Medieval fue influido del mito de la mujer perfecta. Esta debía obedecer al hombre su jefe y prepararse al matrimonio y a la sujeción. La mujer que sufre en el marco de la lujuria solo podía librarse de ésta a través de la penitencia corporal. Habiendo llegado a la espiritualidad con la flagelación de la carne y al haber expiado sus pecados la mujer había superado la carne. San Agustín contraponía la carne al espíritu siendo la primera un obstáculo ya que el amor físico solo puede ser regulado por el matrimonio para así disminuir la concupiscencia por medio de la maternidad como garantía de la supervivencia de la especie. El amor en términos puramente sexuales queda en el ámbito de la brutalidad confiriendo así a la prostitución el rango animal y brutal, fuera del amor cristiano pero con la posibilidad de redención y expiación.

(48) En las leyes tribales las mujeres jefes del clan fueron obligadas a cubrirse la cara con barbas artificiales para tener derecho a ejercitar la magistratura y el mando. Así Cenide pasa a ser Ceneo y Elate Elato. También se dieron

cambios en relación al sexo de sus jefes como forma de tener el control del mando. Esto se acentúa más durante el paso del matriarcado al patriarcado. Véase el mito de Cenide y Ceneo. Ibidem pág 235. Igualmente en la dinastía XVIII en Egipto la reina Hatshepsut del 1484 al 1505 reinó por más de 20 años llevando ropa masculina y barbas postizas como un signo de realeza que usaban los faraones.

(49) En el mito griego durante el sitio de Troya la leyenda dice que Ecuba, en griego Ecabe, era una esclava dada por sorteo a Odiseo el cual se la lleva a Tracia donde la reina consorte la mata por las culpas de Odiseo, entonces el espíritu de Ecuba se transforma en una horrible perra negra que se lanza al mar y cruza el Helespondo. Este lugar de sepultura se conoce como la Tumba de la Perra. Ibíd. págs. 655 a 657. La asociación de ideas en cuanto a perversión particularmente de la mujer y la perra ha sido parte importante de la simbología como una forma de demostrar los instintos más animales que se contienen de forma intrínseca en la misma naturaleza femenina.

(50) Duby Ibíd. págs. 135 y 136.

(51) En los galos es importante la figura de Minerva que enseña los principios de las obras y las técnicas "Opus Artifium" Técnica y Modo de Proceder. Es la patrocinadora de los artistas y artesanos participando en la guerra ya que se considera un arte. Minerva conserva las tres funciones originales indo europeas. Algunas veces se le conoce como Melisama o Muy Brillante y se asocia a la medicina como parte de su primera función. En Irlanda es conocida como Brigit hija de Daga, como Minerva Atenea lo es de Júpiter y Zeus. Es la protectora de poetas, de los médicos, (parte de su primera función) artesanos, herreros y artistas del bronce (parte de la tercera función) y aparece como guerrera, (segunda función). Esta diosa de tres caras, o triple diosa presidía la fiesta de Imbolc el primero de febrero el mismo día que Irlanda festeja a Santa Birgita (Brigita) de Kildare que después de San Patricio es la segunda protectora de los irlandeses. En la abadía de Kildare siendo Brigita la abadesa se alimentaba un fuego perpetuo asociándose al fuego de Bath en la Gran Bretaña donde se honraba la diosa Sul que se parangona a Minerva o al culto de ésta en Roma donde se le conoce como Vesta. Markale J. "La Diosa de la Triple Cara" Ibíd. págs. 126 a 128. A mediados del siglo XI con la aparición de las reliquias y con ello de la afluencia de peregrinos sobretodo en Francia católica los jerarcas de la Iglesia decidieron fomentar la veneración de santos locales, mártires de Roma, de los primeros evangelizadores y de protectores que junto con las fuentes

sagradas se habían sustituido a la tutela de las divinidades pre cristianas contando con la devoción de los fieles que se estaban orientando mayormente a los personajes que están contenidos en los Evangelios y en Hechos de los Apóstoles. Duby Ibídem págs. 44 y 45.

(52) "En cuanto a los continuos combates de los héroes celtas contra monstruos, dragones y seres sobrenaturales inquietantes, del tipo de los Formoris, son similares a la imagen de combates que todos los chamanes actúan para reconstruir el estado primitivo del mundo y restablecer el pasaje libre entre el Cielo y la Tierra eliminando aquellos con problemas en los alrededores del Puente Estrecho." Markale J. Ibíd. pág. 219.

(53) En el 1037 se elige un nuevo Abad para la Abadía de Cluny, este reformador tiene por mérito el despegue económico de la región. El Abad Gofredo promotor de la tregua de Dios en el 1409 logra la consagración de la Iglesia de la Magdalena de Verdún y la de Becançon. Al año siguiente obtiene del papa León IX la bula a favor de su monasterio, así que Vézelay se consagra a Cristo, a la Virgen, a los santos Pedro y Pablo y también a María Magdalena cuya fama empezaba a crecer en occidente. En el 1108 por un privilegio acordado con el papa Pascual II los antiguos patrones de Vëzelay desaparecen quedando el culto solo a María Magdalena que ya se había concretado en la región. Esta se había convertido en patrona de la reforma general. Entonces se procede a buscar reliquias y a unir las diferentes leyendas para dar cuerpo al entero culto. Duby, María Magdalena, Óp. Cit págs. 43 a 48. En el marco del mito griego, los huesos de los titanes que eran identificados con los de los antepasados de la tribu, eran considerados talismanes mágicos que protegían la ciudad: así los atenienses bajo un oráculo recuperaron en Sciro los huesos de Teseo regresándolos a Atenas. Probablemente estos huesos eran enormes pues los Watusi – raza ecuatorial africana- también emigraron a Europa durante el neolítico. Los gigantes de Anatolia recuerdan a los de Génesis y a los gigantes, Josué 14 vers 13, que Caleb desalojó por un oráculo. Estos Anakim venían de Grecia como miembros de la Confederación de los Pueblos del Mar. Véase el mito de los gigantes en Graves Ibíd. págs. 408 y 268. Así también en la tradición de la vida Orfica se propone eliminar del alma humana el elemento titánico para así llegar al divino, evidenciando la dimensión inmortal de la naturaleza humana. Al centro de la tradición órfica las prácticas del catarismo promueven una nueva dimensión espiritual renunciando al orden del mundo para llegar a la salvación del alma entendida como la parte divina del hombre, pensamiento que más tarde se asimilará al cristianismo.

(54) En la mitología griega del Caballo de Madera, o sea el de Troya se afirma: "Apenas fue llevado al campo el simulacro por tres veces lo envolvió en las llamas y entonces empezó a sudar como signo de la cólera de la diosa" Mito de Troya, Ibídem págs. 646 y 649.

(55) El rosario se instituye en el siglo XII naciendo para recordar los salmos y oraciones que se debían recitar simbolizando la devoción. Además de la oración se usa como adorno y protección para la casa o auto. Los hindús lo llaman "Akgha" el que cuenta con 50 bolitas y es un atributo iconográfico de Brahama. Los tibetanos lo usan con 108 bolitas de diversos materiales dependiendo la divinidad a la cual están dedicadas, y a la vez se separan en decenas por medio de anillos de plata. En la tradición musulmana cuenta con 99 bolitas, en la tradición católica contiene 50 bolitas en la cadena mayor y en la parte pequeña cuenta con 3 pequeñas y 2 mayores, en la cadena mayor se hallan inmersas las bolitas que representan los misterios que se celebran de acuerdo a la liturgia del tiempo. Algunos son de plata, oro y pétalos de rosas sobretodo en lugares donde se ha preservado el culto a la Virgen a la cual es asociado. Para ver rosarios y su origen véase Coria, Óp. Cit. pág. 345.

(56) La diosa Luna Brizo de Delos que en la práctica no se distingue de Latona, se identifica con la triple diosa hiperbórea Brigit, que entró en el calendario del mundo cristiano como Santa Birgita. Brigit era la patrona de todas las artes y Apolo sigue su ejemplo. Graves, Ibídem pág. 70. Durante la edad media se inicia un período de división del trabajo y de oficios que marca la nueva estructura social y económica. Con la aparición de cofradías y confraternidades los individuos se alinean a personajes para obtener protección, después ésta se prolonga a través de la intersección y la protección que más tarde serían absorbidas en el esquema institucional de la Iglesia bajo la legitimidad heredada del cristianismo apostólico convalidado en posteriores Concilios.

(57) En el "Liber Lapidarum sen de Gemmis "de Marbodo, obispo de Rennes a fines del siglo XI se hace una lista descriptiva de las enormes virtudes de las piedras preciosas. Kierckhefer. Ibid pág. 32. Ver inciso sobre clasificación de amuletos en Magia Egipcia 3.1.1.

(58) En Sicilia existe una tradición muy antigua conocida como "Muzzúni" que ha llegado a ser típica de la Noche de San Juan. Esa noche amigos y parientes se reúnen y escriben sus nombres en tiras de papel unas de hombres y otras de mujeres, luego éstas se apilan en dos columnas que en dialecto se llaman Muzzúni las cuales serán sacadas por cada uno de los niños presentes. Cada nombre se emparenta a través del compadrazgo,

entonces compadre y comadre estrechan relaciones que no se pueden romper fortaleciendo así a los grupos emparentados por la tradición. El reforzamiento de compromisos sobre todo a nivel familiar apoyan un proceso de identificación nacional reforzado en base de los compromisos familiares y una verdadera alternativa en áreas donde la pobreza y la miseria no permiten otra opción, salvo la emigración, con esto la movilidad de factores sociales y culturales que han promovido una sub-cultura mitificada de imágenes basadas en estereotipos. En cuanto al uso de animales, durante la Pascua en Avola, Siracusa se desarrollaba una fiesta particular "La Fiesta del Carnero" la cual consistía en una cruel carrera que representaba la expiación simbólica del pecado. El animal atado de las 4 patas con cerca los participantes corriendo a caballo debían por turnos ver quién le cortaba la cabeza. El carnero simboliza con sus cuernos la infidelidad que debe ser castigada, el animal es pues la figura del marido engañado, de ahí viene a representarse la infidelidad con el – ponerle los cuernos- y la masacre del animal responde a la forma de expiación. Estas fiestas se enmarcan en pueblos de tradición católica donde la visualización y los estereotipos han pasado a ser parte de la tradición religiosa, del patrimonio de la cultura.

(59) Paralelo a esto se desarrolla una fe en la Providencia sumamente intensa que identifica la obediencia incondicional a Dios y por lo tanto la aceptación de la situación dada. Este destino se debe conservar y aceptar individualmente con humildad como parte del diseño divino, en el aspecto terrenal será reforzado por la misma institución. Weber, Ibídem pág. 107.

(60) Consultar lo referente a privilegios de la Orden Templar a Demurger, Alain. La Santa Milicia del Templo de Salomón. Óp. Cit. págs. 54 a 74.

(61) Esta práctica no solo se remite a la América Latina, en Italia el Santuario de la Madonna Grande el cual está dedicado a la Virgen, surge donde antes existía un templo dedicado a Iside, esto en Treviso. El Santuario de Monte Virgen fue erigido por el monje Guillermo de Vercelli aproximadamente en el año 1000. Anteriormente había sido un templo dedicado a Cibeles con su consagración posterior se dedica a la Virgen conocida como "La Mamma Schiavona" protectora de los enamorados. El Santuario de Santa María de Leuca está dedicado a la Virgen Anunciata siendo construido sobre las ruinas de un antiguo templo dedicado a Minerva y donde los marineros iban a pedir protección y a disolver sus votos. Coria, Ibídem págs. 355 a 360. Este fenómeno arquitectónico se amplía a lugares donde el cristianismo se arraiga y se fusiona a cultos

locales enriqueciendo el patrimonio económico y religioso de la Iglesia.

(62) Vaillant dice de Tonantzin: "Esta tenía el mismo aspecto de la diosa Cihuacóatl diosa serpiente, y tuvo en su honor un templo en Tepeyac, donde hoy se encuentra el Santuario de la Virgen de Guadalupe, su culto fue reemplazado por los primeros misioneros cristianos en favor de la Virgen, lo que muestra su inteligencia en la evangelización de los aztecas" Vaillant C. Aztecs of Mexico. págs. 185 y Moreta Ibíd. pág. 37.

(63) Zumárraga Juan, Ibídem.

(64) La rosa fue introducida en Grecia proveniente del Asia Menor. En Persia donde nace y se menciona por primera vez es usada para mezclar aceites y perfumarlos. Cleopatra en Egipto la sustituye por la flor de loto. La rosa fue introducida en Europa a través de las migraciones de turcos y árabes, más tarde con las cruzadas se difunde aún más. Los primeros cristianos prohibieron su cultivo por ser asociado a la lujuria pero ya en el Medioevo fue considerada como un símbolo de pureza y mística del mismo cristianismo, entonces se llamó "Rosa Mystica" a la misma Virgen. El día de Pentecostés se hizo tradicional el lanzar pétalos de rosa desde los balcones como símbolo del descenso del Espíritu Santo. La rosa llega a ser el símbolo de muchas santas asociadas en la iconografía, así en el siglo XVIII pasa a ser el emblema de los Rosacruces, donde la flor abierta en el centro de una cruz tiene inscrito "Ad Rosam per Crucem" La leyenda dice acerca de la rosa canina la cual es una especie que apareció aproximadamente en el 1050 y es considerada como la más antigua de los ejemplares hasta hoy conocidos, que el diablo quería usarla como una escalera para subir al cielo, pero entonces las espinas se doblaron y nunca más se enderezaron como un recuerdo latente del tentativo del demonio, y como forma de evitar el sacrilegio. La rosa de oro fue la que usaron los papas donándola a los reyes y fieles de la Iglesia, siendo ésta bendecida el quinto domingo de la cuaresma, (calendario romano y gregoriano) más tarde su uso se restringió al ámbito de las reinas. La rosa simbolizó sobretodo la Virgen y los pétalos llegaron a consagrarse o usarse para fines místicos. En algunos lugares de la cristiandad se llegaron a hacer rosarios de pétalos de rosa, todavía hoy son famosos en España. "Atributos de la Rosa" Coria, G. Ibídem págs. 343 y 345.

(65) El símbolo antiquísimo de la Cruz es precedente a Jesús y es a partir del siglo V después de Edicto de Constantino conocido como el de Milán del año 313 que se sustituye el monograma cristiano CHI-RHO sobre urnas, lámparas, sarcófagos e inscripciones. En el Medioevo se usó tanto en la Iglesia como en corporaciones, confraternidades y en las organizaciones

de en la caballería. Como talismán se asoció con la cruz de San Benedicto el cual con iniciales y una oración en latín servía como amuleto para conjurar el peligro. La cruz de San Ulrico preservaba de la mordida de ratas y la cruz de San Andrés en forma de X se usó como talismán. La cruz en forma de T era considerada como un antídoto contra las enfermedades de la piel, la erisipela llegó a ser conocida como "el fuego de San Antonio". Muchas personas la usan como una barrera para detener el avance del mal unida a rezos de la liturgia católica. Coria Ibidem. pág. 132. En la simbología cristiana adquiere varias connotaciones, para los católicos es el símbolo de la muerte de Jesús y de la Cruz que cada ser humano carga durante su vida terrenal, es una forma de penitencia y de expiación. La cruz representa la solidaridad cristiana y el emblema de la muerte de Cristo. A partir de los años cuarenta y de las revisiones de las traducciones de la Biblia, algunas religiones como los Testigos de Jeová han suprimido el culto de la cruz, pues de su traducción del griego al inglés se deduce que Jesús no fue crucificado en una cruz sino en un palo o estaca. Del griego OTAUPOÜ traducido al inglés Stake o sea palo. ËOTAUPWOAV "They put on the Stake." OTAUP¨WOWOIV "They might put on the Stake." Traducción al inglés de las Sagradas Escrituras originalmente del griego. Geova Witnees. Watch Tower Bible and Tract Society of Pensylvania. En la cultura azteca ya existía la visualización de la cruz por lo que no fue difícil su yuxtaposición con la cruz de la evangelización.

(66) Demurger A. Ibidem pág 277.

(67) La Nigromancia significa adivinación mediante la evocación de los espíritus de los difuntos, de Mantéia adivinación y Nekrói difuntos. Las técnicas aquí pueden ser muy complejas ya que se usan desde círculos mágicos, conjuros, sacrificios y hasta evocaciones. El uso de las imágenes representa a la persona junto con los encantamientos y fórmulas siendo esta la primera fusión de la magia astral y del exorcismo adivinando a través de las superficies reflejantes, la Cartomancia y la evocación de espíritus malignos. Con una fuerte influencia árabe, conceptos cristianos (exorcismo) y elementos de la tradición hebrea formaron ritos y cultos que se difundieron durante la antigüedad como medios eficientes para expeler a los demonios muchos de estos asimilaron oraciones en latín por ser considerado el medio más eficaz.

(68) Se ha señalado un vínculo entre el zodiaco y el viaje de Argo, leyenda que fue alterada en Alejandría Egipto con los signos zodiacales. Aries de Frisso el Toro de Eete, Dioscuri como gemelos celestes, el León de Rea,

la Libra de Alcino, el Acuario de Ergina-Heracles como arquero, Medea Virgen y Capricornio con las mujeres de Lemno. Y recurriendo a los signos zodiacales egipcios aparecen los elementos faltantes: la Serpiente en vez del Escorpión o el Escarabajo símbolo de la regeneración (resurrección) en lugar del Cáncer. Graves Ibídem. pág. 574.

(69) En el Medioevo la adivinación fue un medio de conocer un destino preestablecido, considerándose la gama de ciencias afines a esto como una inspiración demoníaca. La "oniromancia" o interpretación de los sueños, los asociaba a eventos futuros los cuales se podían predecir por similitud de contenidos y por una interpretación basada en las necesidades o aspiraciones del consultante. La "onomancia" es la adivinación por medio de cálculos basados en los nombres. "San Agustín en el Tratado Sobre Adivinación de los Demonios explica como éstos, los cuales tampoco conocen los eventos futuros, pueden hacer conjeturas inspiradas de su agudo sentido de la percepción y dada su capacidad de moverse rápidamente y de su rico bagaje de experiencia son receptores de las inquietudes humanas y son solo las conjeturas las que son comunicadas a los seres humanos mediante la adivinación." Kierckhefer, R. Ibídem pág. 113.

(70) La diferencia entre talismanes y amuletos es que los primeros tienen palabras escritas o letras, dependiendo del objetivo. En la Edad Media muchos creían, incluso algunos hombres de ciencia como el célebre Bernard Gordon en 1320 que se podían impedir ataques epilépticos llevando en si mismo nombres de magos bíblicos escritos en un pergamino. El artificio más conocido y famoso usado en los talismanes es el cuadrado mágico con la fórmula: SATOR-AREPO que tiene un total de simetría en la lectura.

SATOR   AREPO
TENET
OPERA
ROTAS

Se ha discutido el anagrama de las palabras iniciales en latín del Pater Noster con una doble A y O para Alfa y Omega, que significa Cristo, Apocalispsis 1 vers 8. PATERNOSTER se escribe en forma de cuadrado. Este aparece por primera vez en una casa cristiana en el siglo I en Pompeya. En Europa durante el Medioevo sirvió para objetivos mágicos desde un parto difícil hasta el lograr la buena voluntad de las personas. Kierckhefer R. Ibíd. págs. 97-98. Véase también en la mitología escandinava las Runas de Odín o su referencia en el Capítulo 3.

(71) Los Titanes masculinos y femeninos tuvieron sus correspondientes en algunas divinidades de la antigua astrología babilónica y de Palestina, su semana planetaria sagrada estaba dividida en siete días. Su culto fue introducido en Grecia por una colonia cananea y una hitita que se establecen en el Itsmo de Corinto en el segundo milenio antes de Cristo. Cuando el culto a los Titanes fue abolido en Grecia y la semana de siete días dejó de aparecer en el calendario oficial algunos autores elevaron el número de las divinidades a doce para hacerlo corresponder con los signos del zodiaco... En la mitología babilonesa los dioses planetarios que regulaban los días de las semana eran: Samas, Sin, Nergal, Bel, Beltis y Ninib todos ellos masculinos excepto Beltis diosa del amor. En la semana celta (imitando los pueblos del Mediterráneo oriental) los días eran domingo, martes y viernes que dependían de las Titanes contrapuestas a los Titanes. Según el mito de Niobe llegando de la Palestina pre-helénica a Grecia pre-helénica una Titán se une a un Titán para salvaguardar los intereses de la diosa. Posteriormente el número de Titanes se redujo de catorce a siete de ambos sexos. Las potencias planetarias eran las siguientes: el sol que preside la luz, la luna los encantamientos, Marte el crecimiento, Mercurio la sabiduría, Júpiter la ley, Venus el amor, Saturno la paz. Los astrólogos de la Grecia clásica siguieron el esquema babilonio y ajustaron los planetas a Elio, Selene, Aries, Hermes o Apolo, Zeus, Afrodita y Cronos. Graves, Ibidem págs 22 y 23. En la Biblia se hace mención de los Gigantes o Titanes en Génesis 6 vers 1 y en el Deuteronomio 1 vers 28. Estos en hebreo se conocen como Nefilim cuyo nombre se asocia a los Titanes orientales nacidos de la unión de mortales con seres celestiales. En el judaísmo posterior se les consideraron los ángeles culpables caídos del cielo. Ya en el siglo IV esta concepción se interpretó como los hijos o sea la descendencia de Caín y de Abel. Los Hijos de Dios pertenecen al linaje de Set mientras que las Hijas de los Hombres representaron la de Cain.

CAPÍTULO 5

Cristianismo y cultura: La religión a medida del hombre

5.1 El Mito Judío y la Intolerancia

El mismo Jesucristo era judío, nacido de padres judíos, con ascendientes judíos, crecido en un ambiente de respeto a la Ley y a la propia tradición judía. El cristianismo heredado de Jesús se basa sobre todo en el respeto a la Ley hebrea y se desarrolla en el ámbito, la cultura y civilización judía. De esta manera los primeros cristianos deben su origen y pasado histórico a tradiciones hebraicas. Las predicaciones iniciales de los discípulos de Jesús se hicieron en el seno de las mismas sinagogas, no representando ningún problema de fondo. Los cristianos convivían con judíos, con cataros, (1) con musulmanes, incluso haciendo prosperar regiones como la de Linguadoca en Francia o la misma Jerusalén. Es más tarde que en Francia, Suiza y Alemania aproximadamente en el siglo XV se inician procesos en contra de estas minorías rodeándolas de mitos para encuadrarlos en el marco de la herejía y la persecución Se proliferaron los procesos por magia, de individuales pasaron a ser colectivos. Mas que la imputación por eso uso de ritos, pociones y encantamientos por parte de los magos se juzga la participación de brujos considerados sectarios que se reúnen en las sinagogas para satisfacer su ira y lujuria, se comunican con el diablo y después celebran un banquete con carne humana. (2)

Uno de los grandes mitos fue y es todavía hoy la actitud hacia el judío considerándolo tradicionalmente un agiotista. La cristiandad tanto civil como eclesiástica, segregaba las comunidades judías como si fueran una peste pues éstos con su habilidad financiera obtenían grandes beneficios en sus actividades comerciales. El papa Benedicto X111 en el 1415 decreto la prohibición a los artesanos judíos de elaborar cualquier objeto destinado al culto y servicio católico. Se hace patente el desprecio el cual se fue acrecentando hasta llegar al odio, sumando a esto el mito de que fue el pueblo judío a condenar y crucificar al mismo Jesús.

La intolerancia judía no es un fenómeno del siglo (3) ni culmina con el Holocausto. Esta intolerancia se ha vuelto una doctrina de justificación y legitimación que fue llevada hasta sus máximos niveles, sobre todo con el adoctrinamiento de los seguidores de Mein Kampf y su participación en el genocidio. Los elementos de justificación a estas doctrinas son incomprensibles a la razón humana pues no tienen argumentos que permitan una crítica sino que se deducen de un adoctrinamiento de siglos basado en el mito y en los prejuicios. Son permeables a cualquier crítica, sin embargo están latentes en muchas de las culturas y civilizaciones modernas.

Para la Iglesia católica de la época de San Agustín, los judíos representaron la antítesis del cristianismo y de los seguidores del fundamentalismo o sea la praxis bíblica. Así la Iglesia se promueve como garante de la Verdad Absoluta en cuanto a la interpretación de los textos bíblicos. (4)

A los judíos se les prohibía tener terrenos, dedicarse a actividades financieras y al comercio de mayoristas, se les limitó a sobrevivir de vendedores ambulantes en pequeño y a la servidumbre en casos especiales. El concepto de riqueza en el Antiguo Testamento es totalmente diferente de la noción en el Nuevo Testamento. Éxodo 30 vers 14 y 15 así como se persiguió la herejía ariana, la iglesia determino la persecución judía, paralelamente a la dogmatizacion en el seno de la misma, reforzando el monopolio legitimo de la Palabra, se pide ayuda a las autoridades locales para extirpar la herejía. Por orden se obliga a los judíos de colocar en la parte anterior de sus vestidos una marca redonda con el fin de ser reconocidos así como el sombrero tenía que ser en forma de punta. "El hebraísmo estaba en la orilla del capitalismo de los aventureros orientados hacia la política o la especulación, en suma su "ethos" era aquel del capitalismo de paria, mientras por ejemplo en el puritanismo representaba el "ethos" de la empresa de la burguesia nacional y de la organización racional del trabajo." (5)

El propio clero católico fomentó y apoyó la creación y evolución de mitos como en este caso del judío, considerándolo traicionero y exonerando cualquier otra culpa de la misma evolución cristiana y las contradicciones generadas en su seno, primero con la influencia del helenismo y luego con la romana. La intolerancia se hizo doctrina y la misma Institución se hizo garante de este pensamiento, sin embargo las primeras víctimas que se combaten son ahora las que produjeron y sostuvieron la doctrina de la intolerancia. (6)

A lo largo de la historia, las autoridades católicas al frente de la institución no habían recapacitado y reflexionado los alcances de una actitud de intolerancia y sobretodo como ésta se asimiló en si a la religiosidad personal. El genocidio, sea por guerra incluso si esta se considera santa, o bien en el Holocausto se encuadran en una ética no cristiana ya que desvalorizan el concepto base y primordial del cristianismo, el amor lo que implica superar las diferencias y la intolerancia. (7)

"Mein kampf, es un manifiesto completo de un programa político. El nazismo tenía una teoría del racismo y de arianismo, una noción precisa de la "entartete Kunst" del arte degenerado, una noción precisa de la voluntad y potencia y de la Ubermensch. El nazismo era anticristiano y neopagano, del mismo modelo de Stalin considerado materialista y ateo. Si por totalitarismo se entiende un régimen que subordina cada acto individual al estado y a su ideología, entonces el nazismo y el estalinismo eran regímenes totalitarios."(8)

En 1933 en Alemania el Parlamento excluidos los votos de los comunistas, autoriza al Reich a promover decretos sin la legitimación parlamentaria así como la conclusión de tratados con otras potencias, anulando la constitución de Weimar quedando solo la vía del totalitarismo. Con la abolición del parlamento y posteriormente de los partidos políticos la democracia desaparece aún así se concluyeron acuerdos incluso con la Santa Sede. El partido nazista y el Vaticano se apoyan y se comprometen a no interferir a cambio del reconocimiento tanto del régimen nazista como de los privilegios de la misma Iglesia. Esta etapa de la humanidad el humanismo creado por el hombre no resistió los hechos históricos, muchos alemanes se envolvieron en su paz personal ajenos a la violencia, a la crisis económica, a la miseria y al Holocausto. El vacio y la apatía de la sociedad quebraron el incipiente humanismo dando lugar a una elite arbitraria, absoluta y manipuladora con su propio dios, la iglesia privo al hombre de ese absoluto de moral y de valores bajo las reglas de Dios, de la Verdad que da unidad de todo conocimiento, se limito a salvaguardar su estaus como estado pontificio, así como sus propiedades, iglesias y en general bienes materiales, salvo, sin mencionar casos heroicos de hombres y mujeres que ayudaron a judíos a salvarse de la muerte en campos de concentración.

Pío XI en mayo de 1931 en la Encíclica "Quadragesimo anno" hace una llamada para analizar los errores del socialismo y una defensa a la propiedad privada. En el mundo prebélico se instauraron dictaduras, en Italia el fascismo se compromete con reconocer a la Iglesia compromiso que implicó la lucha contra minorías no favorables al régimen como las de los hebreos y los protestantes.

En la Encíclica "Mit brennender sorge" se hace un llamado papal a los católicos alemanes por la apostasía que se está verificando, nunca se hace una condena explícita de antisemitismo que era ya conocido y temido tanto en la Alemania nazi como en el resto de Europa.

Y en la Encíclica "Divini Redemptoris" se hace énfasis en los peligros del comunismo, ideología considerada peligrosa la cual caía en el ámbito de las herejías. Esta ideología perseguiría a la iglesia hasta la intromisión del mismo Vaticano con Juan Pablo 11 en asuntos de la Polonia católica y el sindicato Solidaridad de Legh Walesa.

Con el Concordato de 1933 firmado con la Alemania nazi, la Iglesia se mantiene en el tradicionalismo, los allegados aceptan tácitamente la responsabilidad en el genocidio y la corresponsabilidad de todos aquellos que se bautizaron como fervientes católicos. Es hasta finales del siglo XX donde se inicia a pensar en pedir perdón, en reconocer la culpa por el silencio, por la omisión, pero no toda la curia romana estuvo dispuesta a pedir perdón, ¿de qué? ¿A quién? (9)

Se requiere una actitud cristiana de retrospección de frente al reconocimiento de errores así como la aceptación de actitudes y conductas erróneas, sin embargo esto implicaría hacerse a un lado en cuanto a garante de los principios y la ética derivados del llamado fundamentalismo o sea de basarse en la interpretación de los textos bíblicos.

Para el pontificado de Pío XII el problema importante que se presentaba en la humanidad era el rechazo a la norma moral universal. La Encíclica "Summi Pontificatus" del 20 de octubre de 1939 refleja más esta preocupación que el fascismo, el nazismo y aún el franquismo, la norma moral superó la preocupación que la misma política antisemita que ya estaba en auge en Europa. En el 1944 cuando el problema era conocido como la "cuestión judía" el Papa da al mundo la Encíclica "Divino afflante Spiritu" donde afirma que los Evangelios no se equivocan pues son la inspiración directa del Espíritu Santo.

La correcta interpretación de los textos bíblicos conllevaría a una revisión de posiciones y de concepciones que inspiradas en el Evangelio se encauzaran a entender que el cristianismo no es un medio para un fin, sino que es toda una serie de valores morales y éticos que sirven para humanizar al hombre, entablar una relación con Dios y darle los elementos de vencer la materialidad, la indiferencia, la superficialidad, el enorme esfuerzo de abandonar la paz individual por esa ética universal y moral, abandonar a Dios de la vida del hombre ha mostrado hasta donde este ha sido capaz de romper su herencia moral: genocidios, violaciones y grandes guerras, lucha a muerte por el control de recursos naturales, guerras étnicas,ojivas nucleares y químicas, crimen organizado, guerras por tierras como las que ahora se efectúan en y contra Palestina, Estado de Israel, donde todo lo que se vivió en la guerra está siendo repetido por jóvenes judíos en el propio territorio que fue sagrado para Dios, todo lo que ha degradado a la humanidad. Cuando el hombre pierde sus bases igualmente se requiere un replanteamiento del proceso y muerte de Jesús dando nuevas perspectivas y llevando a la desmitificación de la culpa y participación judía. En la muerte de Jesús tanto el pretor romano como algunos de los miembros de la comunidad judía y algunos soldados del Imperio participaron ya que Palestina en ese entonces había sido conquistada por el Imperio Romano en donde se aplicaba la Lex Julia Maiestatis por lo que el procurador romano tenía el derecho de ejecución y la crucifixión era la forma de ejecución de la pena capital romana. Juan 18 vers 12 y 31. Según la ley judía debía de ser lapidado solamente.

Cuando Jesús fue interrogado por el pretor romano primero, lo encuentra libre de culpa, pero ante la presión del pueblo instigado y ante los intereses políticos del Imperio opta por el intercambio de prisioneros (Barrabás) otorgando la libertad a uno de ellos como parte de los festejos de la Pascua.

La figura de Jesús representó para la época una revolución de pensamiento, un profundo cuestionamiento de la Ley y de la tradición, su muerte se pensó era el triunfo de la Ley y por ello la transgresión se castiga con la muerte. En los años sesentas la Jesus Revolution, hará de su figura un profeta de la hermandad, de los desposeídos, un "mito" y una Cristología sea de corte católico, protestante e incluso hebreo.

En cuanto al pueblo romano, las acusaciones judías se conciben como una posible agitación política y por consecuencia una posible ruptura con el estatus vigente. Se antepone el interés político y el problema del carisma de Jesús se trata de eliminar con su muerte. Para la comunidad judía de entonces la predicción de Jesús se equipara a una blasfemia y es considerado un desafío a la Ley y a la tradición heredada de sus ancestros. Por otra parte el riguroso monoteísmo hebreo impide la divinización de Jesús y su mensaje queda como el patrimonio de una pequeña y escogida secta basada en el carisma de su fundador. Esta se enmarca en la historia y tradiciones del pueblo judío la cual poco a poco en la medida que es ampliada absorberá la cultura y con ello el patrimonio intelectual de los nuevos allegados por lo que se alejará de sus bases judías, lo que más tarde fortalecerá el surgimiento de la interpretación antisemita de la era cristiana.

En el proceso y muerte de Jesús participaron tanto individuos de la comunidad judía como soldados romanos y es decisiva la participación política del pretor romano, en ese entonces la crucifixión era considerada la peor de las muertes. Dice en Deuteronomio 21 vers. 23 y sigs... "Si un hombre, reo de delito capital, ha sido ejecutado y le has colgado de un árbol, no dejarás su cadáver que pase la noche en el árbol, lo enterrarás el mismo día porque un colgado es la maldición de Dios. Así no harás impuro el suelo que Yahveh tu Dios te ha dado en herencia."

5.2 El Mito y la Tradición en la Conformación del Pensamiento Religioso

En el pensamiento filosófico "mythos" no requiere de ninguna demostración ya que aparece como la contrapartida de "logos" que es la argumentación racional. Ya desde la edad clásica el mito es en sí un problema de demostrar y aclarar, la racionalización de antiguos mitos es una respuesta de los Padres de la Iglesia para contener el paganismo de la misma civilización. Ya Sócrates lo consideraba un revestimiento fantástico de un hecho real. El mito se consideró como el conjunto material histórico, antropológico, social que se desarrolla a lo largo de la historia de la humanidad. El mito se desenvuelve en su propio ámbito de verdad a través de símbolos y en relación directa como creación de la mente humana a su contrapartida, la lógica, siendo difícilmente demostrable.

Lévy Bruhl analiza la verdad de la historia mítica y considera que ésta ocurrió en un espacio y tiempo determinados, diferentes del espacio del tiempo y mundo actual sin embargo no menos real. Aquí el problema que se plantea es que se debe entender por realidad.

Robert Graves y Raphael Patai analizan el mito hebreo en base a las antiguas instituciones, ritos, costumbres, donde el mito es la historia dramática de hechos consumados a lo largo de la tradición del pueblo judío y han sido cancelados de la Biblia para dar una reafirmación del monoteísmo. Así muchos mitos tuvieron la posibilidad de resurgir en el contexto ortodoxo en el midrash post-bíblico.

Según Freud el mito es una manifestación colectiva, altamente elaborada del espíritu humano que paralelamente manifiesta algunas tendencias del inconsciente. El mito crea sus propias formas y arquetipos fuera de un espacio determinado que no necesariamente coincide con la evolución racional de la humanidad. El mito y el culto aparecen como una relación necesaria en el seno de las culturas primitivas. En el mismo Tratado de Historia de las Religiones

Eliade separa el mito para los hechos sagrados y reúne los ritos de las formas divinas y cosmológicas. El mito posee un valor histórico y es al mismo tiempo un arquetipo universal. Entonces la función primordial del mito es de fijar modelos ejemplares de todos los ritos y de todas las acciones humanas significativas de manera de fijar un modelo extracontemporáneo y sin ninguna fijación históricamente determinada para servir de guía y de conducta con el fin de lograr un objetivo que de otra manera sería inaccesible a la propia capacidad y limitación humanas.

Este modelo es parte del modelo de aprendizaje empírico racional. El mito coloca al hombre simbólicamente dentro del cosmos, donde éste adquiere el sentido de su propia existencia. En la época primitiva el hombre reconocía fuera de la concepción animista que existía vida fuera del mismo cosmos, por lo que reconoce el poder y la concepción de otra vida que lo mueve a participar aún en forma simbólica.

Los mitos se estructuran en un contexto el cual realza el simbolismo proporcionando una valencia que se interpreta en base al contexto y espacio donde surgen, aún cuando son aplicados en diversos momentos. Los criterios de comprensión hacia los mitos no pueden abarcar los de la explicación científica. La dinámica de los mitos según afirma Dumezil aparece como respuesta lógica destinada a superar las contradicciones, las dualidades o la bipolaridad que son formas de representación y expresión universal del pensamiento.

En el ámbito del sacro el mito aparece y nace como una contrapartida y respuesta para contrarrestar el paganismo de la época y sobretodo de racionalizar una ética de salvación.

El comportamiento del hombre contempló los mitos como su cosmos y generó comportamientos y conductas en base y de acuerdo a los ritos que surgían paralelamente. El mito permitió fundar tradiciones y comportamientos que a su vez dieron origen a instituciones. El mito, el poder y la iniciación fueron parte esencial en la formación de la personalidad y espíritu humanos. La iniciación sobretodo en las sociedades secretas, en pequeños grupos que se consideraron privilegiados promovió un mito de poder, de secreto y de conocimiento que se legitima a través de la misma iniciación la cual se consolida posteriormente con la tradición.

Otro mito que la sociedad aceptó fue el de los sexos, la mujer por su misma naturaleza fue considerada como inferior, minimizada en su capacidad, es entonces que el mito formó una institución una separación de éstas en base a sus naturales dotes y capacidades en el marco social y antropológico. El mito permitió divinizar hombres y elevarlos al rango de dioses, sin embargo de ser una forma de pensamiento colectivo y simbólico espiritual el mito pasó a ser una forma de respuesta a las contradicciones y a las inquietudes humanas. Este debía ser parte de la conducta de salvación y por lo tanto se racionaliza más como respuesta a la inclinación pagana de la sociedad permitiendo actos de violencia perpetrados en nombre del mismo mito.

La cristianización y evangelización, las conquistas, las guerras consideradas santas, la tierra a cambio de paz, son mitos de las expectativas de grupos privilegiados que tienen acceso al poder y que dan a la sociedad arbitrios absolutos. El uso de la espada en la concepción bíblica se usa para subyugar a los pueblos, física y coercitivamente, el mito se ha reforzado en la tradición y las expectativas colectivas han pasado al campo de la política sobre todo en cuanto a la seguridad nacional.

Los mitos se asimilan a la tradición a las concepciones profanas y paganas de la misma espiritualidad, se confunden con la verdad histórica ya que se mezclan en la espiritualidad colectiva, en el seno de la misma historia, con todo esto se ha dado a la luz un pensamiento rico y una tradición, el folclore y la cultura visiva han reforzado estos mitos y la espiritualidad colectiva, agregando elementos posteriores de otras culturas y tradiciones consideradas paganas o profanas que han coadyuvado a enriquecer la misma espiritualidad. La simbología mítica ha permitido la consiguiente configuración de arquetipos universales cuya supervivencia es fundamentalmente mítica.

El Kalám, dirigido a la teología especulativa árabe se desarrolla en el primer centenario del Islam como la disciplina que pone al servicio de las creencias religiosas argumentos basados en la razón, como forma de conocimiento de la revelación. Más tarde casi ocho siglos después surgen los "mu"taziliti" que llevaron a la reflexión racional de fondo y sobretodo dogmática con una tendencia a desarrollar el dogma y el mito dejando en segundo lugar la revelación divina contenida en el Corán.

En la tradición bíblica, Jesús mismo rompe con el mito, con las expectativas colectivas y se presenta como lo define Hans Kung el Supremo Representante Personal de Dios ante la humanidad y viceversa. (10) Así Jesús al romper con mitos y ritos de su época indicó un camino y una ética de salvación racionalizando un modo de vida personal fuera del ámbito de mitos y rituales. La revolución religiosa de Cristo liberó la esperanza de salvación de ritos y mitos, la conducta colectiva de simbolismos y sobretodo la relación Dios hombre quedó abierta y liberada de una actitud de rituales basada en mitos. El establece y recupera para el hombre la moral, los valores y la ética, como las reglas de Dios, una Verdad que da unidad a todo conocimiento. Un regreso a la Revelación de Dios en la Biblia.

Posteriormente la figura de Jesús fue retomada por las instituciones humanas de inspiración cristiana recibiendo el mensaje bíblico y adaptándolo a las condiciones históricas y políticas del momento así como a las expectativas de los grupos iniciados en la mística religiosa de tipo cristiano.

Rudolf Bultman realza la figura de Jesús como el Mensajero Personal de Dios, de la figura humana de Cristo se construyó la fe por lo tanto para el cristiano es fundamental humanizar el divino y no divinizar el humano. Concepto contrastante con el dogma católico de la divinidad de Jesús y su participación como la segunda persona de la Trinidad.

Otra tesis importante es la de un Jesús ausente de cualquier poder mágico pues es coherente con la tradición hebrea donde El goza de la intervención divina a favor de la humanidad.

El mensaje evangélico de Jesús se adaptó a través de alegorías, mitos y símbolos a una mentalidad social de corte supersticioso. Su mensaje es teológico no histórico el cual trasmite una religión, por lo que entonces Jesús es un Mensajero de Dios sentando las bases de una religiosidad que se culturiza posteriormente, dependiendo su ubicación cultural, histórica y geográfica.

La adaptación del mensaje cristiano a las organizaciones humanas se llevó a cabo incluyendo mitos y ritos, algunos de los cuales habían sido desechados bíblicamente. La liberación efectuada por Jesús se enmarcó en el ámbito mítico y ritualízado como apoyo para contrarrestar el paganismo de la sociedad. Sin embargo, esta tarea requirió del uso y creación de nuevos mitos como control de las esperanzas y expectativas humanas de manera que se garantizara una ética de salvación, un modo de comportamiento determinado y sobretodo la garantía del monopolio legítimo de la verdad.

El surgimiento de nuevos mitos y en consecuencia nuevos ritos, se dio en un espacio determinado y en condiciones muy particulares de un cosmos específico y singular. Cada mito adquirió rasgos específicos que le dieron un valor dentro de un modelo único, que solo podía vivir en aquellas sociedades donde se originó, además de que se da en un tiempo histórico determinado. Así las nuevas interpretaciones de tipo doctrinal asimilaron mitos y ritos de aquellas instituciones que les dieron vida y que a través de simbolismos se extendieron a diferentes formas de pensamiento pero en momentos históricos diferentes. Las mismas instituciones se autolegitimaron con los principios del cristianismo, pero fue necesaria la introducción de un pensamiento arraigado en el mito como forma de coadyuvar tanto la religiosidad como las expectativas de poder sobretodo terrenal.

La tendencia mítica se incrusta en la espiritualidad y en vista de que la racionalidad está basada en una ética de salvación derivada de la conducta y los modos prescritos bíblicamente se proponen a la razón los elementos suficientes para propiciar confusión y contradicción.

El uso del raciocinio y la desmitificación llevaron en el contexto de la teología de la muerte de Dios a la escuela alemana y con esta a Dorothe Sölle a sostener en la "Representación Un Capítulo de la Teología Después de la Muerte de Dios en 1966 que ...de la desmitificación se pasa a la crítica de la ideología, a la cual se someten no solo los residuos del mito, más aún las formaciones ideológicas cristianas mucho más peligrosas que se pueden indagar en relación al concepto de obediencia...El comportamiento del hombre debe ser la decisión libre de conciencia." (11)

El individuo impregnado de mitos y ritos pierde su propia capacidad de autocrítica llegando a creer que cree, con una enorme necesidad de creer para dar sentido a sus actos y su vida, es entonces cuando los mitos proveen a estas necesidades provocando un vacío espiritual, confusión e incertidumbre en cuanto a su destino final. La Verdad no puede ser sustituida con simbolismos y expectativas colectivas a mediano plazo ni por enfoques individuales de la propia esperanza de salvación.

5.3 Cristianismo y Asimilación Cultural

Después de la muerte de Jesús aparecen como herederos del mensaje cristiano y de la teología neotestamentaria tanto hebreos de lengua aramaica o aramea, como la del mismo Jesús, y los hebreos conocidos como judeocristianos, igualmente los griegos y los judíos de fuera de Jerusalén que a través del mensaje de los apóstoles sobretodo Paulo, escuchan la Palabra y el Evangelio de Cristo. Los evangelios presentan a Jesús como aquel que realiza la esperanza de salvación del pueblo de Israel y a través del cual Dios salva el mundo. Se coloca en el contexto de la historia de la salvación, tomada directamente de la Biblia hebrea y más tarde adaptada. Estos fueron escritos en la plena conciencia del hecho que el movimiento inspirado de Jesús se estaba difundiendo más entre los gentiles que entre los judíos. "Entonces se des hebraíza este esquema subrayando el parcial rechazo de Israel a Jesús y la aceptación del mismo por parte de algunos gentiles". (12)

El cristianismo primitivo luchó aún contra creencias semíticas como en el primer siglo lo hizo la doctrina dualista del mazdeísmo que había incluso influenciado al hebraísmo con la creencia entre la lucha de un dios del bien y señor de la luz Orzmud y un dios del mal Ahriman responsable de las miserias y sufrimientos de la humanidad y cuya lucha terminaría con la victoria definitiva del dios del bien. Esta concepción se atribuyó a Simón el mago y por lo tanto cayó en el ámbito de la herejía aún cuando éste fue bautizado por el apóstol Felipe convirtiéndolo al cristianismo. La simonía surge cuando este mago trató de adquirir poder y fama para hacer milagros por medio del dinero. Simón descendía de la casta de sacerdotes magos de los medas a los cuales también pertenecían los Tres Reyes Magos del Evangelio.

También el maniqueismo doctrina que se basa fundamentalmente en la acción entre el bien y el mal, Luz y Tinieblas, basa el mito de la liberación del alma, la luz, de la materialidad y de la corporeidad de este mundo físico creado de las tinieblas. El objeto del hombre es separar de sí mismo lo divino del Yo-demoníaco por lo que la liberación requiere de una acesis gnóstica y de sacrificios para llegar a la perfección. Esta secta persa de origen se extiende y se hace potente en la comunidad de los bogomiles de Bulgaria y los cataros de Francia meridional.

La primera comunidad cristiana se nutrió tanto de los mitos de esta corriente como de los del pensamiento helenista que era ya de hecho considerado pagano. Los judíos cristianos presentan profundas diferencias con la Ley, los arameos no aceptan cambios radicales a ésta y a las disposiciones y costumbres contenidas sobretodo en el Levítico, el Deuteronomio y en general a las plasmadas en el Antigüo Testamento.

Los gentiles y los considerados profanos fuera del ámbito estrictamente hebreo aceptan en términos más favorables la nueva concepción teológica que no obliga a pasar por el hebraísmo, asimilar la cultura judía y sobretodo aceptar la circuncisión, siendo más fácil para las nuevas comunidades extra judías de aceptar el mensaje cristiano y apostólico. Hechos de los Apóstoles 2 vers. 42 y ss.

En estas asambleas se convive bajo una nueva religión que aparece novedosa para muchos de ellos, diferentes comunidades, ideas y culturas todas ellas bajo una nueva égida. Se funda entonces la iglesia de Antioquía donde por primera vez los discípulos reciben el nombre de cristianos. (Hechos 11... vers 26)

En cada predicación es de hacer mención que los discípulos usaban la sinagoga como foro de predicación, esto es muy importante pues el mensaje de Cristo no operaba fuera del contexto judío, tradicionalmente monoteísta, aún más se encuadraba en la cultura, tradiciones y religiosidad hebrea. La misma predicación de Jesús en la sinagoga mostró una pertenencia a esta cultura y tradición. El mismo afirmó que no venía a romper con la Ley, sino más bien a cumplirla. El cristianismo de Jesús era compatible con el monoteísmo riguroso del hebraísmo, con el apego a la Ley hebrea y con el seguimiento de los mandamientos de Moisés contenidos en la Escritura. El mismo hace referencia: Esta escrito…, marcando con ello el apoyo, conocimiento y apego a los textos bíblicos.

El mensaje cristiano se esparce a todas las comunidades fueran gentiles, griegos, paganos y con más razón a la misma comunidad judía. (Hechos… 18 vers 4) La Escritura se leía ya fuera en hebreo, en arameo o en griego, pero al aumentar el número de los discípulos convertidos a la fe cristiana iniciaron las pugnas de helenos contra judíos por el descuido de las viudas durante la predicación. (Hechos… 6 vers 1) Esto llevó a los mismos apóstoles a convocar a un grupo escogido fuera del círculo de los Doce para ayudar, lo que da origen a la "Diaconia" o sea el servicio, lo que les permitiría continuar adoctrinando y haciendo oración. El grupo de los Siete lo formaron: Esteban, Felipe, Prócoro, Nicanor, Timón, Parmeneas y Nicolás. (Hechos…6-5)

Los conflictos generados por la predicación de Esteban por los Libertos, (Hechos…6 vers 9) lo llevaron ante el Sanedrín y después de ser escuchado fue liberado para que el pueblo lo apedreara hasta su muerte.

En Hechos de los Apóstoles 11 vers 19 se habla de todos los que habiéndose dispersado después de la lapidación de Esteban regresaban a las Iglesias de Antioquía, de Fenicia y de Chipre. Pero entonces aquí el mensaje ya no era exclusivamente a la comunidad judía, sino a todos los gentiles, chipriotas y cirenences. Los cristianos de origen helénico con una fuerte diferencia cultural e histórica a diferencia del hebraísmo de Israel, y con una fuerte tendencia al paganismo aportan características particulares a la cristiandad. (13) Estos no aceptan la Ley hebrea así como la costumbre legitimada en el Antiguo Testamento, más aún la critican.

No se acepta la circuncisión como prueba de la Alianza con Yahveh o Jehovah cuyo nombre es ahora traducido como Dios o Señor. Incluso el monoteísmo hebreo se ve cuestionado con los debates acerca de la personalidad de Jesús. El cristianismo primitivo va asimilado con rasgos del helenismo y de la misma cultura lo que lleva a alejarse de sus raíces originales de la Ley y de la tradición hebrea. En este ambiente los discípulos originales continuaron a predicar llamando hermanos en la fe e hijos de Abraham a todos aquellos que decían abrazar la Palabra de Salvación. Hechos… 12 vers. 26 a 38 y vers 15.

5.4 Tradición Hebraica y su Incompatibilidad con el Cristianismo Institucional

En el mensaje cristiano existe un común denominador para las grandes religiones monoteístas y es la fe en un Único Dios. La Sagrada Escritura como fuente de fe común a ellas es la base de este pensamiento y esta concepción. El respeto a los Mandamientos de Moisés y el amor se manifiestan como fuente de conducta y medio de salvación para llegar a la perfección no mostrando con esto ninguna contradicción aparente. En las escrituras hebreas los ungidos eran considerados en tres categorías: los profetas, los sacerdotes y el rey. La tradición cristiana sitúa a Jesús como Mesías del hebreo Meshiah o en aramaico Mashiha que quiere decir ungido y su tradición griega Kristos. Sobre su ascendencia biológica se llega a David y por consecuencia ungido de Dios. Más tarde los primeros cristianos lo consideraron Mesias, hacedor de milagros y profeta, mas aun era el Señor del Reino que regresaría a instaurarlo, esta concepción de Mesias es típicamente de la cristiandad.

La ruptura judeo cristiana se da con la interpretación helenista y posteriormente con el reconocimiento oficial de Roma de parte de Constantino. (14) Esta asimilación alejó al cristianismo de sus bases bíblicas y lo encuadró en un contexto cultural diferente del que Jesús y sus discípulos vivieron, la religiosidad y tradición hebrea se hace incompatible ante el fenómeno cultural helenístico.

Desde el siglo VI hasta el XI antes del nacimiento de Jesús los judíos de Palestina fueron una pequeña nación de un gran Imperio, esta parte había sido administrada por el Sumo Sacerdote el cual mediaba ante el funcionario imperial o directamente con la capital. Los judíos vivieron una relativa época de paz bajo los persas y los helenos. (15) Durante el período de Antioco III se aprueba el estatuto teocrático de los judíos y con Antioco IV o Epifanes (175-174) se inició un período de helenización en Jerusalén. En este período se instaura en la ciudad el "gymnásion" y la "efebia", la que consistía en un cuerpo de jóvenes de aproximadamente veinte años que aprendía el manejo de las armas y ejercicios físicos así como la literatura griega. El gimnasio se construyó bajo la Acrópolis que era la sede de la guarnición siria y que en ese tiempo urbanísticamente hablando dominaba la explanada noroeste del Templo. (Será más tarde la Antonia de Herodes el Grande)

Los jóvenes del gimnasio se educaban bajo la fórmula de "petaso" o sea llevando el sombrero de alas anchas como el de Hermes dios de la lucha y de las competencias deportivas. En este período de helenización se inicia una gran contradicción entre la tradición y la Ley hebreas ya que muchos jóvenes rehicieron el prepucio como una forma de cancelar la circuncisión bajo el criterio de la cultura griega "mens sana in corpore sano" siendo esto considerado por la tradición hebrea como una traición y una forma de relegar la Ley. Primero Macabeos 15 y 16.

Incluso en el templo de Jerusalén se llevaron a cabo cultos paganos que lo profanaron. Segundo Macabeos ver 2 al 9, con sacrificios impuros a la Ley y a la tradición cultural judía. Es solo hasta la rebelión de los Asmoneos con Judas Macabeo al frente que se organiza la liberación y es solo hasta Antioco IV que se devuelve la libertad religiosa a los judíos. Segundo Macabeos 13.

Traducciones de las Sagradas Escrituras sea la "Vulgata" versión latina de San Jerónimo o la Traducción del Koiné griego conocida como la Versión de los Setentas fueron los textos de base para dar a conocer el Mensaje cristiano, sin embargo en el marco de las traducciones se vieron notables diferencias que ahondaron y propiciaron, aún hoy divergencias entre las mismas comunidades cristianas y sobre todo respecto a la institucionalidad de la Iglesia apostólica. Es notable el enorme esfuerzo de traducción en relación al mantenimiento intacto del Mensaje de Cristo, sin embargo en muchas traducciones se plasmó un anti judaísmo que incluyó y reflejó elementos culturales que tanto la cultura hebrea como el cristianismo primitivo habían hecho de lado.

La iglesia occidental consideró la "Vulgata" como texto oficial solo hasta el Concilio de Trento en 1545 y las versiones de ésta fueron en latín sumado a esto se dio la imposibilidad de la gente común para tener acceso a la lectura, lo que hizo de la Biblia un texto accesible a una élite cultural y literariamente escogida. En las versiones derivadas del latín no se menciona la Ley como elemento fundamental de la tradición Judeo cristiana, se omite el nombre sagrado de Dios que en hebreo es Yahveh el que se sustituye por Dios y Señor reinterpretando todo a la luz de Jesús, superando el concepto ritual, la costumbre, la pureza y la Torá. (16)

La nueva liturgia se centraría en Jesús dándole una connotación mesiánica y apocalíptica introduciendo elementos de la cultura y la tradición helenística como el de la Trinidad, el controvertido tema de la inmortalidad del alma y el papel de Jesús y su muerte como rescate por la culpa del pecado original. Ya no será la circuncisión la señal de la Alianza es ahora el bautismo cristiano y la figura de Jesús la portadora de la Nueva Alianza. El Mensaje original de Jesús acerca de la fe en un solo y Único Dios, de la voluntad al sometimiento de la Ley y de una relación personal con Dios para marcar una ética de salvación se someten a las interpretaciones culturales y a las corrientes de pensamiento de la época y de las instituciones consideradas portadoras de este Mensaje de salvación.

5.5 Infiltraciones del Helenismo en el Cristianismo

En el Concilio de Javné aproximadamente en el 90 D.C los judíos lanzan improperios y maldiciones a los que se consideraban heréticos y como consecuencia se cierra el acceso a las sinagogas para los convertidos. Esta medida cambió tanto el espíritu religioso como el estatus social y político de los seguidores del cristianismo que se ven reforzados para continuar y elaborar toda una Cristología que superaría los huecos dejados por la aplicación de esta medida. Más aún en la oración diaria en la sinagoga se incluye una maldición para los herejes, los convertidos concretamente los sectarios o sea los nazarenos de la secta de Nazrim.

Con Paulo como discípulo el cristianismo se adoctrina, se plasma en el Nuevo Testamento donde se incluyen tintes de la cultura helena. Con la figura de Jesús crucificado se elabora la Cristología Mesiánica que aleja la raíz judía del mismo Jesús.

En la época antigua en la concepción del mundo hebreo los milagros eran actos de potencia, signos de prodigio, señales en Hechos de los Apóstoles 2 vers 22, pero de ninguna manera indicaban que el hacedor de éstos fuera algo diferente de un ser humano. Con la esperanza del Mesías en la literatura hebrea se hace énfasis en la teología de la Ley y la soberanía de Dios, no tanto en los milagros "per se". Los judíos creían en éstos pero de ninguna manera se dejaron llevar por considerar a la persona que los llevaba a cabo como una esencia divina. La combinación de Mesías y de hijo de Dios con capacidad de cumplir milagros es típicamente cristiana. En el judaísmo sobretodo en el Antiguo Testamento es difícil encontrar una persona que reúna las características de Mesías, más bien esta concepción se encuentra en el Nuevo Testamento. En el tardo judaísmo el Mesías representa solo una pequeña parte de la Esperanza escatológica.

La tradición hebrea conoció profetas falsos así como Mesías, uno de los cuales fue el conocido Shabbetaj Zevj que formó una secta conocida como sabatismo o sabatianismo. Siendo así que la personalidad del Mesías se restringe dando énfasis a la Ley y al cumplimiento de la voluntad de Dios sobre la conducción de la sociedad y del mismo individuo, muchos de los elementos culturales de otras comunidades se vieron permeados de la misma tradición y costumbres hebreas, coadyuvando a esto por ejemplo el matrimonio como vínculo de unión y de sangre que contribuye a preservar una comunidad de características cerradas.

Igualmente rígida la concepción monoteísta que rechazó las filtraciones culturales incluso los mitos y tradiciones de Grecia antigua. La concepción de triades tanto egipcias como griegas fueron un punto clave en la diferencia de la religiosidad hebrea y las nuevas culturas que poco a poco se imponían como las verdaderas portadoras de esta nueva teología de salvación.

La inmortalidad del alma fue una de las diferencias que marcó un abismo entre la tradicional concepción hebrea y la cultura helenista. (17) Alma, cuerpo y espíritu fueron interpretados bajo la luz de concepciones culturales y míticas que permitieron elaborar una teología del cielo, infierno, purgatorio y limbo que marcó un profundo rechazo entre la concepción materialista de la evolución histórica bíblica y la nueva concepción animista producto de la cultura y mitología dominantes. Así en el cristianismo de San Agustín padre de la Iglesia dice de la Trinidad que se aleja de sus bases hebreas, de la base escritural antigua pero para dar paso al misterio de Dios hecho hombre a través de su encarnación.

El cristianismo alejado de sus raíces hebreas antiguas plasmará un sentimiento antijudaíco que proporcionará la legitimidad necesaria para actuar contra la cultura y tradición hebreas. Ahora ya no son los actos de la vida diaria, ni la consagración de la misma hacia Dios los que proporcionarán la salvación sino la Nueva Alianza que se hace con Jesús y a través de Él.

5.6 La Trinidad y el Concilio de Nicea 325 D.C. Jesús Engendrado No Creado

Jesús en la concepción cristiana adquiere la categoría de divino por ser Hijo de Dios, y esto lo llevara a la consustancialidad con Él, la misma esencia solo que en Jesús se desdobla en el binomio Divino Humano.

Tres personas divinas, son tres divinidades personalizadas, tres deivos indoeuropeos que constituyen un Dios único. El razonamiento dialéctico hegeliano que es el de Heráclito que afirma que Dios en cuanto absoluto equivale a nada, pues no tiene conciencia de ser. Esta conciencia de ser la puede tener solo de frente a otro o de frente a una emanación de sí. El Padre no es padre solo de frente al Hijo e inversamente constituyendo el Espíritu Santo como ligazón dialéctica entre dos opuestos. "Para manifestarse la divinidad necesita escindirse en sus múltiples fases, del pasaje Absoluto al Relativo. En esta óptica las deidades del panteón céltico son manifestaciones de la multiplicidad funcional y por lo tanto son infinitas lo que hace suponer el origen de todo". (18)

Se inicia el dogma, no de dos sino de la suma con el Espíritu Santo para culminar con la formación de la Tríade, la Trinidad. Esta surge como una concepción de lo divino con lo humano a fines del siglo IV D.C alterando la figura original de Jesús e introduciendo elementos de otras culturas fuera del ámbito monoteísta, que en ese entonces se consideraron paganas.

Esta concepción de un Único Dios se ve transformada en un Dios Uno y Trino, con tres personas de la misma naturaleza del Padre que a la vez son una sola, quedando un misterio de fe y cuya interpretación alejó aún más las bases hebreas de un riguroso monoteísmo y un islamismo basado en la concepción de un solo Dios Allah.

En el siglo I para los cristianos los milagros de Jesús no eran la prueba contundente de su naturaleza divina. La idea de que El no fuera un ser humano al cien por ciento aparece en el siglo II y duró poco hasta que fue condenada como herejía. En el siglo V oficialmente los cristianos ortodoxos creyeron que Jesús era hombre verdaderamente y que su divinidad la cual afirmaron no se mezcló ni interfirió con su humanidad, no fue un extraño híbrido. La afirmación definitiva sobre el tema concluyó que: "El es consustancial a nosotros respecto a su humanidad, en todo igual excepto en el pecado." (19)

El concepto trinitario recoge elementos sirios, griegos y latinos derivados de culturas y mitos fuera del ámbito monoteísta que más tarde la misma Iglesia considerará paganos y que la tradición hebrea no aceptó por contraponerse a la tradición de Yahveh.

El mismo Jesús se expresaba en su condición de humildad, en términos de Su Padre que está en los cielos, siendo compatible con la religiosidad judía la expresión Su Padre, lo que hace pensar que El mismo no argumenta la misma sustancia divina de Dios. El mismo Jesús no se autoafirma como la Segunda Persona de la Tríade divina, ni se considera divino en el marco de la Unicidad de un Dios Único.

Algunas corrientes cristianas modernas consideran a Jesús como el Mensajero Personal de Dios, como el pago del rescate de la humanidad o sea el cambio de un hombre perfecto como lo era Adán en Génesis por otro hombre perfecto como lo era Jesús. Eliminando de su religiosidad la consustancialidad con lo divino y automáticamente rechazando la Trinidad por considerarla un elemento cultural proveniente del paganismo y de la cultura extrajudía, la corriente del siglo XX con Ernest Bloch analiza incluso como la desmitificación de la Biblia revela una esperanza de realizar en esta tierra un "reino de justicia" y de "igualdad social" y será entonces cuando el cristianismo representará el camino ideal, idóneo.

Ya en el 1863 Ernest Renan cuando publica "Vie de Jesú" lo sitúa como figura representativa de la moral natural y la moral cristiana resaltando que como hombre llegó a la perfección únicamente por la santidad de su vida entera siendo entonces un Maestro de una ley moral universal.

Ya en la Alemania luterana Hegel había cuestionado la divinidad de Jesús en el esquema católico trinitario. Su alumno David Friedrich Strauss argumentó que la figura de Jesús era de un hombre real en forma objetivada y que representa la conciencia del Divino. De manera que los Apóstoles transforman el Mensaje del hombre perfecto en un mito el cual refleja la necesidad de un proyecto universal de perfección absoluta.

Así desmitificado el entorno de Jesús y El mismo, se eliminaban los mitos absorbidos del helenismo y de las culturas de las cuales estos discípulos provenían incluso aquellos de la tradición hebrea pura.

El continuador de la corriente de pensamiento de Strauss fue Ferdinand Christian Baur que representó la izquierda hegeliana. El adelanta una tesis importante sobre todo para el ochocientos, donde hace explícita la necesidad espiritual del mundo de conocer a Dios como un Ser Espiritual y por lo tanto este hecho produjo la necesidad, la exigencia que el Espíritu Infinito de Dios se hubiese manifestado en un hombre real, en Jesús.

Se reafirma la corriente en cuanto que el divino se humaniza y no viceversa el humano se diviniza, deduciendo que el cristianismo como religión obstaculizó este proceso.

Paralelamente el teólogo alemán Christian Herman Weisse argumentó el fundamento mesiánico del pueblo hebreo y como este introdujo otra fe mezclada con el mito. Así el hebraísmo en Alemania fue visto como el generador de la secta cristiana y al mismo tiempo como el primer obstáculo a la exigencia humana de llegar a la perfección absoluta. En la obra "La Cuestión Hebrea "ya se delimitaban los mitos y obstáculos que el judaísmo habría de proporcionar para la constitución de la secta cristiana.

El mismo Baur confirma que en el cristianismo se había producido un sincretismo de dos tendencias totalmente opuestas: Pedro judaizante y nacionalista, Pablo helenizante y universal que siempre proponía la razón histórica para adaptarse incluso cristianamente.

De la corriente hegeliana Ludwig Fewerbach aporta al cristianismo el concepto de antropología, abriendo paso al amor de un Dios imaginario a la humanidad que más tarde sentará las bases del materialismo marxista. La tesis del pensamiento de Fewerbach se exterioriza en un marco de conceptos morales o sea el propio ideal de perfección, las aspiraciones del bien que se exteriorizan en un modelo abstracto inexistente que se llama Dios y que se contraponen con el Espíritu absoluto el cual se objetiva en un modelo humano de perfección. Por lo tanto Dios será la proyección del hombre, es lo que el mismo quisiera ser de manera que la experiencia religiosa representa para el hombre la toma de conciencia para superar sus propias imperfecciones. (20)

El trabajo teológico de Fewerbach se propone desmitificar el aparato dogmático y a encontrar en el hombre y sus raíces sus necesidades de la representación religiosa. En su obra más famosa "La Esencia del Cristianismo" analiza como este comparte con las religiones precedentes la ilusión de obtener en eso no solo un objeto sobrehumano y la esencia de la religión demuestra ilusoria la oposición divino-humana en cualquier forma que se presente y aún más en la concepción rica y elevada que le había dado el cristianismo. Su tesis en referencia a que Dios es solo una proyección humana es criticada por la Iglesia al grado que fue considerado uno de los grandes precursores del ateismo. La elite intelectual con su arbitrario absoluto generó un movimiento de superioridad, el hombre es el centro, un hombre superior que tiene su dios personal, se da la espalda a Dios surgiendo mas contradicciones y la falta de respuestas. Dar la espalda a Dios no es solo la caída del hombre, no es solo su futuro escatológico. Una nación, una sociedad que ha olvidado a Dios ha olvidado el propósito de Él, olvida su propósito personal y como sociedad, queda en un vacio. El hombre se alejo de la base cristiana, de ese hombre creado por Dios con un propósito, un significado.

En cuanto al Espíritu Santo en las Biblias cristianas no católicas se escribe con minúscula, como una afirmación de que solo es espíritu de Dios, la fuerza de Dios y no la Tercera persona de la Trinidad católica. Esta fuerza de Dios, llamada el espíritu y fuerza de Yavheh o Jeovah es recurrente en las Escrituras Bíblicas como un reconocimiento a textos antiguos que han preservado el nombre y la fuerza de Dios. Con este se retoma el hebraísmo como fuente originaria del cristianismo primitivo y se afirma la concepción judaíca monoteísta.

El Concilio de Nicea en el 325 D.C: primer concilio ecuménico en su género eleva a Jesús consustancialmente a la naturaleza de Dios, su Padre. Jesús divino y humano se considera de la misma sustancia de Dios. Juan 20 vers. 17. Este Concilio se vio en la necesidad de contrarrestar la herejía proveniente de Ario un sacerdote que negaba la naturaleza igual del Padre y del Hijo, la divina. Constantino se apoya en Atanasio que sería más adelante doctor de la Iglesia y que fundamenta la igualdad en la naturaleza del Padre y del Hijo, "omusia", identidad en sustancia, más adelante se reconfirmaria en el Concilio de Constantinopla en el 381.

En la creación del dogma trinitario se generó un rechazo a lo judío y más tarde la interpretación dio lugar a añadiduras substanciales que incubaron en su seno dogmas y mitos. Nicea como primer Concilio Ecuménico de la Iglesia convocó a los obispos cristianos del mundo de entonces sea de oriente que de occidente. Ario que había sido educado según los cánones de Antioquía y de tradición aristotélica con tendencia unitaria en cuanto a la concepción de Dios, rechazó el desdoblamiento de la Unidad divina que era la tesis de la escuela alejandrina. Ario afirma que Jesús como Hijo de Dios tuvo entonces un origen y no es por lo tanto co-eterno del Padre. Esta concepción contempla la indivisibilidad de Dios Único y conserva el papel humano de Jesús. En la concepción bizantina el participar de la comunión con Dios había elevado a Jesús a ser reflejo de la imagen de Dios y esta participación sólo se podría llegar a obtener a través de la contemplación y de una ascesis personal.

Admitir en el Concilio de Nicea un desdoblamiento de la Unidad era abrirse a la opción de dos dioses contemporáneos, o bien de humanizar a Dios. Como forma de solución se afirma que Jesús es consustancial "homoúsious" "omusia" al Padre, generado no creado. Sin embargo la consustancialidad no encontró una legitimación bíblica y quedó en el campo dogmático.

El principal opositor de Ario fue Atanasio posteriormente considerado uno de los Padres de la Iglesia greca, llamados Doctores. La tendencia y los seguidores de Ario fueron exiliados en la Ilirica, hoy parte de la ex Yugoslavia y parte de los estados balcanes. El arianismo se extendió hacia oriente y hasta el siglo VII en el barbarismo de occidente. El Concilio de Nicea sentó las bases con la "omusia" para el credo cristiano y más tarde en el mismo Concilio de Constantinopla en 381 éstas fueron reconfirmadas.

En el Concilio de Sirmio, Atanasio de Alejandría conservó y apoyó la "omusia" consustancial a Dios como lo había hecho en el credo niceno. Basilio de Ancyra argumentó "homoioúsios" que limita solo a la similitud de la sustancia. Acacio de Cesarea defiende "hómoios" que es solo similar e igual sin tomar en consideración la sustancia y Aezio obispo de Celesiria, Eunomio de Cizico y Ursacio de Singiduno (Belgrado) confrontaron las posiciones arianas afirmando que Jesús era "anámoios" o sea desigual a Dios. (21)

Se aprueba la forma acaciana de Jesús como "hómoios" similar en todo al Padre, como enseñan las Escrituras, con esto el emperador Constanzo termina la discusión y trata de imponer la forma sea en oriente que en occidente.

A raíz de los conflictos para lograr la adhesión y la toma de posiciones teológicas unido a la definición de consustancialidad el obispado de Roma tuvo dos papas, Felice filoariano y Liberio que se adhiere a la fórmula de Acacio. (22) Se sientan las bases de la confusión, del dogma y más tarde de la supremacía de Roma sobre las otras sedes. En Milán el obispo Ambrosio perseguía lo que consideraba herejía, o sea a los arianos y a los paganos. El Arianismo caía en el campo de la teología y el paganismo ya que incluía ritos ancestrales, algunos de ellos basados en mitos de antiguas culturas como la celta y la medicina y herboristería llevada a cabo por los druidas, incluso la mitología griega que era tendiente a divinizar a las criaturas humanas donde imperaban ideas de inmortalidad conceptualizadas en antiguas culturas y tradiciones. Estos eran dos aspectos totalmente diferentes sin embargo se trataron bajo el criterio común de herejía.

En el 377 en el Sínodo Romano se habían condenado sea al obispo de Laodicea Apolinar y su homólogo Tarso Diódoro, pues estos enseñaban que Jesucristo no tenía un alma como los otros hombres, pues el equivalente de ella era el Espíritu Santo. (23)

Así se llega al Segundo Concilio Ecuménico de Constantinopla precedido por el emperador Teodosio, el cual ya había reconocido el cristianismo como religión única (Edicto de Tesalónica) admitida en todo el Imperio. En este Concilio se toma el concepto trinitario donde el Espíritu Santo se eleva a la tercera persona de la Trinidad.

En el asedio a Roma y su destrucción por parte de los visigodos, San Agustín elabora De Civitate Dei donde interpreta el gobierno cristiano como parte del esquema divino de Dios y de la Iglesia como combatiente entre el bien y el mal. La destrucción de Roma era el castigo de los hombres, la ciudad terrena es de éstos y la ciudad celestial es de Dios. Más tarde las doctrinas agustinianas servirán para justificar la gracia de Dios y el proyecto universal de la Iglesia. (24)

El credo de Nicea abriría paso a la condición de Jesús como al papel de su madre, María. Jesús como engendrado en la concepción físico-sexual uterina se concibe asexualmente, mitificando la virginidad y el papel fundamental de María. En los escritos bíblicos se habla de los hermanos de Jesús que fueron considerados por parte de la Iglesia todos aquellos que se hermanaran en Cristo en vista de que el parentesco carnal ponía en entredicho la concepción unigénita del mismo Cristo. La virginidad de María quedaría como dogma perpetuo con Jesús unigénito, incluso la Navidad aprobada en el Concilio de Nicea señalaba en un espacio histórico la concepción, engendrado y no creado y la validez de ser hijo unigénito. La Navidad se incrustaba como celebración del dogma de ser unigénito y como la victoria sobre el paganismo contenido en Natalis Solis Invicti por parte de un cristianismo basado en la pureza de la virginidad y la concepción del Cristo, por lo que, la figura humana de María se elevó mitificándola, más aún, divinizándola.

Más tarde la discusión se origina con el término "Theotókos" o madre de Dios que es atribuido a María y que por esto se concluye madre de Dios, de Jesús y del Espíritu Santo ya que éstas son uno y trino, igualmente consustanciales. El patriarca de Constantinopla Nestorio afirmó el concepto "theodókos" o sea madre de Dios o "Christotókos" madre de Cristo. Con esto sostiene que Dios no era el que había sufrido la muerte de la cruz y que Jesús era un hombre realmente pues había sufrido y había muerto. Renuncia a la unión divina humana de Jesús.

Nestorio es condenado por herejía en el Concilio de Efeso del 431 y como resultado de las presiones que recibió formó la iglesia nestoriana la cual existe aún hoy en Mesopotamia la que se basa fundamentalmente en considerar a María sólo como madre de Cristo y no como la madre de Dios "theotókos".

Con la subida al poder de Juan Pablo II se reafirmaron los dogmas de la virginidad de María y su papel como madre de Dios. El 4 de abril de 1994 el Papa anuncia que en la resurrección de Jesús el papel de María es fundamental pues es a ella a quién se le aparece el Cristo enseguida de la resurrección, aún cuando no está contenido en la Escritura, siendo María Magdalena o Magdala según Juan 20 vers. 11 o Lucas 24 vers. 4 al 11 a quién otorga este privilegio. La dignificación de María como madre de Dios ha permitido la proliferación de santuarios, tumbas y milagros algunos no reconocidos oficialmente por la Iglesia, así como su intersección ha promovido cultos, ritos y órdenes religiosas de tipo mariano. (25) La misma Ave María ratifica y legitima a María como madre de Dios celebrándose a ésta el día de la Asunción.

Se ha llegado a niveles de adoración al grado de las famosas Madonas que lloran o sudan sangre y que sin embargo son ya parte del culto católico y que en muchos casos han desviado el culto de adoración a Dios sobretodo asimilando el concepto antiguo del mito de una madre mortal para una divinidad.

Con la reafirmación del dogma de María en el Concilio Laterano del 649 se proliferaron diversas tumbas de ella sea en Efeso que en la misma Jerusalén, así como las fiestas donde se iniciaron festejos en su nombre como el de la Asunción en cuerpo y alma celebrada en Italia en agosto siendo fiesta nacional, lo que obliga a replantearse la importante cuestión relacionada con la legitimidad de los santos y su intersección, San Agustín en la ciudad de Dios XXI- 18 afirmaba que los santos interceden o sea que están activos después de la muerte y en la Sagrada Escritura se afirma que los muertos no son conscientes de nada según dice el Salmo 6 vers 6 "Porque en la muerte nadie de ti se acuerda, en el ¨seol quién te puede alabar ?" y en el Nuevo Testamento el concepto de la muerte y la inmediata presencia del alma ante Dios para un juicio. Lucas 23 vers 42 y 43.

La palabra hebrea "nefesh" en Génesis 2 ver 7 designa el soplo vital por extensión a la garganta, donde se halla en el principio de la vida y se retira en la muerte. En el seol los muertos no mantienen relaciones con Dios. Isaías 38vers 18, Salmos 30 vers 9,   88,   6 y 10, 11.

Igualmente el culto a María como madre de Dios en la concepción trinitaria obliga a pensar en una filtración del helenismo, donde era común concebir madres humanas para las divinidades ya que en el Relato de la Creación, el mismo Yahveh se autoafirma sin principio y sin origen, de manera que el mismo Génesis contradice la función de madre de Dios de María. Y cuando habla "Hagamos al ser humano a nuestra imagen y semejanza…" Génesis 1 vers 26 se refiere a las criaturas celestiales, los ángeles. (Traducción Vulgata) o bien como lo interpretan los primeros Padres de la Iglesia, es la trinidad, por la majestad y la riqueza interior de Dios cuyo nombre común en hebreo es en forma plural. (27)

El evangelio de Mateo sitúa el linaje de Jesús y lo concibe desde la remota genealogía de Adán. El linaje básicamente es de José ya que María no esta mencionada. María como judía es portadora de la tradición y pensamiento religioso de la misma cultura hebrea, así que según esto ella y José se comprometieron en matrimonio bajo el esquema de la Ley judía que es indisoluble a excepción de repudio. Los desposorios eran un compromiso real que ya desde la época de noviazgo el joven era llamado marido aún sin haber consumado el matrimonio. Mateo 1 vers 18 dice "La generación de Jesucristo fue de esta manera. Su madre María estaba desposada con José y antes de empezar a estar juntos ellos, se encontró encinta por obra del Espíritu Santo." Y en el 25 dice "Y no la conocía hasta que ella dio a luz un hijo varón y le puso por nombre Jesús". (En hebreo Yehosu¨a que quiere decir Yahveh salva)

La institución matrimonial que se establece bajo precepto entre María y José lleva a pensar un ejemplo de relación y una familia religiosa. En el mismo Mateo 19 vers 3 al 19 establece que el matrimonio es indisoluble pues los hijos dejarán a sus padres y con su pareja harán una sola carne la cual no se puede separar, el vínculo se establece en la carne y en el espíritu por lo tanto indisoluble. Así el matrimonio de María lo fue pues José decidió desistir y rechazarla en secreto. Mateo 1 vers 19.

María y José llevaron a cabo su matrimonio con una prole que nació después de Jesús, como prototipo de una familia religiosa y respetuosa. Mateo 12 vers. 46 a 50. María se desposó con José para formar una familia, no siendo José un anciano según la antigua costumbre judía los novios eran jóvenes entre los 13 y los 15 años de edad en promedio por lo que María ve en José un esposo no un anciano, (28) o un padre; ella lo aceptó y con ello un noviazgo antes de concebir a Jesús, para luego un posterior matrimonio, fiel a la tradición judía de su tiempo y donde más adelante hubo hijos según Mateo 13 vers 55 y 56 donde dice ¿No es éste el hijo del carpintero? ¿No se llama su madre María y sus hermanos Santiago, José, Simón y Judas? ¿Y sus hermanas no están todavía entre nosotros?"

Si María quería ser virgen entonces ¿por qué aceptó un noviazgo con José? Los planes divinos buscaron una familia humana para Jesús donde naciera y creciera física y espiritualmente. Y con esto aportar a la humanidad un modelo y un ejemplo de familia religiosa y con apego a las leyes de Dios. Un Jesús crecido en el seno familiar sería un ejemplo de sumisión y un prototipo del hijo humano perfecto, y con ello se realiza en toda su extensión el cuarto mandamiento.

La tradición posterior ha invalidado este principio otorgándole un contexto de espiritualidad en el seno del matrimonio y dándole una connotación asexual a la vida de María, la virginidad quedó como un principio de sana abstinencia que fue manejado como la salvación de la carne, concepto desarrollado en los primeros siglos del cristianismo institucionalizado.

Así María da a luz la nueva Eva, Génesis 3 vers 15 "Enemistad pondré entre ti y la mujer y entre tu linaje y su linaje, él te pisará la cabeza mientras acechas tu su calcañar." Y según la profecía de Simón, Lucas 2 vers. 34, María será la caída y elevación de muchos en Israel siendo también la señal de contradicción.

"El cumplimiento de la ley hebrea tiene poco de ascético como el cumplimiento de normas rituales de tabús. La relación de la religiosidad hebrea de un lado con la riqueza y del otro con la vida sexual no es mínimamente ascético, más aún es fuertemente natural. La riqueza es un don de Dios, la satisfacción es el impulso sexual (naturalmente en forma legal) es tan indispensable que el Talmud considera moralmente sospechoso quién a una cierta edad continúa siendo soltero." (29)

La persona de María y su papel originan contradicciones en cuanto al mismo papel de Jesucristo. En referencia a la duplicidad de la persona de Cristo humano y divino que bajo la corriente nestoriana se siguió difundiendo como tesis duofista que es la contrapartida del monofismo sostenida por el monje Eutique (eutiquismo) la cual consideró el Cristo de una sola naturaleza con la consecuente desmitificación dogmática de María y de la concepción trinitaria.

En el cuarto Concilio Ecuménico de Calcedonia en el 451, basado en el credo niceno, se interpreta definitivamente la naturaleza de Jesucristo y se adopta la definición ortodoxa del Papa León I "Jesucristo posteriormente a la encarnación presenta las dos naturalezas, la divina y la humana, cada una contiene y conserva su propia naturaleza. Siendo entonces verdadero Dios y verdadero hombre." Este dogma se extendería a todo el Imperio, de oriente a occidente.

A pesar de haberse declarado oficial esta doctrina no apagó ni debilitó las concepciones monofistas, las cuales motivaron a Basilisco usurpador del imperio de oriente a cancelar en el 476 la decisión del Concilio. Los nestorianos duofistas y los eutiquianos monofistas aún con la excomunión se difundieron, los primeros formaron un reino en Persia y los segundos en Siria, Armenia y en Egipto donde fundaron la Iglesia copta.

A pesar de los intentos de los gobernantes imperiales por llegar a un acuerdo entre las principales corrientes religiosas del momento ya que en mucho dependía la estabilidad del mismo Imperio, fue solo hasta Justiniano I que promovía la unidad del Imperio y luchaba contra los vándalos y godos todos ellos de formación ariana que su política hacia éstos osciló entre la tolerancia y la represión, esta ambigüedad coadyuvó a la ruptura de la unidad religiosa del mismo Imperio. Es al final del siglo VI cuando la Iglesia de occidente se separa completamente de la de oriente.

En el Imperio Bizantino se manifestó un profundo culto de imágenes, los iconos. (30) Siendo la palabra "eikon" imagen, el icono es entonces la visión de la verdad revelada en la oración y por la mano del pintor que no solo es un instrumento, sino la alusión explícita de la procedencia divina. Las iglesias orientales han seguido un modelo diferente de las latinas en cuanto al papel de los monjes. Estos como portadores de la ascesis de vida intramundana son carismáticos pues ya han encontrado un camino directo hacia la salvación sin la institucionalización y compromiso de intereses terrenales. En oriente todos los cargos superiores están reservados a los monjes, correspondiendo en lo interno por una parte la transfiguración de la acesis irracional e individual y de la otra rigen iglesias institucionalizadas burocratizadas en manos del estado que en Rusia son privados de autoridad suprema espiritual de conformidad a un desarrollo de la hierocracia, interrumpido por el dominio extranjero y el cesaro papismo. (31)

La iconografía como arte decorativo define la norma universal de las primeras visiones dadas al hombre a través de un estado de éxtasis y misticismo, una forma sagrada de revelación. (32)

Ya en el siglo VIII la iconoclastia se rebeló como enemiga del culto de las imágenes. Sus principales seguidores afirmaron que la victoria de los árabes era el castigo para el Imperio, ya que Bizancio había caído en la idolatría.

La iconografía fue un recurso de los emperadores, una confidencia directa con los santos. En el seno familiar y sobretodo la mujer en Bizancio reconocida como el centro familiar, conciliadora entre deseos humanos y espiritualidad (33) se entregó al culto de los iconos, incluso oponiéndose a la institución imperial. En el 730 el emperador León III Isaurico ordenó la destrucción de las imágenes en el Edicto conocido como Iconoclastia donde se prohibe su culto pues las formas materiales no podían contener la realidad espiritual. Este es más tarde reafirmado por Constantino V en el Sínodo de Obispos del 754 en Hieria donde se dieron las bases teológicas y religiosas de la iconoclastia.

El primer intento de desincentivar el culto de las imágenes propició la sustitución de la imagen de Cristo de la puerta del palacio imperial, poniendo en su lugar una simple cruz. Ya en el 438 Teodosio II abolía los ritos considerados paganos y es a través del Edicto que se transforman los templos paganos en cristianos exigiendo para su consagración y conversión la instalación de una cruz. (34)

La teología oriental se retroalimentó reforzada en la tendencia del simbolismo, por el cual lo creado es imagen de la sabiduría divina. La adoración verdadera es sola a Dios y los iconos representan la visualización únicamente como recurso de re evocación, nunca como idolatría. Con el consenso papal de Gregorio III las imágenes e iconos adquirieron solo y en concordancia con la Iglesia de oriente la función de conocer y evocar el espíritu de santidad y procurar el misticismo restaurándose el culto y condenando a los transgresores bajo pena de excomunión. (35)

Aún así los iconos fueron intercambiados por el culto universal de la cruz a pesar de esto, el conflicto religioso entre occidente y oriente se hizo más profundo sumando el restablecimiento en el 843 del primer domingo de la cuaresma la fecha de supresión de la iconoclastia.

En Bizancio el poder imperial se hace más patente ya que el emperador es la figura primordial elevado al rango de Basileus, título que llevaron los sucesores de Alejandro de Macedonia, legitimado no solo como rey sino abarcando el titulo de emperador. Este favorecido por Dios y por lo tanto aclamado por sus súbditos legitima las hazañas militares, de manera que no se sientan las bases del poder de la tradición, cosa que lo predispone a los vacíos de poder. Siendo el Basileus el representante de Dios en la tierra heredaba cultos y rituales, algunos con un típico origen pagano y mítico. (36)

La fidelidad hacia el emperador representaba el centro de la ideología bizantina, igualmente la lealtad y el patriotismo. El emperador es el supremo legislador de las cuestiones religiosas y espirituales lo que entonces representó un choque contra el papado. Ya la capital del Imperio llevaba el nombre de Constantinopla en recuerdo de Constantino I venerado como santo, custodio de la tradición y más tarde entre el X y el XI el inspirador del "Synaxarion" el calendario autorizado y cuya versión se conoce como la constantinopolitana.

Tanto las diferencias teológicas como iniciativas políticas coadyuvaron a una separación abismal entre ambas partes. En el Concilio católico de Aquisgrana en el 867 donde se perfecciona el credo niceno y se agrega "el Espíritu Santo a la tercera persona de la Trinidad provocó un choque de posiciones. Pues se afirmó que el Espíritu Santo es una emanación de Dios, una manifestación visible de su presencia como lo había afirmado Marcelo de Ancyra, se deducía que Jesucristo siendo generado de Dios mediante la encarnación del Espíritu Santo podía afirmarse entonces que procedía del Espíritu Santo. Pero después cuando se define la consustancialidad del Padre y del Hijo parece lógico concluir por lo tanto que el Espíritu Santo emanaba de ambos, del Padre y del Hijo." (37)

El filioque es la fórmula dogmática que declara que el Espíritu Santo procede del Padre y del Hijo, en latín filioque. Este contenido doctrinal sumado al credo niceno fue usado en el III Concilio de Toledo España en el 589, pasando luego a Francia y a Italia como contrapartida del arianismo. A partir del Concilio de Aquisgrana se elevará como dogma fundamental del cristianismo.

Monjes latinos en Jerusalén iniciaron cantando el credo e introdujeron el filioque lo que produjo graves conflictos con los griegos. Aún aprobada esta doctrina por León III no se consideró su inclusión en la práctica del credo hasta que la tradición se impuso y ya para los siglos XI y XIII pasó a occidente con el filioque incluido.

En el siglo XI en la época de Fozio (Focio) el filioque fue la primera acusación de los ortodoxos en contra de la Iglesia de Roma, viendo éstos los fundamentos de la divinidad del Padre como única fuente del Hijo y del Espíritu Santo que procedía del Padre "per Filium" sin embargo, los teólogos occidentales marcaron la igualdad de las personas divinas en todo aquello que no constituyera su personalidad específica y por lo tanto le atribuyen al Padre y al Hijo tanto la fuerza activa como una independencia.

En el primer siglo los milagros de Jesucristo no fueron decisivos según el contexto de la época, para aceptar o no el mensaje que para sus contemporáneos no probaba la naturaleza divina. La idea que él no fuese verdadero ser humano se presenta solamente en el siglo II posterior a su difusión y fue considerada herejía. En el siglo V los cristianos ortodoxos concebían a Jesús como humano cuya "divinidad" no se mezcla con la "humanidad". Sería entonces herejía sostener que por un lado su divinidad lo sostenía y su humanidad lo atraía a la tierra, en relación al episodio de cuando camino sobre las aguas. Se afirma que "El es consustancial a nosotros en lo que se refiere a la humanidad, en todo parecido a nosotros, excepto en el pecado y en la capacidad de caminar sobre el agua." (38)

Pedro Abelardo en su "Historia Calamitatum Mearum" afirma que no se puede creer nada que no se ha entendido en referencia obvia al "De unitate et Trinitate Divinna".Condenado en el Concilio de Soissons en el 1121 por ser contrario a la ortodoxia de Roma.

La figura de Cristo despojada de la divinidad mostraba el rescate de Jesús como prueba del amor de Dios, lo que indirectamente obligaba a una reflexión del Filioque y del papel humano del mismo Jesús. El trinitarismo será el dogma que alejará y hará aún más profundas las divisiones en oriente y occidente siendo el elemento principal que obstaculizará el diálogo ecuménico de las grandes religiones representantes del monoteísmo: el cristianismo, el hebraísmo y el islamismo.

5.7 Institucionalización de la Iglesia y la Evolución del Estado Europeo Hasta el Congreso de Viena de 1815. Subtemas: Monarquía y Papado. El Poder Pontificio y el Cisma de Occidente, los Preceptos Trentinos en la Formación Espiritual y su Impacto en la Conformación del Estado Nacional. La Opción Feudalismo con Autoritarismo o Modernismo con Participación como Vehículos Portadores de la Religiosidad y el Carácter Nacional

El problema del control del poder que se plasmó en las concepciones trinitarias y sus concilios propició que Roma se considerase la Sede Apostólica y con esto obtuviera la supremacía ante el resto de las demás sedes de obispos.

En todo el Imperio Romano el cristianismo fue considerado la religión oficial. Ya en el siglo IV y con el reconocimiento de Constantino, éste de ser una secta de origen judío y sus convertidos judeo cristianos portadores de un pensamiento racional y helenizante, pasa a ser la religión oficial del Imperio.

Considerándola portadora única y legítima del mensaje cristiano y de la herencia de los apóstoles.

Con la dialéctica estado iglesia se someten a la cristiandad los designios de la clase política gobernante, que no necesariamente representaron el auténtico mensaje de Cristo, contenido en la Sagrada Escritura.

Paralelamente a la institucionalización de la Iglesia el proceso de persecución contra los opositores cayó en la categoría de herejía, que fue usada como mecanismo de purificación de aquellas ideas que no fueran compatibles con el proceso de legitimación institucional. Así el arianismo fue perseguido despiadadamente por parte de la Iglesia, utilizando los recursos del Imperio, sin embargo ésta secta ya se había extendido entre las tribus longobardas, los godos y los vándalos, estableciéndose oficialmente en la Linguadoca francesa que la consideró la forma única y aceptable del cristianismo.

Por lo tanto con una Iglesia institucionalizada era fácil; a) utilizar las fuerzas políticas de la derecha para el control del estatus quo, siempre a favor de la élite y posteriormente argumentándose la devoción, b) utilizar las ventajas del monopolio legítimo coercitivo y psíquico para un manejo dogmático de la tradición cristiana "heredada" de los apóstoles. c) extenderse bajo el slogan de cristianizar a los pueblos en vez de afirmar conquista y evangelización. d) alineación a Imperios poderosos del momento, para así auspiciarse el éxito de la evangelización dirigida y contar con el apoyo y aprobación de alianzas imperiales con alianzas terrenales, legitimándose en el mensaje espiritual. e) como aliada de un ente político pierde de vista objetivos evangélicos, volviéndose ella misma un ente supranacional que tiene una doble racionalización a través del derecho romano y del derecho canónico f) adquiere el monopolio legítimo de los santos y de las fuerzas positivas en lucha permanente contra las fuerzas negativas. Dotándose de un aparato jurídico y material para ejecutar en un contexto espiritual la legalidad sobretodo de todos aquellos que no se someten a la única dirección. Así los medios utilizados se enmarcan dentro de un esquema legal y espiritualmente válido.

Sumando a esto el concepto de infalibilidad (39) emanado de la voluntad terrena y producto de una lucha por definir un campo terrenal de poder universal que no procede incluso de lo divino, los representantes de la Iglesia portadora única de la fe y salvación humanas serán los únicos a contener en la Iglesia la doctrina siendo válido el dogma del Concilio de Florencia de 1442 "Extra Ecclesiam Nulla Salus".

Con el advenimiento de una nueva Iglesia institucionalizada en el Imperio Romano y con el consecuente alejamiento de la "Palabra" contenida en el

Evangelio, la cual se consideró simple y sobretodo no fundamental en vista de una compleja elaboración e interpretación doctrinal, se produce una ruptura con lo divino, pasando a ser entonces un grupo de poder reconocido oficialmente. La nueva Iglesia rechaza el Antiguo Testamento y elabora una visión y concepción propia de la doctrina cristiana en nada semejante a la Torá, o a ejemplos derivados de la Sagrada Escritura. (40) La propia traducción de los textos bíblicos estará basada en la Vulgata de San Jerónimo a diferencia de la traducción de los Setentas además de contar con la tradición como fuentes de sabiduría. Es solo hasta el 1804 que nace la Sociedad Bíblica Británica y Extranjera la cual se extiende a Holanda, Alemania, Dinamarca y Rusia difundiendo la Biblia a precios accesibles y sobretodo en idiomas locales basándose en la traducción de King James Version.

El lingüista alemán Konstantin Von Tischendorf encontró el Códice Sinaítico que aparentemente presenta contradicciones con la Vulgata de San Jerónimo aún cuando este fue redactado cincuenta años antes de que se completara la misma Vulgata. Hoy de manuscritos conocidos de la Escritura Hebrea es de aproximadamente seis mil y de la Escritura Griega trece mil. (41)

La traducción bíblica representará una brecha enorme en cuestiones dogmáticas pues contendrá concepciones linguisticas, vocablos, incluso mayúsculas, como en el caso de Espíritu Santo donde algunas traducciones lo escriben con minúscula como una forma de desdivinizarlo como Tercera Persona de laTrinidad o simplemente el uso de comas como en el caso del Evangelio Lucas 23 vers. 43. Cuando Jesús dijo: "Yo te aseguro hoy, estarás conmigo en el paraíso", o bien como en otra versión aparece: De cierto te digo, que hoy estarás conmigo en el paraíso.

Esta puntualización despierta a una gran reflexión: muere y hoy llega al paraíso o bien, promete hoy pues estaban los dos crucificados, que el hombre también estará en el paraíso pero con la posibilidad abierta o infinita sujeta al tiempo y al espacio, y mientras que sucede al alma, simbólicamente esperando tres días la resurrección como en este caso Jesús. Las concepciones plasmadas bíblicamente dependen del contexto cultural, de los mitos y el conocimiento de la tradición y esperanzas judaicas, incluso de los traductores y obviamente del parámetro cultural institucionalizado de la misma Iglesia.

Carlomagno al ser coronado como emperador por el papa León XIII representó un renacer simbólico de un Imperio que ya presentaba fuertes divisiones entre occidente y oriente. Las divisiones políticas, la iconoclastia, la negación del Papa de reconocer la autoridad del emperador bizantino, propiciaron que Roma acentuase un papel político en lugar de una predicación espiritual.

El tratado de Verdún del 843 dividió el Imperio Carolingio y favoreció a Francia y a Alemania con el ducado de Borgoña al sur. Desde ese siglo los papas se elegían en Roma pero con el desmembramiento del imperio Carolingio se inició la imposición de candidatos de las familias feudales muchas de ellas rivales. El homicidio, la deposición, la intriga de amantes e hijos ilegítimos fueron los mecanismos usados como forma de presión para hacer llegar o destruir a los candidatos de la silla pontificia igualmente lo fueron la venta de cargos y prebendas.

Es a partir del Papa Nicolás II que emanó un nuevo decreto que infringía la tradición milenaria, la elección papal no estaría subordinada a la aprobación de la ciudadanía romana la cual estaba influenciada de los intereses políticos de la aristocracia sino exclusivamente y en secreto por el Colegio Cardenalicio. (42)

Durante el pontificado de León IX electo en el 1049 se formaliza el cisma entre las dos iglesias de oriente y occidente, la Iglesia ortodoxa y la romana. La ruptura se manifiesta pues cada una legitimaba sus propias tradiciones, ritos y cultos y entre ellas se había manifestado una enorme diferencia cultural y un misticismo derivado de una diferencia en cuanto a la interpretación y traducción bíblicas.

Los dogmas de la transustanciación eucarística no parecieron ortodoxos a la Iglesia de Roma. El culto y veneración de María adquirió tintes divinizantes más profundos en occidente y la iconoclastia no era un conflicto resuelto.

Pero aun más profundo fue el control del poder temporal del Papa el cual no se sometía ni al emperador ni al patriarca de Constantinopla. La emisión de excomuniones de una u otra autoridad reflejaron la lucha del control político del Imperio y produjeron la reacción de reforzar la infalibilidad de Roma como medio de sujeción así como la supresión de ritos y cultos de la Iglesia oriental en territorio italiano.

Estas excomuniones de papas y emperadores reflejaron más las ambiciones políticas y territoriales de las iglesias que una promoción del mensaje cristiano objetivo por el cual se habían creado. Para reforzar este poder y como resultado de la lucha entre el poder imperial y el papal, el Papa Gregorio VI1 con el "Dictatus Papae" de 1075 impone el criterio de la superioridad de los asuntos espirituales del clero sobre toda la actividad de los laicos. Así el papado pasa a ser una monarquía en cuanto a la posesión de bienes temporales. El fin de la lucha de las investiduras aseguró a la Iglesia una supremacía y una amplia jurisdicción papal para el control de una Iglesia universal e independiente. (43)

Se legitima una sumisión a la autoridad papal romana en un contexto histórico amenazado por el avance del islamismo y la ruptura del Imperio de Bizancio.

El Sacro Imperio Romano desde la coronación de Otón el Grande en el 962 se había identificado con Alemania. Posteriormente desde el 1438 el cargo de emperador era hereditario aún cuando los príncipes electores tenían la facultad de elegirlos, nominal en el siglo XVI por lo que la sucesión continuaría hasta la dinastía de los Habsburgo. Los príncipes protestantes se habían aliado en contra del Imperio católico provocando luchas internas por el poder del Imperio, de la coronación, y contra los efectos de la Reforma Protestante. Y con el tratado de Westfalia de 1648 se reconocía la soberanía nacional de los estados que se encontraban bajo el yugo del Imperio Romano. Esto facilitó que Napoleón en el 1806 estableciera la Confederación del Rhin renunciando al título de emperador el mismo Francisco II y coadyuvando a la promoción y promulgación en 1815 de la Confederación de Estados Alemanes.

En el 1122 Enrique V y el papa Calixto II se encontraron en Alemania para subsanar la rivalidad entre el poder temporal y el espiritual. Cada uno argumentaba su legitimidad derivada del poder conferido por Dios, así que dos poderes rivales para un mismo campo de acción obligaron a concordar que dentro de los territorios confines del Sacro Imperio Romano, o sea Alemania, Borgoña e Italia los obispos y abades fueran elegidos libremente de la ingerencia de la Iglesia pero que en Alemania estuviera presente el emperador en las elecciones.

Sin la facultad de investir a obispos con el anillo pastoral se quedaba plasmado en el Concordato de Worms la prerrogativa de otorgar el cetro representante del poder temporal, solo que en Alemania la adjudicación de éste podía suceder primero que la del poder papal, solo en Borgoña e Italia se podía verificar posteriormente. Inglaterra y Francia habían concordado acciones similares a las de Worms y a pesar de éstas las monarquías extendían su poder y autoridad en su ámbito territorial.

Con Federico Barbaroja como sucesor de Conrado III y como emperador, inicia la dinastía de los Hohenstaufen, aumentando la rivalidad con el Papa pues por su matrimonio en 1156, se anexa la Borgoña a sus territorios y un año más tarde somete a Polonia.

La formación de órdenes caballerescas sometidas al poder papal como la de los Caballeros del Templo de Salomón, Templares y la de los Caballeros del Hospital de Santa María de los Teutones, Caballeros Teutones junto con caballeros nobles de la aristocracia europea, permitieron al papado aumentar sus territorios de conquista y evangelización, como paralelamente garantizar el éxito económico de la empresa. Los Caballeros Teutones restablecidos en el siglo XIII en Prusia, conquistaron las tribus que habitaban en el lugar y que según las directivas espirituales estaban catalogadas como paganas. Después de años de masacres se formo un estado el "Ordenstaat" el cual es reconocido como parte del patrimonio de la orden bajo la protección del emperador y del Papa. La nueva aristocracia los "junker" será fundamental en lo que después será la Alemania.

Sin embargo las aspiraciones papales llegaron a la formación de una cruzada, la cuarta donde se promovieron sobretodo los intereses terrenales. Bajo el slogan de cristianizar a los paganos se disfrazó la intención de destruir al sultán egipcio Saladino, de conquistar Jerusalén como la sede de los Lugares Santos y de intervenir en asuntos políticos de una nación, como lo fue el intento de instaurar en el trono al príncipe bizantino Alesio cuyo padre igualmente había sido destituido.

Entonces Inocencio III con las indulgencias para los cruzados logra establecer un bastión latino en oriente, un centro comercial en Venecia el cual tuvo auge hasta el 1261. Las indulgencias garantizaban la salvación y justificaron la guerra considerándola santa. Paralelamente en Francia, los albigeses maniqueistas representaban otro frente de combate para la iglesia institucionalizada de Roma. Estos como los cataros contrastaban la ascesis de vida con la llevada por el clero católico, poniendo en evidencia sobretodo el interés terrenal y la corrupción como un medio para alcanzarlo. Con la propuesta papal los barones de la Francia septentrional organizaron la guerra santa en contra de éstas sectas. Para Francia significó la ocasión de anexarse tanto Carcasone, Narbona y Béziers como incorporar la Provence al reino lo que más tarde se logrará y se legitimará en el Tratado de París de 1229, el territorio para evangelizar e imponer el poder espiritual aumentaba considerablemente. (44)

Tanto súbditos, señores y monarcas como pueblo en general tenían por costumbre heredar sus bienes a la Iglesia. La edificación de capillas, conventos, abadías, escuelas de corte religioso y feudos enteros, molinos, graneros y lo relativo a la agricultura llegaron a ser patrimonio para administrar en cambio de la remisión de los pecados y la promesa de salvación.

Territorio y patrimonio aumentaron las expectativas del poder terrenal basado en la coerción espiritual. Para esto Inocencio III estableció en el Concilio Lateranense de 1216 la confesión auricular obligatoria para todos los cristianos adultos, lo que perduró toda la Edad Media sin ninguna complicación hasta el siglo XVI cuando es cuestionado como sacramento durante la Reforma, lo que propició el endurecimiento de la posición papal al grado que tuvo que ser declarada divina en el Concilio de Trento.

La confesión representó un medio de control psíquico y de información de primera mano para el clero. De ahí que la elección de un confesor fue tan importante pues tanto reforzaba la jerarquía social como era el vehículo que reflejaba la política reveladora de duques, reyes e incluso arzobispos. El método de confesarse en público que fue usado desde Ambrosio en Milán y que aún cuando fuera eficaz ponía en peligro tanto las adúlteras como aquellos pecados no permitidos ni por el mismo clero, fue prohibido y cancela la costumbre de leer en público las confesiones, obligándolas a hacerlas ante Dios siendo el sacerdote solo el interlocutor. (León I en el 459) El mecanismo fue una vez más ratificado en el Concilio de Chálons en 813 donde se especifica que las confesiones son privadas hacia Dios o con un sacerdote, siendo ambas igualmente eficaces incluso las hechas en el momento de la muerte.

El consistente patrimonio con que contaba la Iglesia representó una fuente de conflicto con las monarquías reinantes en Europa. La estrategia de mantener el control y sumisión de las monarquías a las decisiones papales se canalizó por la presión a éstas incluyendo la herejía, las bulas como la de Bonifacio VIII contra Felipe el Hermoso de Francia la "Unam Sanctam" donde reafirma la necesidad de someterse al Papa bajo pena de excomunión o la suspensión "a divinis". Con el criterio de que sea el Papa que el monarca es designado por voluntad de Dios, se permite que cada Papa designara su sucesor, así cuando muere Bonifacio VIII (45) el cual tenía la fama de arrogante e impopular, llega al poder Clemente V en 1305 el cual siendo francés contaba con el apoyo monárquico, quedándose en Aviñon y estableciendo la sede pontificia que duraría hasta los acontecimientos políticos de 1377. Aquí el papado fue el instrumento de la corona francesa disolviendo la orden de los Caballeros del Templo, convirtiéndose en el prototipo de lujo, simonía y corrupción.

Mientras en el Concilio de Pisa del 1408 se trató de reestablecer un mecanismo necesario para legitimar el orden dentro del papado, la duplicidad papal de Benedicto XIII como de Gregorio XII fue considerada en términos de "notorios cismáticos y no menos heréticos, desviadores de la fe ortodoxa." (46) por lo que se elige un nuevo pontífice Alejandro V que muere pronto y lo sucede Juan XXIII.

Contando con tres papas cada uno elegido por sus propios sostenedores y no queriendo renunciar al cargo ninguno de ellos, se decide convocar a un nuevo Concilio el de Constanza en 1414 ya que había quedado en entredicho el resultado de anteriores concilios ecuménicos, sobretodo el de Pisa y la autoridad y respeto por la institución se había menguado considerablemente, el nuevo concilio durará cuatro años y es solo hasta el 1417 que el papa Martín V queda como único representante pontificio.

Este hecho llevó a la misma iglesia a catalogar como herejía la apelación del resultado de cualquier concilio y más aún a aceptar al pontífice nominado independientemente de sus méritos o curriculum. Como resultado del triunvirato papal más el Papa Martino elegido en Pisa, se formaron pequeñas sectas o iglesias nacionales que desmitificaron el despotismo y el autoritarismo papal los cuales se fueron restringiendo en un campo de acción: Italia.

El control del mensaje cristiano no es un fenómeno típico de la Inquisición oficial. Ya en el 392 un edicto de Teodosio prohíbe cualquier culto de tipo pagano, la ofrenda de sacrificios fue considerada un delito. (47) Su predecesor en cuanto a la persecución de la herejía, así como del control político, social, económico y episcopal lo había sido Ambrosio que precisamente por sus cualidades fue canonizado volviéndose patrón de Milán.

El cristianismo oficial después de Constantino se había enriquecido sobre todo por los efectos del credo niceno y el dogma de la Trinidad, de manera que toda corriente de pensamiento que no encuadrará en el ámbito de Nicea era obviamente considerada herejía y contraria al cristianismo y a la estabilidad política del Imperio.

El poder temporal pone a disposición del poder espiritual los medios coercitivos exteriores para conservar su posición de potencia, por lo menos cobrar impuestos eclesiásticos y otros medios materiales de subsistencia y en compensación del poder espiritual, frecuentemente ofrece al detentor el poder secular, mediante sus medios religiosos, la garantía del reconocimiento de su legitimidad y la obediencia de los súbditos. (48)

Es en el Concilio de Verona del 1184 donde se ratifica un acuerdo político entre la Iglesia y el emperador Barbarroja para conjuntamente luchar contra la herejía, se apoya con la bula "Ad abolendam diversarum haeresium pravitatem." (49)

La herejía fue todo aquello considerado como contrario a la forma de pensar y a los dogmas elaborados aún sin una validación satisfactoria en las Sagradas Escrituras. Cataros, albigeses, órdenes religiosas no controladas directamente por la Santa Sede, así como doctrinas tendientes a desmitificar la Trinidad y la divinización de la persona de Cristo fueron considerados bajo la categoría de "herejes y paganos" autorizando a Inocencio III a usar la excomunión como medio coercitivo de control y purificación aliado al poder terrenal para llevar a cabo una cruzada contra esta herejía. La cruzada de Inocencio III contra los albigeses, cuyo credo derivaba del maniqueísmo fue usada por Francia para la inclusión de la Provence al reino.

El poder temporal de la Iglesia se vio desestabilizado por la predicación de los monjes mendicantes, cristalizados en los ideales de San Francisco, de manera que Inocencio III impone una regla de obediencia de la orden para poder ser reconocida y es solo hasta el papa Honorio III en el 1223 que es reconocida oficialmente aunque extemporánea, pero bajo un control de Roma.

Otras órdenes representaron el brazo ejecutor de las políticas papales. Las Cortes Eclesiásticas papales o sea la Inquisición creada por Gregorio IX en el 1232 en Tolosa, fueron el medio de extirpar las herejías albigeses, cataras y en general sobre la población de la Linguadoca, Francia. Los primeros inquisidores fueron frailes dominicos conocidos como miembros del Santo Oficio o de los Tribunales Dominicos pues los obispos habían sido los primeros a cargo de estas actividades.

Las antiguas creencias, la magia ritual así como las tradiciones y usanzas agrícolas predominaban como forma de pensamiento "mágico- ritual" y a falta de un grupo compacto preparado profesionalmente para combatir este bagaje cultural, lleva a la iglesia a destinar a los jesuitas de reciente constitución como el elemento de contrapeso de éstas, y como elemento básico de una predicación tendiente a unificar los parámetros doctrinales de la misma Iglesia, sin embargo la carencia de una formación profesional de la misma, aún de este grupo de bajo nivel cultural sobre todo al inicio, con una base económica incipiente y una vida alejada del verdadero cristianismo, promovió una total intolerancia que después se volvió doctrina (50) para los individuos de la sociedad.

Así con la creciente racionalización de la ascesis y el método como base de la disciplina de los jesuitas los llevó a destronar a las antiguas órdenes como la de los franciscanos. De manera que lo que "domina es solo el objetivo racional y eso "santifica" los medios, principio básico de la ética jesuita, que con el voto de obediencia llega a ser el brazo ejecutor de la Iglesia de Roma." (51)

El jesuita es el primer monje con una ascesis racionalizada con un método, es un ser destinado por su profesión – predestinado – a servir como instrumento de la centralización y la racionalización burocrática de la estructura de poder de la Iglesia y al mismo tiempo un educador virtuoso. Un arma eficaz de éstos fueron las procesiones como eventos excepcionales donde la comunidad se purifica a través de una serie de comportamientos excesivos, socialmente no aceptados. Las jerarquías se tergiversan, los nobles se visten de penitentes de manera que son abolidas cuando el pobre y el rico caminan juntos. Los jesuitas participaron activamente en la evangelización de la

América Latina la cual consideraron habitada de salvajes paganos, en el sur de Italia llamaban a los habitantes "los indios del sur" pues la religiosidad contenía elementos paganos en cuyo seno se encontraban plasmadas tradiciones y ritos de corte primitivo. La Compañía de Jesús tenía en el 1773, 23 mil miembros con 800 escuelas, las mejores y con 15 mil enseñantes. (52) La actividad de la orden llegó a infiltrarse en la política de los estados donde se localizaba conllevando a su expulsión en casi toda Europa, excepto en Polonia y Rusia hasta la reconstrucción de la misma en 1814. Logró sobretodo enemistarse con el clero local y parroquial (53) siendo su poder usado en exceso por parte de Roma.

La doctrina de la predestinación independientemente de méritos personales fue tomada de San Paulo y San Agustín de donde ésta es en efecto una previsión al mérito. Dios prevé en cada hombre el uso que hará de la gracia y por lo tanto queda preestablecido el mérito y el castigo.

Con el aumento de poder político basado en una racionalización de sus recursos económicos, los jesuitas pudieron participar en conjuras como la del rey de Portugal y en consecuencia en el marco de sus colonias de ultramar llegando a ser detentores del poder económico y con ello contraponiéndose a los recientes estados consolidados. Con Clemente XIV fueron disueltos apoyados en la "Dominus ac Redemptor noster" la cual ratificó la suspensión de la orden y la detención del padre Lorenzo Ricci general de ésta.

El mismo Inocencio III que quería exterminar la herejía y pacificar los territorios con el fin de acrecentar el poder temporal y espiritual de la Iglesia otorga el poder inquisidor, en mayoría a benedictinos para organizar a los tribunales de la Inquisición, enfocados a controlar y exterminar la herejía. Su sucesor Inocencio IV perfeccionaría el control psíquico a través de la introducción de la tortura con la bula "Ad Extirpandam". (54)

Paralelamente a la legitimación de la Inquisición y sus Tribunales, Inocencio III anuncia la emisión de indulgencias para aquellos participantes en las Cruzadas, las guerras santas de reconquista de los Santos Lugares, prometiendo con éstas la remisión de los pecados e incluso beneficios económicos, como el de otorgar terrenos a todos los que formaran parte de las milicias laicas y eclesiásticas. Legítima la guerra contra los hebreos, musulmanes, cataros, albigeses y moros incluso en el territorio de España pues se considera la legítima dispensadora de la salvación y representante de la concepción de Dios como Padre providencial. El mismo Papa promovió la no aceptación de un estado contemplativo, pues es aquí donde se pierde el temor o la esperanza, la capacidad de deseo voluntario y deliberado llegando a una separación entre la parte superior del alma y la parte inferior, donde los actos de ésta última son ciegos e involuntarios. Más tarde se condena la contemplación y el quietismo pero ésta posición doctrinal tenderá a ser retomada por el derecho canónico y será fundamental en el control psíquico del mismo clero que será erradicado solo hasta la muerte de Napoleón y el segundo Congreso de Viena del 1815.

La persecución de la herejía provocaría una intensa actividad local por parte de las autoridades civiles, y en la persecución y adjudicación de bienes tanto laicos como eclesiásticos todos salían ganando ya que se dividían en terceras partes los bienes confiscados de los herejes o aún solo sospechosos de serlo. En este contexto se introdujo la novedad de que los judíos se diferenciaban del resto de la población mediante una marca de tela redonda y un abrigo diferente del resto de los demás. (55)

De los hebreos se conservó siempre el criterio que como secta en términos sociológicos debía ser reconocida y por lo tanto considerada herética ya que la religión judía acepta tardíamente la inmortalidad individual y sus esperanzas escatológicas son de tipo terrenal. Esta orientación terrena de la esperanza de salvación ve la bendición de Dios en una manifestación del éxito económico del trabajo individual. (56) El tipo de vida y educación religiosa, el conocimiento de Salmos, de las Sagradas Escrituras y de los dogmas garantiza al hebreo a diferencia de un católico que su fe en la salvación es manifestada en forma de obediencia a la Iglesia, la cual le garantiza aún cuando no sepa las Escrituras, la santidad, un vínculo individual que le empeña en conocer e interpretar antiguos textos sumando el fuerte vínculo de sangre de la comunidad.

La concepción cristiana universal de una Iglesia y una sola fe se presentó como proyecto irrealizable para Roma sobre todo en vista de la formación de estados nacionales, de monarquías de corte liberal y del surgimiento de corrientes de pensamiento que se contraponían a la concepción de doctrinas y dogmas lejanos a la ortodoxia de los primeros cristianos y de la tradición hebrea.

Carlos V cuyo objetivo político era evitar el cisma de la Iglesia y de liderear la contrarreforma apoyó la realización del Concilio de Trento durante el papado de Paulo III en 1545. Este Concilio no solo elimina la esperanza de reconciliación con el protestantismo, sino que reafirma la posición dogmática de la Iglesia Católica. Así aprueba el dogma de la transustanciación en la eucaristía, eleva a rango de igualdad las doctrinas de la Iglesia con los postulados de la Biblia la cual seguiría editándose en latín idioma oficial de Roma, se reafirma la veneración de los santos no como "latría" sino como una rememoración simbólica, no se concede ninguna prerrogativa para el celibato y se continua con la propia praxis de las indulgencias. El Concilio termina con Pio IV en el 1563 confirmando y legitimando los preceptos trentinos.

Los defensores más asiduos de la posición papal fueron los españoles, adhiriéndose a la Biblia en latín y a la propuesta de que las ofertas valían para la salvación eterna, tanto como las oraciones. En España habían convivido tanto hebreos, cristianos y musulmanes en forma pacífica hasta el siglo XV. El papa Sixto VI obedeciendo a presiones de los reyes católicos instituye la Inquisición como medio de contrarrestar las pugnas de las diferentes minorías, pero la Inquisición, sin embargo reforzó la corona y la autoridad real coadyuvando a la unidad nacional. Su administración, el jefe supremo y el Consejo eran remunerados por la misma corona de manera que el papado se mantenía al margen. La limpieza racial y la purificación empeñaron a los prelados católicos en una campaña de dignificación ante la población en beneficio de la corona que fungió como una barrera protectora para la Reforma, singular hecho es que de la misma España saldrá la contrarreforma.

El Concilio de Trento a pesar de que duró 18 años, fue la respuesta a las tesis de Lutero y Calvino en cuanto que el primero afirmaba la "consustanciación" en la eucaristía y promovía un Cristo centrismo donde el sacrificio de Jesús había reconciliado a la humanidad pecadora. La "Certitudio Salutis" es justificada por el perdón y la fe en la salvación.

Calvino el cual representaba a los elementos de base de una nueva burguesía, afirmaba la Biblia como un auténtico pilar de verdad y ortodoxia del cristianismo primitivo. De donde la salvación es un don gratuito de Dios que santifica al predestinado, independientemente de sus méritos personales, la condena y la salvación dependen de Dios y de esta predestinación. La fe es la iluminación del Espíritu Santo, de la "Certitudio Salutis" o sea la esperanza de ser elegido. Entonces la salvación no depende de las buenas obras, está establecida por Dios en forma que los pecadores son el símbolo de los condenados por El o sea ya predestinados. Y como representante de esta nueva sociedad burguesa incipiente la corriente calvinista otorga al éxito económico una exterioridad aparente de éxito aprobada por lo divino contrariamente a la penuria económica que significa la carencia del favor divino, así como la destrucción de santos como de imágenes para adorar, los que son obstáculos de adoración a Dios por medio de Jesús.

En cuanto a la concepción de la riqueza, por ejemplo en Éxodo 30 vers. 15 y 16, se la concibe como rescate. En el Nuevo Testamento en forma individual se representa como un peligro, una tentación y el deseo de buscarla es contrario a las expectativas del Reino de Dios. Calvino consideraba un bien precioso la posesión de la riqueza por parte de los eclesiásticos ya que podrían invertir aumentando el patrimonio sin llegar al escándalo. Entre la concepción puritana a diferencia de la medieval, existe básicamente un contexto ético decisivo: la moral condena el gusto de poseer, el disfrutar de la riqueza tiene consecuencia: el ocio y la concupiscencia y sobretodo la desviación del camino de la santidad. La eterna felicidad de los santos esta en el más allá, mientras sobre la tierra para estar seguros del propio estado de gracia, el hombre debe cumplir las obras de quién lo ha enviado. (57)

Contrariamente al postulado económico calvinista, el catolicismo se basó fundamentalmente en una concepción de pobreza y de "cargar cada uno con su propia cruz" aceptando humildemente tanto las penurias económicas como el orden social y jerárquico vigente, con excepción de la Iglesia que como aparato burocrático y administrativo juzgaba pertinente la riqueza como un medio de santificación de su misión terrenal y espiritual.

La difusión y traducción de la Biblia se consideró en occidente como herejía, legitimando a los tribunales de la Inquisición a perseguirla y por consecuencia a quemar las copias que hubiesen sido traducidas a otros idiomas fuera del latín. (58) Erasmo de Roterdam fue elegido consejero político del emperador Carlos V y el Papa le ofreció ser cardenal. Diez años más tarde después de su muerte el Concilio de Trento declaró la versión del Nuevo Testamento de Erasmo un anatema y Paulo IV lo calificó como jefe de todos los herejes quemando todas sus obras. (59)

La Iglesia surge como el prototipo de estado nacional europeo, tanto por su forma de legitimarse como en su organización burocrática basada en el criterio del sistema de congregaciones cardenalicias. El Santo Oficio instituido por Paulo III en 1542 controló eficazmente la actividad anticlerical y contuvo los efectos de las corrientes de pensamiento diversas de la romana. (60)

La confesión fue controlada a través de la absolución a cambio de que el penitente se presentara por sí mismo y reconociera actos de herejía o brujería, o en su caso solo la delación. Tanto este mecanismo, como el control de las corrientes de pensamiento y el mantener la Biblia en latín mostró el camino de cómo canalizar las luchas internas aún entre los mismos cardenales reflejando la debilidad de las estructuras de poder psíquico y del mismo control interno. El cardenal Giovani Morone fue sujeto a proceso, su homólogo inglés Reginald Pole lo fue en el mismo Cónclave cosa que le costó la silla papal. Pio V, Michele Ghislieri, Sixto V, y Felice Peretti fueron Papas después de haber concluido su período de inquisidores, incluso el primero fue santificado.

Los efectos de la Inquisición fueron patentes sobre todo en la filtración de la información superando y ahondando los conflictos con otras órdenes religiosas especialmente los jesuitas, benedictinos y los mismos franciscanos. La libertad de opinión asi como las tendencias progresistas se vieron a la luz de la óptica trentina. (61)

A diferencia de Italia, en Inglaterra existían una cantidad de estatutos severos que apoyaban la posición del rey en cuanto este pudiera estar afectado por las disposiciones papales, así las actividades de la misma iglesia inglesa se filtraron por el aparato real cuyo parlamento era un enorme sostén y filtro de la presión. Esta aún antes de que Enrique VIII se apoyara mediante un estatuto parlamentario y diera un revés a las expectativas de su divorcio.

Ya Paulo IV aseguraba para la Iglesia su territorio necesario donde establecer una organización administrativa, burocrática y sobretodo detentora del monopolio legítimo de la salvación, habiéndose asegurado España y Portugal y con estas sus colonias, faltaba ahora Inglaterra ya que Isabel no se había declarado ni católica ni protestante. A la muerte del Papa sube al poder un cardenal florentino Juan Ángel de Medici de orígenes humildes sin ningún parentesco con los potentes Medicis, conocido como Pio IV el cual reinó seis años delegando a Carlos Borromeo el poder inquisitorial para perseguir herejes y brujas, delega igualmente la "regla" de seminarios diocesanos que durará hasta el Concilio Vaticano II. Al año de la muerte de Borromeo fue canonizado, embalsamado y su cuerpo expuesto en la Basílica de San Ambrosio en Milán.

Con Paulo IV se establece el monopolio indiscutible de la iglesia post trentina iniciándose una recuperación moralizante ya que el mismo Concilio le otorga supremacía y centralización de poder de tipo monopólico. Con temas como purgatorio, indisolubilidad matrimonial, obligación del celibato a los sacerdotes, veneración de santos y las indulgencias plenarias se pretendió un diálogo entre obispos de diferentes estados europeos, lo que hubiera lesionado gravemente las bases dogmáticas de la misma Roma, propiciando una marcha atrás de los postulados inamovibles de Trento sobretodo abriendo una brecha a la contrarreforma y avalando en mínima parte la posición de Lutero y Calvino.

La práctica del cuidado de las almas en una época donde la concepción del más allá condicionó al individuo y propició la concentración de la riqueza, llegó a ser un modo de vida. Incluso la administración del sacramento de la eucaristía dependía de la posición social del individuo, así como la salvación dependió más que del modo de vida, de la sujeción de éste a la Institución.

Para estar seguro de la salvación, el modo de vida y la conducta individual fueron los medios externos de ratificación. En el catolicismo la formación de órdenes monásticas "fuera" del mundo con su propio modo de vida y de conducta fue el inicio "el medio de salvación" a través del seguimiento de esta conducta. En la concepción protestante la vida "especial" de los santos era diferente a la "natural" que obligadamente debía de llevarse en el seno de una orden monástica para pertenecer al mundo aún con sus propios ordenamientos. Esta pertenencia al mundo racionalizó la conducta de la vida dentro del mundo y en relación al más allá, cambiando el concepto de vocación en un mundo católico por el de una cotidiana metodicidad que marcó una existencia racional "en" el mundo y no "de" este mundo o "para" este mundo. (62)

Bajo esta óptica, la iglesia se vio marginada y limitada en sus aspiraciones de poder terrenal, aún cuando estaba representada en la mayoría de los estados italianos ya que en Europa se estaban consolidando las monarquías y los estados nacionales, los cuales garantizaban protección a cambio de obediencia. Entre el 600 y el 700 el aumento de vocaciones sacerdotales es muy elevado ya que la estructura laica es incapaz de asegurar servicios y mucho menos contaba con una administración racional con elementos profesionalizados separados del cargo que pudieran satisfacer las crecientes demandas sociales y aún espirituales. Los sacerdotes en Italia durante este período eran profesores, escribanos e incluso intermediarios ante la burocracia y para el campo espiritual eran necesarios tanto para bendecir animales, cosechas y siembras como para celebrar misas, eventos sociales y procesiones algunas de ellas de tipo propiciatorio. De ahí que fue muy difícil aún hoy, erradicar antiguos mitos y tradiciones paganas y profanas de la religiosidad católica, sobretodo en países de arraigo latino.

Avocándose a la educación escolástica (63) Pio IV en 1564 impone que todos los maestros aún laicos o privados hicieran una profesión de fe ante el obispo para así reforzar la figura del sacerdote, del que solo él tiene el control delegado de la coerción psíquica, pues como centro de la vida religiosa y popular además de educacional está autorizado a la censura y al control de la opinión pública.

En Italia tanto intelectuales de la Iglesia como los jesuitas desencadenaron una guerra cultural a toda filosofía o pensamiento que no fuera ortodoxo, con ello sobrevino una adaptación al fenómeno de la doble moral (64) ya que los tribunales inquisitoriales trabajaron arduamente para extirpar la herejía tanto de dogmas protestantes como de brujas y su afiliación al demonio. La cultura visiva, el arte, el dominio del latín representaron aún hoy, el símbolo de la cultura y las artes y por contrapartida la religiosidad popular se volcó a mitos, tradiciones y ritos antiguos que llenaron los vacíos que la doctrina católica impuesta no podía satisfacer como vínculo de unidad nacional y como promotora de la ortodoxia tradicional.

La religiosidad popular se canalizó a través de la Iglesia institucionalizada en un ámbito nacional, los estados italianos y con el monopolio legítimo de la salvación y de la coacción psíquica, y física con la Inquisición operando el principio "Extra Ecclesiam Nulla Salus", era difícil el surgimiento de otras tendencias, aún así surge un catolicismo liberal cuyo exponente es Alejandro Manzoni el que es criticado duramente cuando expone la tesis de que Dios no se encarna en el pueblo, sino en su Iglesia donde se reclama una vocación social de la misma, ya que era evidente la simbiosis del papado y las fuerzas económicas en un marco de poder estatal. Aún así la corriente manzoiniana afirmó que la Iglesia y su clero debían conducir esta motivación pues no es una revelación sino que es la renovación de la fe en la Divina Providencia.

Otra tendencia fue el ultramontanismo que sostenía el derecho total del control de la Iglesia de Roma, llamada Iglesia de los Montes de donde deriva su nombre para pacificar el territorio, se reclama una sumisión de las fuerzas nacionales incluidos los masones y la reacción del Papa dando un énfasis a la doctrina social de la iglesia. Más tarde Lamennais funda el periódico el "Avenir" donde afirmaba que la Iglesia debía desinteresarse del campo político para participar vivamente en el seno de la sociedad. Condenado por el Papa Gregorio XVI con la encíclica "Mirari vos" de 1832 la que rechazó la libertad de prensa y condenó las diferentes corrientes de pensamiento, escribe "Paroles d`un Croyant" donde será duramente criticado dos años más tarde de la promulgación de la encíclica siendo una reclamación para el rescate de la verdad del Evangelio reafirmando la figura de Cristo como el rescate social.

Estas tendencias aún dentro de la corriente católica progresista reflejaron la necesidad imperiosa de cambio, un llamado a la humildad, al rescate del hombre en términos sociales, lo que implicaba una renovación en los votos de humildad y el regreso a la fuente primaria del cristianismo: El Evangelio con una revisión doctrinal y dogmática. Sin embargo el uso de la excomunión y suspensión a divinis fueron los instrumentos de aparente pacificación y encauzamiento hacia la institucionalidad.

Durante el período de la dominación española en Italia se dio un espacio de estabilidad y aparente calma donde la Iglesia obtuvo beneficios en materia de inmunidad eclesiástica y un enorme crecimiento bajo los auspicios italianos en todos los campos. Cuando llega la dominación austríaca y la consecuente ocupación, el papado aún con su ejército cede el ducado de Milán y el sur de

Italia reduciendo su inmunidad y obligándose a pagar impuestos a pesar de que en Austria existía una monarquía de corte católico la cual bajo el influjo de las tendencias de la Reforma había orillado a José II (1780-1790) a someter a la Iglesia a las decisiones del estado, eliminando sus pretensiones autoritarias. Eliminando privilegios y pagando impuestos las vocaciones que en el 600 habían aumentado desorbitadamente descendieron sobretodo en Milán y en Nápoles. Esto obligó a una revisión del papel de la Iglesia y de su actuación tradicional que chocaba con el nuevo orden y estatus dominante. El nuevo papa Benedicto XIV moderó la Inquisición, el culto a los santos y sobretodo declaró que "aún los protestantes eran hijos de Dios". Sin embargo en Italia se presentó el problema de la monarquía y sus derechos. El derecho divino daba la legitimación necesaria a la misma, pero la Iglesia la aceptaba siempre y cuando obedeciera al representante de Dios en la tierra. (65)

Las finanzas pontificias eran cada vez más inadecuadas, pues también los ataques a la misma en toda Europa habían menguado sus ingresos. Las Comunas de Italia estaban fuertemente endeudadas siendo incapaces de afrontar las demandas fiscales de los nobles y de los eclesiásticos, la agricultura estaba diezmada, la industria incipiente, los consumos superfluos en la capital y las exenciones al pago de peaje había paralizado el tráfico en los límites del estado pontificio provocando desórdenes en las provincias. Los marginados y los mendigos aumentaron enormemente y con ello la carga social, algunos vivían de la caridad otros se organizaban en el robo y la clandestinidad. (66)

A diferencia de Francia que había sentado las bases de una independencia mayor de la Iglesia de Roma, pues su clero no aceptó la totalidad de las directivas italianas del Concilio de Trento y sobre todo desde las controversias de Felipe el Hermoso con el papa Bonifacio VIII lo que había deslindado el campo espiritual del terrenal, así como una manifiesta limitación de la obediencia. Las decisiones papales en territorio francés fueron limitadas no por un poder parlamentario como en Inglaterra, sino por el autoritarismo monárquico. La Revolución francesa marcó una nueva dimensión de las relaciones Iglesia-estado y una marcada división de acción de cada una. Como estado otorgó derechos civiles a sus nacionales, derechos políticos y libertad de culto lo que permitió legalizar el divorcio. (67)

Fuese con el divorcio y con la desamortización de los bienes del clero, asunto que desde la disolución de los Caballeros del Templo había atraído la codicia de muchos debido a las fortunas dadas a éstos, y el problema de pertenencia después de su disolución en 1314 y con la pena de muerte, la hoguera para todos los jefes, la opción de matrimonio para los sacerdotes y la posibilidad de elegir sus propios sacerdotes parroquiales y obispos reforzó el estado laico y a distancia se concibió la aplicación doctrinal y dogmática de Roma.

Pio VI consideró la Revolución francesa como la antítesis del catolicismo y como un castigo divino. Con Napoleón, Pio VII era elegido bajo la protección austríaca, por lo que condenó tanto la lectura de libros perniciosos como las filosofías sociales que dilagaban en Francia y en estados donde el protestantismo se había enraizado. Reconociendo a Napoleón lo coronó en Notre Dame de París en el 1804 donde el mismo se corona solo en agravio al Papa y sus representantes, cancelando el estado de la iglesia, y limitando enormemente el campo material y físico ya que autoriza solo algunos edificios y una renta, en su caso ni aún la excomunión de Pio VII anuló estos límites conllevando a la aprensión del papa en Francia hasta el 1815. (68)

En el antiguo Código de derecho romano usado en el "ancient regime" fue integrado en un nuevo cuerpo legislativo sumando los principios revolucionarios, igualdad ciudadana, libertad de palabra y de profesión de fe los cuales se propagaron en los estados europeos bajo el régimen napoleónico llegando a cancelar el "Sacro Romanum Imperium" sobre todo al reconocer a Napoleón como rey de Italia en base al tratado de Presburgo donde se da la rendición del emperador Francisco II y la devolución de Venecia, Istria y Dalmacia a Italia.

Con el Concordato de 1801 se restableció en Francia la libertad de culto y la elección estatal de obispos con la coronación autónoma de Napoleón se marcaron los límites del papado de Pio VII pudiendo hacer circular el catecismo que se adoptó en las escuelas del Imperio napoleónico. El extracto del catecismo es muy elocuente. ¿"Cuáles son los deberes de los cristianos hacia su Emperador? Los cristianos deben al Emperador Napoleón: amor, obediencia y fidelidad para la conservación de su trono. ¿Por qué tenemos hacia el Emperador estos deberes? Porque Dios que crea los reinos y los distribuye según su criterio, ha colmado de bienes nuestro Emperador en paz y en guerra y ha hecho de El nuestro soberano a su imagen en tierra. ¿Pero no hay razones especiales que nos deban unir en modo particular a Napoleón nuestro Emperador? Si, pues es El, el que Dios ha despertado en circunstancias difíciles para hacer surgir el culto público y la santa religión de nuestros padres y ser el continuo protector. Con la unción recibida del Papa, El es el Ungido del Señor."

El Congreso de Viena de 1815 diseñó una nueva situación en Europa obligando a nuevas alianzas, restaurando antiguas dinastías como la del Piemonte con

Víctor Manuel I, o Fernando III en Toscana, Francisco IV en Módena y Pio VII en Roma el cual además de un retroceso y desconocimiento de los efectos y leyes napoleónicas da vida a la orden jesuita. (69)

Según la corriente católica una de las aportaciones al Concilio de Trento fue la reforma de la iglesia y con ésta la institución del Santo Oficio que ya operaba, pero ahora controlaría el Índice de libros prohibidos. Los jesuitas fundados desde el 1540 por Ignacio de Loyola, se manifestaron como el medio ideal de la política de depuración literaria, según Loyola estaban revestidos de la autoridad, que a su vez era la intérprete de la voluntad divina.

Felipe II de España fue un gran aliado del papado sobretodo en la aplicación de las medidas trentinas haciéndolas extensivas a las colonias de ultramar y justificando la aplicación de la Inquisición la cual fue posible gracias a la concentración monárquica del poder. (70) Ya en España la persecución a los judíos era común desde el siglo XIV algunos se habían convertido al catolicismo. La Inquisición aliada del poder monárquico servía para verificar los antecedentes tanto de la nobleza como de la sociedad en general. Con la caída del reino de Granada sobrevino la expulsión masiva de judíos, los cuales se presentaron como los portadores de la economía monetaria y especialmente (solo en el alto Medioevo) del préstamo de intereses a amplias esferas del comercio, llegando a tener una fuerte participación en asuntos de abastecimiento y préstamos a los estados modernos, así como a las Compañías de Comercio Colonial y de trata de esclavos, al comercio de animales y sus derivados y sobre todo al moderno comercio de títulos de bolsa y de emisión de las empresas. (71)

La característica del judaísmo en el riguroso rechazo a la divinización de la criatura lo lleva a racionalizar el sentido de su vida, orientándolo en modo burgués, en contraste a lo "antieconómico" del modo de vida feudal. (72) Su consideración positiva en cuanto al punto de vista burgués está establecida en la Mishna donde el carácter del judío ortodoxo se basa fundamentalmente en una vida individual, en rituales de circuncisión, de preceptos de alimentación y en una vida de religión hebraica y milenaria, unido a esto la cuestión racial y el vínculo de raza permitió una continuidad en un ámbito cerrado a las presiones culturales y religiosas fuera de su contexto.

En España donde los estatutos se canalizaban por la pureza racial en cuanto a la exclusión de sangre judía, mas al nivel de la nobleza y de las familias adineradas existía una intensa actividad de investigación y espionaje. "En un memorandum dirigido a Carlos V el historiador Lorenzo Galíndez de Carbajal destaca que la mayoría de los miembros del monarca estaban manchados, entre las excepciones se contaba el Doctor Palacios Rubios un hombre de sangre pura porque desciende de trabajadores agrícolas." (73)

La Inquisición española bajo Torquemada mezclaba tanto la pureza racial como la religiosa, el protestantismo se identificaba con la herencia judía, así Felipe II llega a la quema masiva de protestantes entre 1559 y 1562. Entretanto el "Index Librorum prohibitorum" de 1551 cada vez incluía mas autores, unido a otro index independiente que circulaba solo en España y que servía para reforzar la posible disensión interna española y cuyo texto fue extendido a sus colonias.

La Inquisición se autofinanciaba en España llegando a ser uno de los Consejos de Gobierno. Con la autofinanciación, la inclusión de la tortura y la venta de "Actas de Libertad" para que ningún allegado o familiar pudiera ser condenado, las cuales costaban 1500 ducados cada una pudo salir adelante solo hasta el siglo XVIII, hasta su abolición definitiva en 1834, aunque en el 1865 todavía estaban vigentes los estatutos de sangre. (74)

La persecución calvinista fue implacable en las colonias españolas, en el 1562 algunos de éstos de origen francés, emigrados a América después de la tragedia de Vassy y convertidos en colonos de la Florida española, fueron sorprendidos por el inquisidor español Méndez de Avilés y llevados a la horca donde ostentaron un escrito que decía "no como franceses, sino como calvinistas", (75) igualmente lo fue el proceso de brujas de Salem en 1692.

Como la magia fue considerada herejía a excepción del monopolio del ejercicio en relación a los milagros de los santos, se continuo la persecución de brujas y magos tanto en territorio español como en las colonias de ultramar, donde el politeísmo había sido erradicado aparentemente y cuyo cristianismo había sido impuesto con ritos de bautizo comunitarios manteniendo en sus raíces el carácter mágico ritual y profano.

Muchos de estos ritos pertenecían a antiguas ceremonias de corte agrícola cuyas tradiciones habían sido heredadas en el seno familiar, donde muchos campesinos fueron perseguidos refugiándose fuera de España, en los Pirineos, en la región de la Linguadoca francesa, asimilándose al catarismo, en los Alpes se hicieron llamar Valdenses. Para Felipe II eran brujas, las cuales siempre consideró el azote de la humanidad. La matanza de judíos y la persecución de brujas fue vital para la monarquía española como la fue para Alemania protestante ya que se basaba en una interpretación de Éxodo 22 vers, 18 en el que dice "No tolerarás una bruja viva…" esto permitió a Inocencio VIII emitir la "Summis desiderantes affectibus" donde dará a los dominicos mayor poder y más amplio para extirpar la magia y la brujería del ámbito protestante.

Con la introducción de la tortura florecieron los procesos y se autofinanció la propia dinámica inquisitorial, Inglaterra por sus características monárquico parlamentarias no usó la tortura como en otras naciones, pues es ahí donde se registran menos casos a diferencia de Alemania y España, sin embargo aún con esta disminución se registraron matanzas y persecuciones basadas supuestamente en los preceptos bíblicos.

La cacería de brujas llegó a incluir conceptos de rivalidad entre el catolicismo y el luteranismo, o el protestantismo, así como cuestionamientos de dogmas de las partes llevando a los extremos y a interpretaciones erróneas de corrientes de pensamiento económico, político, cultural así como profundas inquietudes en la vida del hombre y su relación con Dios. Herejía representó lo contrario a la ortodoxia católica y cristiana.

Lo contrario a la norma era todo aquello que cuestionaba el estatus quo vigente y el catolicismo clerical romano, de manera que la bula de Inocencio III amplio su programa de acción justificando el exterminio de la llamada herejía Valdense de los Valdenses y la matanza y expulsión de los árabes de España en un marco de obra santa y necesaria.

5.8 Sectarismo y los Líderes Carismáticos. El Dogmatismo y las Encíclicas Papales como Respuesta de las Tendencias Progresistas. La Iglesia y el Papel del Estado Cristiano. Los Compromisos Institucionales y su Impacto en la Conformación de un Pensamiento Cultural Religioso.

La transformación de la hierocracía en la iglesia se dio específicamente cuando se transforma el ceto sacerdotal diferente del "mundo" el cual ahora siendo regulado recibe remuneración y se prepara como una carrera de formación profesional, su vida se vuelve "extra-profesional". A nivel universal se extiende pues ha superado sus pretensiones locales, las disputas de parentela y de estirpe y la cuestión étnica nacional, entonces sus dogmas y cultos se racionalizan, se depositan en textos sacros comentados y sistemáticamente enseñados, todo esto se realiza en una comunidad institucional. (76) Aquí ya la persona se separa del propio carisma y de su relación con la institución para ser administrador de bienes de salvación eterna, entonces las personas pertenecen a la comunidad de oficio o a la institución y se diferencian pues han superado la concepción de secta donde la administración se da y depende básicamente del carisma de la persona.

La Iglesia incluso ante el poder político presenta sus peticiones en base a su carisma de oficio, ésta cuenta con inmunidad, los diezmos, privilegios, exenciones tributarias e inmunidad en cuanto a la aplicación jurisdiccional en el ámbito nacional donde se ha depositado la legitimidad y se presenta como lideresa en cuanto a lograr el reconocimiento y obediencia. A sus miembros se les exige una profesionalización que requiere de instituciones propias donde los mismos especialistas se encargan de la dirección espiritual y con estrecha colaboración con el poder político, y los laicos dotan a la misma sociedad de institutos de educación y de formación que en su seno son portadores y reflejos de la misma institución religiosa. Pio X1 introduce en Italia el "Nulla Osta" durante el gobierno fascista, vigente en la actualidad, concebido para servir de medio de contención al modernismo de las personas en el marco de las instituciones educativas, ya que este debía ser dado por el diocesano ordinario.

Los medios de educación son muy importantes pues dotan a la sociedad laica primordialmente y luego a los cuadros preparados de la misma iglesia de una ética de vida y de un esquema de valores en base a la moral, concebida desde los niveles más altos hasta los elementales. Las indisciplinas y la disensión pueden ser objeto de la reacción más potente de la institución o sea la excomunión y la suspensión adivinis usada sobretodo en el ámbito de la concepción herética y en el manejo de doctrinas y dogmas de salvación. Como lo demostró la reacción de Clemente XI con la bula papal que condenó los giansenitas los cuales cuestionaban la inutilidad de las obras para obtener la salvación, incluidos los votos de castidad y la afirmación de que el pecado original es el portador de la íntima corrupción del hombre, donde para excluirse de la esclavitud del mismo, el hombre debe sujetarse sólo a la confianza y a la gracia de Dios y con ello cuestionar la validez de todo un programa doctrinal establecido y legitimado desde el seno de la Iglesia.

O la programación de la herejía como una vía de sometimiento a la Iglesia, considerando que ésta última obedece sólo a Dios. Lo que implica la sumisión a un programa doctrinal administrado exclusivamente por ella. La excomunión de Ignacio Dölinger que encabezaba a un grupo de viejos católicos concibe la Iglesia libre de pretensiones absolutistas, rechazando la sumisión concebida en un marco dogmático e históricamente trentino.

La Encíclica "Lamentabili sane exitu" del 4 de julio de 1907 donde Pio IX condena 65 herejías de la obra de Eduard Le Roy en su obra "Dogme et Critique", desató una campaña de control y purificación doctrinaria con objeto de encauzar la enseñanza a niveles institucionales tanto en conventos como en seminarios.

Del mismo papa el 8 de septiembre del mismo año la "Pascendi dominici gregis "condena el modernismo y afirma que tanto dogmas como los ritos son expresiones de fe y con la "Praestantia Scripturae" se procede a la excomunión de los trasgresores.

En cuanto a la universalidad de la Institución y sus cuestionamientos, la encíclica de Pio XII "Summi Pontificatus" del 20 de octubre de 1939 afirmaba que los males de la humanidad se deben al rechazo de una norma moral universal, cuya administradora legítimamente constituida es la Iglesia Universal. Y como tal es el cuerpo de Cristo y por lo tanto los católicos son sus miembros. "Mystici Corporis" de Pío XII en 1945 en plena guerra mundial.

La disensión de Marcel Léfèbvre como líder carismático es una escisión en el seno de la Institución considerada por Paulo VI en el 1974 como herejía. Así como la masonería considerada sectaria fue condenada bajo pena de excomunión para todos sus miembros católicos por parte del pontífice Juan Pablo II.

En la Conferencia de París de 1968 año convulsivo en toda la humanidad en el marco de la **"revolución cultural parisina"** los militantes cristianos y 64 sacerdotes europeos que participaban fueron suspendidos adivinis, como desobediencia en términos doctrinales, este movimiento reflejó la necesidad de cambio y una llamada auténtica a la misma Iglesia. En la Carta a Paulo VI donde se afirmó la falta de voluntad de actuación de la reforma propuesta por Juan XXIII en el Concilio Vaticano II y de la vocación ecuménica manifestada abiertamente, costó a los firmantes dos revocaciones del cargo, pues se consideró una herejía el cuestionamiento directo a un Papa.

La excomunión y la suspensión son clasificadas como actos de sabotaje social y económico, pues incluso no pueden afiliarse a ninguna otra iglesia o forma de hierocracia. La respuesta contra estas nuevas formas de poder y disensión se maneja a través de proteger sobre todo a los más débiles de la sociedad, en el sentido físico-intelectual, de aquí que al inicio fueron esclavos, siervos, mujeres y niños y como respuesta al poder concurrente de la pequeña burguesía y a doctrinas que no sean afines y se sometan a una única directriz. En una época el capitalismo con su propia dinámica representó una aversión a la tradición y cuestionó la santidad de la Institución y sus preceptos como después fue considerado el comunismo, un enemigo de la sociedad o más tarde sería el modernismo.

La encíclica de Pio IX "Quanta cura" reafirma el cuidado y vigilancia pastoral de la iglesia católica como único medio contra literaturas y opiniones erróneas producto de la sociedad. Y en el "Sillabo" aporta los 80 errores de la interpretación de conceptos desde el panteismo hasta los derechos de la misma iglesia universal.

El Concilio Vaticano I del 8 de diciembre de 1869 propone incluso que la Iglesia abarque campos como el de la filosofía, la ciencia y la política aplicando la infalibilidad "De Summo Pontifice" y como sucesor legítimo de Cristo, "Ecclesia Christi".

Con la premisa del apoyo social y por lo tanto de la conducción pastoral la "Inscrutabili dei Consilio" del 21 de abril de 1878 encabeza el inicio de pontificado de León XIII. Ya en el 84 con "Auspicato Concessum" la Iglesia se interesa en los problemas sociales, beatificando la pobreza como un don cristiano "Beati i poveri" pues ganarán el cielo con paciencia y sufrimiento.

Con "Inmortale Dei" la misma Iglesia se reafirma junto con el estado como la sociedad perfecta cada una en su concepción propia, pero siendo el estado el poder temporal está obligado a someterse al poder espiritual, representando una condena al estado laico por su política social la cual incluye la tolerancia en materia de fe religiosa. Así "Libertas" en el 1888 advierte a las sociedades laicas de los peligros del socialismo.

La defensa de los pobres, los desprotegidos será abanderada con la "Rerum Novarum" del 15 de mayo de 1891 donde exhorta a los elementos de la producción capitalista a fijar salarios justos en el marco de sentimiento y resignación cristiana para los trabajadores y de cristiana misericordia para los patrones.

Pio XI con la "Quadragesimo anno" del 31 de mayo de 1931 hace una llamada a la sociedad contra los errores del socialismo defendiendo los valores de la propiedad privada. Esta respuesta obviamente desilusionó no solo a los católicos progresistas sino incluso a diversos gobiernos pues se dan en un marco bélico, donde doctrinas contrarias no solo a la Iglesia sino a la mínima ética y moral humanas organizaban sistemáticamente el holocausto hebreo y donde el mismo gobierno fascista se había mostrado intolerante contra protestantes, testigos de Jehová, enfermos, gitanos, homosexuales y minorías raciales.

La "Divini Redemptoris" de 1937 es una condena explícita al comunismo, al estado y al terrorismo colectivo. Más amplia condena es efectuada por Pio XII en agosto de 1950 en "Humanis Generis" donde se condena el materialismo dialéctico, el evolucionismo, (77) el gnosticismo, el pragmatismo, el idealismo, el historicismo y el existencialismo. Y que más tarde Paulo VI condenaría como herejías contrarias al Vaticano con la "Ecclesiam Suam" de 1964 donde la Iglesia no mostró intención para el diálogo en la búsqueda de la verdad, sino únicamente una forma de persuasión, ya que ésta se considera la única portadora de la verdad como se ha declarado infalible reafirmando la "potestad plena".

La Iglesia se renueva en la tradición que es su fuente de legitimación y en la infalibilidad pues es la sucesora legítima de Cristo y como Iglesia la administradora de los bienes de salvación. El regreso al abuso de las excomuniones y suspensiones como el apoyo a dictadores, y la intromisión en asuntos financieros del capitalismo promovieron en su seno un aumento institucionalizado de prebendas y de corrupción en la administración, un desapego a nivel social en cuanto a servidores, a la "protección de los débiles" con una intolerancia que se reflejó en un endurecimiento dogmático. En Italia concretamente en éste período se procedió a la excomunión de aquellos sacerdotes que participaron en la Revolución Social de la Iglesia calificándoles de "sacerdotes obreros" igualmente la excomunión a los comunistas reflejó un apoyo a la derecha traducido en el partido político de la Democracia Cristiana.

El carisma de cargo es inevitablemente enemigo de cualquier carisma personal fuera de la Institución, asi como la disensión y sectarismo, ya que a través de la tradición y monopolio de la administración de bienes celestes éste se apoya básicamente en la santidad del cargo desconociendo las cualidades personales y sobretodo los efectos que pudiera cuestionar el esquema de monopolio de la legitimidad y tradición.

Por una parte la acsesis como conducta de vida específicamente monástica y como sentido primario en todas las religiones de la redención puede significar la salvación individual por medio de un camino personal y directo hacia Dios. "El carisma que cambia los ordenamientos básicamente del mundo, está orientado en sentido escatológico y obviamente no se puede realizar en los ordenamientos que requieran un compromiso con los intereses económicos o profanos, y la fuga del mundo es solo consecuencia objetiva. Así el asceta perfecto hace milagros", (78) como contrapartida el sacerdote institucionalizado es la guía a la salvación bajo el esquema del Concilio de Florencia "Extra ecclesiam nulla salus" básico incluso a las pretensiones de cualquier iglesia o secta.

La Iglesia disciplina esta ascesis sobretodo en base a la obediencia y la desvincula del mundo en base a la pobreza y a la castidad. El monje es más aceptado en la sociedad de los protegidos y bendecidos de Dios, pues con su propio carisma cura las almas y representa la antítesis de la burocratización y la metodicidad de órdenes como la de los jesuitas supeditados a la Iglesia institucional. O bien elevando algunos de ellos al rango de santos como el caso de San Francisco o San Roque

El mismo Lutero recupera para el cristianismo el Cristocentrismo donde marca el sacrificio de Jesús como la vía de reconciliación de la humanidad pecadora. Con la "Maldad Babilónica de la Iglesia" destrona la autoridad y cargo papales ya que los hombres se justifican ante Dios por la fe y por lo tanto no existe necesidad de la intersección de la Iglesia ni de sus sacerdotes. Con "A la Nobleza Cristiana de la Nación Alemana" exhortó no solo a cuestionamientos dogmáticos sino a una negación del papado como cargo, santidad y representante según la tradición de Cristo abriendo un amplio camino a la disensión y a la ruptura de la tradición basada en el monopolio de la salvación.

Igualmente el movimiento franciscano en sus orígenes representó una amenaza para la Iglesia de Roma, por lo que Inocencio III condicionó la sumisión total de la orden imponiendo la elección del superior de la orden, el cual sería el vínculo entre la orden y la Santa Sede donde ante ésta se mantendría la total obediencia. Francisco abandonó el movimiento retirándose a la meditación en el Monte Verna donde recibió los estigmas. Es solo hasta el papa Honorio III en 1223 que se reconoce la orden de los Hermanos Menores ya modificada y ahora si reconocida por la Iglesia, más tarde esta sumisión se reflejaría en la construcción de una enorme basílica en honor de Francisco el cual es canonizado. En el 1905 se procede a la excomunión de Miguel Faloci Pulignani en vista de sus dudas en cuanto que las reliquias de las vísceras expuestas en Asís fueran realmente las de San Francisco.

El monje Francisco Forgione conocido como Padre Pío recibe también los estigmas por su santidad y estado de ascesis, es duramente criticado pues no canalizó los recursos de sus propios fieles a la curia romana cosa que le llevó a una difícil relación con la misma. Considerado un santo y con poderes curativos milagrosos levantó polémicas a nivel de la Santa Sede, posteriormente de su muerte ingresó en el monopolio legítimo de los santos pero solo como "Venerable" y su culto estuvo bajo la supervisión de la Iglesia. El proceso de beatificación de Padre Pio lleva alrededor de 15 años, para diciembre de 1997 la Comisión Cardenalicia y de Obispos de la Congregación para la Causa de los Santos ha emitido un documento favorable sobre "Las Virtudes Heroicas del Padre Pio" según las normas canónicas vigentes el Padre Pio con esta consideración se eleva al rango de Venerable, su proclamación fue dada por Juan Pablo 11 en ese periodo navideño. Para llegar a la santificación, titulo por el cual la Iglesia autoriza el culto por parte de una determinada persona a nivel diocesano, se debe esperar la reunión medico teológica avocada a tal fin la que testificaría un milagro a través de su intersección, así seria milagro de "facto". Para la definitiva santificación, la cual se proclama con la canonización induciendo el nuevo culto por la iglesia será necesario un segundo milagro atestiguado ante la Comisión. Se preveía su canonización en el jubileo del 2000 en vista de haber dado el plácet en mayo por la Comisión Teológica de la Congregación, así como el plácet dado ante la larga exposición de hechos dada por el postulante de la causa de la beatificación del Padre Pio, el arzobispo Andrè María Erba, el proceso de canonización en el lapso de quince años sometió al Padre Pio a 20 juicios disciplinarios y a 5 procesos canónicos saliendo siempre adelante. El Santo Oficio trato de alejarlo de San Giovanni Rotondo su lugar de origen, pero dada la presión de la misma sociedad que siguió venerándolo se decidió terminar el largo proceso. (79)

La antítesis entre carisma político y carisma mágico es antiquísima. La aparición de las divinidades locales es el conjunto de una amplia conciencia de la religión – o más bien – precisamente del objeto de culto y del ámbito del territorio político que se encuentra naturalmente en el establecimiento definitivo de la ciudad. De aquí deriva la divinidad y o santo ciudadano como patrón protector y es el requisito indispensable de cualquier fundación política en cuanto a la existencia de la ciudad en términos económicos, con la subsistencia global se hacen necesarias concesiones politeístas por parte de las grandes religiones monoteístas. (80)

La aparición de santos avalados, legitimados y canonizados por la Iglesia tiende a conciliar las necesidades de protección local como el extender universalmente el rito aceptado como monopolio legítimo del carisma de los mismos, para ser un ejemplo a los ciudadanos de otras localidades, representando una plataforma de obediencia y fidelidad sobretodo en términos de una religión de salvación y redención.

La tolerancia politeísta a los cultos es bien notoria en el Imperio Romano, políticamente representados en el culto al emperador. Los grandes santuarios surgidos en el mundo cristiano son prueba de la tolerancia y de la concesión basada en el interés económico básico de la ciudad y del individuo, de manera que se enriquece el culto como el dogma, que en la mayoría de los casos es reforzado con apariciones, revelaciones y con demandas, así entra en un círculo virtuoso pues el engranaje se diviniza con fines y medios santificando la veneración.

En cuanto al dogma católico acerca de la Virgen María madre de Jesús, nacida sin pecado original, por privilegio divino, afirmado en la Asamblea Consistorial de Pio IX en el 1854 se verá más tarde enriquecido con la aparición de la Inmaculada Concepción (en lugar de Inmaculada Concebida) en la ciudad Lourdes Francia, el 11 de febrero de 1868 conciliando así el carisma mágico de la aparición con las necesidades de redención y la subsistencia de la ciudad en términos económicos.

En el 1982 el pontífice Juan Pablo 11 en Fátima se hace depositario del mensaje trasmitido de la Virgen a los tres pastorcitos, pero siendo éste un secreto no se podrá revelar, solo legitimará el carisma mágico ya administrado por la misma Iglesia y avalado por la presencia Papal.

En Italia frecuentemente se presenta el fenómeno de vírgenes que lloran, frescos que sangran, estigmas a los beatos y santos, y donde el misticismo sobrenatural unido a videntes y curanderos, refleja la necesidad de protección carente hasta entonces, así como los vacíos dogmáticos y doctrinales de una iglesia institucionalizada.

La Jesus Revolution originalmente extra católica marcó las primeras protestas organizadas y sistematizadas de la sociedad ante el orden establecido sobretodo el "mito americano" y el welfare state. Droga, sexo libre, agresivas vestimentas e insatisfacción personal fueron vistas como rebeldía. En cuanto al surgimiento de sectas se mezclaron antiguas filosofías orientales con el cristianismo, los santones "Scegustori" anagrama de Jesús, o Retiodoreca anagrama de Dios, y los cultos de corte satánico; hasta sectas reconocidas como la esotérica de Sun Myung Moon y la Children of God donde la inocencia será el pilar constructor de la nueva sociedad.

El poder hierocrático eclesiástico plenamente desarrollado con un sistema completo de educación no pudo ser desenraizado, pues su poder se fundamenta en el bienestar en el más allá y en el de este mundo ya que se obliga a obedecer a Dios más que a los hombres. Es hasta la época de las grandes revoluciones puritanas y de los derechos del hombre cuando se enfrenta al límite más sólido de cualquier poder; el político. (81) La regla será el compromiso de separación de campos de acción entre la potencia espiritual y el poder político el cual será su brazo derecho, la limitación se dará en base sobre todo al desarrollo democrático de la sociedad y a la fuerte presencia de mitos y tradiciones diferentes, lo determinante es el vacio de la sociedad y la apatía, sus valores y su paz personal. La elite política abastecerá de arbitrarios absolutos a la sociedad, pero la función legislativa, los frenos y contrapesos de los sistemas serán un freno a una tiranía ejecutiva.

El grupo detentor del poder político abarca la legitimidad en cuanto monopolio legítimo de la coacción física y la Iglesia el de la coacción psíquica. Para la supervivencia y expansión del segundo se requiere la incondicionalidad del primero aún cuando sus cuadros sean parlamentarios o de partido y no se haya podido prescindir del sistema educativo. La Reforma aporto el don de la Libertad en el estado y en la sociedad, pero con el avance de la historia esta se alejo de la base cristiana y la misma libertad perdió su forma, amorfa. La Ley de Dios otorga bases para el poder y una libertad sin caos.

El margen de una u otra aumenta o disminuye básicamente en relación a la fuerza y legitimidad de la otra, y sobre todo al poder económico y a la obediencia, y en cuanto a una amenaza externa como la de tipo imperialista, donde ambas se unen para salvaguardar la integridad física y espiritual. Como es el caso de la dura crítica o los movimientos confesionales y sectarios en los Estados Unidos, ante el comunismo y la condena de los sacerdotes del gobierno sandinista por la concepción de una iglesia popular con la crítica de la radicalización de lucha de clases.

El Consejo Episcopal Latinoamericano CELAM con Helder Camara de Brasil al frente, Méndez Arceo de México y Luis Larrain de Chile, declaró en su Manifiesto de Obispos del Tercer Mundo que admitía el socialismo, abriendo paso al pueblo para participar en todos los rubros de la vida política, social, económica e incluso religiosa, haciéndose portavoz de las necesidades y aspiraciones de los pueblos de América Latina y con el Documento "La Salvación no es un Hecho Ultramundano, sino un Hecho Concreto en Este Mundo" se dio origen a la teología de la revolución. En solo Colombia ser cristiano conllevó a ser revolucionario pasando a ser el slogan de la guerrilla. La teología de la liberación sería la esperanza secular y escatológica.

Un siglo antes con la salida de Austria de la Lombardía y los plebiscitos populares entre el 1858 y el 1860 los estados italianos del centro, a excepción de Roma, se anexan Piemonte siendo en el 1861 el parlamento convocado en Turín para declarar a Víctor Manuel rey de Italia unida quedando pendiente la cuestión romana.

Con la pérdida de territorios la Iglesia romana responde en el 1864 con el Sillabo de Pío IX, donde se condenan tanto el racionalismo como las doctrinas laicas y la participación de los laicos en los asuntos de estado. Con el modernismo la Kulturkampf de la Alemania de Bismark, la Iglesia había perdido el control del estado y con ello las prerrogativas que le habían dado la Constitución prusiana de 1850. Así de 1870 a 1880 en Alemania se da la guerra cultural aboliendo privilegios y prerrogativas eclesiásticas, la expulsión de los jesuitas y la proclamación de leyes anticlericales que sumadas a la infalibilidad papal y a la desobediencia civil propuesta con el fin de obedecer primero y mostrando la lealtad de todos los cristianos al Papa y luego a la nación, culminaron solo en el 1887 con un acuerdo entre el estado y la Iglesia.

A diferencia de Italia, donde el parlamento se compuso de católicos en su mayoría y donde la Democracia Cristiana fue posteriormente el instrumento de la lealtad primero al Papa y luego al estado, sobre todo por la realista persuasión de León XIII. En 1850 en Italia el parlamento aprobó la abolición del foro eclesiástico, el derecho de asilo, muchas fiestas religiosas y las donaciones a la Iglesia las cuales serían sometidas al control del estado. (82)

El estado italiano otorgó beneficios a la Iglesia y con esto se logró una pacificación que llevó a la consecución del Concordato mientras la ley garantizaba plena independencia y una renta de 3,225,000 liras aproximadamente, el 5% de la renta anual del Reino de Italia, aquí los obispos estaban exentos del juramento al rey dándose de nuevo la libertad de reunión del clero, se prevé la abolición del placet y del exequatur, así como la aprobación estatal para que los párrocos pudieran gozar de rentas parroquiales y los obispos permanecer en Italia ya que su mantenimiento era cada vez más oneroso para la Santa Sede. (83)

Una forma de contención de las tendencias democráticas y de elementos progresistas fue la de la Iglesia como gran organizadora en la Obra de los Congresos, Clubes, Sociedades de Beneficencia y Sindicatos, todos ellos organizados por laicos representaron el medio más eficiente de penetración católica en el sistema político italiano, no sin minimizar la educación. En 1904 todas estas actividades pasaron a la Acción Católica un grupo de presión derechista organizado directamente por personal allegado al Vaticano. Mas adelante esta misma Acción Católica presiono sobre el Ente Nazionale de la Moda para censurar los nuevos diseños, la negativa a la minifalda, la manga corta y el uso de ropa color carne, sumando a esto una vigilancia en las playas para efecto de mantener un mínimo de moralidad. El caso de la Universidad Católica sirvió para crear una clase dirigente de formación confesional, ya de 2000 alumnos en el 1929 se pasó aproximadamente a 5000 diez años después...siendo en el 1931 prohibida la educación sexual en el sistema educativo por parte del Santo Oficio. (84)

En 1914 Benedicto XV con su Encíclica "Ad Beatissimi Apostolorum Príncipe" había afirmado que la guerra era el resultado de la inobservancia de los principios de la Iglesia y del desprecio de la masa a la autoridad. Este papa otorgó su apoyó limitado a los obreros, el que más tarde se transformaría por su sucesor Pío XI, de origen medio, en un respaldo a Mussolini, en un abandono de postulados y de apoyo del Partido Popular, Partito Popolare, estrechando aún más la relación del poder espiritual con el poder político.

El problema romano se resuelve con el Tratado de Letrán de 1929, donde Pío

XI declaró que se había "logrado que Italia regresase a Dios". La conveniencia práctica, la seguridad de desarrollarse en un estado que protegiera su propiedad, donde los sacerdotes gozaran de una posición y privilegios unidos a su jerarquía, de un ambiente favorable tanto civil como político representó para la Iglesia un compromiso de identificación con la cristiandad alemana influenciada por la Kulturkampf, su identificación con la guerra era una forma de alineación política que se marcó en 1937 en la "Mit Brennen der Sorge", "con consciente dolor contra los mismos católicos alemanes" a los cuales se les critica por ser apóstatas no por ser antisemitas. Esta actitud se presentó como congruente cuando Pío XI en 1928 condenó y abolió la Sociedad de los Amigos de Israel.

Pío XII fue el reflejo del pensamiento institucional cuando iniciaban las deportaciones del gueto de Roma, primero se debía salvar a la Iglesia que se había comprometido con el fascismo y con el nazismo, ya que la Santa Sede había firmado en 1933 un Concordato con el gobierno de Hitler donde se desarmaba unilateralmente al catolicismo alemán como fuerza política y social, mostrando al clero de base y a los laicos que debían someterse al nuevo régimen. Con el Concordato nazi la Iglesia Católica reconoce las asociaciones de la Alemania hitleriana, de esta forma seguía presente en el panorama político. La Iglesia ha establecido con el poder civil una alianza en base a la obediencia, a una administración de la salvación de los bienes celestiales haciendo de la religión una cuestión de subcultura más que de fe y de competencia política-diplomática.

La religiosidad cristiana católica está llena de dogmas, doctrinas, tradiciones, mitos, ritos y fiestas algunas con carácter pagano que se hacen irreconciliables con la fe y con la ética de salvación. El catolicismo está presente en una tradición que ha comprometido el poder institucional en el seno de la misma institución y a su vez con el poder estatal, siendo proclive a formar cristianos privados de la espiritualidad, de fe y aún más que no están dispuestos a seguir a la Iglesia ni en su política, ni en sus postulados. (Aborto, contracepción, pena de muerte, aceptación de la homosexualidad, celibato, voto y cumplimiento de la castidad, una ética biomédica) pero sin embargo la sigue considerando no como el monopolio legítimo en cuanto a la administración de los bienes de salvación, de tradición y fe y la heredera del Mensaje Apostólico sino como una fuerza en el ámbito religioso, esta ha perdido quórum en muchos países debido a problemas de pederastia, corrupción, intromisión en asuntos internos de los estados, y una marcada separación de los problemas de los pobres en el mundo y de aquellos que piden justicia.

5.9 Las Religiones y el Mundo. Surgimiento Histórico – Dogmático. Subtemas. Principios y Teología Fundamental en el Marco de la Ética de Salvación. La Reforma Protestante. Los Batistas. Cuáqueros. El Zwinglismo. El Calvinismo. El Anglicanismo. El Puritanismo. El Pietismo. El Metodismo

La Reforma protestante se inicia de hecho con la publicación y apoyo de las 95 tesis de Martín Lutero que se colocan al ingreso de la catedral de Wittenberg en el 1517. Con este hecho se simboliza la apertura del conflicto con el papado, y fue singularmente importante porque daría a la sociedad a través de su parlamento la fortaleza del principio de frenos y contrapesos, contra el hombre político, limites a la arbitrariedad de las elites, la libertad sin caos y la oportunidad de poder leer la Biblia en el idioma de cada nación.

Las características que se presentan en la época con un clero corrupto y adinerado, ausente de sus propios cargos y parroquias contribuyendo a que la imagen católica fuera mal vista por la mayoría de los habitantes.

A inicios del siglo XVI Alemania atraviesa una crisis económica y una devaluación en los precios de las mercancías, depauperizándose la nobleza propietaria de tierra, sobretodo, aunque también los campesinos que se volvieron contra los ricos y potentes propietarios y prelados que controlaban la propiedad de la tierra. Esta coyuntura permitió a muchos nobles y príncipes de abstenerse del pago de impuestos al papado, y de la sumisión al emperador Carlos V. En la Dieta de Worms, Carlos V al convocarla, esperaba continuar con el control político, aun estando en contra del Papa, había podido mantener las alianzas político diplomáticas. En esta ocasión no pudo retractar a Lutero declarándolo solo ilegal, Lutero se esconde por diez meses en el castillo de Warburg del Príncipe Juan Federico de Sajonia, donde traduce el Nuevo Testamento, terminando en 1534 la traducción de toda la Biblia. Al Luteranismo le falto un impulso psicológico que impulsara la racionalización metódica carencia que fue determinante en la sobrevivencia de este en el modo de vida sistemático.

El papado estaba en crisis económica ya que tanto Inocencio VIII como León X y Julio II habían usado los recursos financieros de las arcas eclesiásticas. León X puso en venta las indulgencias plenarias que disminuían la estancia en el purgatorio por lo que recabó dinero, mismas que en 1517 se iniciaron a vender en la diócesis de Lutero, lo que lo forzó a detenerlas. La relación de Lutero y el papado se deterioró aún más cuando éste afirmó que la sola fe justifica al creyente y que el sacerdote es "todos los creyentes". Se consideraban las indulgencias como rituales religiosos pero sin efectividad para ganar la salvación eterna. Y ya que la misma salvación es personal y por la fe, la jerarquía católica no tiene cabida lo que induce a dudar de su autoridad. En apoyo a esto se dedica a traducir la Biblia al alemán como la única vía directa de conocimiento y además a través de éste, la fe.

Así el luteranismo es apoyado por muchos príncipes entre ellos Juan Federico de Sajonia su protector, en los países bajos vieron la oportunidad de liberarse del yugo español y por consecuencia del Papa. En su obra "Cautiverio Babilones de la Iglesia" formula principalmente que los hombres se justifican ante Dios por su fe, por lo tanto la intersección sacerdotal no es requerida. En su "Carta Abierta a la Nobleza de la Nación Alemana" apela al nacionalismo de los príncipes alemanes, negando el primado papal. Lutero rechaza la transustanciación y apoya la doctrina de la Presencia Real de Cristo en el sacramento.

Los principios básicos del luteranismo fueron el fundamento para el surgimiento de nuevos enfoques religiosos, básicamente en el fondo rechazando al Papa y a una coerción espiritual, así como la supresión de los beneficios económicos y las transferencias de dinero. Las tesis de Lutero fueron atacadas por Johan von Eck teólogo alemán que en 1520 va a Roma y regresa con la bula de excomunión "Exsurge Domine", la cual es quemada por el mismo Lutero en 1521 junto con los libros de derecho canónico los cuales había usado a lo largo de sus estudios, todo esto en una asamblea pública.

Entre los reformadores protestantes se destacaron Juan Calvino reformador ginebrino y Huldrych Zwingli. Del protestantismo surgido como patrimonio de la Reforma, aparecen tendencias hacia diferentes concepciones sobre la religión y el mundo. En la Dieta de Spira, Lutero se opone a la negativa de incorporarlas, iniciativa dada por Carlos V. Mientras la Dieta de Augusta en 1530 pretendió establecer la paz entre protestantes y católicos reafirmando una sola fe para ambas sin tocar el asunto del sacerdocio, los teólogos católicos respondieron con la "Confutatio" a Carlos V confirmando el Edicto de Worms y amenazando la reconstrucción de la propiedad eclesiástica y la toma de las armas en contra de los reformadores a menos que se integraran a Roma.

Esta situación llevó a los Príncipes alemanes a integrarse y a formar la Liga Smalcaldica entre Assia y Sajonia como una forma de oposición ante el emperador y la Dieta. En lo económico en la Europa del 1500 la crisis llevó a un aumento de impuestos hacia los campesinos recurriendo a medidas de tipo feudal. En Alemania éstos se sublevaron en nombre del derecho natural divino y de su interpretación bíblica, sobre todo en las poblaciones del Danubio llegando hasta Austria.

Aquí se encuentran dos corrientes religiosas, la que protege y azuza al campesino como parte de un derecho y la posición de Lutero que considera los gobiernos como una institución derivada de lo divino a la cual por derecho se le debe respeto y obediencia por lo tanto una rebelión equivale a una desobediencia hacia Dios.

Lutero promueve con su tratado "Contra las Bandas de Campesinos Asesinos y Saqueadores" la masacre en contra de la rebeldía sobre todo con el apoyo de príncipes alemanes cosa que le provocó una pérdida de liderazgo carismático. A raíz de un conflicto religioso en contra del líder anabatista Thomas Munzer, el luteranismo lo transformó en un movimiento religioso puramente nacional, donde la religiosidad da paso a las armas. El mismo luteranismo propició la forma extrema de protestantismo: el anabatismo. Y aún cuando Carlos V aliado papal organizó una guerra para contener el luteranismo sobretodo en los grupos principescos rebeldes de Alemania, con apoyo de tropas de Italia y los Países bajos, la victoria en Sajonia en 1547 demostró que el impacto de la Reforma Protestante se había radicalizado saliendo de los cauces institucionales de los príncipes alemanes.

El apego a la Biblia y la justificación de la "Certitudio Salutis" del perdón por la fe, desarrollaron en el luteranismo el concepto antiguo de San Agustín plasmado en el jesuitismo, como posteriormente en el calvinismo y en las confesiones disidentes de éstas.

San Agustín en la Ciudad de Dios XXI 24 afirma que la Iglesia no reza por los ángeles caídos, ya que están predestinados al fuego eterno con el diablo. El hombre se salvará a través del fuego (Primero Corintios 3 vers 11 y sigs y Mateo 25 vers 41) "Aún cuando alguno habrá cometido obras malas lo salvará la fe a través del fuego." (85) Pues los buenos están separados de los malos, ya que el Señor conoce los suyos pues siempre les ha conocido y aún predestinado a ser conforme a la imagen del Hijo Suyo. Y ninguno de ellos morirá. Romanos 8 vers 29. (86)

De manera que los que preservan en la Iglesia Católica se librarán del fuego y se salvarán. (87) los que practican la limosna y misericordia (88) son los predestinados (89) los que se salvarán serán solo los bautizados y católicos donde para ellos el mal durará solo la intensidad de las penas y no una eternidad. (90) Solo se salvarán por los que intercedan los santos, pues el resto será condenado al fuego y maldecido (Mateo 25 vers 46) en el infierno donde las penas son eternas. (91) Solo quién come el pan y la eucaristía será salvado. Juan 6 vers.

El luteranismo excluye los sacramentos y la pertenencia a una Iglesia de conformidad con una ética de salvación basada en los sacramentos derivados de ella. Ya que es la Biblia el principal instrumento de la voluntad de Dios y la salvación se justifica básicamente por la Certitudio, siendo Cristo el sacrificio de reconciliación de la humanidad pecadora. Para los padres luteranos fue definitivo el dogma de la posibilidad de la gracia perdida "admissibilis" y nuevamente conquistada gracias a la humilde voluntad de expiar y a la fe en la palabra divina y en los sacramentos. (92)

Como consecuencia Lutero perdió su carisma inicial en el seno de las iniciativas de la Reforma, radicalizándose el concepto religioso sobretodo en la corriente anabatista.

La concepción luterana de los hombres en el orden de los estadíos así como en las profesiones derivaba de un orden histórico objetivo, era la emancipación directa de la voluntad divina y entonces la permanencia del individuo en la posición y dentro de los límites señalados por Dios, esto como un deber religioso hacia Dios, promueve un sentido comunitario. De manera que esta comunidad se reconoce por sus frutos. El trabajo y el deber son lícitos moralmente además de que son agradables a Dios, más aún reforzados con la parábola de los talentos. En el mismo Evangelio se señalan los cristianos en base a los frutos que dan con su conducta personal y de grupo.

La comprobación de este estado de gracia es el reflejo de la meticulosidad y en la forma como se conduce la vida reflejándose en el ejercicio ascético de la virtud. Este modo de pensar y actuar dentro del mundo se reflejó no solo en el luteranismo, sino en las diferentes religiones inspiradas de la Reforma, las Iglesias Reformadas. Con el afirmarse del capitalismo y con la creación y aprobación de la riqueza el modo de ver las cosas cambió, es más, la riqueza es ahora algo querido de Dios y obviamente consecuencia del ser metódico en la conducción de la vida. (93) La lucha contra la concupiscencia es sobretodo concebido como lo irracional, siendo la ostentación y el lujo formas de divinización de las criaturas. La posesión de bienes exteriores y su consecuente uso irracional a través del lujo y la ostentación, fueron en parte los reforzadores de la divinización de la criatura básicamente en el Medioevo, el comfort sustituye la elegancia y la sobriedad sobre todo lo relacionado con el lujo y la ostentación. Weber afirma que la navidad y la superficialidad fueron consideradas comportamientos irracionales pero para la gloria de Dios y por consecuencia propiciaron un alejamiento de la verdad cristiana.

En antítesis, la concepción feudal de la riqueza exalta la pobreza con las órdenes mendigantes como los franciscanos, carmelitas descalzos, y donde sobretodo en países que adoptaron un catolicismo de estado como España,

Italia y América Latina la riqueza por herencia promueve un status social y político. En España es característico el hidalgo, hijo de algo, "filius de aliquo" donde el "aliquod" es precisamente un patrimonio heredado de los mayores. Este concepto típicamente medieval se incrusto en la forma de vida de las sociedades conquistadas por España, y propicio un modo de vida, donde el hijo considera esa riqueza suya, sin necesidad del trabajo, riqueza que al inicio fue solo para el varón mayor, pero después se abrió a los demás hijos de la familia, conllevando a verdaderas luchas intrafamiliares como en el mismo seno de la familia.

El reino de Dios y las expectativas del más allá influenciaron un modo y ascesis de vida determinando una forma de pensamiento racional que eliminó formas mágico-rituales legitimándose fundamentalmente en la "certitudio". (94)

El trabajo y la metodicidad en la vida han perdido sus valores espirituales originales, de manera que no existe una pertenencia de grupo, ni en lo económico, ni en lo referente a un código de conducta común y con la asimilación de este pensamiento racionalizado en un modo de vida y legitimado en la Certitudio Salutis, se promueve un sentimiento de individualidad en el sentido de la retroalimentación por la fe y exclusivamente por ella a nivel individual conformando un típico carácter común cuyo fundamento la certitudio, será el elemento que asegura la salvación independientemente del modo y ascesis de vida y la doctrina y sacramentos impartidos en la Iglesia y por ella misma.

Anabatismo

Influenciados por el protestantismo, la corriente anabatista surge con el concepto de Jesús como rey sobretodo en el año 1528. En este reino que se instaurará por un milenio serán los elegidos los que lo formen después del juicio. La Biblia es la palabra de Dios y su seguimiento conllevará a un modo de vida que garantice la salvación e introduzca métodos fuera del mundo para sus seguidores. Por ejemplo una contraposición a la usura. Así el primer paso será negar el sacramento del bautismo a los neonatos, pues deberá ser efectuado a la edad adulta y por inmersión, previo adoctrinamiento bíblico, de ahí el nombre de anabatista que significa "rebautizado".

Y en vista de que los sacramentos son parte fundamental de la Iglesia de Roma serán revalorizados en cuanto a su validez bíblica y de la promoción de la salvación: la eucaristía será entonces simbólica negando el dogma de la transustanciación.

La primera organización teocrática de este tipo fue en Münster Alemania, donde su líder el anabatista holandés Juan de Leida fue ajusticiado en 1536 por supuesta predicación comunitaria y de poligamia. Nunca se le cuestionó si la comunidad negaba la validez del bautismo a los neonatos o los sacramentos, más bien el liderazgo se presentaba bajo la forma de comunidad de tipo ascético, fuera del mundo, regida por principios bíblicos y con una organización comunitaria que chocó básicamente con la política imperial de los príncipes y sobre todo con las reformas luteranas ahí vigentes. La masacre de los anabatistas fue resultado de la estrategia de Carlos V al pretender la unidad de la fe y la restauración de catolicismo y la relación con el Papa. La liga Smalcaldica había reforzado a príncipes y ciudades con el fin de lograr la unidad en caso de invasión o guerra por motivos religiosos, fue la primera vez que una parte del imperio se oponía a Carlos V y la Dieta. Los anabatistas representaron la disensión del luteranismo y la exclusión de estos del imperio.

Menonitas

Del grupo anabatista saldrán más tarde los menonitas en 1540 cuyo líder será el holandés Meno Simons. Seguirán negando la validez del bautismo a los neonatos, la validez de la Eucaristía como Cristo realmente presente en ella basándose en los relatos evangélicos de la Pascua y en la organización piramidal de la Iglesia romana. Aún en su forma ascética de vida en comunidad, alejados de lo mundano fueron perseguidos en Holanda, Inglaterra, Alemania y Hungría, de manera que aprovechando la política colonial de las dos primeras potencias, emigraron a las colonias de América donde se integraron a la lucha contra el esclavismo. En 1786 por invitación de la zarina Catalina se establecieron en pequeñas comunidades donde obtuvieron la libertad de religión dentro del ámbito exclusivo de su comunidad así como la exención del servicio militar, pues el hombre es igual y equivalente al microcosmos de la imagen de Dios y solo en el Antiguo Testamento se justifica la guerra, por lo tanto son contrarios a la violencia, actualmente se clasifican como el grupo de "Objeción de Conciencia" por el "No a la guerra" actitud que incluso los ha llevado a prisión.

Posteriormente a la introducción del servicio militar en Alemania y Rusia en el siglo XIX los menonitas emigran a Estados Unidos donde la democracia y el poder del estado laico se ha consolidado fuertemente lo que garantiza su permanencia bajo una forma ascética de comunidad siendo su modo de vida preferentemente agrícola- no ritualizado, con una concepción de Dios único, y el ejemplo de Jesús como ser humano fuera del contexto divino, siendo contrarios a la divinización de la criatura humana.

Batistas

Miembros de la Iglesia protestante libre derivados de una corriente del anabatismo pacifista y de otra corriente formada como una comunidad milenaria no violenta y abierta que unida a los unitaristas forman la "familia del amor."Su primer origen data en Holanda e Inglaterra, pero se desarrollaron ampliamente en los Estados Unidos. Estos estuvieron influenciados básicamente por el protestantismo, caracterizándose por un individualismo teológico, una negación del valor de los sacramentos como medio de salvación, la eliminación de la magia del mundo argumentando que la transustanciación de la eucaristía católica es solo una remembranza bíblica de un precepto dado por Jesús en la última cena pascual. La forma y modo de vida se reinterpretan a la luz interior de los preceptos de la revelación bíblica.

Las primeras comunidades batistas evitaban rigurosamente el mundo optando por un estrecho vínculo con la Biblia, pues se basaban en la verdadera Iglesia en su forma intachable, la que concibe Jesucristo y que nace de su mismo proyecto y de los individuos llamados por Dios, que son los regenerados los "renovados" en Cristo como ejemplo de los primeros cristianos después de la diáspora. Estos regenerados son hermanos en Cristo porque como El han sido directamente generados por el Espíritu de Dios. Con este dogma las comunidades debían permanecer puras en su conducta como lo marca la Biblia en Efesios 5 vers. 27 y la ética de sus miembros debía ser portadora de una ascesis de vida impecable, un modo de vida concebido en la pureza, o sea, no contaminado con las tradiciones y los rituales de la sociedad y en especial de aquellas profanas y paganas. Los elegidos por la gracia en un ambiente de predestinación designado por Dios desde el principio, el que se confirma en los elegidos por Cristo a través de la gracia, se someten a la voluntad y dominio de Dios en forma incondicional, pues esto se refleja en el renacer del individuo, siendo la gracia divina, no merecida, pero posible bajo un modo de vida puro e impecable. (95)

Su legitimación se da en base a la universalidad del sacerdocio pues sus ministros están conferidos de la gracia de Dios. La profesión de fe batista se basa en los frutos de la misma y en la regeneración. Es su propia prueba, la regeneración, aparece en los santos frutos del arrepentimiento y de la fe en la novedad de la vida. (96)

La amplitud de tendencias batistas va desde el fundamentalismo religioso hasta un liberalismo radical ya que su fuente de inspiración original se basó en el calvinismo congregacional. Sus misiones fueron aceptadas en Asia, África y Australia, sin embargo en la Europa católica se tuvieron que alinear a los movimientos liberales, y por su negativa a divinizar a la criatura humana chocaron con el tradicionalismo y el dogmatismo cristiano católico. (97) Solo los gobiernos constitucionales pudieron garantizar la libertad de culto y su supervivencia como confesión religiosa.

La eliminación de la magia entendida como una respuesta al rechazo de dogmas y la visión de la Iglesia católica en referencia a la salvación eran sobre todo conceptos que no se justificaban bíblicamente sino en la interpretación de acuerdo al momento histórico y a la sociedad donde éstos se habían desarrollado y aún mas estaban legitimados. El dogma de María como Madre de Dios, la Trinidad como misterio de fe y la inmortalidad del alma, fueron decisivos en la formación de un pensamiento racional, alejado de la magia y el misterio, así como la divinización de la criatura en relación a la naturaleza de Cristo, llevando todo esto a la comunidad a apartarse de las cosas de este mundo en el sentido de organizarse congregacionalmente, basándose únicamente en la Biblia traducida sin comentarios de la Iglesia y exteriormente en una marcada ascesis en el trabajo profesional.

El rechazo a la mundanidad era el requisito de la regeneración del despertar que llevó a los "tunker", secta batista, a condenar la cultura, tradición, mitos y leyendas como solamente patrimonio del ser humano. El segregacionismo los llevó a condenar y cuestionar la validez de la guerra y del servicio militar pues al prestar juramento y participar en la vida política de la sociedad implicaba romper la pureza y el modo de vida regenerados en Cristo, igualmente el participar en actos de patriotismo y en los intereses de los grupos gobernantes. La aceptación de cargos públicos era el medio de alejarse de la pureza y de los preceptos bíblicos ya que significaba participar aún indirectamente en las cosas de este mundo. Este pensamiento más tarde se formalizará tanto en los cuáqueros, menonitas y testigos de Jehová.

Cuáqueros

Su fundador fue George Fox de la secta "Sociedad de los Amigos" originalmente fundada en Inglaterra en el siglo XVII, la que promovía la iluminación interior que solo el que es creyente recibe en forma directa de Cristo. Esta iluminación interior promueve la mente y la liberación de la angustia del pecado infundiendo la certeza del perdón y la seguridad de saberse Hijo de Dios. Pues es solo la meditación y el estado místico que logran la comunicación del alma con el espíritu de Dios y para lograr esta unión se debe primero llegar al misticismo donde los efectos visibles son el temblor del cuerpo de ahí que sus allegados toman su nombre del inglés to quake cuya traducción al español es temblar, siendo esto esencialmente considerado en forma despreciativa.

Se fundan básicamente en el discurso de la montaña del Evangelio, pero con una tendencia a la profetización. Y apoyados en su relación libre con Dios basada en la iluminación se organizaron en pequeñas comunidades donde el modo de vida igualmente los alejaba del mundo. Con influencia batista y siendo desertores políticos, característica típica del anglicanismo, fueron duramente criticados aún por minorías católicas hasta el Edicto de tolerancia de 1689 donde se abrogaron en Inglaterra algunas leyes relacionadas con los disidentes protestantes, con exclusión de los miembros de la Iglesia Unitaria. Estaban incluso restringidos de ostentar cargos públicos y civiles, anteriormente legitimados en la "Test Acts" o actos de prueba de 1673 y 1678.

El rechazo de lo mundano y la espera del Reino de Dios se vuelven el medio de salvación y el Divino Espejo de la revelación de Dios. Su difusión más activa fue sobre todo en Pensilvania en los Estados Unidos, donde participaron en la abolición de la esclavitud y el favorecimiento de la educación a los negros en un país donde la discriminación racial llegó a tintes de apartheid.

Su aislamiento y su individualidad los llevaron a formar comunidades sobretodo de tipo rural y agrícola, con una vida fuera del mundo donde los avances de la tecnología quedaron fuera de sus comunidades, de manera que la vida transcurre en un pasado simple y llano incluso en su vestimenta, lo que los acerca más a una vida típica de comunidades del siglo XIX.

Zwinglismo

Es una de las corrientes de pensamiento religioso influenciada directamente del protestantismo alemán. Huldrych Zwingli reformista suizo se basó en la Biblia como la única fuente de salvación y como la portadora legítima de preceptos morales para una ética salvífica. La salvación es una obra de la gracia, con exclusión de los méritos y la fe en la misericordia de Dios, al igual que la santificación.

En su parroquia natal de Zurich, Suiza, con el consenso de las autoridades comunales y la aceptación de la población civil eleva a rango de prácticas supersticiosas las procesiones religiosas, las devociones a la Virgen y los milagros de los santos, destruyendo imágenes sacras de las iglesias, ya que estas se interponen en la directa adoración hacia Dios, abole igualmente el celibato eclesiástico y los votos monásticos así con el cierre de estos canaliza el dinero a favor de los pobres y de los desprotegidos. Prohíbe el ayuno y los sacramentos católicos, a excepción del bautismo y de la cena, pues el primero es la forma de manifestarse como miembro de una comunidad y la cena es en recuerdo del precepto de Cristo, mandado bíblicamente. La eucaristía católica representa simbólicamente a Jesús por lo que no hay ningún elemento mágico ni de misterio de transustanciación.

Sosteniendo la supremacía bíblica en la salvación tanto la jerarquía como el papado dejaban de ser portadores de ésta. Este pensamiento se extendió a Berna y a Basilea pero al llegar a los cantones católicos en Kappel en el 1531 las innovaciones zwinglistas fueron abolidas, no sin dejar una profunda huella que pasaría tanto al calvinismo como a la reforma suiza en general.

Calvinismo

Calvino en el 1536 escribe en la Basilea luterana su "Institutio Christianae Religionis" publicado el mismo año, donde afirma que el objetivo de la existencia era conocer a Dios y la importancia de su encarnación en Cristo, y no tanto la redención o la salvación impulsada por Lutero, ya que la encarnación de hecho prueba la existencia de Dios y de Cristo. En esta obra se fundamentarán las bases teológicas de la moderna burguesía.

Calvino más joven que Lutero escribe la doctrina de la predestinación. Así Dios en su omnipotencia decide desde el inicio la salvación de los electos, así como la reprobación de los no elegidos. Este dogma fundamental del calvinismo sería incompatible con el luteranismo. Solo entonces a los elegidos les es concedida la gracia, ser personas honestas y buenas, con el ejemplo de la Biblia, no tienen el derecho de la gracia, solo por elección divina, esto fue fundamental porque otorgo una base moral rígida a las comunidades puritanas que se inspiraron en el calvinismo.

En la Confesión de Augusta fue establecido el dogma protestante sobre la inutilidad de la superación de la ética intramundana pretendida de los católicos usándose entonces la alocución "cada uno según su vocación." [Beruf, vocación o profesión]. (98) El dogma característico del calvinismo fue la doctrina de la predestinación de los elegidos por obra de la gracia, base dogmática de la Iglesia Reformada en Inglaterra, (99) la que produjo bajo el reinado de Jacome I una escisión en la relación entre la Corona y el puritanismo sobretodo difiriendo en el campo dogmático; de ahí la tendencia de considerar al calvinismo un elemento político peligroso ostentando una doctrina diferente a la del luteranismo y a la Cristología del rescate.

Con el calvinismo el enfoque del trabajo profesional al servicio de la vida terrena dentro la colectividad o sea de la vocación de servicio, corresponde a servir a la auto glorificación de Dios, esta obra social del cristiano será acompañada de la práctica de los mandamientos. (100) Es aquí donde se ve claramente el carácter utilitario de la ética calvinista sobretodo en contraste con el cristianismo católico imperante y fundamentado en la teología agustiniana.

Y así como en la Biblia se afirma que del amor y obras se reconocerán los discípulos de Cristo, se deduce entonces que no es necesario ni importante reconocer en el exterior a los elegidos, pues esto es solamente una experiencia subjetiva, por lo tanto los elegidos permanecen en la Iglesia invisible de Dios (101) y a través de la gracia "pueden controlar el propio estado de gracia, especialmente en relación al estado de la propia alma, con lo que según la Biblia era propio de los elegidos, por ejemplo; los patriarcas" (102) este estado de gracia es requerido de Dios pero también es causado por El. 2 Corintios 4 vers 5.

Con la evolución del calvinismo se llega a una metodicidad de la vida basada en la lectura e interpretación bíblica. Esta forma de vida influencia la creación de sectas que igualmente racionalizan su modo de vida: los batistas, metodistas y presbiterianos. La vida calvinista debería ser manifestada al externo en una forma rígida en cuanto a costumbres, diversiones, actividades pues en la mundanidad se corría el riesgo de caer en el pecado, este modo de vida debía contrarrestar evidentemente con los católicos que gozaban de los placeres de la vida social.

La sumisión a las sectas religiosas basadas en la Biblia es dada como una adhesión voluntaria, en el caso del calvinismo éste fue controlado en forma casi policiaca en el ámbito de su territorio promoviendo un determinado comportamiento externo de tipo individualista, pero no así el de otras sectas que se sometieron a una forma diferente de ascesis como el caso de algunas comunidades calvinistas, pietistas y metodistas. En todas ellas es recurrente el estado de gracia, como un recurso que libera al hombre de la condena de la criatura, del mundo, pero cuya posesión, independientemente de cómo se obtiene, incluso con los dogmas de diversas concepciones no podía estar garantizada de medios mágico sacramentales de ninguna especie, o de la confesión, o de las obras piadosas, solamente de la comprobación de una forma de existencia de una conducta de vida específica y peculiar, diferente del estilo de vida de un hombre "natural". (103)

El control metódico de la vida significa una conformación racional de la vida entera como premisa de seguridad de la propia salvación que garantiza el estado de gracia, para ello es fundamental los lineamientos bíblicos. Es aquí donde el trabajo y el éxito material se identifican con la ética calvinista.

Anglicanismo

Con la centralización del control del poder político en Londres, Enrique VIII legitimó su poder ante los territorios que habían sido gobernados por su antecesor como zonas independientes, ejemplo de ello fue Gales. Las Actas Complementarias de 1536 y 1543 pusieron fin a la lucha entre la monarquía y los gobernantes galeses. Así cada condado tenía el derecho de un representante ante el parlamento de Westminster, donde el rey tenía la representación y el control de la mayoría pero a diferencia de Francia éste podía tener límites parlamentarios relativos a la centralización del poder.

Se argumenta que por razones políticas, como la ruptura de relaciones entre Inglaterra y España en 1525 y de una estrecha relación con Francia, obligaron a Enrique VIII a repudiar a Catalina de Aragón y optar por Ana Bolena para continuar la dinastía con un varón que la primera no le había dado.

La negociación ante el papa para obtener la anulación del primer matrimonio derivó en un consentimiento sometido a una corte especial dentro del ámbito inglés, la cual no resolvió nada regresando el asunto a Roma. Enrique VIII convocó a un rechazo contra el Papa y la Iglesia en 1533 casándose con Ana Bolena siendo su matrimonio ratificado por el parlamento y proclamándose "Jefe de la Iglesia Inglesa" con el Acta de Supremacía.

Enrique VIII siguió siendo defensor de la fe, aún sin apegarse a los dictámenes papales, pues el título era el resultado de la lucha iniciada contra el luteranismo, más que cuestiones de la supresión de los monasterios la cual incluso es llevada a su fin en 1540. Después de cinco años de gobierno de María de Inglaterra, la cual instaura el catolicismo, la Inquisición y otorga la sumisión al Papa, su sucesora Isabel I con el Acta del parlamento obtiene de nuevo el título de Jefe de la Iglesia "Gobernador Supremo" introduciendo modificaciones a la liturgia.

El Book of Common Prayer impuesto por el Acta de Uniformidad afirmaba en la edición de 1549 la presencia real de Jesús en la eucaristía, la edición de 1552 la define solamente simbólica. Los treinta y nueve artículos de la Iglesia ponían a la Sagrada Escritura como única autoridad en materia de fe. Aquí se trataron temas fundamentales ya vistos en el Concilio de Trento, la predestinación fue mantenida en el espíritu completo del texto pues la fe justificaba la salvación y es en las obras donde se manifiesta. Más tarde este texto agregó mas artículos pasando a ser cuarenta y dos en 1563 siendo la base doctrinal de la Iglesia anglicana.

Sin embargo la reina Isabel (104) fue considerada de tendencia católica en una Inglaterra donde las tendencias calvinistas estaban fuertemente representadas y eran un grupo de poder dentro del parlamento, de ahí que la disidencia se separó en una rama llamada "puritana" que pretendía un regreso a la cristiandad primitiva y sin compromisos políticos, rechazándose en la reforma de la organización de la Iglesia la tendencia calvinista. Robert Bowne funda en Norwich la primera Iglesia Congregacionista de creyentes la cual es autónoma del estado, considerada como una secta algunos de sus miembros puritanos fueron arrestados y ejecutados por orden de obispos anglicanos.

Puritanismo

Con la política dictatorial e intolerante de Jacomo I, el cual ante la conjura para instaurar el catolicismo, conocida como la venganza de la pólvora, opta por la persecución de la disidencia y de los puritanos en 1604 obligándolos a huir. Estos parten en un barco llamado el Mayflower a las nuevas colonias americanas donde ya en 1619 fue electa la Primera Asamblea de ciudadanos de Virginia. Los puritanos desembarcaron en Plymouth Rock en 1620 firmando los Poderes Peregrinos de la Mayflower Company, donde se someten a ser gobernados por la mayoría.

Habiendo asimilado la cultura indígena y en vista de la colonización pacífica, sobretodo en los primeros tiempos, los puritanos instauran un año después de su llegada exactamente el 11 de noviembre el "Thanksgiving Day" en las colonias americanas. La asimilación con las tribus fue más patente sobre todo por las comunidades religiosas pacifistas, a diferencia del Imperio español donde la conquista arrasó con las culturas bajo el pretexto de la evangelización para gloria de Dios y donde fueron asesinados judíos y elementos de otras comunidades religiosas que no fueran de corte católico.

En la Nueva Inglaterra se formaron Asambleas Representativas con la llegada de más puritanos, y donde solo los miembros de la Iglesia tenían derecho a voto y gracias a su conformación con el Acta del Mayflower, ni monarquía, ni parlamento y menos aún la Iglesia de Roma podrían intervenir en la formación de dichas Asambleas y en su respectivo adoctrinamiento. Su denominación originaria se concibió en forma despreciativa en cuanto a sus ceremonias y actos litúrgicos por parte de la autoridad papal. El puritanismo se convierte entonces en una tendencia religiosa portadora de la espiritualidad contenida en el protestantismo lo que llevó a una escisión y por consiguiente al surgimiento de nuevas confesiones como la congregacionalista y la presbiteriana.

Bajo la influencia de la Reforma y apoyada fuertemente en el calvinismo, la doctrina puritana elimina del cristianismo el carácter medieval y con ello el dogmatismo y misticismo, manifestando un rechazo a la jerarquía católica con el Papa a la cabeza. El fundamento puritano es la racionalidad, la instancia humanista restituyendo en pleno la conexión entre la naturaleza como un diseño racional de la creación y del gobierno del mundo.

Basados en el pacto "Covenant Theologie" el cual se efectuó entre Dios y Abraham hace del pueblo hebreo el elegido de Dios y donde la Nueva Jerusalén típicamente puritana es la comunidad de los regenerados, los electos o santos visibles.

Los padres del puritanismo o de la teología federal o del Pacto fueron en Inglaterra Cartwriht y Perkins, y en los estados Unidos en la Nueva Inglaterra pasaron a ser los formadores congregacionistas articulando el pensamiento puritano relativo a las obras de gracia. La obediencia a la ley y sumisión a ésta por parte de Adán lo llevaría a la vida eterna, la cual fundamenta la vida moral del hombre, la caída en el pecado por parte de Adán lo llevó a perder los bienes sobrenaturales prometidos de Dios de donde la carne será la perdición en la corrupción con el daño consecuente para la humanidad entera. Pero Dios no abandona al hombre, primero establece un Pacto con Abraham en Génesis, después lo renueva con Moisés en Éxodo donde el hombre se salvará creyendo en Cristo y en su obra de redención.

El nuevo Pacto, la gracia a través de la fe y la creencia en la obra de Jesús serán la ética de salvación y no las obras llevadas a cabo por la razón humana. Así la organización de la Iglesia puritana deberá adorar a Dios en el seno de sus comunidades donde cada individuo tiene una función específica innata, la cual deberá ser descubierta en el íntimo de las peticiones a Dios. Es aquí donde el razonamiento se opone al misticismo y al éxtasis de la meditación, el raciocinio precede cualquiera de estos medios, sobre todo que el puritanismo nace de una escisión del anglicanismo y en una sociedad donde la predestinación calvinista obliga a la introspección para verificar el propio "Certitudio Salutis". Considerando los sacramentos como rituales mágicos, el puritanismo cancela cualquier rito de la Iglesia católica y de los sacramentos pues los considera superstición. Este pensamiento se basa fundamentalmente en la relación y gracia del hombre con Dios, ya que cada criatura está lejos de Dios y privada de valores, la salvación es una decisión de Dios hacia el hombre, se llega en el puritanismo inglés a promover el individualismo pues solo la aproximación del hombre hacia Dios es lo que vale, El es el Único Confidente. (105)

El autocontrol del puritano deriva de la necesidad de la sumisión de la criatura, del ordenamiento y a la metodicidad racional, en el interés de la propia certeza de salvación. (106) El puritanismo hizo propias, no el Talmud, ley típicamente ritual, las manifestaciones de la voluntad de Dios contenidas en el Antiguo Testamento y validadas en las normas neotestamentarias. Los hebreos reformados salidos de la "Education Alliance" y los hebreos bautizados son más idóneos al puritanismo en los Estados Unidos que los hebreos asimilados en Alemania, pues en los primeros el desarrollo de la mentalidad económica es más congruente con el pensamiento religioso, más afín entre el puritanismo y el hebraísmo. (107)

Las nuevas concepciones acerca de trabajo y riqueza en el sentido económico, se basan sobretodo en la revalorización del tiempo. El ocio y la contemplación son desagradables a Dios, pues es perder el tiempo y éste será el peor de los pecados, sin embargo el exceso de trabajo puede alejar al hombre de Dios. La contemplación típicamente católica aleja al hombre de la vocación social y humana, llevándolo a aislarse del mundo y el exceso de trabajo sin tiempo necesario para el ocio produce en el individuo alteraciones y un egocentrismo el cual también es desagradable a Dios.

Pietismo

Los pietistas son una corriente religiosa formada en el seno del luteranismo alemán aproximadamente en la segunda mitad del siglo XVII, para consolidarse en el siglo siguiente. En Franckfort se establecen los primeros "Collegia Pietatis" donde se estudia el Nuevo Testamento y se elabora una técnica de introspección a través del exámen personal de conciencia y de iluminación sobrenatural. El tema fundamental es el hombre nuevo y la doctrina de la práctica cristiana.

La "Collegia Pietatis" se funda en base a "pia Desideria" de Spener en 1675, equivaliendo a los "prophesyings" ingleses, los cuales dieron lugar primeramente a las "Horas de la Biblia" londinense de Juan Lasco en 1547. Estos representaron una forma de rebelión que se extendió a otros movimientos sobretodo como respuesta a la autoridad eclesiástica. (108)

Alemania llegó a ser la cuna pietista y la difusión de la Biblia se canalizó difundiéndose en los orfanatorios, asilos, laboratorios de obreros artesanales y en la Universidad de Halle se estableció la profesionalización pastoral a través de la formación universitaria de teólogos, los cuales promovieron arrepentimiento y conversión por medio de la gracia. En la Silesia contribuyeron a la formación de una ética militar prusiana y de carácter patriótico.

En una Alemania unificada por el tratado de Westfalia de 1648 y legitimada en sus pretensiones de soberanía nacional y de confines con los estados europeos, se reafirma el concepto de estado nacional desechando el Imperio y el papado. Los estados se reconocen junto con las ciudades libres y soberanas, los 334 del Imperio Habsburgico, para gobernarse y autogestionarse. Los gobernantes calvinistas obtuvieron los mismos derechos garantizados por la Paz de Augusta de 1855 que los de los protestantes, las minorías católicas estuvieron igualmente garantizadas dándose un gran paso en lo relativo a la tolerancia.

El pietismo reivindica un cristianismo activo de fervor y de piedad, de donde deriva su nombre fundamentándose en un moral rígida, una religiosidad de corazón y no de razón. Pues el saber teológico no es suficiente para dar seguridad de la confirmación de la fe en la conducta de la vida. "El control ascético estrechamente relacionado con la conducta en la vida profesional, es como un ancla religiosa de la ética, siendo más fuerte que lo que podía desarrollar la pura "respetabilidad" mundana de los cristianos reformados normales, que los pietistas "distintos" consideraban como cristianos de segundo orden." (109)

Esta rigidez y control ascético del modo de vida surge como respuesta a la crisis de la práctica religiosa, a la aversión filosófica del saber empírico particular, a la burocratización de la Iglesia terrenal y por el endurecimiento de la teología escolástica protestante. Con la reivindicación del cristianismo, el pietismo hace de la santificación la piedra angular contra la justificación derivada del luteranismo. Spener mismo con el "pia Desideria" invita a un mejoramiento personal agradable a Dios, dado por la verdadera Iglesia evangélica. Con sus "Seis deseos píos" Spener otorga una legitimación al pietismo y lo aleja de las controversias de la Iglesia luterana, éstos son los siguientes: 1) Difusión de la Sagrada Escritura y promoción del estudio pastoral, 2) Restauración del sacerdocio universal con pastores y laicos, 3) Conocimiento de la doctrina sumado a la práctica de las virtudes cristianas, 4) Amor como contrapartida a la violencia 5) Despertar en los estudiantes de teología el interés por la salvación. 6) Renovación de la predicación basándose en la conversión del "hombre nuevo ".

El pietismo no dio lugar a escisiones en otras confesiones filopietistas, sin embargo fue el fundamento para tendencias como el misticismo de la "Philadelphian Society" de Londres y más tarde en la misma Alemania. Su tesis principal fue el abandono de Dios del mundo a las fuerzas demoníacas, donde solo se salvarán los cristianos que hayan renacido en la Iglesia Espiritual Cristiana, los cuales participan del renacer en base al mensaje de amor a los hombres llevado por misioneros profesionalmente preparados.

La tendencia sueca es representada por Emanuel Swedenborg el cual en el 1745 se reviste de poder divino de Dios dedicándose a dar una nueva interpretación de la Sagrada Escritura. Con la Iglesia de la Nueva Jerusalén y su obra "Arcana Coelestia" forma un pensamiento religioso basado en el concepto de que los ángeles y demonios luchan, como en la tradición neoplatónica en un mundo que es la infinita emanación del espíritu y donde el hombre como el microcosmos de esta infinita emanación está en libertad de escoger basado en su perfeccionamiento espiritual. El hombre puede rechazar las tentaciones teniendo como modelo a Cristo y la victoria de las fuerzas del bien ya señaladas en el Apocalipsis. El perfeccionamiento espiritual continúa y no es truncado aún con el hecho físico de la muerte corporal.

El hecho fundamental en la innovación de Swedenborg es la introducción de conceptos neoplatónicos así como la lucha escatológica que determinará en un juicio y en un tiempo establecidos en el Apocalipsis, el llamado juicio de las Naciones, Apocalipsis 20 vers. 11 a 15 y Armagedón Apocalipsis 16 vers. 16, símbolo de desastre para los ejércitos que allí se contendieron, Zacarías 12 vers. 11 lo que heredará al nuevo sectarismo en los Estados Unidos y en la reinterpretación de la Sagrada Escritura en cuanto a su contenido escatológico.

Metodismo

John Wesley ministro ordenado de la Iglesia anglicana y su hermano Charles se caracterizaron por ser incansables predicadores contra el endurecimiento y la dogmatización teológica y religiosa de la Iglesia Oficial en Inglaterra. Con la formación de "Clubs Sagrados" se inició la promoción de un modo de vida ascético basado en ayunos y abstinencias, sobretodo dotados de una base social y humanista.

Es un movimiento evangélico con características del llamado "revival" o despertar que junto con la predicación itinerante promueve la conversión, y la fraternidad universal religiosa basada en el fervor hacia Dios.

Este cambio o conversión que promueve el humanitarismo lo llevó a una intensa labor en hospitales, prisiones y a trabajar con los más pobres donde el pecado es estigmatizado con el infierno y los castigos tremendos después del juicio final. La predicación se orientó básicamente a aquellos sectores donde había una carencia de política económica y social del gobierno y de la misma Iglesia Anglicana. De esta manera la predicación itinerante se basó en sermones de las Sagradas Escrituras y en la difusión de un modo de vida "metódico", sistemático, lo que llevó a formar asambleas de distrito con los mismos predicadores itinerantes.

Representando la escisión de la Iglesia Anglicana oficialmente reconocida fueron prohibidos sobre todo después de la experiencia mística de John Wesley donde Cristo se hace presente y carga con sus pecados. Es a partir de ésta que el mismo Wesley ya religioso de tiempo atrás, predica un cristianismo primitivo, cuyo fundamento se basaba en la Biblia, organizando en 1774 la Conferencia Anual de los Metodistas. Es solo hasta el 1784 que logra un reconocimiento legal siendo reconocida por la Iglesia Anglicana con la que rompe sus lazos de identificación en 1795 pero ya para entonces el mensaje y la organización se habían extendido fundamentalmente en América.

El metodismo tiene en común principios tanto del pietismo alemán como del puritanismo inglés. La acción del Espíritu Santo es fundamental en el individuo, así el cristiano está seguro de participar en la redención de Cristo esforzándose por liberarse del mal y procurándose su propia santificación, cumpliendo el precepto de amor hacia Dios y el prójimo, la salvación entonces esta en cada persona por su misma ascesis de vida y por la fe.

La relación directa con Dios conlleva al metodismo a un rechazo de la doctrina calvinista de la predestinación y a una profundización de la ética de salvación que en el complejo dogmático de la Iglesia se ve reforzado por el concepto de la regeneración, "de una seguridad sentimental de la salvación que aparece inmediatamente como fruto de la fe, como fundamento indispensable, y de la santificación con su consecuencia de la libertad, al menos virtual del poder del pecado como prueba del estado de gracia que deriva, mientras fue desechado correlativamente el significado de medios externos de la gracia, en particular de los sacramentos." (110)

El concepto de regeneración y de la seguridad de la salvación aparece como fruto de la fe y como el fundamento indispensable para llegar a la santificación donde el pecado no puede influenciar más la voluntad del hombre, pues este se ha liberado y por lo tanto se mantiene dentro del esquema de vida metódica y de hecho basada en los fundamentos bíblicos de la Ley. Sus obras se manifiestan como las de un verdadero creyente no ante la Iglesia oficial sino ante los preceptos doctrinales que son básicos en su conducta, así como el modo de ser pío y devoto. (111)

Los metodistas con la "certitudio salutis", con el fruto de las obras y con la fe se oponen tácitamente a la predestinación calvinista pues "todo lo que ha nacido de Dios no comete pecado y porque su germen permanece en El; y no puede pecar porque ha nacido de Dios." Juan 3 vers. 9 y Segundo Juan vers. 8 y 9. Por lo tanto el reflejo visible de la "certitudio salutis" se confirma en un modo de vida y de conducta, donde se hace evidente el estado de gracia con un sentimiento de ésta, lo que se confirma en la perfección y se refleja en un modo de vida metódico racionalizado que elimina rituales ya que basa su legitimidad en la Biblia más que en la tradición.

5.9.1 Las Religiones y el Sectarismo en los Estados Unidos. Subtemas; La Evangelización Católica en la América Latina. El Papel del Estado. Comunidades Presbiterianas, Pentecostales, Testigos de Jehová, Mormones, Adventistas.

En el catolicismo institucionalizado sobretodo en países considerados altamente católicos sean Italia, España o los de América Latina, se ha promovido la fe y el dogmatismo en un esquema doctrinal basado en los sacramentos, los cuales dan la garantía de la salvación, siendo éstos administrados por la Iglesia como monopolio legítimo de las expectativas de salvación.

Así como en el metodismo, la salvación se lleva a cabo a través del cumplimiento metódico de los preceptos de la Ley y donde la santificación se obtiene a través de la gracia y el modo de vida, en el catolicismo, el hombre se sujeta a la Divina Providencia por medio de la fe y del cumplimiento doctrinal establecido por la Iglesia.

De manera que el premio se dará en el más allá independientemente del modo y conducción de la vida, sobre todo basándose en la infinita misericordia de Dios. La Iglesia administrando los bienes terrenales en forma institucionalizada continúa con la de los ultraterrenales lo que ha propiciado una especulación que no ha liberado el carácter mágico ritual del catolicismo, características que fueron erradicadas tanto del metodismo como de las diversas religiones que surgen posteriores a la Reforma protestante. Así estas concibieron en su forma original la santificación del individuo basándose sobretodo en la metodicidad de la vida, en la espiritualidad y en un rechazo tanto de la especulación mágica como de los sacramentos que fueron el resultado de Concilios e interpretaciones humanas dados en un esquema de lucha de poderes monárquicos y papales.

La conducción de la espiritualidad concebida bajo el ejercicio de la razón o sea el uso del raciocinio donde los preceptos bíblicos se asimilan para actualizarlos al modo de pensar y sobretodo filtrados por la razón, donde aparentemente no existe contradicción, formaron un pensamiento que se arraigó en la América inglesa, más que en la Colonias de la España monárquica católica. Y sobre todo en donde la Inquisición mantuvo un control psíquico en términos de pureza doctrinal.

La salvación estaba garantizada no por la fe y la gracia sino por el programa doctrinal llevado a cabo inicialmente durante la Conquista por parte de la Iglesia católica y apoyada por las monarquías reinantes de Europa católica. El catolicismo institucionalizado que se promovió en las colonias marcó una fuerte divinización de la criatura que se fue haciendo cada vez más aguda con la incorporación de los valores del capitalismo de los siglos XIX y XX.

La creencia en Jesucristo y en los dogmas establecidos por la Iglesia otorgaron la pertenencia a la misma iglesia universal, de manera que la adecuación al programa doctrinal y dogmático no representó en si un problema de convivencia cultural al contrario se enriqueció con las culturas nacionales sobre todo por las características "mágico rituales" promovidas y contenidas en la fe católica y que al chocar directamente con estas culturas posteriormente se asimilaron paulatinamente en un sincretismo en este esquema de universalidad.

Con el tratado de París de 1763 Francia quedaba al margen de la posesión de territorios en América, siendo la Gran Bretaña la poseedora, incluía la soberanía de los mismos. La política inglesa se basó en el financiamiento de las guerras contra los indios, con los recursos de los propios colonos ingleses de manera que coadyuvó a la Independencia de las 13 colonias que en Filadelfia proclaman la Constitución.

La Constitución de la nueva nación preveía la rígida separación del poder ejecutivo, del legislativo y del judicial, superando el check and balances inglés y que dotaría de la base al federalismo americano. Con la legislatura bicameral y el voto universal se cedía básicamente la soberanía al pueblo a diferencia de los modelos europeos. No obstante la declaración de Independencia los Estados Unidos conservaron la esclavitud como una institución. "La Bill of Rights" garantizó libertades civiles y religiosas que a su vez garantizaron el desarrollo de la democracia, de la sociedad civil y de la religión, basándose en la soberanía como prerrogativa popular, la libertad sin caos, que con el control del agua y el vapor, los inventos y la actitud en relación a la riqueza material lograron la revolución industrial, aun cuando esta no fue acompañada de un uso compasivo de la riqueza acumulada y del concepto individual de la dignidad humana ya de por si establecidos en la Biblia.

La libertad de fe en un ámbito que garantizaba derechos civiles excluidos, los de la esclavitud, la formación de pequeñas burguesías y sobretodo la concepción de la soberanía no más en términos del rey como líder divino portador de ésta, propiciaron un campo fértil donde las "prestaciones religiosas agradables a Dios, administradas por una Iglesia se transformaron en una religiosidad favorable al riguroso seguimiento de lo divino, basándose en el adoctrinamiento directo de la Biblia." (112)

El hebraísmo de donde surge el cristianismo, concibe la inmortalidad individual y la esperanza escatológica de tipo terrenal de donde la máxima expresión es la bendición divina a través del éxito personal y del trabajo, la conducta y el modo de vida serán el reflejo externo de la gracia de Dios. Concepción que en el catolicismo basó la esperanza de salvación en el más allá y del beneficio ultraterreno y no en un trabajo metódico sino en la infinita bondad de la Divina Providencia y en el perdón, así como la adquisición de la gracia a través de los sacramentos impartidos por la Iglesia. Entonces la riqueza y su exceso no serán impedimentos para la salvación de un grupo minoritario, característica que se manifestó en el pensamiento de la Iglesia católica sobretodo en la Conquista de la América Latina, apoyando gobiernos monárquicos que promovieron la explotación sistemática de los indígenas legitimando la conquista con la evangelización.

Igualmente la base judía del cristianismo se hizo a un lado ya que el mito y la intolerancia a este grupo en la Europa cristiana fue incluso traspasado a todo un sistema doctrinal por lo que el catolicismo acentuó sus bases neoplatónicas y agustinianas y la interpretación bíblica quedó en manos de los letrados y eclesiásticos, en vista de que era el latín el idioma oficial de la Iglesia, lo que redujo el número de lectores y estudiosos.

La actitud de sumisión y tolerancia hacia la Iglesia, a la doctrina de la infinita misericordia y al poder terrenal constituido por voluntad de Dios en la tierra y a través de los elegidos de Él, llevó a promover un carácter religioso de sujeción a la tradición y al orden socialmente establecido por Dios y sus elegidos. Esta aceptación del estatus quo querido de Dios se plasmó más tarde en "Beati i Poveri" (113) porque ellos ganarán el cielo con paciencia y sufrimiento, reafirmándose con la interpretación de la voluntad de Dios de que "Existan las diferencias sociales." (114)

El inmigrado en los Estados Unidos a diferencia de los de la América Latina busca pequeñas comunidades de correligionarios "los cuales lo legitiman y aún lo recomiendan como un hermano esperado de la comunidad de procedencia, encontrando un terreno favorable en lo económico, a diferencia del emigrado que es extraño a una secta, como lo era también el típico judío emigrado". (115)

Los inmigrados buscaron en la hermandad el apoyo de la religiosidad basándose en reuniones, discusiones y adoctrinamientos bíblicos frecuentes, que posteriormente fueron semanales, la búsqueda de pertenencia a un grupo, a ejercer el derecho de elección, y la profesión de fe sellaron las bases de una sociedad en principio de tendencia constitucionalmente democrática.

Proceso totalmente diferente fue la conquista latinoamericana incluyendo Brasil, donde los inmigrados eran si portadores de una cultura milenaria de corte monárquico pero también estaban acostumbrados al despotismo y a la purificación doctrinal por parte de la Inquisición, de donde se traspasó el modelo vigente en España para las sociedades conquistadas, eliminando cualquier manifestación cultural y autóctona por considerarla profana y pagana y con un sentimiento de desprecio hacia los indios, el que subsistió y permitió el desarrollo de sociedades blancas y mestizas las cuales automáticamente los consideraron inferiores.

El catolicismo con formación piramidal de poder, con la confesión como vínculo no de hermandad sino de expiación y sujeción, promueve un sentimiento no de nacionalidad sino de sumisión y humildad, a través del cual se someten a la única verdad, pero, en términos de tradición, lo que se les ha presentado un fuerte adoctrinamiento y dogmatismo.

Estos se asimilan en un esquema sincretista abierto, que no cuestionó las bases bíblicas, sino que al contrario se enriqueció con la cultura autóctona, con los mitos y ritos que aún aparentemente destruidos por la Conquista, permanecieron como parte del bagaje étnico espiritual pasando de generación en generación.

El modernismo en los Estados Unidos cuestionaba dogmas, sacramentos, rituales, incluso la urbanística y arquitectura de los templos así como modos de conducta en cuanto a la administración de la salvación, generando desobediencia y con ello la imposición de límites, pues en principio la secta requiere de separación entre estado y la Iglesia, fenómeno que se da tardíamente en la América Latina y que permite la expansión de las "sectas americanas" en el territorio nacional.

El proceso de "rebautizar" a los individuos representa una forma de pertenencia basada en sus virtudes y su calificación, la cual se llevará a cabo, a diferencia del catolicismo, en la edad adulta y por inmersión total. Estos serán los proclamadores autorizados del Reino de Dios y de la escatología derivada de la concepción bíblica, serán servidores profesionalmente preparados teniendo características y funciones eclesiásticas aún siendo laicos y civiles.

La secta se reproduce y mantiene en su forma más pura en aquellos regímenes de tendencia democrática, ya que la intolerancia es una forma doctrinal establecida por parte de la religión mayoritaria en vista de que se considera el único monopolio legítimo de la salvación. Así la secta se convierte en anti política y es apolítica; pues su pertenencia institucional y de alineación le podría garantizar la universalidad pero a la vez la vuelve un instrumento de poder político de donde pierde tanto el carácter de secta como la eficacia de la predicación bíblica a favor de un compromiso político.

Como contrapartida una iglesia de pretensiones universales, con un poder y control de obediencia a su jefe, en este caso el Papa, y una sumisión a sus preceptos doctrinales no puede conceder la libertad de conciencia, más bien se apoya en el poder para llevar a cabo sus pretensiones así como no podrá ser totalmente tolerante ante las expectativas de la formación de sectas pues son contrarias a sus principios.

La libertad de fe, de opción y de conciencia en un católico se reduce a la obediencia al Papa y a la Iglesia, a la participación en tradiciones y fiestas religiosas locales y a las universalmente reconocidas, aún cuando paralelamente no se base en el cumplimiento sistemático ni de los sacramentos ni de las políticas papales pero manteniéndose tolerante con la Institución, lo que le da la garantía de movilidad, de continuar perteneciendo a la misma, presentándose esta actitud incluso dentro de la misma jerarquía clerical, ya que esta institución es universalmente reconocida como la administradora de la salvación, única y legítimamente reconocida a nivel universal.

La intolerancia de hecho se volvió doctrina y se reflejó en la represalia de León XIII con la carta "Testem benevolentiae" donde se condena el cristianismo a la americana, junto con los progresistas. Desde el siglo XIX e inicios del XX, en los Estados Unidos como respuesta a la multiplicidad de confesiones se han desarrollado federaciones de grupos más o menos afines. Entre los calvinistas en el 1875 se forma la Alianza Reformada Mundial, entre los metodistas la Conferencia Metodista Mundial de 1881, la Alianza Batista Mundial en 1905 y la Federación Luterana Mundial en 1923.

Sin embargo el problema se presentó a nivel de las misiones, las cuales se obstaculizaron entre sí, con el fin de coordinar los diferentes campos de acción y de evangelización se formaron dos organismos: Life and Work de 1925 y el Faith and Order de 1927. Más tarde, de estos dos organismos nace en Amsterdam, Holanda en 1948 el Concilio Mundial de las Iglesias con 147 Iglesias, que sin pretender ser una súper iglesia promueve el diálogo y los encuentros pastorales entre las distintas confesiones actualmente vigentes en el mundo, y en cuyo seno se discuten problemas como el racismo, la desigualdad social y los derechos humanos. Hoy dia están registradas 348 Iglesias con aproximadamente 600 millones de miembros, y cuya sede actual es Ginebra, Suiza. La primera de las grandes conferencias tuvo lugar en Amsterdam en 1948, más tarde en Evanston en 1954, Nueva Deli en 1961, Upsala en 1968, Nairobi en 1975, Vancouver 1983 y Canberra en 1991, Porto Alegre Brasil en 2006 y se promueve Busai, Corea del Sur para fines del 2013 donde será el slogan primordial, Dios de Vida Conducenos a la Justicia y a la Paz.

Presbiterianos

Utilizan este término basado en su tipo de organización, derivado de la Iglesia Protestante de inspiración calvinista. Este grupo predica basado en los presbiterios, pastores, ministros o ancianos laicos. Se diferencian del episcopalismo conservado en el anglicanismo y en algunas iglesias luteranas del congregacionalismo radical que no distingue dignidad y funciones ministeriales de los laicos.

Cada iglesia se rige por un consistorio el cual se compone de pastores y de los llamados ancianos, el presbiterio es el consejo compuesto de estos pastores, de los ancianos de la comunidad y de los varios consistorios cuya misión consiste en ordenar a los nuevos ministros. El sínodo está formado por los delegados de diferentes presbiterios el cual tiene como función vigilar la doctrina y la disciplina de los participantes. El órgano principal es la Asamblea General que está compuesta por los pastores y los ancianos en igual número electos de los mismos presbiterianos.

En cuanto a su concepción teológica, está inspirada en términos doctrinarios calvinistas reconociendo la Sagrada Escritura como la "Norma Normans" de donde derivan sus interpretaciones basándose en la "Confesión de Westminster" de 1647 como la "Norma normata".

El culto presbiteriano se basa fundamentalmente en la Biblia y en los sermones dados por sus ministros y sus pastores, de la lectura y adoctrinamiento de la Biblia se fundamentan los elegidos en un marco de predestinación calvinista, así como los malditos por la voluntad de Dios. Derivada de los preceptos de la Biblia la cena pascual se lleva a cabo varias veces al año sin tomar en consideración la transustanciación ya que elimina cualquier rasgo mágico ritual.

El bautismo efectuado en ceremonias públicas es considerado como el símbolo de pertenencia a la comunidad y a los principios religiosos de la misma. Es igualmente una renovación de votos a la Iglesia y por lo tanto la comunión con los principios teológicos de Dios Uno y su Hijo Jesús cuya muerte es el rescate para la humanidad. Elimina rasgos míticos y dogmáticos donde por ejemplo la transustanciación en la eucaristía es vista como un precepto instituido por Jesús, como precepto y observancia de la Ley judaica y no como una transformación de la carne y sangre de Jesús dogma básico de otras confesiones.

Desde el 1875 las iglesias presbiterianas constituyeron la World Alliance of Reformed and Presbyterian Churches.

Pentecostales

De contenido luterano, el pentecostalismo se caracteriza por ser un movimiento estático carismático que se asocia al significado de la primera Pentecostés cristiana y se fundamenta en Hechos de los Apóstoles 2 vers. 1 al 11.

A diferencia del gnosticismo u otros movimientos de renovación eclesiástica, los pentecostales se abren a todos aquellos que han sido bautizados ya que la pertenencia de grupo se lleva a cabo con un bautismo por inmersión total obligado para los adultos, y es donde el espíritu viene a habitar en el hombre dándole la fuerza y en algunos casos la capacidad de entender incluso otras lenguas, este don se logra a través de un estado místico y de éxtasis. (116)

La doctrina pentecostal ha recibido influjos tanto del ambiente protestante como del católico en virtud de la premisa de que el hombre se salva a través de la fe y no por medio de las obras. Este movimiento se formó alrededor del "Parham" o pentecostalismo clásico tradicional siendo exconfesado de la iglesia batista y metodista pues los niveles de exaltación adquiridos son contrarios al riguroso metodismo y a las concepciones de la salvación y la espera de la próxima Parusia.

"…Esta secta a la premisa particular de poner sus propios adeptos en comunicación con el Espíritu Santo y reunidos en un ambiente ad hoc mientras uno de ellos que funciona como pastor, lee los salmos y versículos de la Biblia mientras los otros asumen conductas estáticas o se abandonan a prolongadas invocaciones, lamentos gritos y gestos descompuestos en toda la persona, mas aun rítmicos, de ahí el apelativo de Tremulantes, con los cuales gradualmente se sugestionan al recibir el Espíritu Santo, hasta llegar a una morbosa exaltación psíquica alucinatoria juzgada exigua por las autoridades sanitarias competentes, sobre todo para un equilibrio mental sano, especialmente para los jóvenes y los individuos nerviosos en general. Por tal motivo la secta de los Pentecostales, después de rigurosas investigaciones no ha obtenido el reconocimiento legal en algunas provincias, los sectarios mas obstinados continuaban persistiendo en reunirse clandestinamente y haciendo proselitismo han sido denunciados ante la Autoridad Judicial y con acciones de la policía. "…En sus reuniones públicas los pentecostales no predican doctrinas contrarias a la ley, ni tratan argumentos políticos, pero de hecho son rebeldes espiritualmente a la luz y son antifascistas. En un escrito dactilografico de carácter evidentemente propagandístico secuestrado a un pentecostal se mostro que son abierta y violentamente insultados el Fascismo y el Duce". (117)

Entre los grupos más numerosos están los de la Asamblea de Dios que surge en 1914 en Missouri y la Iglesia de Dios en Cristo cuya sede está en Memphis.

En 1967 estudiantes de la Universidad Católica de Dunquesne en Pittsburg se constituyeron como pentecostales llegando este movimiento a Italia en 1971 auspiciado por la apertura marcada en el Concilio Vaticano II, donde el catolicismo marca igualmente una inclinación a los valores del carisma y del Espíritu como un medio de superación de la individualidad religiosa.

La oración es concebida como la consecuencia de la conversión y maduración del espíritu, y el apoyo bíblico es la única forma de viabilidad en la auto comunicación con Dios. De manera que el bautismo por inmersión otorga la conciencia de la presencia de Dios, el Espíritu es quién concede la gracia y la responsabilidad del ser cristiano, el bautismo no es válido solo por el valor intrínseco.

Testigos de Jehová

De origen norteamericano con inspiración milenaria, se fundaron en 1878 por Charles T. Russell, comerciante de Pittsburg impregnado de ideas adventistas. Russell había nacido en el seno adventista en 1852 muriendo en 1916. A los 18 años en Pitsburg Pensilvania empieza a predicar el fin del mundo para 1874. Como nada sucedió, se cambio la fecha a 1879 donde se iniciaba el milenio, así funda la Torre de Guardia en 1879. Es perseguido por la justicia norteamericana por fraude, inmoralidad y el divorcio. Muere refutando el concepto de infierno en 1872, profecía que aprende de los adventistas. En 1879 crea Zion Publishing Company y basa sus cálculos en la piramidologia de manera que calculan que en 1910 seria el rapto de cristianos además de considerar a todas las iglesias, satánicas.

Russell considera y da un enfoque personal y diferente de la Biblia en cuanto a las doctrinas de salvación, expiación y el nacer de nuevo, así como lo harán sus sucesores en su propia experiencia personal y sus traducciones de la Biblia cambiando en consecuencia las fechas de la venida de Cristo y el fin del mundo. A la muerte de Russell continua Joseph Rutherford. Hasta este momento ninguna de las profecías se ha cumplido, así que Rutherford ex batista, rehace las fechas ya que estaban mal calculadas y propone en 1918 la segunda venida de Jesucristo y el número de ungidos seria de 144 mil. Para 1919 se edita la Edad de Oro y el Despertad y en 1922 se ataca a la iglesia católica considerándola Babilonia la grande, la ramera. En 1920 se profetiza que en 1925 iban a resucitar Abraham, Issac y Jacob por lo que en 1930 construyen una enorme mansión en San Diego California, donde el mismo Rutherford ahora juez, termino viviendo hasta su muerte en 1942 por alcoholismo y cáncer.

El fin del mundo se profetiza en seis ocasiones diferentes, 1874 venida de Jesús, 1914 donde vendría Cristo en persona iniciando el nuevo milenio liberando a Jerusalén, en 1925 se profetiza sobre la venida de Abraham, Isaac y Jacob por lo que se construye el palacio de California y el fin del mundo en 1942, en 1975 el fin del mundo y el paraíso y en el 2000 el fin del mundo. Después de profetizar seis veces y que no se hayan cumplido ninguna de estas profecías, se requiere de una traducción e interpretación propia de la Biblia para sustentar estas ideas.

Russell escribió seis volúmenes donde explica el plan divino de Dios así como sus profecías las que nunca sucedieron, por lo que a su muerte se cambiaron las fechas en espera del reino del milenio basados en Apocalipsis 16 ver. 21. En Deuteronomio 18 vers 21 y 22 se establece que cuando el profeta hablare y no se cumpliera nada de lo asegurado por él, entonces no habla por Yahveh, no le tengas miedo. Se determino entonces que Jesús solo había venido espiritualmente. Originalmente se llamaban Estudiantes Bíblicos, cambiando de nombre en 1931 asumiendo el de Testigos de Jehová nombre actual, dándose a conocer masivamente con el juez Rutherford. (118)

Su teología se basa fundamentalmente en el próximo combate final que simbólicamente tendrá lugar en Harmaguedón, donde las fuerzas de Jehová, que recupera su Santo nombre, se enfrentarán a las de Satanás. Este será encadenado por un milenio en el que los muertos resucitarán, restableciéndose sobre la tierra una época de paz y prosperidad entre los hombres y las naciones. Al final del milenio Satanás será desencadenado y liberado para que los hombres que le resistan y continúen a ser fieles a Cristo y a su gloria en su reino terrenal, vivan por siempre en una tierra paradisiaca, y los infieles sean disueltos por la eternidad de manera que conocerán la segunda muerte. Apocalipsis 20 vers. 7.

El milenio se ha iniciado en 1914 cuando la primera guerra mundial marca simbólicamente, en la Biblia, el inicio de la caída de los imperios, cuyo final será coronado con el establecimiento del reino celeste en la tierra, dirigido por Jesucristo en el día del juicio de Harmaguedón. Apocalipsis 20 vers. 4 y el 16 vers. 16.

Así la tierra será el paraíso terrestre prometido de Dios para Adán el hombre perfecto y su descendencia; proyecto interrumpido por el pecado, pero que escatológicamente será instaurado por la esperanza bíblica basada no en la redención del rescate de Jesucristo muerto en el "palo" no en la cruz según interpretación de su propia Biblia. Jesús es demeritado en su naturaleza ya que se considera creado como el arcángel San Miguel. Su muerte es el grado máximo de sacrificio expiatorio de su sangre en la cruz, dando a la humanidad entera la opción de la salvación solo por el amor de Dios. Y es Jesús parte de la divinidad de Dios con el Espíritu Santo Juan 14 vers 26, Efesios 4 11 y 12, Génesis 26 Dios es Uno revelado en Tres personas, Elohim plural Génesis 3 vers. 22, Génesis 11, vers. 7 Isaías 6 vers.8, Mateo 28 vers. 19, Corintios 13 vers. 14. Hechos 5.

El reino de Dios en la tierra será poseído de los Testigos de Jehová que serán los sobrevivientes de Harmagedón, y el gobierno celestial será conducido por los 144 mil ungidos, Apocalipsis 21 vers. 12, y santos cuyo número es igualmente extraído de la interpretación bíblica. "Tenía una muralla grande y alta con doce puertas; y sobre las puertas, doce Ángeles y nombres grabados, que son los de las doce tribus de los hijos de Israel; al oriente tres puertas; al norte tres puertas; al mediodía tres puertas; al occidente tres puertas. La muralla de la ciudad se asienta sobre doce piedras, que llevan los nombres de los Doce Apóstoles del Cordero" Apocalipsis 21 vers. 12,13 y 14. Las doce tribus de Israel corresponden a los Doce Apóstoles siendo todos los números múltiplos de 12 considerados como la idea de la perfección.

Así la tierra será el paraíso terrestre, prometido de Dios a Adán, gobernado por el séquito celeste formado de los ungidos de la congregación conformando la sociedad perfecta, ideal lejano de la sociedad humana. Ya en el 1500 aproximadamente, Wycliffe se había propuesto la reivindicación de derechos sociales y económicos de las clases más humildes y contra la corrupción del clero, el lujo de sacerdotes y aún laicos proponiendo la idea del Papa como Anticristo, marcando la tesis de un estado ideal y perfecto, (119) mito que indica la referencia al paraíso terrenal originalmente propuesto de Dios en Génesis 2 vers. 8 y 9 y al cual se aspira regresar mediante un evento apocalíptico. De manera que la sociedad de bienestar económico y social se llevará a cabo solo con la intervención directa de Dios y la instauración del reino por Cristo, pues el hombre por si solo es incapaz de lograrlo.

Rechazan el dogma trinitario emanado del Concilio de Nicea, y con ello la naturaleza de Jesús divinizada, considerándolo como el Hijo de Dios, como el Ungido que no representa el rescate de la humanidad a través de su sacrificio, Jesús es hombre perfecto. Mateo 28 vers. 19, 2 Corintios 13 y 14, Hechos 5, Colosenses 2 vers. 9, Juan 2 vers.1, Juan 14 vers.8 y 9. Romanos 9 vers.5, 1 Timoteo 3 vers. 16, Romanos 1 vers. 25 y Hebreos 1 vers. 6.

Igualmente rechazan el dogma Mariano basado en la categoría de María como madre terrena y en virtud de la negación de la existencia del alma y su inmortalidad, la intersección de María como Madre de Dios ante la humanidad queda nulificada, ya que consideran la divinización de la criatura humana patrimonio del helenismo que posteriormente a la diáspora judía se plasmó en los escritos neo testamentarios y por consecuencia de tintes paganos. De la interpretación bíblica se desprende que los hebreos afirmaban la "nefesh" como el soplo divino que se extingue con la muerte y en espera del día del juicio que será establecido solo por Dios, ni aún el mismo Jesucristo afirmó de conocer el tiempo,la espera del final del sistema de cosas vigentes obliga al estudio bíblico. Porque el hombre es alma.

El bautismo por inmersión sella "la pertenencia y la dedicación a Jehová" y con éste la iluminación del espíritu santo de Dios como la fuerza contrastando con la interpretación dada en el catolicismo en relación a la Trinidad. La preparación y el estudio bíblico sustentan las bases para la "venida del reino" y "la destrucción del sistema de cosas actuales" conceptos que se reafirman en las reuniones de adoración a Jehová en las "Salas del Reino" o "Kingdom Halls". Donde también se enseñan la venida del reino milenario donde serán destruidos todos los malvados menos los testigos de Jehovâ, Dios hará un gobierno de mil años y habrá un juicio de El donde habrá el castigo de la destrucción. Apocalipsis 20, vers.10.

Compartiendo la concepción batista acerca de los primeros cristianos,el cristianismo primitivo anterior a la institucionalización por parte de Constantino, optan por una profundización y aplicación de normas bíblicas como preceptos de conducta, la cual siendo intachable será la muestra de que las personas son llamadas y escogidas por Dios, pero se someten al adoctrinamiento para ser renovados en Cristo, esta regeneración por el espíritu de Jehová lleva a la hermandad con Cristo y con las personas de la Congregación. En sus traducciones de Watch Tower el nombre de Dios se establece como Jehová como único Dios, eliminando Padre, Elohim, Génesis 3 vers. 22, Adonai términos en los que Jesús se expreso cuando hablo de su Padre. Jesucristo se considera creado por Dios es el segundo Adán quien pago el precio por el pecado de Adán y muere en un madero. Solo expía el pecado de Adán y no de la humanidad. Juan 1 vers. 29 donde expresa, la expiación de Cristo y la salvación del mundo. 1 Corintios 15, vers. 24. Se le considera creado, Russell determino que Jesucristo era el arcángel Miguel y por lo tanto una criatura celestial creada. Colosenses 2 vers. 9, Juan 1 vers. 1 donde dice en el principio era el Verbo, era Dios y coexistía, Juan 14 vers. 8 y 9 Jesús y su Padre son la misma persona.

En el plano ético son antiecuménicos y apolíticos por lo que fueron perseguidos durante el nazismo y el fascismo por no abjurar y por no participar ni en la guerra ni en ningún servicio militar, práctica que hoy día continúa y que en muchos casos los ha llevado a sufrir penas de cárcel. (120) Hoy día en España existe una Asociación de Afectados por los Testigos de Jehovâ.

Debido a la predicación sea en las calles y la llamada itinerante que se efectúa dos o tres veces por semana, el número de adhesiones ha aumentado considerablemente por lo que en muchas naciones han sido prohibidas tanto las predicaciones como la repartición de revistas como el Atalaya y Torre de Guardia editadas por la organización de Brooklyn donde en 1905 se establece la escuela Galaad y la traducción propia de los conceptos interpretados bíblicamente por el consejo de los doce, el cuerpo gobernante. Lucas 24 vers. 27. 1 de Juan 2 vers. 27 donde se establece la unción de Jesús. La traducción bíblica del nuevo mundo es el instrumento usado en la propia interpretación de la Biblia y del concepto de salvación. La salvación no es por fe, no por obras, ni por acatar leyes, es por pertenecer a la organización de Testigos de Jehova, predicar el reino y trabajar arduamente, es parte de su programa de salvación. Juan 3 vers.16, Efesios 2 vers. 8 y 9. Juan 3 vers. 16. Por el amor de Dios, un Pastor y un Reino.

Basados en la prescripción hebrea de la cena pascual, las congregaciones celebran una vez al año la "Cena" calculando como se hacía antiguamente el 14 de Nisan y negando la transustanciación de la eucaristía católica, o sea, eliminando rituales mágicos de consustancialidad, el rito se celebra con lecturas bíblicas pasando el pan sin levadura y el vino donde participa la congregación entera, pero solo aquellos que se sienten "ungidos" pueden comer y beber del pan y del vino, pues está escrito "Con ansia he deseado comer esta Pascua con vosotros antes de padecer; porque os digo que ya no la comeré más hasta que halle su cumplimiento en el Reino de Dios" Lucas 22 vers. 15 y 16. De esta manera los elegidos según Milton Grenshen llegarán hasta el número 144 mil, los que serán los gobernadores celestiales estableciendo un cuerpo gobernante. Los Testigos de Jehová son solo ellos el cuerpo gobernante, el cuerpo de la iglesia reconocida por Jehová y por el mismo Jesucristo. ¡Mateo 5, vers. 5 dice los mansos heredaran la tierra ¡

Igualmente basados en la tradición bíblica del Antiguo Testamento de no comer la sangre de la carne de los animales, establecida en Levítico 3, Génesis 9 vers. 5 y Romanos 3 vers. 25, en la práctica se refiere al rechazo de la transfusión de sangre, hasta 1942 donde el curso de los acontecimientos actuales, incluyendo el tipo de enfermedades que pueden ser trasmitidas por las transfusiones, corrobora la tesis de una consecuencia nefasta, de ahí que la abstención garantiza la pureza requerida bíblicamente y refuerza la idea de la consecuencia gravosa no querida por Dios. Esta práctica se instauro en 1942 siendo presidente de la organización Natan Homer Knorr quien decidió según la interpretación de sus textos de la Torre de Guardia que quedaba expresamente prohibido la transfusión de sangre, así como la obligación de las misiones y la escuela bíblica, no saludar a la bandera del país, no festejar los cumpleaños. En el caso de trasplantes estos no fueron prohibidos antes de 1960, pero es hasta 1980 cuando se autoriza el trasplante sin transfusión de sangre. Concepto nuevo generado por la organización de Brooklyn.

Mormones

Basados en el libro de Mormón, que es para ellos la escritura sagrada semejante a la Biblia, donde se relata la historia de la comunicación de Dios con los antiguos habitantes de la América y donde se contiene la plenitud del evangelio eterno. (121) Es la historia de dos pueblos, uno procedente de Jerusalén en el año 600 A. C. que se divide en nefitas y lamanitas, el otro que llega mucho antes, aproximadamente en la época de la Torre de Babel y que son los jareditas, después de guerras y destrucciones queda solo el pueblo lamanita, que sería el antecesor de los indígenas de la América Latina.

La Iglesia de Jesucristo de los Santos de los Últimos Días solo esta basada en las revelaciones que el profeta José Smith recibió del mensajero de Dios llamado Moroni. Según J. Smith profetizo que Dios le pidió un templo en Jackson Ville Misissipi, este nunca se construyo, la Biblia en Deuteronomio 13 vers. 1 al 6 menciona como se diferencia a un profeta falso y se refuerza la adoración a Dios. En el mismo Deuteronomio 18 vers. 18 al 22 reafirma que cuando un "profeta" hablare en nombre de Jehová y las cosas no se cumplieren por lo tanto el profeta es falso. En Apocalipsis 22 vers. 18 y 19 se advierte sobre falsos profetas y las añadiduras hechas a la Biblia, considerándolas anatema. Ya en Timoteo capítulo 1 del 3 al 6 se previene sobre la enseñanza de doctrinas diferentes.

Según Moroni, el ángel, reveló el lugar donde estaba enterrado un libro escrito en hojas de oro que relataba la vida y origen de los antiguos habitantes del continente americano, siendo este libro la plenitud del evangelio eterno como lo había revelado el mismo Jesús a los habitantes de América. (122) Sin embargo, la arqueología no ha revelado ni encontrado vestigios del libro de Mormón como si se ha demostrado con los rollos del Mar Muerto y cantidad de vestigios arqueológicos judeo cristianos.

Incluso junto al libro estaban depositadas dos piedras transparentes, colocadas en arcos de plata conectados entre sí, los que asegurados a un pectoral formaban lo que se llamaba "Urim" "Tumim" que los "videntes" en tiempos antiguos poseían y utilizaban como las piedras que Dios les había preparado para la traducción del libro. (123)

En Primer Samuel 14 vers. 41 dice "Dijo entonces Saúl: en referencia a los rituales de lanzarse sobre el botín, ¿Yahveh Dios de Israel, porqué no respondes hoy a tu siervo? Si el pecado es mío o de mi hijo Jonatán, Yahveh Dios de Israel, da Urim; si el pecado es de tu pueblo de Israel da Tumim. Fueron señalados Saúl y Jonatán, quedando libre el pueblo." Esta era la forma de consulta por medio del "efod" Éxodo 28 vers. 6 al 14, donde dice que las piedras de ónix están grabadas con los nombres de los hijos de Israel,6 en una y el resto en la otra, junto con sellos grabados engarzados en oro los cuales se colocan en las hombreras del efod, bordado en oro, púrpura, escarlata, carmesí y lino fino. Éxodo 28 vers. 6. Así serán llevadas por Arón, Aarón para recuerdo delante de Yahveh.

El pectoral, Éxodo 28 vers. 15 al 30, será también bordado en oro, cuadrado y lleno de pedrería, las cuales serán colocadas simbólicamente representando los nombres de los hijos de Israel siendo llevado por Aarón para que tenga los nombres de los hijos de Israel en su corazón cuando entre en el Santuario, para recuerdo perpetuo delante de Yahveh. En el pectoral del juicio pondrás el Urim y el Tumim que estarán sobre el corazón de Aarón cuando se presente ante Yahveh. Así llevará éste constantemente sobre su corazón delante de Yahveh el oráculo de los hijos de Israel.

El Efod, en Éxodo 28 vers. 6, 37 vers. 7, Jc vers. 27, Primero Samuel 2 vers. 18 a 28, 14 vers. 41 y 21 vers. 10 se ha considerado un instrumento adivinatorio que contiene el Urim y el Tumim, sirviendo para consultar a Yahveh, el cual no fue consultado por este medio después de David. Etimológicamente lleva a pensar que el Efod fuesen las vestiduras llevadas por el Sumo Sacerdote, descripción que solo vale para la época exílica.

El profeta José Smith después de las visiones del mensajero de Dios, encontró por revelación el registro de oro que se encontraba enterrado en una caja de piedra, cerca del pueblo de Manchester en el condado de Ontario, Nueva York. (124) En esta caja estaban tanto el registro de oro como el Urim y el Tumim y el pectoral, los que fueron sacados años después por orden del mensajero celestial, concretamente el 22 de septiembre de 1827. Custodiados por José Smith fueron devueltos al mismo mensajero el 2 de mayo de 1838.

Siendo copiadas las planchas y luego traducidas por medio de la ayuda del Urim y el Tumim fueron llevadas a un lingüista en Nueva York, el profesor Charles Anthon, el cual efectuó la traducción correcta del egipcio antiguo. Incluso validó la veracidad de textos genuinos del egipcio, caldeo, asirio y árabe. (125)

Posteriormente fue traductor de las planchas Oliverio Cowdery en 1829, ambos tradujeron el texto íntegro y se bautizaron, según la disposición dada por el mensajero celestial. "Sobre vosotros, mis consiervos, en el nombre del Mesías, confiero el sacerdocio de Aarón, el cual tiene las llaves del ministerio de ángeles y del evangelio del arrepentimiento y del bautismo por inmersión para la remisión de los pecados; y este sacerdocio nunca volverá a quitarse de la tierra hasta que los hijos de Leví hagan una ofrenda con rectitud ante el Señor". (126)

El ángel que confiere el sacerdocio se llama Juan, según J. Smith el mismo Juan el Bautista del Nuevo Testamento y que actuó bajo la autoridad de Pedro, Santiago y Juan, quienes tenían las llaves del sacerdocio de Melquisedec. Este sacerdocio le sería conferido en un momento oportuno cuando hubiese más testigos y entonces se formara la Iglesia. En Gálatas 1, del vers. 6 en adelante se previene del alejamiento de los que tienen evangelios diferentes, concluyéndose en un anatema. No podemos creer en nuevas revelaciones que son incluso diferentes a las reveladas en la Biblia. En hechos 1, se afirma la superioridad de Jesucristo aun con los ángeles. Afirma la redención como obra de Cristo no de ángeles y mucho menos de hombres o pseudo profetas. Hebreos 10 vers. 1 al 18.

Según la iglesia mormona, con el aumento de traductores y testigos las apariciones revelaron la veracidad tanto de los libros como de la misión, quedando plasmada la fidelidad en Cristo como forma de purificar el espíritu en espera del juicio, así como la honra al Padre, al Hijo y al Espíritu Santo como un solo Dios. (127)

Según la Iglesia de Jesucristo de los Santos de los Últimos Días se forma por revelación conforme al orden observado en el Nuevo Testamento, En Kirtland, Ohio se construye el primer templo, en 1830 y con la poligamia incluida. Pero debido a la intolerancia sectaria poligamica en los Estados Unidos durante ese período, la Iglesia se traslada a Mississipi para ahí construir más templos, hasta que José Smith es encarcelado en la prisión de Carthage, Illinois en 1844 y más adelante asesinado por la población fanática en la misma cárcel, es linchado por polígamo.

Los templos se adornan con un ángel en la parte superior lo que simboliza al mensajero celeste de Dios. En Éxodo 36 vers. 7 se habla de dos querubines de oro macizo que bordeaban el arca, según los mormones el ángel que corona los templos simboliza la revelación hecha por Dios a su último profeta.

Las planchas y el Urim y el Tumim fueron llevados por el ángel del Señor, quedando traducidos al inglés los contenidos del libro de Mormón "Otro Testamento de Jesucristo". Las planchas de Nefi, las planchas de Mormón, las planchas de Bronce y las de Eter, la Perla de Gran Precio, Doctrina y Alianza son el fundamento de la doctrina y la praxis de la Iglesia mormona, basada en laicos sin clero y organizada en congregaciones.

Creen en un solo Dios Trinitario y en la resurrección de los muertos que llevará al hombre por medio de la expiación, a la presencia de Dios. La salvación está basada en el arrepentimiento y en la anuencia del profeta o sus sucesores. Libro Alma 42. En la Biblia en Hebreos 7 vers. 23 y 24 todo el capitulo muestra el papel de Jesús, como único mediador y como sacerdote. En los versículos 26 y 27 nos afirma como solo en Cristo y en su sacrificio en la Cruz es más que suficiente para el reino eterno, la expiación de Jesucristo en la cruz con el derramamiento de su sangre abrió las puertas de la salvación, una sola y única vez que sello la salvación. Hechos 4 vers. 10 al 12, 15.

De este modo Dios realiza sus grandes y eternos propósitos, que fueron preparados desde la fundación del mundo. Así se lleva a cabo la salvación y redención de la humanidad y también su destrucción y miseria. Alma 42, vers. 26.

Según la doctrina mormona, en el año 33 D.C la faz de la tierra obscureció y surgieron las tinieblas como aviso de la muerte de Jesucristo en Palestina, por lo que el año siguiente se caracterizó por calamidades que pre anunciaban la venida de Jesucristo, tanto en las tierras del norte como en las del sur en referencia al continente americano, entonces de destruyeron pueblos y civilizaciones enteros. Históricamente correspondería al período de civilizaciones perdidas como la de los mayas y los incas.

Así en medio de las tinieblas la voz de Cristo se proclama e invita a la conversión y se asume la destrucción y el derramamiento de sangre por las abominaciones humanas. "He aquí soy Jesucristo, el Hijo de Dios, Yo cree los cielos y la tierra y todas las cosas que en ellos hay. Era con el Padre y el Padre en mí y en mí ha glorificado el padre su nombre, 3 Nefi 9 vers. 15.

Se establece el bautismo, estando de pie en el agua y bautizado en el nombre de Jesucristo con estas palabras "Habiéndoseme dado autoridad de Jesucristo, yo te bautizo en el nombre del Padre y del Hijo y del Espíritu Santo. Amén." 3 Nefi Cap 11 vers. 25 y 26. Y entonces los "sumergireis en el agua y saldreis del agua".

Los bautizados están salvados y heredarán el Reino de Dios, y los que no crean en Jesucristo ni sean bautizados serán condenados. El bautismo se extiende a los muertos, en vista de que los vivos pueden bautizarse en el nombre de un difunto, de esta manera se salvan aquellos que no se hubiesen bautizado y por lo tanto tienen la igualdad de oportunidad de merecer el Reino de Dios. El mismo Jesús afirma igualmente en el nuevo Testamento que El viene a cumplir la ley y los mandamientos de Moisés ante 12 Apóstoles a los que enseña a orar. Mateo 6, y 3 Nefi Cap. 13.

El Reino de Dios se establecerá en "los últimos días" incluso para los gentiles. En 3 Nefi Cap 16 y 17 La Santa Cena es instaurada por Jesús con pan y vino, 3 Nefi Cap 18 vers. 12 y como un mandato que junto con el bautismo será el testimonio del Padre y del Hijo, la Cena se efectúa una vez por semana.

En el bautismo desciende el Espíritu Santo y con el "fuego" como símbolo de purificación, en Nefi 3 Cap. 19 del 25 al 30, se afirma que los bautizados estaban de "semblante blanco" como las vestiduras de Jesús.

La Nueva Jerusalén será en América como cumplimiento a Jesús que se equiparaba a Moisés como profeta y los nefitas son hijos de los profetas. La Jerusalén será de nuevo habitada por el pueblo señalado de Jesús y será la tierra de su herencia. 3 Nefi 20 vers. 46.

En la segunda venida Jesús habla de cómo los soberbios y los inicuos serán quemados como rastrojo no dejando ni raíz ni rama. 3 Nefi vers. 25 y fundamenta la Iglesia la cual llevará su nombre. Jesús promete a 9 discípulos un reposo en su reino celestial, después que hayan llegado a 72 años de edad. A los 3 restantes les promete no morir "nunca probareis la muerte; sino que vivireis para ver con los hijos de los hombres, aún hasta que se cumplan todas las cosas según la voluntad del Padre, cuando yo venga en mi gloria con los poderes del cielo," 3 Nefi Cap 28 vers. 7 y promete la inmortalidad para ser bendecidos en el reino del Padre. 3 Nefi 28 vers. 8.

Por medio de la expiación de Jesucristo y de la obediencia a los principios y ordenamientos del evangelio, el hombre llega a quedar limpio del pecado y vencer la muerte espiritual. La segunda muerte será después de la resurrección, donde todos serán juzgados incluso el diablo y sus ángeles y los que hayan pecado contra Dios padecerán este tipo de muerte. Alma 12 vers. 16. Pero Dios ha preparado un medio para librarse de la segunda muerte y del infierno. Cuando Adán cayó, murió espiritualmente, D y C 29 vers. 40, 41 y 44 pero la expiación y sacrificio de Jesús abren la opción de no morir espiritualmente y después de la resurrección, tampoco físicamente.

Los espíritus selectos escogidos para ser gobernantes en la Iglesia D y C 138 vers. 53 a 55 fueron escogidos en la vida pre terrenal, en el mundo de los espíritus, cuando hombres y mujeres vivían con Dios como hijos espirituales antes de entrar a la tierra por lo que se crearon primero espiritualmente antes de serlo físicamente. Moisés 3 vers. 5.

En cuanto al matrimonio que ha sido decreto de Dios D y C 49, 15 se considera como en Génesis 2 vers. 24 donde el hombre es una sola carne. Bajo el contrato nuevo y sempiterno del matrimonio, el hombre que contrae éste bajo la ley del evangelio y del santo sacerdocio, es por la vida terrenal y también por la eternidad, pues este ha sido sellado en el seno del templo.

En cuanto a las prescripciones matrimoniales, deja abierta la posibilidad de éstos con mujeres de diferentes confesiones religiosas, en vista de que los matrimonios quedan invalidados cuando mueren. D y C 132 15. En referencia al matrimonio plural, se afirma su legitimidad en vista de que el hombre puede tener otra esposa solo si el Señor se lo manda por medio de la revelación. Jacob 2 vers. 27 al 30. Mediante esta y bajo la dirección del profeta en el Antiguo Testamento y en los inicios de la Iglesia restaurada D y C 132 del 34 al 40 y 45 se practicó el matrimonio plural, justificándose la persecución que tuvieron contra de sus doctrinas y su iglesia, siendo esta una forma de extender la misma. (128) Ya que fue esto el elemento que justificó y basó la poligamia entre los mormones. En Doctrinas y Convenios de 1876 de 136 capítulos escrita por los considerados elegidos profetas de la Iglesia de los Santos de los

Últimos Días o mormones, se habla en los versículos 52 al 54 sobre la validez de la poligamia.

Hoy día la comunidad mormona acepta el divorcio como una de las prerrogativas de la sociedad civil, además de que no es contraria al juramento a la patria y a la conducción del servicio militar. En la comunidad mormona la predicación se inicia sobre todo entre los jóvenes el llamado sacerdocio aarónico, los que parten a diferentes lugares del mundo donde existan casas y templos de su Iglesia para efectuar la predicación apoyándose en sus propios recursos financieros.

Adventistas del Séptimo Día

Basados en la profecía de Daniel 8 versículos 13 y 14 que dice: "Oí entonces a un santo que hablaba; ¿hasta cuando la visión; el sacrificio perpetuo, la iniquidad desoladora, el santuario y el ejército pisoteado?" Le respondió "Hasta dos mil trescientas tardes y mañanas, después será reivindicado el santuario". En esta visión de Daniel manifiesta el fin de los tiempos y la lucha escatológica entre el bien y el mal, los reinos que se destruirán y la reivindicación del Príncipe de Príncipes. Jesucristo El que regresara a la tierra como lo dice también Apocalipsis.

William Miller, 1782-1849, predicaba en Massachusetts la profecía de Daniel, esperando el inminente regreso de Jesucristo, en vano fue todo y Jesús no apareció, con la consecuente pérdida de legitimidad y descrédito ante los fieles allí reunidos. En Deuteronomio 18 vers. 21 y 22 especifican que si las profecías de un profeta no se cumplen entonces hay falsedad y el profeta morirá porque no es palabra de Dios. En Hebreos 1, vers. 1 y 2 dice No podemos creer en nuevas revelaciones porque ya hablo Jesús y en Apocalipsis 22 vers. 18 y 19 se advierte sobre los falsos profetas y las añadiduras a la Biblia como aquellos que fundamentan su legitimidad en apariciones, profecías o nuevos textos.

Más tarde su discípula, después su esposa Ellen Gould Harmon White, Elena Withe produjo libros como el Conflicto de los Siglos, o Los Principios Fundamentales de las Doctrinas Ortodoxas, donde un sistema legalista desvía la obra expiatoria de Jesús para apoyarse en las obras. Tuvo una visión en donde se le revelaba el inicio de la escritura, "La Revelación y el Cómputo de los días para iniciar el último milenio;" estableciendo la fecha de 1844 como el inicio del final, la segunda venida de Jesús, según ella basándose en la profecía de Daniel, "el Fin está Fijado".

Escatológicamente se espera la venida de Cristo y la instauración del Reino, fundamentando la Iglesia Adventista del Séptimo Día. Con este Reino, el actual sistema de cosas será destruido pues pertenece a las cosas materiales y por lo tanto a Satanás, y en el nuevo Reino sólo los escogidos de la Iglesia, sus fieles, serán los privilegiados los cuales serán gobernados por el mismo Jesucristo.

La Biblia establece el titulo de Hijos de Dios aquellos que por fe han creído en Jesús y en su sacrificio de expiación. Habla igualmente de la caridad y las buenas obras. Hebreos 3 vers. 19 al 25 y Romanos 12 vers.14 al 21 y 13 vers.9 y 10. El justo vivirá por la fe, Hebreos 10 vers. 38 y en Hebreos 11 se enaltece toda una apología de la fe por lo que las obras dejan su valor si no se tiene fe. Si por ley se adora el sábado, bíblicamente se estipula que la ley del Espíritu da vida en Cristo Jesús que es quien nos ha liberado. Romanos 8 vers. 1 al 4 en Colosenses enfatiza en vivir fuera del yugo esclavista de doctrinas filosóficas nutridas de tradiciones humanas, según los elementos del mundo.

La corriente adventista afirma que los justos al morir duermen hasta el día de la resurrección y el juicio final. Este sueño del alma, que ha dejado su cuerpo y con ello la materialidad, es un estado de silencio, de inconsciencia, de inactividad, bíblicamente se afirma que los muertos no son conscientes de nada. Este sueño después de la muerte es fruto de la concepción de inmortalidad del alma, ya que solo los que sean hallados justos el día del juicio serán los que reciban el don de la inmortalidad. En la doctrina adventista no se contempla el castigo eterno, ya que los malvados son aniquilados "pues su destrucción será un acto de amor y misericordia de parte de Dios". El concepto de un purgatorio manejado en la doctrina adventista aleja más el verdadero mensaje bíblico, ya que este no es documentado a lo largo de la Biblia, más bien surge por la aportación católica en el Medioevo. Marcos 9 vers. 43 y 44.

La doctrina adventista concibe que por el pecado existente actualmente en el mundo, el mismo Cristo continúa su obra de expiación. Erías Smith escritor adventista dice "Cristo no consumó la propiciación vicaría cuando derramó su sangre sobre la cruz. Grabemos este hecho para siempre en nuestra mente." Según Withe Jesús entro en el Santuario Celestial y ahora cumple en el cielo esta obra expiatoria. Hebreos 6 vers. 19 y 20 Jesús con su muerte y expiación lavo el pecado de la humanidad mediante una sola oblación que ha llegado a la perfección para siempre a los santificados. Hebreos 10 vers. 14 al 18 Jesús es el intercesor y el perdón, por su sangre, por su sacrificio y por las obras. Hebreos 10, vers. 19 al 25. En Colosenses 2 vers. 6 en adelante se afirma como apoyados en la fe, y no esclavizándose en vanas falacias de una filosofía fundada en tradiciones humanas, podemos alejarnos de Cristo y de su verdadera obra expiatoria en la cruz. Tan es así que la adoración en sábado se afirma como día establecido por la ley si no es la marca de la bestia, más que ley de gracia.

El cristianismo sectario que se ha dado en los Estados Unidos sobretodo en este siglo desarrollándose bajo un esquema de democracia y bipartidismo se ha extendido a todas las sociedades, esta difusión en muchos países está prohibida, sobretodo en donde existe el monopolio religioso con vínculos estrechos con el gobierno. Así el sectarismo se obliga a trabajar en la clandestinidad y a reforzar el concepto materialista y satánico de las cosas de este mundo.

La escatología que se presenta en el contenido marca una espera para el cumplimiento apocalíptico del fin de los tiempos, a diferencia del catolicismo que en el futuro espera el mejoramiento de la humanidad basándose en lo establecido en códigos de conducta éticos y universales.

5.10 El Veterocatolicismo

La necesidad de justicia, de respuestas, de acciones se perciben en todas las corrientes, la cristiandad sectaria, las religiones hermanas y el catolicismo universal, esperan en la justicia divina un nuevo orden basado en la justicia y la equidad, el cual ha sido imposible instaurar en la historia del hombre, ambas se han nutrido de principios bíblicos y de la cultura hebrea del resentimiento marcada sobre todo en las expectativas del judaísmo, la reivindicación, la justicia y el nuevo orden en las esperanzas escatológicas, para algunos la reivindicación será el paraíso terreno, para otros será el cielo y la concepción celeste del paraíso.

Ambas tendencias son paralelas y por lo tanto imposibles de conciliar, son producto de dos corrientes de pensamiento diferentes que se dieron en momentos históricos diversos, teniendo en común solo la fe en un solo Dios, y la concepción de Jesús como el Hijo de Dios. El sectarismo niega la cultura, los mitos y los ritos como parte del patrimonio religioso, pero incluye dogmas, el catolicismo está basado en la cultura, tradición y dogmas lo que a su vez se retroalimenta basándose en mitos, ritos y folclore nativos lo que lo enriquece de forma, lo cohesiona aparentemente pero sin embargo lo aleja de sus bases bíblicas y del cristianismo primitivo.

La misma concepción de Jesús como el Hijo de Dios une el cristianismo, pues lo considera el futuro Rey del nuevo Reino de Dios, pero al mismo tiempo muestra diferencias abismales para llegar incluso al diálogo, el Jesús del cristianismo sectario es el Mensajero Personal de Dios, con la delegación de los poderes celestiales, pero como hombre, es perfecto siendo el rescate para la humanidad pecadora, eliminando concepciones divinas y sobrehumanas de la condición de su Persona, en sí se elimina el carácter mágico ritual que prevaleció en la cultura helenista. En el cristianismo católico Jesús es Dios, siendo consustancial a Dios en el esquema de la Trinidad, asi se plasma la concepción helenista en el proceso cultural que elevó al cristianismo como la cultura oficial.

Con el concepto de Jesús en una Tríade divina el catolicismo no ha eliminado sus raíces míticas y mágicas, lo que ante la difusión de diferentes concepciones religiosas, basadas en el uso de la razón y la interpretación bíblica, así como el resultado de un proceso histórico, reflejo la disensión en la Reforma Protestante y sobre todo de la corrupción del clero católico, el catolicismo se ha visto menguado tanto en sus bases doctrinales como en la universalidad.

En el seno mismo de la Iglesia católica han surgido grupos interesados en el regreso a la tradición de los primeros cristianos, donde la inclusión de dogmas era lejana y culturalmente opuesta, ya que estos se nutrieron de preceptos bíblicos, en vista de que el sectarismo no presentó ninguna alianza con el estado ni con grupos de poder dominantes.

El veterocatolisimo es un movimiento que se caracterizo por el racionalismo sustancialmente tradicional y pequeño burgués que surge por la iniciativa de un grupo de sacerdotes, laicos alemanes y suizos que rechazaban el dogma de la infalibilidad papal, así como el amplio ámbito de jurisdicción del Pontífice.

Ya en el Concilio Vaticano I de 1870 se manifestó una tendencia al regreso a los principios bíblicos, oponiéndose al dogmatismo de la Iglesia institucional, pues se consideró alejado de las bases del cristianismo primitivo.

Este movimiento fue sujeto a la excomunión de parte del papado por considerarlo promotor de la herejía, así en el 1871 el monje alemán de Munich Dollinger fue excomulgado. Con el apoyo social y económico este grupo formó la facultad de teología en Berna como una forma de profesionalización de cuadros para la formación teológica a través de estudios de filosofía, historia y sociología que permitirían el acceso a conocimientos de formación profesional, tradicionalmente estudiados en seminarios bajo la dirección de la Iglesia y con la importante participación de laicos.

Este movimiento más tarde rechazará el dogma de la virginidad de María ya que está basado en la pura interpretación de textos bíblicos y en un enfoque cultural típicamente helenista, sobre todo en lo que se refiere a la divinización de la criatura humana, cuya consecuencia eleva a un ser humano a ser madre de la divinidad, alejándose de las bases bíblicas y acercándose mas al dogmatismo católico.

Aboliendo el celibato y la confesión, así como la introducción del uso de idiomas locales para la celebración de la misa, eliminando el latín oficialmente reconocido, este movimiento llegó a ser considerado herético y desestabilizador de los principios doctrinales, clasificándosele en sectario contrario a la universalidad de la Iglesia.

En 1899 tras divergencias en el mismo seno del movimiento, los obispos veterocatólicos se separan de la Iglesia de Utrecht, formando la Unión de Utrecht que logra la adhesión de grupos filo veterocatólicos de Polonia, la Bohemia y la ex Yugoslavia. Con la declaración de Utrecht se legitima el primer milenio cristiano y en el 1932 esta unión tendió a alinearse con la Iglesia anglicana, perdiendo su típico carácter sectario.

5.11 Concilio Vaticano II y Ecumenismo Como Apertura a la Conciliación y el Diálogo

Importantísimo fue el Concilio Vaticano II como Concilio Ecuménico de la Iglesia Católica en 1962 y que concluye en 1965. Su sola convocación fue una novedad teológica, pues después del dogma de la infalibilidad papal el diálogo en el plano teológico, dogmático y ritual estaba cerrado.

Según el papa Juan XXIII el Concilio debía promover el ecumenismo y la unidad entre los creyentes cristianos y los católicos, pero sin discutir cuestiones dogmáticas y sobretodo sin la intención de re adecuar la Iglesia católica a la renovación y modernización que se estaba presentando en la sociedad entera.

Al morir el Papa le sucede Paulo VI el cual se vio en la necesidad de afrontar las novedades impuestas por su antecesor, así como las exigencias de las iglesias básicamente latinoamericanas y africanas. Sin embargo, a pesar de las presiones la política papal del nuevo sucesor de Juan XXIII optó por imponer los propios esquemas y aceptar solo algunas modificaciones en la liturgia, donde el diálogo quedó reducido a cuestiones menos importantes y de forma, ya que el dogmatismo se marcó de nuevo eliminando las posibilidades de diálogo y enriquecimiento cristianos.

Con este Concilio se aprobaron 4 Constituciones, 9 Decretos y 3 Declaraciones. (129) Las Constituciones sobre la liturgia, la Iglesia y la

Palabra de Dios con la Iglesia en el Mundo son el resultado del trabajo efectuado en el mismo seno del Concilio. De tal forma la Iglesia queda como la opción del misterio de salvación con la jefatura de Cristo, la Iglesia como pueblo de Dios que es universalmente reconocida, pero a la vez expresada a pleno título en las iglesias locales. El obispo se legitima y reafirma como pastor siendo directamente ungido por el mismo Cristo a través de la ordenación y consagración episcopal. Este se autogestiona tanto en su propia Iglesia como a nivel universal, basando su poder en el Colegio Episcopal. El Colegio de Obispos esta alrededor del Papa como el órgano supremo en la guía de la Iglesia y con la tarea de armonizar y conciliar los intereses del papado y de la Iglesia de Pedro y de los Apóstoles, ante las nuevas tendencias de la modernidad, en el sentido del sectarismo religioso esta facultad de los obispos es conocida como la Colegialidad Episcopal.

La Iglesia se reafirma como parte del mundo y como respetuosa de la tradición y de la historia del hombre, reafirmando el principio de la libertad religiosa y declarándose de facto ecuménica, con una vocación universal de reconocimiento hacia las demás confesiones cristianas llamándolas "Iglesias Hermanas".

La libertad religiosa en Italia está plasmada teóricamente en el artículo 8 de la Constitución, dando por entendido la categoría jurídica omnicomprensiva de los "cultos no católicos" de las "confesiones religiosas diferentes de la católica." Esta es una forma de salvaguardia de la Institución en relación a las confesiones diferentes dotadas de una espera mientras que todos los demás movimientos religiosos son relegados al ámbito operativo de la ley estatal común, la cual actualmente salvo algunas modificaciones dadas por el juez constitucional datan de la normatividad del período fascista y del Concordato Lateranense. Existe una tácita separación de los cultos establecidos entre el establishment y las nuevas sectas o confesiones según sus principios pseudo-teológicos que puedan ser contrarios al orden social y moral.

Un gran avance en el Concilio Vaticano II fue de reconocer la Sagrada Escritura como el centro de la vida cristiana y eclesiástica, sobre todo después de siglos de oscurantismo y de imposiciones dogmáticas. E incluso de persecuciones políticas en pos de la supremacía de la Iglesia como monopolio legítimo de la verdad y encargada de administrar la salvación. Con el "Dei Verbum" la Biblia pasa a ser el centro de la vida eclesiástica, después de siglos de considerarla secundaria en relación principalmente a la doctrina y al dogmatismo, por lo que el Concilio Vaticano II representa el fin de la era del Concilio de Trento para preparar el cristianismo a una fase milenaria, en teoría.

A partir del Concilio Vaticano II y de la apertura a las diversas confesiones religiosas, la Iglesia da un paso adelante y considera abierto el camino del diálogo con las confesiones "hermanas" incluso sienta las bases del ecumenismo. (130)

Tres décadas después aproximadamente del inicio del diálogo, la Iglesia Católica Romana se siente amenazada de las llamadas "sectas" religiosas o confesionales, e inicia a manejar un complicado sistema tanto publicitario como teológico de rechazo e intolerancia a las minorías religiosas existentes en su territorio natural de influencia: Italia. "El documento acerca de las sectas religiosas es una apología entre el protestantismo como doctrina extranjera mandada y financiada del exterior, ¡la cual no representa ningún peligro serio pues no es proselitista! ¡Y descuida la evangelización! Y la otra preocupación es la desleal propaganda que van haciendo los pastores y emisarios "protestantes" entre nuestra población católica, la cual siembra discordia familiar, escisiones en el país y la división religiosa en la Nación Católica". (131)

La historia del cristianismo oficial es paralela a la historia de la consolidación del estado italiano, con la definición de sus fronteras en un ámbito de ejecución de poder legítimo. En el siglo XX la Iglesia Católica reconoce el Estado italiano y viceversa, plasmando un oneroso tratado, el Concordato de Letrán de 1929. Al reconocer la Iglesia el estado automáticamente acepta la injerencia de los grupos de poder en actividades del Estado Vaticano, típica situación de una Iglesia institucionalizada que adquiere compromisos políticos para asegurar su universalidad. El estado adquiere obligaciones económicas, de seguridad y de protección para el pequeño territorio de la sede Vaticana, comprometiéndose la Iglesia a apoyar al estado, aún a costa de reconocer el fascismo y de callar ante las políticas y masacres de los estados líderes del Eje durante la segunda guerra. (132)

El desarrollo de la institución católica sigue lineamientos similares al período de la oficialización del cristianismo. Al final de los años setentas e inicio de los ochentas se da una propaganda antirreligiosa y anti sectaria contra las diferentes confesiones registradas ante el gobierno italiano influyendo y estigmatizando la interpretación de la Constitución en lo referente a la libertad religiosa, compatible con los intereses nacionales, solo hasta donde no lesione los intereses vitales de la clase dominante y del estado, sobretodo referente a poder ejercer la supremacía absoluta en la conciencia del individuo. En el momento que se vea en peligro tanto la religiosidad como el contenido teológico, básicamente en el aspecto de dogmas y tradiciones, en cuyo campo es imposible discutir sin modificar criterios será hasta ahí el límite de la libertad religiosa, ya que la institucionalización y la universalidad requieren de compromisos.

Como contrapartida a este límite, es lógico iniciar una campaña de despliegue publicitario que incluya la movilización a diferentes niveles de la acción de sentirse amenazados como "rebaño de Dios" por los embates del sectarismo religioso (133) a todas luces incongruente con la política de apertura al diálogo iniciado en el Concilio Vaticano II. Además de llegar a niveles de enajenación y discriminación que han caracterizado el cristianismo conducido en forma oficial, sobre todo durante los períodos de reivindicación evangélica y las épocas obscuras del Medioevo, de manera que todo lo contrario a la ortodoxia católica será considerado herejía.

Con la Encíclica "Centesimus annus" del 15 de mayo de 1991, la Iglesia celebra el fin del comunismo en Europa, visto como la personificación de Satanás, y donde la Iglesia junto con las formaciones políticas promueven un nuevo orden y modelo económico que obviamente es el capitalismo, que permitirá a ésta tener un papel activo de evangelización.

Y en el marco del ecumenismo la Carta Apostólica del 14 de noviembre del 94 "Tertio millenio adveniente" reconoce los errores históricos y la vía ecuménica para la formación universal de la Iglesia, proponiendo el período del 1997 al 1999 como la base de diálogo universal. En este ámbito de perdón de los errores del pasado la jerarquía de Francia encuentra su legitimidad, como la de España anunciando un hecho insólito de "Perdón" como un avance del jubileo. Sin embargo, el "mea culpa" de la revisión histórica y de la autocrítica de la Iglesia es muy complejo, por principio plantea y abre la posibilidad, esperada por muchas confesiones religiosas y grupos de izquierda, de cuestionar la validez histórica del dogma de la infalibilidad papal (134) y de reducirlo a pretensiones políticas y ambiciones de poder terrenal, excluyendo los principios básicos del cristianismo promovido por Jesús y posteriormente por los cristianos.

En 1869 al convocarse el Concilio Ecuménico Vaticano y donde se proclama la infalibilidad papal por parte de Pio 1X, el que había condenando a Europa en sus procesos de instauración de democracias más progresistas luchando por tener el control psíquico de aquellos que se oponían al Papa, determino que todo aquel que se le opusiera sería considerado hereje, muy similar a los criterios del Medioevo. La lealtad al Papa significara en Europa la alineación en posturas políticas, pero en el norte ya estaba consolidada la reforma protestante, en los Estados Unidos había germinado en una nueva nación y la revolución industrial estaba en marcha. La Iglesia perdió una gran oportunidad con la revolución industrial ya que no proclamo un uso compasivo de la riqueza acumulada y de la dignidad humana como conceptos ya incluidos en el Antiguo y Nuevo Testamento.

Incurrió en muchos errores con el dogma de la infalibilidad, los evangelios apócrifos fueron considerados fuera del esquema de la Biblia, fueron rechazados por Atanasio, Agustín de Hipona, San Jerónimo, Gregorio el Grande, León X los que los negaron como inspiración de Dios, sin embargo, el Papa los incluye en la versión de la Vulgata, Sixto V maldijo a quien incluyera los apócrifos en la Biblia. En 1872 el Papa Clemente V111 imprimió la nueva versión inspirada y poniendo los apócrifos en ella. Juan XX111 ordeno quitar las imágenes de los templos, Pio V1 las volvió a poner. El dogma de la infalibilidad se complica aún más cuando se habla de María la madre terrenal, escogida por Dios para ser la madre Jesucristo.

Juan Pablo 11 en 1997 decreto a María como mediadora de la humanidad con Dios, en 1 Timoteo 2, vers.5 dice mediador solo es Jesús, en Mateo 12, vers. 46 al 50…su madre no tenía prerrogativas. Lucas 11, vers. 27 y 28 la Asunción de María es igualmente ex cátedra poniendo más piedras en el abismo de los fieles y la institución. En Hebreos 7, vers. 25 se habla de Jesús como el único intercesor. Hechos 4 vers. 12. La adoración a Dios es solo para El, no hay otro hombre ni nombre. Y en Éxodo 20 vers.4 y 5 dice no te harás imágenes para adorarlas, porque solo se adora a Dios, incluso en Apocalipsis 22 vers.8 y 9 menciona de no postrarse frente al ángel, este dice adora a Dios. El caso de la Virgen María plantea una dificultad muy grande en el ecumenismo y ante la ortodoxia católica y los laicos, María como Madre de Dios determina que entonces Dios tuvo principio y no es eterno de principio a fin. Y la Naturaleza de María como corredentora dejaría a la expiación de Jesús en la cruz como un acto simbólico porque ya seria ella también co corredentora, restándole la profundidad que se expresa en la Biblia como la expiación y el sacrificio máximo de Jesús para la salvación del género humano, según la iglesia María resucito en cuerpo y alma declaración ex cátedra, dogma, Hebreos 9 vers. 27 dice morir una sola vez y luego el juicio, salvo Enoch y Elias por dogma de fe. Hay tumbas de ella en Jerusalén, en Turquía, y en Italia ascendió en cuerpo y alma. (135)

Derivando incluso la legitimidad dogmática y doctrinal del catolicismo en cuanto a los principios trentinos cayendo en una práctica de críticas presentes que tendrá que pasar por alto los errores y abusos del presente "en el presente" pues es más fácil reconocer y criticar los errores del pasado que una autocrítica del presente y con ella los cambios necesarios, así como permitir a los laicos de organizarse sin políticas y financiamientos partidistas favorables. De esta manera la Iglesia regresa a los momentos conocidos del cristianismo primitivo o sea a una base puramente bíblica.

Sin embargo en la Encíclica del 1995 la "Ut unum sint" se acepta el diálogo ecuménico, pero se limita su conducción a la autoridad pontificia en un marco católico con inclusión del protestantismo, dejando fuera a una gran mayoría que se siente olvidada de la Iglesia, en la práctica se continúa con el viejo estilo. El Concilio Mundial de las Iglesias como El Parlamento de las Religiones Mundiales, Chicago 1993 es la respuesta de los frutos del Ecumenismo y Diálogo propuestos en el Concilio Vaticano II, donde la ética y el espíritu religioso han superado la institucionalización.

5.12 Nacionalismo y Religión. La Presencia de Dios

La sociedad post moderna se caracteriza por la interminable sucesión de guerras locales, de guerrillas, de fanatismo, de corrupción a todos los niveles, de violación de los más elementales derechos humanos y de conflictos e intolerancia entre diferentes confesiones religiosas, carencia de moral y valores absolutos, fijados bajo las reglas de Dios que dan unidad y verdad a todo conocimiento. En Israel donde por milenios se ha adorado a un único Dios, hoy día el estado, el pueblo y la tierra de Israel son motivo de culto, el nacionalismo se sobrepone a la concepción religiosa. La historia demostró en este mismo pueblo como el nacionalismo terminó en Holocausto y como en la religión se funden sutilmente la religiosidad y la necesidad de un nacionalismo de estado que se vale de la tradición y de la religión al servicio de un clase en el poder convirtiéndose en una cuestión de seguridad nacional que se aleja de la mítica concepción de un Israel bíblico. (136)

Los ejércitos son usados para el servicio de los intereses nacionales y la nación está representada por los grupos de poder que utilizan la religión como factor de identidad nacional, enfocándolo como "nacionalismo de derecha" legitimado en la ortodoxia. Se recurre al esquema de la "guerra santa" al llamado de "Dios lo quiere" canalizando las frustraciones arcaicas como el descontento popular ante un sistema político, económico y social incapaz de satisfacer las desigualdades justificadas con esquemas religiosos.

El nacionalismo a lo largo del curso de la historia ha demostrado contraponerse a la ética y los valores de la religiosidad, sobretodo en términos confesionales.

La política de purgas de Stalin, como las Lenin, la fusilación en masa de los representantes del zarismo, con la promesa de un nuevo sistema social, el Holocausto de la Alemania nazi con la legitimación del nacionalsocialismo como la única vía para llegar a un Imperio milenario, hasta las guerras civiles en países como Afganistán donde se bombardea la coalición de los talibanes que depusieron en el 1995 al gobernador de la ciudad de Herat, (137) el que ahora a su vez lucha por retomar el control político del país, o los conflictos entre la etnia Tutsi y el gobierno de Zaire, donde también se lucha para derrocar al presidente oficial, son conflictos internos de reacomodo de poder que utilizan mitos y religiosidades para legitimar guerras santas sea mandadas por Dios o derivadas de la "interpretación" religiosa de los Textos Sacros.

El concepto de nacionalismo se asimila como la raza, la clase, la nación, la cultura, e incluso la voluntad de Dios donde la libertad, el derecho y los principios éticos y moralmente reconocidos se readecúan aparentando esquemas de "democracias modernas", de lealtad patriótica y de una justificación del uso de la fuerza y de los grupos militares y paramilitares. Aún la misma Iglesia reconoce el valor y la defensa de la patria como reconoció las Cruzadas en términos de "guerra santa", como la Conquista con evangelización; como ha sido el uso y la movilización militar el medio de satisfacer las ambiciones de monarquías reinantes y de grupos consolidados en el poder y en la conducción del gobierno, ya no hay más bendiciones e indulgencias para el purgatorio, ahora estas luchas son bendecidas y reconocidas como augurio de la presencia de Dios. Francois Guizot afirmaba en el ochocientos "Son las cualidades morales e intelectuales de los seres humanos las que construyen una civilización". (138)

El nacionalismo es la comunidad de territorio, de lengua, de cultura, de economía, de historia de un grupo social, donde sobretodo se manifiesta la pertenencia de grupo y la conciencia precisa de su posición. La idea de nación se afirma en el romanticismo y con la revaluación de la tradición. Algunos autores como Hintze consideran que solo basta el concepto de raza para llegar a la pertenencia. Después de la segunda guerra mundial se vuelve a afirmar el concepto de nación como la tarea de las élites políticas de coadyuvar a una integración de la sociedad en una unidad, el estado. En los países de menor desarrollo económico que han postergado la modernidad para las mayorías, la formación del estado se ha visto en serias dificultades por los conflictos de las minorías y etnias relativos a la autoridad central, por conflictos sea heredados del mal manejo de gobiernos impuestos, o de narcos con vínculos políticos y con jerarquías religiosas, la enorme corrupción como parte integrante del sistema o por problemas fronterizos heredados de una situación post colonial incluso algunos de ellos justificados bíblicamente.

Las raíces del nacionalismo se detectan según Geller en la organización de la sociedad industrial, donde el principio dominante es un "·estado de cultura" de lo cual depende el buen funcionamiento de ésta y de un sistema educativo omnicomprensivo, ligado a la cultura. El nacionalismo y el estado son uno. El estado se encarga de promover la educación y los valores apoyado en el nacionalismo laico que dota de principios válidos en un espacio determinado, los cuales se han legitimado en la tradición y el mismo nacionalismo. Este se alimenta a través de procesos culturales en un sistema educativo vigente que tenga consenso popular. En aquellas sociedades donde la raza es el elemento básico y clave para la formación del estado, se produce una forma de racismo y nacionalismo basado en el concepto de raza como vínculo de pertenencia el cual es legitimado en un orden social no necesariamente democrático. El orgullo nacional en sí mismo retroalimenta al sistema, reflejando la competencia social de los grupos hegemónicos, que están reforzados y revestidos de un nacionalismo superior y sobretodo de un fanatismo de raza.

El nacionalismo encuentra una aceptación a nivel de la clase política y gobernante como un vínculo, aún cuando a nivel social en general se arraiga en la indiferencia, la individualidad o la apatía, como se manifestó en los años del Holocausto hebreo, o durante la guerra de Vietnam manejada en un ámbito de democracia y nacionalismo.

Este nacionalismo ha suplantado una ética moral universal, ha provocado la intransigencia política mitificando ideales y desvirtuando realidades, utilizando la religión como el medio de satisfacción de ambiciones terrenales y de poder. El fanatismo y el terrorismo nutren el nacionalismo con pretensiones pseudo religiosas cargadas de frustraciones antiguas, cuyos sistemas sociales y estados no han podido superar, propiciando la exportación de ideologías como una forma de legitimación universal y de desviación de atención de los graves problemas internos con los cuales conviven de siglos.

La intransigencia política y religiosa de las minorías ha producido violencia, agresión y guerras que se han manejado como la única opción y que en muchos casos representa la contradicción en la conducción tanto de la religiosidad como de los valores inculcados en los sistemas educativos, el nacionalismo se presenta como la identificación de la ideología nacional predominante la cual ha llevado a posiciones fanáticas y aún terroristas que se legitiman en el concepto de seguridad nacional reflejando concepciones ortodoxas de los grupos dominantes.

Con el avance de la ciencia, el desarrollo científico y el poder financiero trabajan conjuntamente pero si carecen de ética, principios morales y religiosos, pueden hacer del avance científico el arma destructora de la misma humanidad y ser solo el arma de los intereses políticos de los grupos dominantes, el hombre ha hecho a un lado a Dios. La bioética sin principios morales se vuelve un arma contra el mismo hombre, la tecnología y la sofisticación de la misma se vuelven el arma de destrucción de la humanidad entera, incluyendo la fabricación de armas biológicas que responden a intereses egoístas y ambiciones de poder, refugiadas en un nacionalismo y religiosidad representante exclusivamente de intereses terrenales particulares. (139)

La democracia sin ética es el arma más eficaz para dominar a las masas, postergando las verdaderas reivindicaciones sociales y utilizando la religión de elites dominantes como medio de justificación del interés nacional.

Las grandes religiones monoteístas ligadas entre sí históricamente conciben la existencia de un Ser Superior, Supremo cuya cualidad principal es el amor, aunque no la única; la potencia, la justicia y la sabiduría entre otras.

Sea en la Sharia, en el derecho canónico o en la Halaká, la observancia de la ley no es superior a hacer la voluntad de Dios, que está por encima de la ley y que culmina en el amor. (140)

¿Hasta donde el ser humano esta postergando decisiones de elemental sobrevivencia y de una verdadera paz?, hasta donde se continuará a defender la religión personal, la paz personal la cual se ajusta a sus propios fines y a un limitado esquema de valores sobre todo en un contexto nacional el cual se retroalimenta de sistemas educativos algunos de ellos de corte medieval, sin crítica ni posibilidad de apertura, lo que ha llevado aún dentro de las mismas naciones a esquemas paralelos de educación y atraso incluso a estadios tribales.

El desarrollo de la humanidad no se ha caracterizado por ser homogéneo, más bien por una multiplicidad de estadios de desarrollo social, económico y político. Sin embargo a todas ellas es común la religiosidad. Se predica el amor y la benevolencia de un Ser Supremo, pero en la práctica existen más casos de guerras documentadas que de casos donde la religión de los pueblos haya llevado a la cooperación a través de un mensaje de amor y de un Ser Supremo. La forma de conducción de la religión en el hombre ha desvirtuado el mensaje original de Cristo, en algunos lo ha llevado a un individualismo y falta de amor al prójimo, al ateísmo, a maximizar algunas razas en relación a otras, o a creer en los elegidos por la gracia de Dios olvidando que la estancia terrenal es corta, efímera, transitoria, aún cuando se prolongue en estadios paradisiacos terrenales o celestiales, lo que obliga a replantear los valores, las metas y la brevedad del tiempo. (141)

El nuevo orden internacional sobre todo después de la caída del muro de Berlín obliga a replantear una nueva conducción de la humanidad. Este nuevo orden no deberá caer en un ateísmo secular, ni en la ideología de una gran potencia, ni en los auspicios de una suprema democracia, ni tampoco bajo el slogan de la re evangelización de la Iglesia católica, la cual añora las posiciones de poder del Medioevo y de la aplicación máxima del Concilio de Florencia: Fuera de la Iglesia no hay salvación. Tampoco la opción del islamismo aún cuando se condivide la idea de Un Único Dios, la que ha sido superada por posiciones puramente terrenales alejadas de la verdadera predicación de amor contenida en sus Libros Sagrados. Una reislamización actual representa aceptar la instauración de un poder e intereses políticos y económicos que han usado la religión para dominar ancestralmente a sus sociedades, con abundante uso de retórica y demagogia, donde la mujer es un objeto desvalorizado intrínsecamente, cuya mutilación sexual es practicada en reivindicación de la tradición. Una religiosidad basada en reivindicaciones terrenales, que ha olvidado el verdadero significado de la característica de Dios el amor, de Dios como un Ser de Luz, de Libertad.

La reislamización a través del derecho sacro de la "Sharia" pretende regresar al fundamentalismo, donde la tradición volvería a ser la fuente de poder y donde la ideología de un grupo minoritario se impone legitimando un estatus favorable a la burguesía dominante, cuya religiosidad está al servicio del estado, cuyos conceptos de nacionalismo y religión sirven de legitimación política, social, cultural y religiosa.

La mitificación del Holocausto debe servir para tomar en cuenta como el nacionalismo se puede transformar en fanatismo produciendo una individualidad en la forma de percibir los fenómenos y como el grupo de derecha puede utilizar este nacionalismo, mitificarlo y prolongar una guerra que justifique la seguridad nacional, utilizando la religión y el pasado bíblico como elementos legitimadores de esta lucha y de la ideología del grupo de poder.

Una guerra religiosa hoy día, es solo la justificación de un presente político y económico intransigente que encuentra su fundamento en la religión de pueblo escogido de Dios. Aún en el seno mismo de Israel como pueblo de Dios, el fanatismo ha sustituido el nacionalismo el cual basado en pretensiones bíblicas genera nuevas guerras de intransigencia, han olvidado como el fanatismo sea cual fuera su denominación condujo a la eliminación de 6 millones de hebreos en los hornos nazis. Las ideologías falsas y milenarias llevaron a actos de fanatismo, de destrucción, de mitificación de dioses y tradiciones. La religión ya no se presenta como el elemento de unidad como en los primeros padres del judaísmo, es ahora la concepción de seguridad nacional, de tierra a cambio de paz, de la cultura de la guerra y de la superioridad del hombre, pero sin sacrificio de nacionalismo, el resultado es un permanente conflicto fronterizo y de minorías, el nacionalismo ha sido sustituido por la antigua religión, es el elemento de la derecha, de la ultraderecha y de la sociedad en general, pero que quedara de lado con la globalización.

El fanatismo que se ha generado se alimenta de la tradición y la violencia que como tal es considerada el camino de solución a los problemas. La religiosidad del pueblo se ha fusionado ante las expectativas de existencia terrenal y de la retroalimentación del nacionalismo.

El judío debe replantearse hasta donde la Sagrada Escritura en lo referente al Pentateuco habla de un Israel liberado, del pueblo de Dios, del amor de Dios y hasta donde estos conceptos de la religión primaria y madre de las religiones monoteístas actualmente vigentes en el mundo, se han desvirtuado concibiéndose ahora en términos de soberanía nacional, de la concepción de la tierra como un dios de la existencia de un pueblo, de una raza y de fronteras seguras como "dioses" a los cuales ha de servir, postergando la auténtica religiosidad y oscureciendo el Mensaje de paz y de amor, que es el contenido básico de la Palabra de Dios. (142)

De nada sirve argumentar la paz cuando se siguen fabricando armas, cuando se siguen financiando proyectos de hegemonía militar, cuando la intransigencia se alimenta de odios de raza y superioridad, cuando se usa la religión y sus preceptos para justificar intereses materiales y puramente terrenales, entonces es cuando se afirma que el Holocausto se repite y que las bases morales, éticas y religiosas de una comunidad han perdido su espiritualidad en cuando estas son ahora portadoras de aspiraciones materiales representadas en grupos de poder, en la mayoría de los casos ultraderechas.

5.13 Las Esperanzas en el Creyente y el Proceso de Institucionalización. El Mensaje de Jesús y el Papel del Bautismo. El Compromiso de la Iglesia de Dios y su Reflejo en la Conciencia, la Fe y la Moral en la Religiosidad Humana

En los inicios de la cristiandad los primeros discípulos esperaban la plena instauración del reino de Dios, sobretodo antes de su muerte. Cuando éstos inician a morir se replantean tanto el reino de Dios como la venida de Jesús, y ya que un día para Dios simbólicamente pueden ser mil años de la humanidad, la instauración del reino se retrasa, se posterga por la decisión única de Dios, por lo que el tiempo de su advenimiento servirá para reflexionar.

Según las concepciones hebreas al tiempo de Jesús, podemos deducir dos concepciones acerca del reino de Dios. La primera que Dios reina en el cielo, "reino de Dios" o "reino del cielo" ahí donde es eterno. Ocasionalmente Dios interviene en la historia pero gobierna completa y coherentemente solo en el cielo. La segunda que en el futuro gobernará la tierra. Estas dos concepciones han permitido a la historia humana de proceder con interferencias relativamente modestas, pero al final de un cierto momento pondrá fin a la historia normal y El gobernará el mundo de manera perfecta, en breve el reino de Dios que existe en la eternidad, será el futuro en las cosas terrenales, en la instauración de un gobierno y de la perfección.

Los judíos pensaban que Dios era el Señor de los cielos, pero al final gobernaría cada cosa perfectamente. Sea el reino de Dios un reino del cual se puede recibir inspiración y en el cual cada uno quiere entrar individualmente a través de la muerte o en el momento del juicio final, el reino está allá, pero a la vez esta en el presente y en el futuro. La vida eterna se gana al momento de la muerte, Mateo 18 vers. 9 y Marcos 10 vers. 17 aL 22 o el reino de Dios es un reino trascendente en el cielo, pero está destinado en el futuro a realizarse en la tierra. Dios quiere transformar el mundo de tal manera que las estructuras de base de la sociedad, física, social y económica sean reelaboradas. Todos entonces vivirán como Dios quiere, imperará la justicia, la paz y la abundancia, el reino está allá por ahora, pero en el futuro estará aquí. Mateo 6 vers. 10, 18 vers. 1 al 4, 10 vers. 7 y Lucas 11 vers. 2. (143)

La iglesia católica no contempla Apocalipsis y Harmaguedón en el sentido de la destrucción de los reinos de la tierra para instaurar el "reino de Dios" sino que éste ya ha llegado a la tierra desde el momento que Jesús lo instaura y se representa en la Iglesia como la esposa de Cristo.

Divinizando la figura de Jesús y haciéndolo partícipe de la Trinidad y sumando en ello sus propios dogmas, el católico se aleja más del ecumenismo y de un posible diálogo con el hebraísmo y el islamismo, así como de las llamadas "Iglesias Hermanas" Rudolf Bultman en la segunda década del siglo acepta la idea que de Jesús tiene el renio de Dios en el futuro, donde adquiere características escatológicas. Pero de alguna manera en la actitud del hombre y sus principios es presente y no como Dios, (144) sino como el mensajero personal de Dios, pues Jesús es una figura humana de donde parte la fe.

Jesús representa no un carisma mágico, sino la intervención del divino a favor del hombre y por lo tanto de la humanidad y a través de la santidad de su vida llegó a la perfección y a ser el representante Supremo de la ley moral universal. (145)

Tanto la inmortalidad del alma como la resurrección llegan tardíamente al judaísmo, sobre todo a Persia, ya que originalmente eran concepciones totalmente separadas. En la cristiandad católica el destino último del hombre, no escatológico, está en el momento de la muerte, donde el alma se separa del cuerpo y regresa a Dios. En una época se manejaron infierno y purgatorio como las penas que allí existían y donde el alma se atormentaría en un proceso de purificación.

Este más allá sin tiempo y sin espacio era el lugar inimaginable del plan divino donde no hay más las tres funciones necesarias a la instauración de la sociedad divina sobre la tierra, pues allá está la sociedad en su máximo grado de perfección. No más funciones quieren decir que no hay más clases, ni trabajo pues este es el símbolo del sufrimiento, considerado indispensable para llegar a la perfección ya que allá la superación se ha completado. No hay vejez, pues el tiempo no existe más, al menos en la versión relativa, la muerte queda atrás.

En la Europa occidental venía descrito el otro mundo como un lugar siniestro, sobretodo antes que el cristianismo romano fuese introducido con la concepción de la culpa de la humanidad, por lo que el infierno diabólico y el castigo para los pecadores fueron desconocidos para sus primeros pobladores, como también lo fue la reencarnación. (146)

La ontología griega es el contenido esencial de la fe originaria de occidente, la fe en la existencia del futuro, la fe originaria en el "epamphoterizein del ente" o sea la oscilación del ser en cuanto es nada, al interno del cual, esta visto, se constituye la misma contraposición entre "razón" filosófica científica y fe cristiana. (147) Con la influencia griega y el helenismo también el nombre de Dios en hebreo se cancela, pues marca el influjo cultural plasmado en la Iglesia; el tetragrama YHWH o JHVH que aparece en el Antiguo Testamento es sustituido en las Sagradas Escrituras griegas, así como de la versión de los Setentas. En su lugar la versión griega traduce Kyrios Señor y Theös Dios, en lugar de יהוה‎ originalmente hebreo, reflejando la situación de rechazo de la tradición judía en las traducciones del Nuevo Testamento. La pronunciación del nombre hebreo de Dios es desconocida hasta hoy, sin embargo se ha visto la forma abreviada de "Jah" o "Yah" que se plasma en las escrituras griegas como "Alleluia" o "Hallelujah ". Apocalipsis 19 vers. 1,3, 4 y 6. (148)

El cristianismo primitivo regido por los principios heredados directamente de la predicación de Jesús fue considerado sectario, en la medida que se extendió recibió influjos culturales dominantes, los cuales introdujeron prácticas no necesariamente de la tradición hebrea pero conciliadoras ante los nuevos cristianos no salidos de la tradición judaica. Estos nuevos influjos se considerarían paganos ya que muchos de ellos provenían de ambientes politeístas, así como la asimilación de cultos y ritos en su mayoría agrícolas, en vista de la extensión sobre todo del Imperio Romano. Al reconocimiento del cristianismo sobrevino el compromiso y la aceptación de la oficialidad perdiendo el carácter de secta y convirtiéndose en religión oficial. En cuanto al enriquecimiento doctrinal éste se fundó básicamente de la interpretación de textos bíblicos, dependiendo en mucho de la proveniencia cultural y los influjos míticos dentro de las sociedades donde se iba instaurando.

La concepción del cristianismo así como su expansión bajo el ideal de la universalidad se identificaban en Europa con la consolidación de los estados modernos y de las monarquías reinantes. Es entonces cuando la esencia original cristiana se convierte en compromiso de poder y legitimación de intereses extra cristianos sometiéndose a asimilaciones culturales y con ello religiosas y nacionales.

Los sacramentos instituidos por la Iglesia representaron la forma de administración de bienes extra terrenales y la confirmación del estado de gracia, la "certitudio salutis". Sacramentos que han sido cuestionados ya que provienen de la paulatina institucionalización de la Iglesia y que aún hoy no se apoyan bíblicamente, excepto el del bautismo y la Cena Pascual de Jesús. Por ejemplo la confesión representó el control legítimo de la coacción psíquica, prestigio, poder económico y control políticos.

Como seguimiento de la doctrina de Jesús el bautismo por inmersión y en la plenitud de la conciencia significó obtener la gracia de Dios y la iluminación del Espíritu Santo, como fuerza y potencia de Dios igualmente la muestra física de la pertenencia a la comunidad. Sumando a esto el adiestramiento bíblico, el hombre adquiere conciencia y conocimiento de la Palabra de Dios a través de la fuerza de El mismo.

El bautismo es el rito sacramental que señala el ingreso del cristiano a la Iglesia. En griego "bátisma" deriva de báptein que significa sumergir, por lo que este es un rito de inmersión. Desde el Antiguo Testamento se habla de abluciones y de ritos de purificación a través del agua. Diferentes a aquellos del fuego que cayeron en el ámbito de profanos y paganos. El Nuevo Testamento recalca como Juan el Bautista prepara el camino a Jesús, que lo acepta al ser bautizado y con ello todo su significado.

La doctrina cristiana ha retomado este rito en gran consideración y en el catolicismo se ha elevado a sacramento. Juan 3 vers. 5. Jesús anunciaba una regeneración necesaria del espíritu a través del agua y con ello la recepción del Espíritu. En hechos de los Apóstoles se atestigua la práctica del bautismo, así como el recibir al Espíritu Santo en el acto de la conversión y la predicación apostólica como medio.

En los primeros siglos de nuestra era, aproximadamente hasta el IV, la comunidad cristiana utilizó la inmersión la cual era administrada por un obispo. En el rito bizantino se asocia con la comunión y la eucaristía de manera que el bautismo se practica solo en grandes ocasiones y solemnidades.

Con san Agustín el bautismo adquiere validez dependiendo de la forma de administración y no del contenido de la fe, ni de la jerarquía del ministro aplicante, anunciando la doctrina del indeleble, en vista de que este permanece siempre y ya no se puede quitar y del bautismo de sangre a través del martirio de Jesús, por lo menos en forma de aspiración válida para el cristiano aún cuando solo se cuente con la intención.

En la Reforma el bautismo significó la reafirmación de la fe por lo que el rito es considerado solo como un signo y se interpreta como la confirmación del perdón y la obtención de la gracia. La pertenencia fue marcada en el ámbito del Zwinglismo suizo, donde el bautismo representa la "pertenencia" a la comunidad, eliminando en ambos casos la concepción ritual y la elevación al grado de sacramento.

En las distintas confesiones derivadas de la Reforma, el bautismo es un precepto bíblico marcado en la vida santa de Jesús, y con el cual adquiere la gracia antes de iniciar su ministerio. Con la adquisición de la gracia y la confirmación de su Santidad, Jesús inicia la predicación imbuido de la gracia de Dios a través del Espíritu Santo, este como la fuerza y potencia de Dios y con la aceptación y anuencia de su mismo Padre Celestial.

El bautismo representó la aceptación de la nueva confesión cristiana, que por acto de fe se hace partícipe, siendo la inmersión un acto público precedido de una previa preparación y adiestramiento bíblico y el hacerse a la edad adulta o previa conciencia del hecho, simboliza tanto la pertenencia a la comunidad como la adhesión a la fe contraída. Esta forma ritual aleja al catolicismo de las confesiones cristianas, pues el Concilio de Trento de 1547 determinó que no era solo un signo de pertenencia sino más bien un sacramento instituido por Jesús y que contiene la gracia como valor intrínseco para los que se someten a él. Pudiendo incluso ser administrado por un laico en los neonatos cuando exista el peligro de muerte y posteriormente dando el aviso pertinente a la parroquia. El carácter de indeleble marcado por san Agustín así como la concepción de purificación del pecado original otorgaron al bautismo un sentido diferente del significado bíblico del mismo bautizo de Jesús, ya que la purificación liberaba al individuo de las penas del infierno y del purgatorio, o el limbo en caso de los neonatos en peligro de muerte antes de ser bautizados, en lugar de la afirmación de la adquisición de la gracia de Dios y a la conversión de la fe y con ello de la pertenencia y aceptación de la nueva confesión. Los neonatos bautizados adquieren el compromiso de comunidad y de fe a través de los padrinos y la gracia los purifica del pecado original. Los bautisterios construidos en las iglesias cristianas de corte católico sobretodo en Italia se caracterizaron por estar a un lado de la Iglesia principal, contando con sus propias entradas diferentes de las del cuerpo principal de la estructura de la iglesia, pues se consideró que los bautizantes eran "extra iglesia", hasta el momento del bautizo por lo que no podían entrar a la iglesia principal ya que no habían lavado el pecado original de su espíritu, de ahí la práctica difusa de bautizar fuera del espacio del cuerpo principal de la iglesia. Actualmente los bautizos se llevan a cabo dentro de las iglesias en pequeñas pilas bautismales a diferencia de los bautizos en masa que algunas veces llegan a efectuarse en estadios de futbol.

La iglesia católica contribuyó a la formación del estado nacional italiano, a diferencia de los estados europeos que basaron su consolidación en procesos laicos y en democracias de tipo monárquico parlamentarias. El estado italiano se centraliza como única forma históricamente viable y con la participación de la iglesia como institución. Sin embargo, la corrupción y la inmoralidad de ésta en etapas de su historia como en su proceso de institucionalización, propiciaron en el creyente una desconfianza de los representantes de Dios en la tierra, ya habiéndose manifestada por el mismo Maquiavelo o Erasmo de Roterdam en su momento histórico. La Iglesia institucionalizada en su alianza con el poder civil del estado promovió la religiosidad como sinónimo de obediencia, de cohesión social y de religión institucional.

Con la crítica fuera de su ámbito natural de hegemonía históricamente dado la institución se dogmatizó y se retroalimentó con el dogma de la infalibilidad papal y la prohibición a los laicos de participar en la vida política de la nación. Contradicción que se dio en su mismo seno ya que apoyó a la Democracia Cristiana por más de 50 años, los que ahora han hecho de Italia la noticia de cada momento, años de corrupción, mafia y compromisos políticos que nunca tomaron en cuenta los intereses nacionales y de las masas, usando el cristianismo. La llamada operación "Mani Pulite" ha sacado a la luz contubernios entre el poder estatal y la jerarquía católica, igualmente participaciones en asuntos financieros de donde se han conocido actos e informaciones acerca de la banca Vaticana.

En el ámbito nacional la iglesia se alineó a la burguesía en Italia, España y Alemania, y con ello al fascismo, al franquismo y al nazismo, lo que la llevó a un apoyo de éstos regímenes validando sus métodos, aún en el Holocausto hebreo y en la matanza de civiles progresistas y los críticos del sistema. La credibilidad de la misma se ha visto menguada en vista de las alineaciones políticas en los acontecimientos de los últimos decenios, así como la toma de posiciones en relación a las dictaduras latinoamericanas o las concepciones de modernismo y la satanización del socialismo.

El catolicismo ha condicionado a los italianos y a los de aquellos países donde se tiene una fuerte presencia como en Polonia y la América Latina en su modo de vida cotidiano y ante las expectativas de salvación, pues es una realidad dentro del estado y una influencia en el modelo de vida social, político, cultural más que en el campo de la fe y la guía espiritual.

La Iglesia se ha adecuado a los modelos estatales donde actúa y donde sobre todo no se ha presentado una tendencia a la democracia y a la equiparación de poderes, lo que los ingleses llaman "checks and balances". Así se ha hecho una doctrina universal llena de tradiciones, mitos y ritos que no han permitido una plena congruencia de la fe y el modo de vida, que garantiza sin embargo la obediencia y la neutralidad en cuanto a la crítica política, social e incluso religiosa.

En la conciencia, el individuo no ha podido conciliar fe, cultura y tradición con la razón basándose sobretodo en el único modelo aceptado: Jesucristo y la santidad de su vida. En lo individual se ha juzgado a la Iglesia como indigna de ser la representante de Dios en la tierra y más cuestionable de considerarse "esposa de Cristo", en el aspecto colectivo se mantiene una actitud sea de inconsciencia o de oportunismo, de patrimonio cultural o familiar, pero vacía de fe. La que muchas veces se reduce a recitar oraciones preestablecidas, encender velas, vestir santos o esperar como último recurso y a veces no tan seguro "la solución de la crisis política, social, económica nacional o mundial". Esta afirmación se deduce de la encuesta llevada a cabo en vista de la disolución parlamentaria y de la crisis de gobierno presentada a fines de 1997, y de los problemas que se han presentado con la inclusión de Italia en la moneda única europea.

El católico hoy esta en la disyuntiva de conciliar sus esperanzas celestes con las terrenales, y el papel de la Institución en este mundo así como la cuestionable obediencia y hasta donde el dogmatismo puede significar el medio idóneo de salvación. O la ruptura del mismo podrá promover una ética nueva como medio efectivo y racional de la salvación. La obediencia y la tradición han reflejado el principio Extra Eclessia nulla salus, donde no hay salvación fuera de la Iglesia.

La doble moral y las contradicciones en el seno de la misma iglesia que predica pureza, castidad, celibato y pobreza se han vuelto los mismos elementos de crítica a la Institución, la cual cada vez más frecuentemente ve a sus sacerdotes envueltos en asuntos ilícitos, desde homicidios, pedofilia, hijos naturales hasta el enriquecimiento personal inesperado, lo que ha llevado a sectores progresistas y críticos a una revisión histórica del papel y dignidad de la misma como representante de Dios en la tierra.

Sin embargo las mayorías se han impactado por la doble moral de la Iglesia, lo que ha llevado a un fenómeno de oportunismo, conveniencia e hipocresía. Por una parte se continúa en el seno de la Iglesia aún cuando no se cumpla con el programa institucional doctrinario aceptando tácitamente el dogmatismo y por otra parte el laico opta por posiciones políticas, económicas, sociales, religiosas, sindicales y culturales que no chocan aparentemente, ni representan una falta de fe o incluso un enfrentamiento como lo es la intolerancia hacia el sectarismo.

La mayoría anónima ha votado leyes a favor de la legalización del aborto ya practicado cotidianamente, sea en la Italia católica como en Polonia o Brasil y en la mayor parte de los países considerados católicos. El problema que emergió durante la reciente visita papal a Brasil encontrando el apoyo de dignatarios y sus respectivas esposas a la legalización de la práctica abortista fue muy elocuente. Se ha votado por la difusión del uso de profilácticos donde la liberalización y no penalización de las relaciones sexuales queda implícita, aceptando el peligro de la transmisión de enfermedades; se ha votado por la pena de muerte y el no a la eutanasia digna, aún cuando ha sido solicitada como medio dignificante en el contexto de la libertad humana y en forma individual.

La mayoría anónima no ha disentido de la guerra, ni ha cuestionado sus métodos sigue predominando el concepto de guerra justa donde el patriotismo de las personas es incluso premiado y ratificado.

Se ha proclamado la paridad de derechos a nivel de la liturgia enfrentando la negativa de la jerarquía para la inclusión de las mujeres, basada en las interpretaciones y premisas bíblicas, la mayoría ha aceptado la minoría homosexual incluso legalizándola con el derecho a sucesión testamentaria y a la adopción de hijos, corriendo el riesgo de la crítica y excomunión. (149)

La intolerancia se ha manifestado como una doctrina de facto ya que desde el púlpito, contrario al espíritu del Concilio Vaticano II se ha predicado contra el celo de predicadores no católicos con adhesiones de panfletos y escritos de intolerancia social y religiosa. Son visibles leyendas como "No a vendedores ambulantes", "No a profetas", "No a Testigos de Jehová", "No a mendigos ni limosneros" como contrapartida magos y "profesores" espirituales se hallan en la estima de muchos creyentes, los cuales recurren a los servicios de la magia, adivinación, consulta de la fortuna y números ganadores, como a la confección de talismanes para la buena suerte, servicios que han llegado a costar fortunas a los creyentes y obviamente terminan en el ministerio público por fraude y abuso de confianza.

La religión cristiana heredada de Jesús se basó fundamentalmente en un mensaje de amor, solidaridad y tolerancia. La doctrina cristiana no fue dogmática, sino que queda como patrimonio de la humanidad y como un verdadero modelo de vida y de perseverancia en la santidad, un objetivo libre, como la opción dada al hombre, pues solo siendo libre se hace magnífica la relación del hombre con Dios a través del modelo de Jesucristo.

El cristiano desilusionado de la religión que no responde más a sus expectativas busca en las filosofías orientales del no ser la respuesta. Sin embargo este esquema de valores vigente en oriente antiguo donde surge y se retroalimenta de un contexto filosófico totalmente diverso, acarrea un gran riesgo, pues el sistema de valores y las expectativas de salvación son totalmente diferentes de las que predominan en occidente, pues aún ellas responden a otros modelos culturales, otras tradiciones, otros mitos y ritos, un cosmos diametralmente opuesto a los valores generados en las sociedades capitalistas modernas por lo que se hacen incompatibles.

Esto conlleva a revivir antiquísimas filosofías fuera de su marco histórico de origen, y fuera de la pluricausalidad que le dio vida e impulso, por lo tanto la readecuación de valores extra culturalmente hablando llevará al individuo a un sincretismo artificial y a una aparente readecuación de sus propios valores y conceptos culturales, que mayoritariamente alejan el objetivo principal inicialmente propuesto.

Sin embargo la búsqueda es el medio válido de conciliar y la vía posible dada a la humanidad para proporcionar el medio fuera de parámetros culturales, geográficos, de raza, de tradición o familiares para que esa búsqueda lleve a la verdad y haga del hombre un ser responsable, corresponsable del pasado en cuanto este reconocimiento lo lleve a ser responsable de su presente y con ello la madurez de construir una sociedad mejor donde en libertad se permita forjar su espiritualidad.

En la obra de Randall, John Herman "The Making of the Modern Mind" hace un análisis de cómo el hombre, incluyendo a Santo Tomás de Aquino se alineó al poder y al terrible juicio de los inquisidores. Asevera que fue el precio "muy caro" del pago de la unidad. Y fortalece su razonamiento citando a Bertrand Russell en Why Men Fight. "Los hombres combaten, explica Russell porque tienen más miedo del libre pensamiento que de la destrucción o de la muerte. El pensamiento es grande, rápido es libre, es la luz del mundo…" (150)

NOTAS DEL CAPÍTULO 5

(1)   Los cataros como los bogomiles, definidos por Runciman eran una herejía dualista no tolerada en la ortodoxia de Roma. Rechazaban el bautismo, la eucaristía, el matrimonio como instrumento de cristianización de las relaciones sexuales, la exclusividad del hombre en el sacerdocio, la jerarquía y la adoración de la cruz, ascetas y gnósticos en general eran gente intelectual conocidos como puros. En el "Cahiers d´Etudes Cathares" se afirma la afinidad entre los bogomiles y los movimientos heréticos, pues estos se han adherido al culto cataro de la Virgen, practican el amor espiritual y el respeto por el intelecto y la espiritualidad de las mujeres. Goodrich, Lorre Norma. Op Cit. Págs... 322 y 323. Según Craveri Op Cit. págs 139 y 140. Los cataros como los bogomiles creían en el dualismo siendo Satanás el creador de Adán y Eva. Toman del Evangelio de Juan la doctrina gnóstica de la emanación del Verbo, negando la participación de la naturaleza humana, María es entonces solo un ángel enviado de Dios para acoger el Verbo. Su vida es ascética, rechazando la intermediación de la Iglesia y oponiéndose al cesaropapismo bizantino, en términos políticos, fueron perseguidos por Inocencio III en el 1200, el cual encargó al rey de Hungría Imre una cruzada para su exterminio. Documentos Cataros. En cuanto a la participación de las mujeres en los cultos cataros ver Goodrich L Norma. Op. Cit. págs... 292 y 293. Sobre todo la tesis que afirma la participación de estas en los cultos y ritos derivados del catarismo, donde la mujer "pura" participa activamente en el culto del Santo Graal y como la Iglesia de Roma lo calificó herejía, ya que el cristianismo consideró a ésta como ajena a los rituales de la misma Iglesia, dejando solo actividades secundarias a la mujer. Las mujeres cataras fueron exterminadas por considerárseles brujas, más que "puras", siendo las cruzadas una forma eficaz de eliminación. Las manifestaciones cristianas que aparecieron en la Linguadoca francesa, o en Escocia fueron catalogadas como herejía debido a la no alineación con la ortodoxia romana.

(2)   En Savoya aparece el Manual sobre "Errores de Gazarii", nombre dado a los brujos, donde según su autor anónimo es una secta cuyos miembros se reúnen regularmente en las "Sinagogas" para satisfacer su ira, gula y lujuria…La persona para su iniciación es llevada delante de la Sinagoga donde se presenta al Diablo, el cual preside la Asamblea bajo el aspecto de un gato negro o de un ser humano deforme. Después de ser interrogado por el Diablo, el aspirante se compromete con éste, con sus secretos y jura ser fiel al maestro y estrangular el mayor número de niños

llevando sus cuerpos a la Sinagoga... Después del beso del Diablo, el iniciado con los miembros de la secta hacen un banquete con carne humana, se entregan a una orgía con una parodia de la eucaristía. Kierckhefer, R. Op. Cit .págs. 252 y 253.

(3)   En septiembre de 1997 se dio el Simposio Internacional promovido por los jesuitas de la Universidad Gregoriana de Roma, Tor Vergata y del Servicio de Documentación Judeo-Cristiana con el tema "Bien y Mal Después de Auschwitz." Aproximándose el 2000 el papa Juan Pablo II se propone pronunciar el "Mea Culpa" por los pecados cometidos por la Iglesia durante siglos, mientras la opinión pública se pregunta porque se hace tan poco en nuevas masacres como la de la ex Yugoslavia, Algeria, Ruanda y en algunos países de la América Latina. El tema de la vanalidad del mal será tratado por el Rabino profesor del Ateneo de Atlanta David Blumenthal, donde la pregunta más importante es las causas que llevaron a miles de personas normales a ser corresponsables de éstos actos. Que hacía la gente común de la sociedad y donde estaba Dios. La vanalidad del mal, actitud que llegó a ser natural para todos los habitantes de la Alemania nazi y sobre todo para los cristianos que nunca oyeron condenar el nazismo por parte del Papa Pío XII. El ala cristiana con el Cardenal Cassidy tratará el tema "El Ministerio del Dolor que el Holocausto trasmite a los Hebreos y Cristianos Conjuntamente" La Reppublica. "Ma Dio era Assente nei Forni di Auschwitz". Politi, Marco. Martes 23 de Septiembre de 1997, pág. 40.

(4)   En el libro de la Ciudad de Dios de San Agustín se afirma: El pecado de los hebreos es su infelicidad. La Cittá di Dio. Págs 1288. "Estos recibieron de Dios la victoria, la seguridad, el mana, todo sin recurrir a mitos griegos y a sus dioses. Recibieron del único verdadero Dios más fácilmente todo aquello que para los romanos implicó una cantidad de dioses falsos. Si no hubieran pecado contra El, seducidos de una curiosidad empía, usando artes mágicas hacia otros dioses e ídolos llegando a matar a Cristo, se habrían quedado en aquel reino más feliz aunque no más grande. En vez de eso, hoy están desesperados, dispersos entre los pueblos de la tierra por diseño providencial del verdadero Dios. Sus libros, habrían demostrado la validez de las profecías relativas a la destrucción de cada lugar en vez de imágenes, altares y templos, bosques sagrados y a la prohibición de sacrificios y leyendo nuestros libros no se habría pensado que todo esto fuera de nuestra invención. San Agustín Op. Cit. IV-34 págs. 258 y 259.

(5)   Weber, Max. L'Etica Protestante e lo Spirito del Capitalismo. Ed Rizzoli

Libri. 1994, pág. 225.

(6) Eco, Umberto. Cinque Scritti Morali. "Le Migrazioni, la Tolleranza, e L´Intollerabile." Op. Cit. págs. 93- 113.

(7) "Vaticano II Sumit del Mea Culpa. Per la Prima Volta la Chiesa Esaminerá in un Convegno i Propi Errori sull´Olocausto." En este artículo se anuncia desde el Vaticano la revisión de las culpas y omisiones de la Iglesia Católica relativas sobre todo a las "pulsiones antihebraicas" contenidas en las raíces del antisemitismo dentro de la tradición cristiana, así como la causa lejana de las persecuciones contra hebreos en el Medioevo y los progroms culturales de la solución final de la Alemania de Adolfo Hitler. El solemne examen de conciencia iniciará el jueves 30 de octubre de 1997, evento inédito en el seno de la Iglesia Católica, que concuerda con el período previsto de purificación antes del jubileo del 2000. "Existen lecturas teológicamente incorrectas y erróneas en el Nuevo Testamento que sirvieron de pretexto para una hostilidad difusa en estratos de la población cristiana, donde el pueblo hebreo se encontraba diseminado" afirmó el teólogo papal Georges Cottier en el dosier que presentará al Vaticano ante el Summit del arrepentimiento. En la Polonia (1938)del actual Papa durante el período antisemita, el cardenal primado August Hlond afirmaba "El problema hebraico quedará abierto hasta cuando existan hebreos... Es un hecho que los hebreos combaten contra la Iglesia Católica, persisten en el libre pensamiento y son la vanguardia de la falta de piedad, del bolchevismo y de la subversión. Es un hecho que los hebreos son abusivos, usureros y explotadores." Sic. En el dosier de "Tertium Millennium" el Padre Hoeckman dice "Debemos recordar, pero recordar no basta. Debemos redoblar esfuerzos para liberar al hombre del espectro del racismo, de la exclusión, de la alineación, de la esclavitud, de la xenofobia." El Summit del arrepentimiento es la primera fase de purificación de la Iglesia, la cual en el 1998 trato el tema de la Inquisición y en el 1999 la crítica de Concilio Vaticano II. El antijudaísmo seria tratado a nivel de "asunto interno de la Iglesia" de donde la comunidad hebrea y sus teólogos están excluídos, aún cuando éstos consideran un problema no necesariamente fuera de la Iglesia, padre Cottier afirmó "Que es un convenio extra eclesial donde se examinará el problema del antijudaísmo al interno de la teología cristiana". Sic. Y que no incluye los teólogos hebreos por ser asunto interno. La Reppublica. Viernes 24 de Octubre de 1997.

(8) Eco, Umberto. Ibid pág. 31.

(9) En la Carta Apostólica del 14 de noviembre de 1994 "Tertio Millennio

Adveniente" el Papa Juan Pablo II reconoce errores que ha tenido la Iglesia y propone como la "Pacem in Terris" de Juan XXIII la vía del ecumenismo para un diálogo y una Iglesia Universal, el cual se efectuaria del 1997 al 1999. Sin embargo, en el 1995 la Encíclica "ut Unum Sint" propone el diálogo entre católicos y protestantes bajo la dirección y autoridad pontificia. El Cardenal Biffi ha declarado en agosto del mismo año ¿a quién se le debe pedir perdón? Con él se suman la parte más conservadora y la ultratradicional de la Iglesia. Por otra parte se efectuará la consagración de la Iglesia de San José construida con los ladrillos y material del muro de la muerte de Auschwitz. En septiembre 31, Monseñor Olivier de Berange, obispo de la diócesis de Drancy, hizo pública la excusa y el arrepentimiento de la Iglesia de Francia por haber callado frente al drama del Holocausto. Para los obispos franceses el antisemitismo surge peligrosamente en el primer siglo, lo que separa radicalmente el cristianismo de sus bases hebraicas y en consecuencia se desarrolla un sentimiento antisemita y de hostilidad. Afirma: "En el caso francés, las autoridades quedaron atrapadas en una lealtad y docilidad más allá de la obediencia tradicional al poder establecido "se quedaron encerradas en un comportamiento conformista, de prudencia y de obstinación" seguido de egoísmo. Ni aún la solidaridad, es suficiente para honrar la exigencia de la justicia y el respeto de los derechos de la persona humana" Sic. Reconoce que en este tiempo se generó una visión estrecha de la misión de la Iglesia. El presidente del Consejo de Representantes de las Instituciones Hebraicas, Henry Hajdenberg definió el arrepentimiento de la Iglesia francesa como un gesto "capital" aún cuando es tardío. Sic. La Reppublica. Octubre 1 de 1997. pág .15.

(10) Kung, Hans. Ebraismo Op. Cit. pág. 374.

(11) M. Craveri, Op Cit. Pág 392. Revisar la obra de Fewerbach, Ludwig. La Esencia del Cristianismo, obra muy famosa donde Dios no es nada sin sus predicados y éstos, de la esencia humana, se definen con Dios en forma recíproca.

(12) E. P. Sanders. Op. Cit. pág. 83.

(13) "Politeísmo" Creación de dioses, no fue una creación por ingenuidad, sino que fueron bienes de Dios. De manera que los antepasados acuñaron vocablos para designar dioses y al invocarlos, invocaban a la divinidad. San Agustín. Op Cit. IV - 24, pág. 247.

(14) "Los favores concedidos a Constantino". San Agustín elogia que se haya fundado una ciudad sin templos e imágenes de demonios...OP Cit. V- 25 pág. 304. Idealiza al emperador: Da Constantino a Teodosio. Nuovi

Questioni di Storia Antica. Milano 1968 págs. 615 a 639. Y en San Agustín Op Cit V- 26. Alaba la fe y la piedad de Teodosio pues éste abatió la estatua de Júpiter, emanó leyes contra los empíos y combatió los arianos y a Valente que habiendo masacrado a los godos fue excomulgado siendo esta anulada por el obispo Ambrosio después de seguir una penitencia. Ibid. pág. 307

(15) Por ejemplo en el ámbito de la magia y la superstición, la peste que en 1321 causó centenares de muertos propició el rumor de que los leprosos y los judíos habían envenenado los pozos de agua con una mezcla de sangre, orina, hierbas y la hostia consagrada. Ya desde el 1130 la diócesis de Treviri propone a los hebreos la conversión o la ilegalidad y como su autor el Arzobispo murió después de publicar el bando, los judíos fueron acusados de haber hecho bautizar su estatua en cera para luego derretirla en el fuego y con esto provocarle la muerte. Kirckhefer. Ibid pág. 104.

(16) Antiguamente se sigilaba el nombre de la divinidad y se colocaba en el abismo, como signo de respeto, pues no volvía a pronunciarse. El nombre hebreo de Dios es el tetragrama יהוה que significa Yavheh, YHWH o JHVH eliminado del texto griego y sustituido por Kyrios, Lord y Theos Dios. The Kingdom Interlinear Translation of the Greek Scriptures. New World Bible Translation Comitee. Ed 1985.

(17) San Agustín dice en su obra "Las almas de los hombres después de la muerte" Op. Cit. IX- 11 pág 440. "Concuerda con Alpuleio que afirma que las almas de los hombres son demonios convirtiéndose en larvas, o algunos en lemuras. Alpuleio dice que las larvas son hombres convertidos en demonios funestos. O sea que las almas de hombres son demonios y se hacen larvas dependiendo según sus méritos. Pero el problema se presenta cuando en el griego aquellos hombres felices y de ánimo bueno, o sea demonios buenos, confirman que también las almas de los hombres son demonios."En Salmos 82 vers. 6 y Juan 10 vers. 34 se afirma: Los dioses son hombres, pues todos son hijos del Altísimo.

(18) Markale, Ibidem pág 230.

(19) Sanders, F.P. Jesú Op. Cit, pág. 137.

(20) En lo referente a la Trinidad, Hegel indica en este dogma una anticipación del ritmo tríadico de la diálectica, según los tres momentos del ser: en sí, fuera de sí y regreso en sí: pero es más bien una relación entre la concepción mítica y un esquema conceptual adecuado.

(21) Craveri, Op. Cit. pág .54

(22) Idem pág. 55

(23) Ibid pág. 56

(24) "El Padre generó el Verbo, o sea la Sabiduría por medio de la cual todo ha estado creado, su Hijo Unico; el uno ha generado el uno, el eterno eso que es coeterno, el sumo bien de un idéntico bien, y entonces el Espíritu Santo contemporáneamente al Padre y al Hijo ambos consustanciales y coeternos." San Agustín Op. Cit. XI-24 págs. 545- 546. Se afirma que cada uno es Dios, omnipotente y cuando se habla de las tres personas se dice que son un solo Dios Unico y omnipotente, siendo una Unidad inseparable que se quiso caracterizar así. En XI -25 Trinidad y su reflejo en la tripartición filosófica, Platon por primera vez la ha individuado. Op. Cit. pág. 547. En XI- 26 esta la certeza de la Trinidad interior en cada ser humano. págs. 548-549.

(25) En los Estados Unidos en el agosto del 97 se inició un movimiento tendiente a promover inicialmente en California el culto a la "Virgen María" proclamándola "Corredentora" de la humanidad, junto con su hijo Jesucristo, sumando una figura femenina a la Santísima Trinidad. Este movimiento ha promovido igualmente la figura de la Madre Teresa. La iniciativa pro María se nutre de las frecuentes apariciones aproximadamente 400 a lo largo del siglo, sea en Fátima en 1917, Beaurin Bélgica en 1932, Kibeho Ruanda en 1981, Medjugorje Bosnia en 1991 y las consuetudinarias lágrimas de Civitavecchia. Teólogos allegados a la Santa Sede han aconsejado de no aceptar este nuevo dogma, pues la iniciativa implica: 1) La Virgen participa en la redención o sea en la liberación del hombre del pecado original, obtenida de Cristo con su sacrificio. 2) Que todas las gracias derivadas del dolor y la muerte de Jesús son posibles sólo a través de María, desviando la atención de Cristo. 3) Todas las peticiones de gracia pasarían a través de María. Según William Franklin teólogo de la iglesia episcopal, versión americana del anglicanismo, producirá "otro clavo en el ataúd del ecumenismo". La revalorización de María demerita la figura de Cristo y hace énfasis sobre la infalibilidad papal. La Trinidad se transformaría en un cuarteto, complicando aún más la doctrina de la Iglesia Católica. La Reppublica, Agosto 18 de 1997.

(26) Biblia de Jerusalén, Op Cit, pág. 716.

(27) Ibid, pág. 14.

(28) El Osservatore Romano del 22 de agosto de 1996 afirma: El papa Juan Pablo II sostiene una tesis: "No era entonces un hombre anciano José solo en su perfección interior, fruto de la gracia que lo llevó a vivir con afecto virginal la relación matrimonial con María".

(29) Weber, Max. "Las Religiones Universales y el Mundo." Op. Cit. Vol 1

pág. 596.

(30) La Iconostasis tradicional de la Iglesia bizantina consta de: en el primer orden de iconos sobre la puerta donde es colocada la "deesis" o intersección, el Cristo Pantocratore esta al centro entre María y el Batista, a su lado se suceden (innovación rusa) arcángeles, apóstoles, padres de la Iglesia y mártires. Encima del orden de la "deesis" se encuentra el de las fiestas, compuesto de iconos más pequeños con paisajes evangélicos. El orden superior esta constituido por representaciones de medio busto de profetas con la Virgen al centro.

(31) Weber, Max. Potere Politico e Hierocracia. Op. Cit pág. 481.

(32) La oración contemplativa en la Iglesia oriental se basa en la concepción fundamentalmente dada por Gregorio Palamás monje y teólogo del Monte Athos, aproximadamente en 1296. El "esicasmo" consistía en repetir incesantemente la oración de Jesús, o la oración monológica, Primero Tesalonicenses 5 vers. 17, Romanos 1 vers. 10 y 12, Lucas 18 vers. 1, ya que así se obtenía la unión entre mente y corazón. La teología de ese movimiento se basa en la unidad psicofísica del hombre y la distinción entre esencia y Dios inconocible, energía increada, que solo se conoce y experimenta a través de la visión mística.

(33) Duby, Georges. L´Uomo Bizantino. Op Cit. pág. 21.

(34) Como en el Partenon, que fue uno de los primeros templos y en el 869 D.C. fue la catedral de Atenas, siendo ésta la diosa de la sabiduría el Partenón fue llamado de la Sabiduría o de Santa Sofía, más tarde se dedicó a Nuestra Señora de Atenas, con la introducción del catolicismo se denominó Santa María de Atenas. En el siglo XV los turcos otomanos la convirtieron en mezquita, siendo hoy Atena Pathénos una obra de museo digna de representar la antigüedad.

(35) El Stóglav, el Concilio de los Cien Capitolios en el 1551 elabora un código en el cual se especifican las conductas que debían llevar los pintores de iconos: hombres píos y humildes, abstemios, honestos, callados y puros tanto de físico como de espíritu. Más que un pintor era el instrumento de Dios y la revelación, por lo que era difícil que se llevara por sus propias inclinaciones. El icono es el instrumento visible, a diferencia de la concepción occidental, del conocimiento de lo sobrenatural, es parte del rito, participa activamente en la oración y es un atributo indispensable del lugar de culto. El oro significa la luz y representa el primer gesto creativo de la gracia. "Oro= raz del ´ Ka."

(36) La formación lineal en una serie de iconos en la Iglesia era lo que separaba el espacio entre los fieles y el altar donde se celebraba la

eucaristía, antiguamente solo la realeza, los zares estaban legitimados a su acceso, se conoce como iconostasis, creación original de orden ruso, mientras los iconos lo fueron de Bizancio. La iconostasis simboliza teológicamente la intersección, el punto de mediación y contacto entre los hombres creyentes y Dios, representado en los santos la más grande iconostasis está en la Catedral de la Anunciación en el Kremlin datando de 1405.

(37) M.Craveri. Op. Cit. pág. 77.

(38) E. P.Sanders. Los Milagros. Op. Cit. pág. 137.

(39) "La susodicha curatocracia moderna implica la expropiación de los antiguos beneficios eclesiásticos en larga medida apropiados, es pues el episcopado universal, y la infalibilidad, como competencia materialmente universal, ejercitada solo ex cátedra, en sede de oficio, o sea la típica distinción de oficio y de actividad privada, son fenómenos típicamente burocráticos." Weber, Max. "I Tipi de Potere ". Op. Cit. 3 Edición, 2 Volumen, pág. 216.

(40) Jesús inició su ministerio en la Sinagoga, Marcos 1 vers. 21 y 22, en la curación al leproso, Marcos 1 vers. 44 Cristo lo manda ya purificado a cumplir con la ofrenda pues esta prescrita por Moisés. El mismo Jesús tomaba muy en cuenta el Templo, la Sinagoga, el sacerdocio y la Ley. La recomendación al leproso se basa en Levítico 14 vers. 2 al 9 sobre la observancia de la Ley hebrea.

(41) La Torre de Guardia. Testigos de Jehová. Ed. Watch Tower Bible and Tract Society of Pensilvania. Octubre 15 de 1997. págs. 10 y 11.

(42) Craveri, Op Cit. pág. 100 y en Bruno Giordano. Riforma e Controriforma. Op Cit. pág. 95.

(43) La humillación es para Enrique IV el cual en el Sínodo convocado en 1076 por el clero alemán, depone al papa Gregorio VII y dispensa sus súbditos del juramento de fe para el emperador. Los obispos alemanes obligaron a Enrique IV a pedir perdón para obtener la revocación de la excomunión. Esta humillación llevó al emperador, en una segunda excomunión a llegar a Roma, ocuparla y obligar al Papa a exiliarse, instaurando a Clemente VII al frente del papado.

(44) Jhonson, Paul. Ibidem. págs... 265 y 266.

(45) El conflicto entre Felipe el Hermoso y Bonifacio VIII reflejaba la necesidad del clero respecto a la justicia real, como los reyes necesitaron la absolución clerical. El papado no podía sobrevivir sin el metal francés e inglés amonenado que se despachaba a Roma, del mismo modo que las coronas de Francia e Inglaterra no podían gobernar sin imponer

gravámenes al clero. Bonifacio VIII emitió una serie de bulas en Francia, la "Ausculta Fili" directamente contra el rey, la "Super Petri Solio" amenazando la excomunión, y "Salvador Mundi" donde reiteraba los favores y concesiones papales anteriores, y "Ante Promotionem" que ordenaba a los prelados franceses trasladarse a Roma para la celebración de un concilio con objeto de preservar las libertades de la Iglesia. En el 1302 el rey obtuvo el apoyo de los Estados Generales franceses para una política antipapal. El Papa más tarde fue acusado en la Corte del Louvre de: elección ilegal, simonía, inmoralidad, violencia, irreligión y herejía autorizando al tribunal de apoderarse de la persona papal, el que fue arrestado el 7 de septiembre de 1303, falleciendo más tarde. Jhonson.P. Ibidem pág. 252.

(46) Craveri. Ibidem pág. 181.

(47) Ibid. pág. 60.

(48) Weber, Max. Potere Politico... Op. Cit. pág. 475.

(49) Craveri. Ibidem. pág. 130.

(50) Eco, Umberto. L´Intolleranza. Op. Cit. pág. 100.

(51) Los jesuitas apoyaron a Galileo sobretodo para la publicación de "Nuncius Side Reus" en 1610, sin embargo con la publicación de Diálogos de los Máximos Sistemas la misma Iglesia Católica lo consideró un conflicto con la Biblia y su contenido. Se le acusó de herejía en 1632, se le confiscó el libro por parte del Santo Oficio y en 1633 después de un rápido proceso se le obligó a abjurar y a contractarse. Su breve condena la hizo en el palacio arzobispal de Siena.

(52) Giordano, Bruno. "Los Jesuitas..." Op. Cit, pág. 149 a 154.

(53) Para profundizar Weber, Max. "Potere Politico e Hierocratico". Op Cit. pág. 487.

(54) Craveri. Ibidem pág 139. Para tortura Eco, Umberto. Op. Cit. relativo a la introducción de esta y la intolerancia del género humano.

(55) Con Paulo VI se impone a los hebreos del Estado Pontificio, igualmente un solo oficio, se les limita a los getos obligándolos a endosar el sombrero amarillo de punta. Todo esto significó una selección tanto racial como religiosa, tradición instaurada en muchos de los estados italianos y europeos.

(56) Weber, Max. Op Cit, págs. 518-519.

(57) Juan 9 vers. 4, Mateo 19 vers. 20 y 21, 6 vers. 19 al 21. Lucas 12 vers. 13 al 21 y Exodo 30 vers. 15 y 16. Ver también Weber, Max. Etica Protestante y Espíritu del Capitalismo. "Ascesis y Espíritu del Capitalismo." Op Cit, págs. 214 a 217.

(58) En 1530 circulaban 300 mil ejemplares del Nuevo Testamento griego y aproximadamente 750 mil copias de las obras de Erasmo, específicamente Elogio a la Locura. Johnson, Paul. Op. Cit pág. 312.

(59) Rotterdam, Erasmo de. Ellogio dalla Pazzia. Una critica asidua a los religiosos de su época, que se deriva al cuestionar la superioridad moral y la escala de valores que regía en ese momento.

(60) Se desprendieron preceptos que legitimaron la óptica y los esquemas mentales de la cultura de la época, dotándoles de una superioridad moral y religiosa, en contraposición hacia las nuevas sociedades conquistadas. Deuteronomio 12 vers. 1 al 12. Suprimireis…todos los lugares de los pueblos que vais a desalojar y que han dado culto a sus dioses en lo alto de los montes, en las colinas y bajo todo árbol frondoso; demolereis sus altares, rompereis sus estelas, quemareis su nombre de todo lugar. Deut, 12 vers. 2 y 3. El mismo Papa Paulo 111 declara en "…Autorización a los cardenales Juan Pedro de San Clemente, Juan de San Sixto, Pedro y Pablo de Santa Balbina, Bartolomeo de San Cesareo, Dionisio de San Marcelo y Tomás de San Silvestre. Comisarios Inquisidores Generales y Generalísimos de la Sede Apostólica para Italia y la Curia Romana." Art 2; Damos a ellos… "(a los Comisarios Generales y Generalísimos) el poder de investigar cuantos se alejen de la vía del Señor y de la fe católica, o la entiendan en modo erróneo, o sean de cualquier forma sospechosos de herejía "alias quomodolibet de haeresi suspectus" y contra seguidores o defensores, o contra quién les ayude, de consejos o favores, sea abiertamente o a escondidas, a cualquier estado, grado, orden o condición y rango de pertenencia…Les conferimos más allá el poder de proceder con el sistema de Inquisición o Investigación, o de oficio, de encarcelar a cualquiera que resulte culpable o sospechoso en base a los indicios indicados de proceder contra ellos, incluida la sentencia final, de castigar a quién ha estado encontrado culpable con penas adecuadas de conformidad a las sanciones canónicas; y de confiscar a norma de ley, los bienes del condenado a la pena de muerte." 3.- "Para (llevar a cabo) el cumplimiento de todo esto, les damos también la facultad de instituir y asignar el procurador fiscal, los notarios públicos y los otros oficiales necesarios, con los clérigos y religiosos, pertenecientes a cualquier orden". "12… Hasta que tenga valor el presente acto, se entienden abrogadas todas las disposiciones contrarias," Extractos de la Bula papal de Paulo III "Licet Ab Initio" de 1542.

(61) "…Y de esta corruptísima fuente de la indiferencia se deriva esa absurda y errónea sentencia, o más bien delirio, que debe admitirse y gantizar

para cada uno la libertad de conciencia, error venenosísimo el cual facilita el camino de la plena e incómoda libertad de opinar que va siempre aumentándose a daño de la Iglesia y del Estado... A este fin es esa pésima y execrata aborrecible libertad de prensa en el divulgar escritos de cualquier género, libertad que algunos invocan y promueven con tanto clamor..." Encíclica de Gregorio XVI "Mirari vos" de 1832. Igualmente la Encíclica de Pío IX "Quanta cura" de 1864 es acompañada de una colección Sillabo de 80 publicaciones erróneas las que según esto "...Predican la libertad de perdición..." todo esto en apoyo de la Encíclica "Mirari vos". La Encíclica de León XIII "Libertas" de 1888 dice "...Pero grandísimo, es sin embargo el número de aquellos que, imitando a Lucifer del que salió el empío grito: Yo no serviré bajo el nombre de Libertad, quieren una absurda licencia, si son los seguidores de aquel partido difuso y potente que da la libertad, de donde ha tomado su nombre: Liberalismo". "...Puesto por lo tanto que una religión deba profesarse al Estado, esa va profesada como única verdad y que por su verdad no es difícil reconocerse máximo en países católicos. Que conserven esta, que la tutelen los gobiernos, si quieren como deben ellos provean prudentemente y útilmente a la comunidad civil".

(62) Weber, Max. Ibidem págs. 213-214.

(63) El artículo 7 de la Constitución italiana establece las relaciones entre el Estado y la Iglesia. "El Estado y la Iglesia Católica son cada uno en su propio ámbito, independientes y soberanos. Sus relaciones son reguladas de los Pactos Lateranenses. Las modificaciones a los Pactos aceptadas de las dos partes, no requieren procedimiento de revisión constitucional. El Concordato o Pacto de Letrán establecido durante el régimen fascista es el regulador de la base jurídica de las relaciones Estado-Iglesia. Este artículo 7 se votó en 1947 por una Comisión de 75 personalidades políticas y parlamentarias. Es notorio como en esta Comisión se plasmó el poder y la óptica de la Democracia Cristiana cuya fracción parlamentaria obtiene 350 votos a favor y 149 en contra. Un nuevo Pacto se firma en 1984 con Bettino Craxi y el Cardenal Agostino Casaroli, donde se concibe la idea que la Iglesia Católica dejaba de ser "la sola religión del Estado italiano" surgiendo el conflicto de establecer una hora de religión obligatoria o facultativa en el sistema escolástico. Ya en 1987 el problema se planteó en las escuelas públicas y privadas en lo relativo a la hora de religión. Problema que se había presentado tres años después de la revisión del Concordato de 1929 firmado entre Musolini y el Cardenal Gaspari. La sentencia final de la Suprema Corte estableció la

hora de religión como facultativa, provocando una ruptura entre la Iglesia y el Estado en el sentido político diplomático. Prevalece la idea según la Suprema Corte de que los Pactos son solo aplicables a condición que no estén en conflicto con los principios de la Constitución. Ante esta relación Iglesia Estado se plantea la pregunta ¿hasta que punto una votación en el Parlamento se da ante una situación de objetividad y de equilibrio de poder, cumpliendo postulados de una democracia? O bien ¿es un acto de conciencia personal donde no es posible hacer coincidir el poder espiritual con la "democracia" de un grupo potente con miras a controlar a las masas? Unidad política a base de corromper la democracia, o democracia con estado laico cuyas convicciones espirituales manipulen el poder político? La Reppublica, marzo 13 de 1997 págs. 36 y 37.

(64) Giordano, Bruno. Op. Cit. págs. 127 y 128. Ver Enciclopedismo y los Jesuitas.

(65) "Cada empresa de poder que exija una administración continuada requiere por una parte la disposición de reaccionar a la obediencia de frente a aquellos dominadores que pretenden ser los portadores del poder legítimo, y por otra en virtud de esta obediencia, la disponibilidad de estos bienes materiales, que son en el caso específico, necesarios para realizar la aplicación de la fuerza física, o sea el aparato administrativo personal y de medios objetivos de administración". Weber, Max. El Estado Racional como grupo de poder institucionalizado. Op Cit. Vol. 2 pág. 683.

(66) Para ahondar sobre el tema ver: S. J. Woolf. Porca Miseria. Poveri e Assistenza nell'etá Moderna. Ed Laterza, 1988.

(67) "Constitución Civil del Clero, 1970." Medidas adoptadas por la Asamblea Nacional después de haber expropiado los bienes eclesiásticos, los sacerdotes son elegidos por la Asamblea Nacional Local de donde el gobierno se obliga a mantener a los obispos y al clero; Abolición de cualquier jurisdicción papal en Francia. Ya en 1789 con la abolición del feudalismo se da la supresión de la posesión privada de oficinas públicas y las décimas o diezmos al Vaticano.

(68) "Chirac nomina l'archivescovo di Strasburgo." Un "potere" che risale al 1801. Jacques Chirac nombra al arzobispo de Estrasburgo Joseph Doré, cuyo decreto será publicado en la Gaceta Oficial francesa y en el Osservatore Romano, tanto el arzobispo de Estrasburgo como el de Metz pueden ser elegidos por el poder laico. Esta situación data de 1801 entre

Napoleón y el Papa Pío VII. Así al Primer Cónsul viene dado el poder de nombrar el obispo que debe prestar juramento de fidelidad a la República, mientras el Papa le confiere la institución canónica con una bula pontificia. En el 1905 el Concordato caduca pero en ese año Alsacia y parte de la Lorena eran territorios alemanes, es después de la Primera Guerra cuando regresan a Francia, quedando el Concordato vigente. A pesar de la bula pontificia, el poder del presidente es formal, es entonces cuando después de la Segunda Guerra, la Santa Sede solo nomina y el presidente de la República firma. La Reppublica, viernes 24 de Octubre de 1997.

(69) Giordano, B. Op. Cit. págs. 162 y163. Es de hacer notar que el Concilio de Trento había otorgado a los jesuitas un enorme poder y a través de España y Portugal se pudieron extender a ultramar. Estos se habían caracterizado por su metodicidad y la ascesis de vida, llegandose a parangonar con la Certitudio calvinista, como forma de justificar y legitimar sus actos. Como promotores de la educación fueron inclusive solicitados por príncipes y obispos príncipes, los cuales aportaban los recursos y enriquecían la orden la cual dependía directamente del papado. El jesuitismo fue condenado por Vicente Gioberti que había sido excomulgado por reaccionario y por traición a la sociedad, promoviendo pensamientos y actitudes de tipo feudal. Ya en 1850 en Nápoles surge la revista jesuita "Cività Cattolica "más tarde se transfiere a Roma donde representa el lado reaccionario de la curia. Esta luchó contra el comunismo descrito como el demonio, el cual perseguía la emancipación de la mujer. Se sostenía el concepto medieval de un soberano absoluto por la gracia de Dios, es la opción de catolicismo más válida que la del pueblo, tesis que cien años después será la bandera de la democracia italiana.

(70) Cuando España estaba empeñada en las luchas contra Napoleón, en Venezuela en 1809 Francisco de Miranda inició un proceso de independencia aún cuando más tarde fue encarcelado en Cádiz en 1816. Con esto se iniciaron los procesos en toda América del sur, Colombia 1819, Perú 1821, Mexico 1810 a 1821, Cuba fue conquistada por los Estados Unidos en 1898. En México sobretodo se llevó un intenso programa de control de la Iglesia que solo hasta Juárez se logra con la Ley Lerdo o Desamortización de los Bienes del Clero y la supresión de órdenes religiosas que llevó al papado de Pío IX en 1854 a la excomunión tanto del gobierno de México como de las Cortes Españolas y del Reino Sardo. Se proclama herejía a la no sumisión de la Iglesia, y

ésta a Dios, de parte de individuos y enteras comunidades. Así como con la "Singulari Quidem" Pío IX condena las tendencias de renovación y del papel social de la Iglesia.

(71) Weber, Max Op. Cit. Vol. 2 pág. 521.

(72) Ibidem. pág. 520.

(73) Johnson, Paul. Op. Cit, pág. 350.

(74) Ibidem pág. 352.

(75) Craveri, M. Op. Cit. pág. 248.

(76) Weber, Max, "Potere politico..." Op. Cit, pág. 477.

(77) La corriente de la teología biológica postula que la célula es el origen y es la germo célula y que a través del DNA ha dado origen a millones y millones de nuevas personas y formas de vida orgánicas. Alister Hardy conduce experimentos argumentando por lo tanto que cada hombre tiene una parte de la esencia divina, como origen de célula germen, y la humanidad tiene toda esta participación, entonces debemos promover igualdad de origen con la hermandad, con toda la Naturaleza. El bioquímico Allan Wilson en 1987 encontró un fósil, el cuerpo de la llamada Eva con características de homo-sapiens aproximadamente de 200 mil años de edad, en todas sus tesis examinó el DNA. Obviamente la Iglesia al respecto ha introducido variaciones en la interpretación de Génesis y el Evolucionismo Mitigado. En lo referente al DNA este había sido estudiado y revelado por el bioquímico alemán Friedrich Miescher en 1869. En 1951 James Watson con los rayos X y con el DNA junto con el biólogo molecular Francis Crick hicieron su propio modelo de DNA obteniendo el Premio Nobel de 1962 pues descubrieron la duplicación de genes y cromosomas.

(78) Weber, Max. Ibidem. pág. 480.

(79) "Padre Pío eroe della Chiesa. I Cardinali aprono al frate le porte della Santità." La Reppublica, Miércoles 22 de Octubre de 1997, pág. 24.

(80) Weber, Max. Op. Cit. Vol. 2 págs 488 y 489. Y el Vol 1 Sección V. "El Poder Carismático y su Transformación" págs. 420 a 430.

(81) Weber, Ibidem. pág. 490.

(82) Giordano, Bruno. Op. Cit. pág. 188.

(83) Ibidem. pág. 201.

(84) Johnson P. Op. Cit. pág. 533.

(85) San Agustín. La Citta di Dio. XXI-26 pág. 1108.

(86) San Agustín. Op Cit "La Herejía" XVIII 51.

(87) Ibidem XXI-21.

(88) Ibid XXI- 22.

(89) Ibid XXII-24, 5 y Apéndice II. Infra. pág. 1219.

(90) Ibid XXI –19 y 20.

(91) Ibid XXI –18 y 23.

(92) Weber, Max. Etica Protestante…Op. Cit. págs. 163 y 164.

(93) Ibidem págs. 219-220.

(94) Weber Ibidem págs 240 a 242 y 320. Ward Rutherford en su obra Tradizione Celtiche, afirma que tanto John Wycliffe como Abelardo, en sus obras plasmaron el pensamiento celta. Así en "De Dominio Divino, Libri Tres y el Tratado Civili Domino" expone su principio donde la autoridad proviene directamente de Dios, lo que refleja la concepción celta del rey como soberano, solo en cuanto recibe la sanción del Otro Mundo. La preocupación de hacer más accesibles las Sagradas Escrituras que lo lleva a su traducción, recuerda el cristianismo rígidamente atado a la Escritura de los primeros padres celtas de donde proviene el protestantismo. Op. Ci.t pág. 237.

(95) Weber, Max. Ibidem. pág. 205 a 207.

(96) Artículo 7 de la Confesión, The Baptist Crurch Manual. De J. M. Brown D.D. Filadelfia Am Bapt Public Society, 1876 pág. 99.

(97) La eliminación radical de cualquier magia no consentía intrínsecamente un camino diferente de la ascesis laica. Para las comunidades que no querían tener nada que ver con los poderes políticos y su actividad, derivó la consecuencia exterior de la confluencia de virtudes sobretodo en el trabajo profesional. Ibidem. Pág. 209.

(98) Ibid pág 144 y Craveri, M. Op Cit pág. 223.

(99) Ibidem pág. 160.

(100) Ibidem pág .169.

(101) Ibidem pág. 171.

(102) Ibidem pág. 175.

(103) Ibidem págs. 212 y 213.

(104) En 1570 la bula papal excomulga a Isabel y pide a las monarquías católicas de España y Francia intervenir para deponerla en el trono. Después de una serie de complots la misma Isabel ordena justiciar a su rival al trono, María Reina de Escocia ya que ésta era apoyada por los nobles escoseses convertidos al protestantismo, además de estar casada con el católico Henry Stuart (1536) y siendo este descendiente de María Tudor lo que pudiera representar una pretensión al trono. En Tradizione Celiche se analiza la hipótesis de independencia y libertad en la historia de conflictos y guerras entre Inglaterra y Escocia, Gales e Irlanda, donde la "rebelión de Glyndwyr como manifestación de la insuprimible sed de

independencia, refleja el sentido céltico de separación cultural, sostenido entre otras cosas de la fe en aquello que podemos definir lo oculto..." Rutherford Ward. "La Lotta per l'Independenza." Tradizioni Celtiche, Ed Neri Pozza Ed. 1996. Cap. 13 págs. 219 a 231.

(105) Weber, Max Ibidem pág. 167.

(106) Ibidem Vol 1, pág. 603.

(107) Ibidem pág 607.

(108) Weber Max. Etica Protestante...Op Cit pág. 385.

(109) Ibid pág. 193.

(110) Ibid. págs. 202 y 203.

(111) La primera misión Cristiana del Ejército de Salvación tiene carcacterísticas de organización militar, cuyos miembros están en servicio activo, con contactos directos con las masas promoviendo la redención moral y la fraternidad religiosa. En general se acompañan de bandas musicales y se caracterizan por estar uniformados.

(112) Weber, Max. Op Cit. Vol II págs. 518 a 521.

(113) León XIII. Encíclica "Auspicato Consessum".

(114) Respuesta de condena de Pío X a la apertura y crítica social de la Revolución francesa, a "Le Sillon" concretamente ya que propone el rescate de los humildes.

(115) Weber, Max. Op Cit. Potere Politico... Vol II pág. 525.

(116) Con la circular 442/74128 del 30 de diciembre de 1931 relativa a los cultos "anticatólicos" se confirma la necesidad de observar los límites de la ley en cuanto a la elaboración de cultos y reuniones públicas, en caso de que fuesen propagandistas. Y aún siendo reconocidas de facto y admitidas desde 1929, quedarían abrogadas por la Corte Constitucional. Además en lo relativo a la presencia o autorización de un ministro éste requiere de la aprobación del gobierno. Y en la circular 600/158 del 9 de abril de 1935 sobre la "Asociación de Pentecostales" se recomienda de "disolverla pues es considerada una práctica religiosa contraria al orden social y nocivo a la integridad física y psíquica de la raza."

(117) Fragmentos del Acta Judicial del Ministerio del Interno y de la Dirección General para Asuntos del Culto. Dirección General de la P.S. División A.G.R. Sección 1, Protocolo No. 441/027713. Roma, Agosto 22 de 1939.XVII.

(118) Conocida también como Congregación Cristiana de Testigos de Jeová, o Ex Estudiantes Bíblicos, opera en Italia desde el 1908 siendo reconocida jurídicamente hasta el 1986 con el Tratado Italo-Americano y por el decreto del presidente de la República. Cuenta con 175 evangelizadores

y 350 mil afiliados, siendo el más numeroso de los grupos después del catolicismo. Gaceta Oficial de Noviembre 26 de 1986.

(119) Craveri, "El Mito de una Religión a Medida del Hombre". Op Cit, pág. 190.

(120) "Esta secta se basa doctrinalmente sobre particulares interpretaciones de la Biblia, dadas por sus fundadores, que residen en Brooklyn y desarrolladas continuamente de una copiosa serie de opúsculos y de un periódico mensual, según el cual, los adeptos, que entre ellos se llaman "Hermanos en el Señor" creen que Jesús regresará nuevamente sobre la tierra para restablecer su Reino de paz y justicia, condenando a los empíos y premiando a los justos que gozarán en este mundo de la beatitud eterna. Según los acontecimientos sucedidos en 1914 y despúes, retienen que tal año marca el final del dominio de Satanás retenido hasta entonces el señor del mundo y que en un período máximo de 50 años de la fecha referida será instaurado el Reino de Dios, Jehová. Durante este perído aumentarán, por obra de Satanás, en el vano tentativo de contrarestar el triunfo de Jesús, los males que afligen a la humanidad, tras los cuales los movimientos sociales, la guerra, los gobiernos dictatoriales etc, con explícito referimiento a éstos últimos, el Fascismo…

De consecuencia consideran ilícita cualquier guerra, y no reconocen al Estado el derecho de sujetar a los ciudadanos al servicio militar, al cual, los fieles deben sustraerse por cualquier método.

…Unica ley para los Testigos de Jehová es la de Dios, ya que no admiten la observancia de las leyes civiles, siempre y cuando no esten en contraste con la ley divina, interpretada naturalmente según sus principios y prácticamente de los enseñantes de Brooklyn. Combaten cualsiese jerarquía religiosa, especialmente la de la Iglesia Católica y también cualquier forma de jerarquía civil, pero especialmente de los regímenes totalitarios.

…Su ideal entonces, de un gobierno directamente teocrático para vivir en un estado paradisíaco de justicia, de hermandad y de bienestar material, se resuelve prácticamente en una perfecta anarquía civil y religiosa, con el agravante frente a los anarquistas, de perseguir este estado ideal con un fanatismo alucinante…

…"Testigos de Jeová proclaman que el "Duce" y el Fascismo son emanaciones del demonio y constituyen fenómenos ya previstos en el libro del Apocalipsis y que como en este libro esta profetizado después de momentáneas victorias, deberán infaliblemente caer. En cuanto a la

Iglesia Católica, acusada de continuo de haber originado y sostener al Fascismo, baste decir que la secta reconoce en ella la "Gran Merecedora" (Meretrice) y la bestia de la cual habla el susodicho libro sacro.

...Es legítimo sospechar que el verdadero objetivo de la secta sea esencialmente político, teniendo en cuenta especialmente <u>el espíritu antipatriótico y antimilitarista que las teorías de la misma secta generan en los adeptos...</u>

<u>...Esa es antifascista y anti italiana al máximo grado,</u> y este Ministerio ha juzgado talmente grave su peligrosidad por los ordenamientos del Estado, que se ha determinado hacer una denuncia al Tribunal Especial, los más activos Testigos de Jeová serán arrestados y los demás con requerimiento de policía en todos los confines y según su grado de responsabilidad." Firmada por el Ministro Arturo Bocchini. El subrayado aparece en el documento ministerial de los fragmentos del Acta Judicial del Ministerio del Interno y de la Dirección General para los Asuntos del Culto. Dirección General de la P.S. División A.G.R. Sección 1. Protocolo No 441/02977. Roma, Marzo 13 de 1940 / XVIII.

(121) Cita textual de presentación del Libro de Mormón, editado por la Iglesia de Jesucristo de los Santos de los Ultimos Días. Salt Lake City, Utah. EUA. Ed Española 1992, pág V.

(122) El testimonio del profeta José Smith. Ed La Iglesia de Jesucristo de los Santos de los Ultimos Días. Salt Lake City, Utah. EUA. pág 9.

(123) Ibidem pág 11.

(124) Ibid. pág. 13.

(125) Ibid. pág. 17.

(126) Ibidem.

(127) Libro de Mormón. "El Testimonio de Tres Testigos". Op. Cit, pág. VII.

(128) Libro de Mormón. "Matrimonio ". Op. Cit. pág. 132 y 133.

(129) Artículo 1. "Cada individuo tiene derecho a la libertad de pensamiento, de conciencia u otro credo de propia voluntad, así como la libertad de manifestar la propia religión o el propio credo, sea individual, que en comunidad con otros, sea en público que en privado, por medio del culto y de la observancia de ritos, de la práctica y de la enseñanza."

Art 2 "Ningún individuo puede ser sujeto de discriminación de parte de un estado, de una institución, de un grupo o de cualquier individuo, sobre la base de la propia religión, o del propio credo."

Art 7. "Los derechos y la libertad proclamados en la presente Declaración están de acuerdo con la legislación nacional, de modo que cada uno este en grado de gozar de tales derechos y libertad en la práctica."

Artículos contenidos en Concilio Vaticano II. Declaración Conciliar. "Dignitatis Humanae" sobre la libertad religiosa.

(130) Según el artículo 16 acerca de las disposiciones sobre la ley en el Código civil y el contenido del tratado de amistad entre los Estados Unidos de América y el gobierno italiano, Art 20, 3 del R.D. del 28 de febrero de 1930, No 289, reconoce según el espíritu del Artículo 8 de la Constitución italiana referente a la libertad religiosa: La Mesa Valdese Valdos Metodistas con 30 mil afiliados. La Asamblea de Dios en Italia Pentecostales con 100 mil afiliados subdivididos en 935 comunidades. La Unión Italiana de las Iglesias Adventistas del Séptimo Día con aproximadamente 5 mil afiliados en 85 Iglesias. Unión de la Comunidad Hebraica con aproximadamente 40 mil miembros. La Rocca, consenso de los hebreos a la nueva espera que vendrá firmada con el Estado italiano en la República el 13 de febrero de 1987.

(131) Notificación del Cardenal Schuster a los sacerdotes y fieles de la Arquidiócesis de Milán, sobre propaganda de cultos anticatólicos. Milán. Octubre 7 de 1952. El Derecho Eclesiástico. Oct Dic. 1952, Págs. 576 a 580.

(132) "La Iglesia se Arrepiente por Franco." Con este despliege de información la Iglesia española se prepara por segunda vez, ya que la primera en el 1971 no obtuvo consenso al interno de la jerarquía católica española, después del perdon de la Iglesia de Francia relativo al gobierno nazi y de Vichy, a una autocrítica del caudillismo franquista y al apoyo dado a Franco en contra de la República española. En 1937 la jerarquía eclesiástica española lanzó un llamado "a los obispos del mundo" defendiendo abiertamente el franquismo y el papel de su líder. El Mea Culpa seriá pronunciado en el jubileo del 2000 donde el papa Juan Pablo II ha indicado como el momento de purificación de la Iglesia Católica. En Madrid el diputado socialista PSOE, Luis Yañez y el presidente del partido Joaquín Almunia han propuesto una revisión histórica del franquismo del 39 al 75, y de la participación de la Iglesia. Esta a través de su portavoz Monseñor José Sanchez, aseveró que la Iglesia no responde a peticiones partidistas, sino que opera en el marco institucional universal, marcado por Juan Pablo II. El mismo Papa ha insistido para que en el 92 fueran beatificados 122 mártires de la guerra civil española, pues en su tiempo

Paulo VI detuvo cualsiese beatificación, aún ante las evidencias y el desacuerdo del gobierno democrático español. "La Chiesa si Pente per Franco. I Vescovi Spagnoli Chiederanno Perdono per l'Appoggio al Regime nella Guerra Civile." La Reppublica. Lunes 20 Octubre de 1997, pág. 1 y 11.

(133) "EL Budismo Aparece como forma de autoerotismo espiritual. La Reencarnación? Una Crueldad Infernal. Son las opiniones publicadas en la revista francesa L´Éxpress, por parte del Cardenal Joseph Ratzinger. "Le Testament du PanzerKardinal". En la entrevista el Cardenal critica a los seguidores de movimientos religiosos "excesivamente politizados" como la Teología de la Liberación o los adeptos al excomulgado Marcel Lefebvre, obispo francés ultranacionalista. "Que se dialoge con otras confesiones de fe, pero advierte el Cardenal, sin confusión y sin renunciar a la propia identidad. Clara referencia a movimientos jóvenes de tipo "New Age" la religión de América tanto difusa y mezclada con la religión católica, como a las confesiones ligadas a tradiciones orientales. La Reppublica. "La Chiesa e Gli Altri ". Viernes 21 de Marzo de 1997, pág. 17.

(134) La pérdida de poder terrenal y por consecuencia poder económico y político, representó para el papado un desafío a lo largo de toda su historia, mientras en Europa las naciones luchan por liberarse y hacerse estados independientes, el papado adquiere posiciones defensivas, sobretodo después de la pérdida de los estados italianos y el predominio de Alemania meridional católica sobre Prusia oriental, en el esquema de la naciente Confederación de los Estados Alemanes. En 1864 Pío IX condena en el Sillabo los males de Europa, como: las doctrinas liberales, el nacionalismo laico y el progreso científico. En el 1869 se convoca al Concilio Ecuménico Vaticano donde se proclama el dogma de la infalibilidad papal, como una forma de control psíquico a la vez que ha perdido el poder terrenal, de manera que oponerse al papa se considera herejía. Aquí es interesante notar como con esta proclamación se presenta una doble actitud, contradictoria, se pide lealtad a la ciudadanía en un marco de estado nación siendo su primera instancia el Papa y luego la nación. Pero la lealtad al Papa conlleva a la lealtad hacia el estado Vaticano y por lo tanto a asumir posiciones políticas, la Alemania de Bismark organiza la Kulturkampf como una respuesta contra la Iglesia católica entre 1870 y 1880.

(135) El cristianismo primitivo esta muy alejado del catolicismo y en general del cristianismo actualmente vigente. En solo el año de 1997, el Papa

JuanPablo II decretó para la Iglesia universal institucional que el papel de María en la resurección de Jesús, sería diferente, en cuanto que ella como Madre debió de haber visto el Cristo resucitado en lugar de María Magdalena tal y como esta escrito en la Biblia. Aún cuando no este escrito bíblicamente, se ha aprobado tácitamente reforzando el dogma de María y los cultos marianos, no todavía en los Estados Unidos aún cuando lo ha pedido la autoridad vaticana, ya que están estudiando las repercusiones que se pueden presentar, y con ello la preparación de la figura de María como "Corredentora" junto con la Trinidad, que será una novedad del jubileo del milenio. Esto ha llevado a cuestionamientos como si María muere primero de subir al cielo, así que es llevada por los ángeles en cuerpo y alma, o bien asciende al cielo solo en alma y su cuerpo se queda como objeto de culto. Declaracion ex catedra en 1952. Las respuestas serán confirmadas basándose en los lineamientos que dicten en el Vaticano y sobretodo el Papa Juan Pablo II. En Timoteo 2 vers.2 al 5 dice Mediador solo Jesús.

(136) En la Biblia hebrea se prohibe el trabajo en el día sábado del atardecer del viernes al del sábado. Exodo 20 vers. 8 a 11 y Deuteronomio 5 vers. 12 al 15. Se considera trabajo recoger la leña e incluso preparar la comida. Exodo 16 y 35 vers. 1 a 3. Números 15 vers. 32 y 36. Pero en el curso de la historia hebrea en la lucha asmonea contra el imperio seleucide, algunos judíos rechazaron defenderse en el día sábado lo que provocó su muerte. A partir de este hecho los judíos interpretaron éste a la luz de la legitimidad de defenderse incluso en sábado, de aquí que pasa a ser un acto lícito.

(137) Los Taliban la fracción islámica caracterizada por su misoginia y machismo ultraconservador, es la detentora del poder en Afganistán desde 1996. A través del manejo e interpretación de los principios del Islam, la mujer esta alejada de cualquier actividad cultural, política, social, de asistencia médica y de cualquier esparcimiento, el solo salir a la calle implica que debe ir acompañada de un hermano, el padre o el marido. Esta es considerada aún en su imagen por lo que ser fotografiada es considerado una blasfemia, aún cuando ésta sea familiar. Por esta razón debe llevar la "burqa" una vestimenta considerada una celda ambulante de tela con la única abertura a la altura de los ojos. Hoy dia la lapidación esta vigente por adulterio, se promueve un juicio ante autoridades locales y el Iman, se dicta sentencia enterrando a la mujer hasta la mitad del cuerpo con los brazos, para que quede descubierta la cabeza que recibirá piedras de regular tamaño, para que no muera

enseguida y tampoco tarde días. La interpretación religiosa de los principios contenidos en el Islam ha sido utilizada para imponer un orden social vigente donde el hombre aparece como protagonista único de la sociedad y donde la mujer es justificada por su actividad procreadora.

(138) En mayo de 1936 después de bombardear y gasear a los civiles y militares rebeldes Etiopía o Abisinia, conocida así por los italianos, es ocupada por tropas de Mussolini, ya que en 1935 se había iniciado la ocupación. Los 550 mil hombres que masacraron la población proclaman la victoria de Víctor Emanuel III, obligando al emperador Haile Selassie a abandonar el país. En vano fueron las protestas de agresión y las sanciones económicas de la Sociedad de Naciones. Etiopía es liberada hasta el 1941 con la ayuda de tropas francesas y egipcias. En el febrero de 1937 el mariscal Rodolfo Graziani apoyado por la política fascista de castigar a los rebeldes que atentaban contra el régimen instaurado, otorga poderes al general Pietro Maletti, que con ordas musulmanas ejecutan a más de 2500 rebeldes, entre ellos sacerdotes, diáconos, monjes y simpatizantes. La Abisinia se había mantenido como un Imperio libre y como la tierra santa de la raza negra. Es interesante notar que después de la masacre, la Iglesia católica manda desde el Vaticano a capellanes y obispos a evangelizar a la población de religión copta para eliminar los conceptos paganos de esta tendencia teológica, y encauzarlos en la fe católica, sobretodo que con el golpe fascista se rompían los lazos de éstos cristianos coptos con el patriarca de Alejandría, dejando un hueco en la labor pastoral.

(139) Algunos de los mayores productores de la lista de 50 que ha presentado Amnistía Internacional en relación a la fabricación en serie de torturas y armas tecnológicas están; los Estados Unidos de América, Alemania, Israel y China como mayores productores. Entre estas armas estan los bastones eléctricos con descargas de 10 mil a 250 mil voltios, los cuales pueden provocar dolores agudos, parálisis y muerte. Los cinturones telecomandados con descargas hasta 50 mil volts, la pistola "Taser gun" de flechas eléctricas unidas a clavos de acero que pueden provocar la muerte. Los alambres anti Somoza que cortan como navaja y aún más pueden incluso electrocutar, en el catálogo de ventas se aconseja su uso para la contención de manifestaciones. También hay muestras internacionales de estos avances tecnológicos, como cuando las hacen los expositores en las Ferias. ¡Los test o pruebas de estos sofisticados equipos y armas son llevadas a cabo en animales, sobretodo en cerdos, Hasta hoy aseguran los fabricantes y managers de ventas nunca se han

usado en seres humanos!

(140) Kung, Hans. Op Cit, pág. 543.

(141) Por ejemplo en el ámbito católico, la Comunión y Liberación la Gush Emunim hebrea y la Christian Coalition del protestantismo en los Estados Unidos están tratando de recuperar los propios orígenes, con una cultura y tradición propia, como respuesta al espíritu laico de la modernidad.

(142) El primer ministro israelita Benjamín Netanyahu ha ordenado a inicios del 1997 la destrucción de la zona verde llamada en hebreo Har Homa que en árabe es Jabal Abu Ghenaim, siendo ésta la última mina de tiempo para que se insedien 6500 viviendas en la parte oriental de Jerusalén, y con esto romper definitivamente con el proceso de paz. El punto de vista israelita es propiciar la coexistencia entre árabes y judíos, los primeros han denunciado la contínua violación a los acuerdos de paz de 1993. La Reppublica, Miércoles 5 de Marzo de 1997, pág. 16.

(143) Sanders, E.P. Ibidem págs. 173-176.

(144) Jesús. Munchen, Hamburgo Alemania. 1967. Jesu. Brescia Italia 1972.

(145) Renan, Ernest. "La Vie de Jesu" de 1863.

(146) Markale. Op Cit págs. 250 y 251.

(147) Severino, Emmanuele. "Pensieri sul Cristianesimo". CDE. Milano 1995, Págs… 308 y 309.

(148) Es similar la situación con el nombre hebreo de Dios. el Tetragrama יהוה YHWH o JHVH que indica el nombre santo, ha sido retomado por los Testigos de Jeová, como un intento más de acercamiento al cristianismo primitivo, eliminando la base helenizante propia del cristianismo actual, mayor aún del catolicismo. The Kingdom Interlinear Translation of the Greek Scriptures. International Bible Students Asociation, New York, USA, 1895 pàgs. 10-11 y 1133.

(149) John, J. Mc Neill fue jesuita alrededor de 40 años, siendo expulsado de la Compañía de Jesus por sus posiciones a favor de gays y lesbianas, es ahora terapista de esta comunidad siendo un apoyo moral, cristiano y psíquico ante estos grupos de necesidades "especiales" como el mismo los define. En su obra "Scommettere su Dio" basa su teología de la liberación homosexual. Ya en Grecia y Roma el mito de Zeus y Ganimide fue muy popular pues ofrecía una justificación religiosa al amor de un hombre adulto hacia un joven. Anteriormente la sodomía había sido tolerada solo como una forma extrema de devoción a la diosa; los fieles de Cibeles tentaron de llegar a la unión estática con la diosa comparándose y vistiéndose de mujer. Un colegio de sacerdotes

sodomitas era oficialmente reconocido en los templos de la gran diosa en Tiro, Iopa, Hierápolis y en Jerusalén. Primer libro de Reyes XV 12 y Segundo libro de Reyes XXIII 7 hasta la época inmediata precedente al exilio. Pero esta nueva forma de pasión amorosa, que según Apolodoro fue introducida por los tamiris acentuaba la victoria del patriarcado sobre el matriarcado transformando la filosofía griega en un juego intelectual que los hombres practicaban sin la ayuda de las mujeres desde el momento que podían introducirse en el nuevo campo del amor homosexual... Graves Op Cit, pág. 104.

(150) Goodrich, Norma Lorre. Il Santo Graal. La Storia Vera Oltre la Leggenda. Rusconi Libri, 1996. Ed CDE Milano. pág. 282.

Reconocimiento

El término de una obra representa años de trabajo, dedicación y formación, pero sobretodo es un reflejo de la inquietud de un tema apasionante y profundo: el conocimiento de la Palabra de Dios. Refleja también la solidaridad de los amigos y las personas cercanas que de alguna forma contribuyeron con estímulo, apoyo, interés y sobretodo con fe a la terminación de ésta. Por eso mismo agradezco en especial al Lic. Don José Manuel Martínez Ayala por su invaluable ayuda y paciencia en la lectura y comentarios de la presente obra. A Sheerin Longva de Estocolmo por su interés de siempre, a Lou Trepanier de Canadá por su afecto y solidaridad, Un reconocimiento especial a Franco y Rita Franzzini de Milano a través de los cuales tuve la oportunidad de participar en estudios y polémicas bíblicas y religiosas, igualmente me permitieron asistir a sus reuniones de estudio bíblico. A las hermanas Love de los Estados Unidos a través de las cuales pude introducirme en el mundo de los jóvenes mormones. A mi amiga Vilma de Firenze por la que conoci la comunidad valdostana de Italia, a mi amiga Maria Eugenia Caceres Acereto por su trabajo logístico y sus aportaciones e interés y a todas aquellas personas que con su religiosidad, contributo, ejemplo, y comentarios aportaron la crítica, el diálogo y el conocimiento. Un especial reconocimiento a Doña Dolores Muñoz Pagaza y Batres de Gil por todas sus enseñanzas, ejemplo y valores, a María del Carmen Martínez y Herlinda Lagrange por su confianza y afecto aún en tiempos difíciles. A todas ellas mi gratitud y afecto.

Fernanda Mondragon y Gil

Bibliografía general

Agostino San. La Città di Dio. Rusconi Libri. Srl. CDE Milano 1994.

Alvarez Herrera, Felix M. Reflexiones Teológicas. En Torno a la Doctrina y Espiritualidad de NVP. Fundador. Felix de Jesus Rougier. SEFER, México 1979.

Aramoni, Aniceto. La Religión de Hoy. (El Hombre Vertical) Ed Samo. S.A. México 1960.

Baigent, Michael. Leigh Richard. Lincoln Henry. Il Santo Graal. Arnaldo Mondadori. Milano. 1982.

Bocca, Giorgio. La Reppublica di Mussolini. Arnaldo Mondadori. Ed Spa, Milano 1994.

Bonnet, Henry Marc. El Papado Contemporáneo 1878-1945. Colección Estela. Ed. Alameda S.A. México 1954.

Bruno Guerri, Giordano. Gli Italiani Sotto la Chiesa. Da San Pietro a Mussolini. Arnaldo Mondadori. Ed Spa, Milano CDE 1993.

Brunet, Philippe. Cagliostro. Ed CDE, Milano, 1994.

Cattabiani, Alfredo. Lunario. Dodici Mesi di Miti, Feste, Leggende e Tradizioni Popolari d'Italia. Arnoldo Mondadori. Ed Spa. Milano, 1994.

Bussierre, M. Th, de L'Empire Mexicain. Histoire des Tolteques, des Chichimeques, des Azteques et de la Conquete Espagnole. Henri Plon Libraire Editeur. París 1863.

Castañeda, Jorge. La Utopía Desarmada. Intrigas, Dilemas y Promesa de la Izquierda en América Latina. Ed Joaquín Mortiz. SA de CV. Grupo Planeta. 1993.

Cavallo, Guglielmo. L'Uomo Bizantino. Gius Laterza & Figli. Spa. Roma-Bari CDE Milano, 1992.

Confesiones de San Agustín. Ed 2, Editora Latino Americana S.A. México

1966.

Coria, Giuseppe. Dizionario di Magia. Ed Euroclub, Italia. Spa 1996.

Chateaubriand. F. R. De. El Genio del Cristianismo. Ed Ramón Sopena. S.A. Barcelona 1960.

Demurger, Alain. Vita e Morte dell´Ordine dei Templari. Ed Garzanti 1987. Título Original. Vie et Mort de L´Ordre du Temple. Ed Seuil París, 1985.

Duby, Georges. I Peccati delle Donne Nel Medioevo. Título Original. Dames du XII Siècle.III Eve et les Prêtes. Ed Laterza Roma, 1977.

Duby, Georges. Il Medioevo, Da Ugo Capeto a Giovanna d´Arco, 987-1460. Título original, Le Moyen Age, De Hugues Capet â Jeanne d´Arc (978-1460) Hachette, 1987. CDE Spa Milano, Gius Laterza & Figli 1995.

Duby, Georges. Donne Nello Specchio del Medioevo. Título Original. Dames du XII Siecle I. Helois, Aliènor, Iseut e Quelques Autres. Ed Gallimard, 1995. Ed. CDE Spa Laterza, Milano Stampa 1997.

Duby, Georges. L´Anno Mille. Storia Religiosa e Psicologica Colletiva. Título Original. L´Ann Mil. Julliard 1967. Ed Giulio Enaudi. Spa Torino 1976. CDE Milano 1976.

Dumezil, Georges. Il Libro degli Eroi. Título Original. La Livre des Hèros. Legendes sur les Nartes. UNESCO, París 1965. Adelphi. Ed Spa Milano CDE, 1969.

Eco, Umberto. Apocaliptici e Integrati. Comunicazioni di Massa e Teorie della Cultura de Massa. RCS Libri & Grandi Opere. Spa Milano 1996.

Eco, Umberto. Cinque Scritti Morali. PasSaggi. Bompiani, RCS Libri. Spa Milano 1997.

Eco, Umberto. Kant e L´Ornitorinco. Ed Bompiani. RCS. Spa Milano Libri 1997.

Egle, Becchi e Dominique, Julia. Storia dell´Infanzia. Dall´Antichità al Seicento. Gius Laterza & Figli. Spa Roma-Bari. Euroclub Italia. Spa Milano 1997.

De la Fuente y Almazán, Isidro. Revisor de Historia Bíblica o Narraciones del Antiguo y Nuevo Testamento. Acogida con Benevolencia por su Santidad el Papa León XIII. Establecimientos Benziger & Co. S. A. Tipógrafos de la Santa Sede Apostólica. Einsiedeln, Suiza. 1883.

Fenoglio, Alberto. I Misteri dell´Antico Egitto. Ed Muzzio. Milano 1995.

Giovetti, Paola. Angeli. Esseri di Luce Messaggeri Celesti Custodi dell´Uomo. CDE. Spa Milano Ed Mediterranee 1989.

Goff Le, Jaques. Tempo de la Chiesa e Tempo del Mercante. Saggi sul Lavoro e la Cultura nel Medioevo. Ed Giulio Einaudi. Spa Milano 1997.

Goodrich, Lorre Norma. Il Santo Gral. La Storia Vera Oltre la Leggenda. Original: The Holy Grail. CDE Spa, Milano Rusconi Libri. 1996.

Graves, Robert y Patai Raphael. I Miti Ebraici. Título Original. Hebrew Myths. The Book of Genesis. Longanesi & C. Milano 1997.

Graves, Robert. I Miti Greci. Título Original. Greek Myths. Longanesi & C. Milano 1997.

Hourani, Albert. Storia dei Popoli Arabi. Da Maometano ai Nostri Giorni. Arnoldo Mondadori. Ed Spa Milano, 1992.

Jennings, Gary. Azteca. Serie Planeta Oro. Planeta SA de CV. 27 Reimpresión, México 1992.

Johnson, Paul. La Historia del Cristianismo. Ed Javier Vergara, Buenos Aires, Argentina, 1989.

Juan Pablo II. Cruzando el Umbral de la Esperanza. Ed Plaza & Janes. SA. México 1994.

Kieckhefer, Richard. La Magia nel Medioevo. Título Original: Magic in the Middle Ages. Cambrige University Press 1989. Ed Gius Laterza & Figli. CDE Spa Milano, 1993.

Koonz, Claudia. Donne del Terzo Reich. Título Original: Mothers in the Fatherland. Women, the Familiy and Nazi Politics. St Martin Press, New York 1986. Ed Italiana corregida. Müter in Vaterland. Freiburg Kore Verlag, 1991. Gpo Firenze 1996.

Kung, Hans. Essere Cristiani. Progetto per una Etica Mondiale. La Dichiarazione del Parlamento delle Religioni Mondiali. Rizzoli. Milano 1991.

Kung, Hans. Ebraismo. Passato, Presente, Futuro. Ed Rizzoli Libri. Spa CDE Milano 1993.

Kung, Hans y Walter Jens. Della Dignità del Morire. Una Difesa della Libera Scelta. Libri & Grandi Opere. Spa Milano 1997.

Kung, Hans. Cristianesimo. Essenza e Storia. Rizzoli. 1997.

Kung, Hans. Perché Sono Ancora Cristiano. Marietti, 1988.

Linton, Ralph. Cultura y Personalidad. Ed 6. Breviarios del Fondo de Cultura Económica, 1967.

López Amat, S.J. Jesucristo. Biografía en Mosaico. Ed Razón y Fe. Raycar Impresores. Madrid 1964.

Malet, A. Historia Romana. Los Orígenes. Las Conquistas. El Imperio. Ed

Librería Hachette S.A. Buenos Aires 1946.

Markale, Jean. Il Druidismo. Religione e Divinità dei Celti. Payot, París 1985. Ed Mediterranee 1991. CDE Milanostampa 1996.

Morretta Angelo. I Miti delle Antique Civiltà Messicane. Ed Euro Club, Italia. Milanostampa 1996.

Neill, Mc John. Scommettere su Dio. Teologia della Liberazione Omosessuale. Título Original: Taking a Chance on God. Liberating Theology for Gays, Lesbians and their Lovers, Families and Friend. Beacon Press, Boston 1988. Ed Sonda s.r.l. Torino 1994.

J.I Packer. Hacia el Conocimiento de Dios.Título Original: Knowing God. Logoi Inc. Miami Florida. USA 1979.

Popper, Karl. Alla Ricerca di un Mondo Migliore. Armando S.r.l. 1989. CDE Mondadori, Milano 1997.

Reyes Heroles, Federico. El Poder. La Democracía Dificil. Grijalbo. SA de CV, México 1991.

Rotterdam, Erasmo da. Elogio della Pazzia. Ed Giulio Einaudi. CDE Spa Milano 1994.

Runciman, Steven. Storia delle Crociate. 2 Volúmenes. CDE Spa Milano 1994.

Russell, Bertrand. Autoridad e Individuo. Quinta Edicion en español. Breviarios del Fondo de Cultura Económica. México 1967.

Rutherford, Ward. Tradizioni Celtiche. La Storia dei Druidi e della loro Conocenza Senza Tempo. Título Original: Celtic Lore. The History of the Druids and their Timless Traditions 1993. Neri Pozza, Italia 1996.

Sanders, E. P. Jesu, La Verita Storica. Título Original: The Historical Figure of Jesus. 1993. Arnoldo Mondadori. Milano 1995.

Severino, Emmanuelle. Pensieri sul Cristianesimo. Libri & Grande Opere. Spa, Milano 1995.

Soustelle, Jacques. El Universo de los Aztecas. Fondo Cultura Económica. Cuarta reimpresión, México 1992.

Speer, Albert. Memorie del Terzo Reich. Ed CDE. Spa. Milano 1995.

Stewart, Robert. Cronologia Ilustrata dei Grandi Fatti della Storia. Dalla Caduta dell'Impero Romano al Nuovo Assetto Mondiale. Ideal Libri s.r.l. Stampa PIG. Barcelona, España 1993.

Stewart, Robert.J. I Miti della Creazione. Título Original. Creation Myth. Element Books LTD Rockport, Mass 1989. Xenia Milano 1993.

Toffler, Alvin. El Cambio de Poder. Título Original: Powershift.

Conocimientos, Bienestar y Violencia en el Umbral del Siglo XXI. Plaza and Janes. Ed Barcelona, España 1990.

Toro, Alfonso. La Iglesia y el Estado en México. Estudio Sobre los Conflictos Entre el Clero Católico y los Gobiernos mexicanos Desde la Independencia Hasta Nuestros Días. Publicaciones del Archivo General de la Nación. Talleres Gráficos de la Nación. México1927.

Weber, Max. Esnayos Sobre Metología Sociológica. Ed Amorrortu Editores, Buenos Aires 1978.

Weber, Max. L´Etica Protestante e lo Spirito del Capitalismo. RCS. Rizzoli Libri. Spa Libri & Grandi Opere. CDE Milano 1995.

Weber, Max. Economia e Societa. Classici della Sociologia. Edizioni di Comunita. Introduzioni di Pietro Rossi. Ed 2 Volumenes. Milano 1974.

Williamson, Marianne. Volver al Amor. Reflexiones Basadas en los Principios de Un Curso de Milagros. Ed Urano, Barcelona 1993.

Wolf, Linda Guida ai Segni Zodiacali. Carattere, Amore, Successo. Ed Fabbri Bompiani Sonzogno Etas. CDE. Spa Milano 1989.

Yount, David. Encuentro con la Fe. Una Guía Para el Cristiano Renuente. Ed Patria. S.A. de C.V. Promexa.México 1997.

Documentos.

Amnesty International. Obiettori. Rapporto sulla Obiezioni di Coscienza nel Mondo. Sonda. Mayo 1993.

Arte Maya. Esplendor y Simbolismo. Bruce, D. Robert. Fondo de la Plástica Mexicana. Bancomext. Snc. México 1990.

Atlas Histórico Mundial. La Historia del Mundo en 317 Mapas. Duby Georges. Ed El Debate. México 1987.

Atlante dei Luoghi Sacri. Dove Cielo e Terra si Incontrano. Harpur, James. Portuguesa. Ed Mondadori & Associati, Italia. 1995.

Atlante Ilustrado del Mondo Antico. Oliphant, Margaret. Le Grande Civilta del Passato. Menabó, Como, Italia 1994.

Biblia de Jerusalén. Ed Porrúa SA: Sepán Cuantos No 500 México 1992.

I Celti. Antiche Civilta. RCS Libri. Spa Fabri, Bompiani, Sonzogno, Etas Spa. Euroclub Italia 1998.

Las Catacumbas de Roma. Origen del Cristianismo. Con la colaboración de la Comisión Pontificia de Arqueología Sacra y de los Museos Vaticanos. Firenza, Scala Italia 1981.

Encíclica. Rerum Novarum. De S.S. León XIII Sobre la Cuestión Obrera. Ed Paulinas S.A México. 1961.

Enciclopedía de la Filosofía. Ed Garzanti. CDE Milano 1993.

Enciclopedía Mundial de Relaciones Internacionales y Naciones Unidas. Osmanczyk. Edmund Jan. Fondo de Cultura Económico. México 1976.

Enciclopedía Temática Aperta. Letterature delle Americhe. Jaca Book. Spa Milano 1994.

Enciclopedía Tematica Aperta. Politica. Jaca Book. Spa. Milano 1994.

Enciclopedía Tematica Aperta. L'Europa del Medioevo e del Rinascimento. Jaca Book. Spa Milano, 1994.

Enciclopedía Tematica Aperta. Antichità Classica. Jaca Book. Spa Milano 1994.

Enciclopedía Tematica Aperta. Filosofía. Jaca Book. Spa Milano 1994.

Enciclopedía Tematica Aperta. Paleoantropologia e Preistoria. Jaca Book. Spa Milano 1994.

I Fioretti di S. Francesco. Ed Porziuncola. Assis, Italia 1982.

Informe Sobre la Iglesia Popular. Instituto Pastoral del CELAM. Ed. CEM México 1978.

Le Grandi Civiltà. Ed La Scuola. Milano 1990.

Intolleranza Religiosa alle Soglie del Duemila. Asoc. Europea de Testigos de Jeová. Para la Tutela de la Libertad Religiosa. Ed Fusa, Roma 1990.

Istmo. Paulo VI y el Nuevo Mundo. No 41. Noviembre-Diciembre 1965.

Jerusalem. Magi Giovana. Bonechi Steimatzky. Firenze 1990.

El Libro de Mormón. Otro Testamento de Jesucristo. La Iglesia de los Santos de los Ultimos Días. 1° Ed inglés 1830 Palmyra, Nueva York. Ed Española Salt Lake City, Utah EUA 1992, la que incluye: Guía Para el Estudio de las Escrituras por Orden Alfabético.

Por la Defensa del Evangelio. Apologética Contemporánea. Ed Cristiana Continental de las Asambleas de Dios. ECCAD México 1994.

Tesori d'Arte delle Civiltà Precolombine. Centro America. Fabbri. Ed Italia. 1992.

Testimonios Artísticos de la Evangelización. Armella de Aspe, Virginia. Grupo Gutsa. México 1995.

Traducción del Nuevo Mundo de las Santas Escrituras. Watchtower Bible and Tract Society of New York Inc, EUA: 1967 y la Edición de 1987 actualmente en vigor.

Publicaciones de la Congregación de los Testigos de Jeová. Usted Puede Vivir Para Siempre en el Paraíso en la Tierra, El Hombre más Grande de Todos los Tiempos. Come Rendere Felice la Vita Familiare. Potete Vivere per Sempre su una Terra Paradisiaca. La Conoscenza che conduce alla Vita Eterna. Ragioniamo faccendo uso delle Scritture. Ed. Watch Tower Bible and Tract Society of Pennsylvania. USA 1991.

Acerca de autor

Fernanda Mondragón y Gil, mexicana, egresada de la Facultad de Ciencias Políticas y Sociales de la Universidad Nacional Autónoma de México (UNAM), donde obtuvo la licenciatura en Relaciones Internacionales (1975), elaborando la tesis "Historia de las Relaciones México-Estados Unidos".

Estudió la maestría en Estudios Latinoamericanos (1979). La investigación de la tesis fue sobre "El Impacto de la Conquista y el Proceso Religioso como Promotores del Subdesarrollo Latinoamericano, el Caso de México".

Mientras cursaba sus estudios de maestría, trabajó en la UNAM, donde concursó y aplicó para impartir los Seminarios de Europa y América Latina, México y su Política Exterior.

Asimismo, estudió Sociología de la Religión especializándose en "Religiones Cristianas y su Impacto en la Sociedad" (1993-1997), en Milán, Italia. Sus estudios abarcaron la sociología de Max Weber aplicada al Proceso Religioso de las Grandes Religiones Monoteístas.

En el 2003 continuó su formación profesional con cursos de actualización del Proceso Religioso de América Latina, en la Facultad de Filosofía y Letras de la Universidad Nacional Autónoma de México (UNAM).

Adicionalmente ha manifestado un interés personal por la naturaleza y el respeto por los animales. Cursó en Suecia talleres de Ecología sobre Reciclado de Deshechos y la Generación de Energía. En Milán Italia, formó parte de la Liga Anti vivisección de Animales y en la World Wild Foundation. En México participó en la Fundación Antonio Hagenbeck y de la Lama I.A.P., contribuyendo a la creación del primer hospital para apoyo a los animales desprotegidos.

CPSIA information can be obtained at www.ICGtesting.com
Printed in the USA
BVOW05s2026040914

365404BV00002B/101/P